秦大河　杜德斌　主编

菲律宾地理

杨文龙　著

图书在版编目（CIP）数据

菲律宾地理 / 杨文龙著. --北京：商务印书馆，2024. --（世界国别与区域地理研究丛书）. -- ISBN 978 - 7 - 100 - 24603 - 3

I. K934.1

中国国家版本馆 CIP 数据核字第 20249ZR001 号

权利保留，侵权必究。

世界国别与区域地理研究丛书
菲律宾地理
杨文龙 著

商 务 印 书 馆 出 版
（北京王府井大街36号 邮政编码100710）
商 务 印 书 馆 发 行
北京启航东方印刷有限公司印刷
ISBN 978 - 7 - 100 - 24603 - 3
审 图 号：GS 京（2024）1037 号

2024年10月第1版　　开本 787×1092　1/16
2024年10月北京第1次印刷　印张 20
定价：158.00元

"世界国别与区域地理研究丛书"总序

地理学作为一门古老的学科，是伴随着人类文明的滥觞一并出现，并随着生产力的进步、社会需求的提高和人类对不同尺度人地系统认识的深化而逐步发展起来的。15—17世纪，欧洲封建社会走向衰落，资本主义生产方式开始兴起，经济发展对原料地和销售市场提出了新的要求，驱动着哥伦布等一批航海家开始向外冒险，从而在人类历史上开启了一段可歌可泣的伟大历程——地理大发现。地理大发现极大地拓展了人类的认知空间，第一次凸显了地理知识的强大威力。有了日益丰富的地理知识的武装，欧洲一些规模较大的大学开始开设专业地理学课程并开展相关的研究，包括地图绘制、航海术和制图学，地理学逐渐走出推测与假说，逐步摆脱对其他学科的依附而成为一门显学。

到了19世纪末，欧洲殖民主义的扩张达到了高潮，地理学被称为"所有宗主国科学中无可争议的皇后"，成为西方国家知识领域中不可或缺的部分。在西方殖民扩张过程中，涌现出大批杰出的地理学家，其中包括德国地理学家亚历山大·冯·洪堡（Alexander von Humboldt，1769—1859）。洪堡是19世纪最杰出的科学家之一，他的科学考察足迹遍及西欧、北亚、中亚、南美洲和北美洲，所到之处，高山大川无不登临，奇花异草无不采集。正是源于对世界各地的深入考察，他科学揭示了自然界各种事物间的因果关系，把包括人在内的自然界视为一个统一的、充满内在联系的、永恒运动的整体。洪堡的科学考察活动和学术思想，推动了千百年来纯经验性的地理现象和事实描述向科学规律探索的转变，使得地理学成为一门真正的科学，洪堡也因此被誉为近代地理学的奠基人。

20世纪初，随着各领域科学技术的进步，特别是横贯大陆铁路的出现，以俄国和德国为代表的陆地力量迅速崛起，给以英国为代表的海洋霸权带来巨大冲击和挑战。为警示英国政府，英国地理学家哈尔福德·麦金德（Halford Mackinder，1861—1947）于1904年在英国皇家地理学会宣读了题为"历史的地理枢纽"的论文。在该文中，麦金德首次将世界视为一个整体，从全球海陆结构的视角来考察人类数千年的发展历史，发现亚欧大陆内陆的大片区域构成了人类战争和经济史上最重要的"枢纽地区"（后称"心脏地带"）。麦金德认为：谁统治了东欧，谁就能控制"心脏地带"；谁统治了"心脏地带"，谁就能控制"世界岛"；谁统治了"世界岛"，谁就能控制全世界。

麦金德的"历史的地理枢纽"一文发表10年后，第一次世界大战爆发。大战中，所有参战国较大的地理机构均被各国情报部门利用起来，为军队提供最新的地理信息和地图。大战结束后的巴黎凡尔赛和平会议上，美国地理学家艾赛亚·鲍曼（Isaiah Bowman，1878—1950）、威廉·莫里斯·戴维斯（William Morris Davis，1850—1934）和埃伦·丘吉尔·森普尔（Ellen Churchill Semple，1863—1932），法国地理学家埃马纽埃尔·德·马东（Emmanuel de Martonne，1873—1955）及其他主要国家一些地理学家都被邀请作为和谈代表团顾问，参与重绘战后世界政治地图的工作。20年后，第二次世界大战爆发，再次验证了麦金德的预言，也进一步凸显了地理学理论和思想的强大威力。

进入21世纪，新一轮科技革命深入发展，新的全球问题不断涌现，国际力量格局深刻调整，大国博弈持续加剧，世界又一次站在历史的十字路口。面对世界之变、时代之变、历史之变，中国政府提出构建"人类命运共同体"理念和共建"一带一路"倡议，为促进世界和平发展和完善全球治理体系积极贡献中国智慧、提供中国方案。这对新时代中国地理学的发展提出了新的要求，也带来了前所未有的历史机遇，尤其赋予区域国别地理（世界地理）学科新的重大使命。

中国地理学家对于区域国别地理的研究具有悠久的历史。早在20世纪30—40年代，中国人文地理学的奠基人之一胡焕庸先生就曾编写出版了中国第一套区域国别地理（志）著作，包括《法国地志》《俄国地志》《英国地志》《德国地志》《南欧地志》《日本地志》《美国经济地理》等。50—60年代，百废待兴的中华人民共和国，出于了解外部世界的迫切需求，区域国别地理受到高度重视。

1956年，中国科学院外国地理研究组（后更名为世界地理研究室）作为我国第一个区域国别地理研究机构的成立，对推动学科发展具有重要意义。1963年中国地理学会世界地理专业委员会的成立，标志着中国的区域国别地理研究的发展由自发阶段进入有组织化阶段。此后，一批世界区域国别地理研究机构在各高校相继成立，并在研究区域上形成明确的分工，如华东师范大学的西欧北美地理研究室、南京大学的非洲经济地理研究室、暨南大学的东南亚经济地理研究室等。70年代，又陆续成立了北京师范大学的北美地理研究室、东北师范大学的日本和苏联经济地理研究室、华中师范学院的拉丁美洲地理研究室、福建师范大学的东南亚地理研究室等，全国14家出版社还联合翻译、出版了72部（套）区域国别地理著作。80年代，在中国地理学会世界地理专业委员会的组织和协调下，中国地理学家先后完成大型工具书《中国大百科全书·世界地理卷》和《辞海·世界地理分册》、大型专业丛书"世界农业地理丛书"、《世界钢铁工业地理》《世界石油地理》等重大科研项目，为深入了解世界发展、普及世界地理知识做出了重要贡献。但令人遗憾的是，由于种种原因，中国的区域国别地理研究工作并没有随着改革开放的深入发展而持续繁荣，相反自90年代起就日渐衰落，相关研究机构几乎全部关闭或处于名存实亡状态。直至今天，区域国别地理研究依然面临研究力量薄弱、研究经费不足、研究质量亟待提高的问题。

在此百年未有之大变局下，中国地理学人肩负新的历史使命，应树立更加宽广的世界眼光，赶上时代，引领时代，充分发挥学科优势，在世界文明发展中阐释人与自然生命系统和谐演进的科学机理，为人类命运共同体建设贡献专业智慧、提供专业方案。特别是，要加强对世界区域国别地理研究，让国人读懂世界，同时对外讲好中国故事，让世界读懂中国。

从学科发展的角度看，区域国别地理是地理学的基础性学科。区域是地理要素的集合体，地理学的任何理论成果和规律，只有通过世界性的综合研究和区域性的比较分析才能得以证实；普遍规律和特殊规律，只有放在全球的尺度上，方能理清脉络，分清层次。忽视区域国别地理研究，就会有只见树木、不见森林之虞。正如胡焕庸先生所说，地理学研究既要用"显微镜"，横察中国现世；更须用"望远镜"，纵观世界大势。

一直以来，我就倡导中国学者要牢固树立"世界眼光、家国情怀、战略思维、服务社会"的治学价值观。2020年2月，我受邀担任华东师范大学世界地理与地缘战略研究中心主任。四年来，我和杜德斌教授等同人一同发起举办了世界地理大会，启动了"世界国别与区域地理研究丛书"，还分别主编了《中国大百科全书》（第三版）冰冻圈科学卷和世界地理学科卷，围绕共建"一带一路"倡议共同完成了多项研究课题。我们力图通过这些学术活动和项目研究来推动自然地理学与人文地理学的深度融合，促进中国区域国别地理研究的繁荣，使中国地理学更好地服务国家战略，造福世界人民。

"世界国别与区域地理研究丛书"是推进区域国别地理研究发展的一项实质性重大举措，符合时代之需、民族之需和学术之需。此套丛书由华东师范大学世界地理与地缘战略研究中心和商务印书馆共同策划，初步规划对世界主要国家和区域开展地理研究，分期分批出版。丛书以国家为主，区域为辅，力求向读者呈现一个真实立体的世界地理全貌。愿此套丛书的出版能吸引更多有志青年投身到世界区域国别地理的学习和研究中，与国家同频共振！

中国科学院院士
华东师范大学世界地理与地缘战略研究中心主任

2024年5月30日

前　言

当今世界正经历着百年未有之大变局，新一轮科技革命正席卷全球，世界之变、时代之变、历史之变正以前所未有的方式推进。新形势下，各国国情发生了不同程度的深刻变化，亟待重新认知、审视，深度解析。当下中国，正经历以中国式现代化全面推进中华民族伟大复兴的宏大实践，走和平发展道路是核心要义。推动中国与世界的和平发展，必须对世界形势进行系统研判，对全球各国具有深刻理解。菲律宾，作为中国周边极具特殊性的国家之一，是中国由近及远地"走出去"的关键起点与枢纽通道。做好菲律宾国别研究，包括其自然地理、人文地理、经济地理和区域地理等方面的研究，是系统构建区域国别学的重要环节和关键任务。

第一，菲律宾的特殊性基础在于地理与历史。作为如此之大的"千岛之国"，拥有如此漫长的殖民历史，世所罕见。多岛屿的特性决定了其气候特征、生态环境、资源禀赋等复杂的空间异质性，同时也决定了其历史文化、民族文化、人文社会等的地域性特点。菲律宾长期受到西班牙、美国、日本等国家的控制与影响。一方面，殖民历史使菲律宾成为一个多民族国家，拥有他加禄族、伊洛戈族、邦板牙族、维萨亚族和比科尔族等主要民族，以及马来人、华人、西班牙裔、印度裔、美洲原住民等少数族裔。另一方面，殖民历史也使菲律宾成为一个多宗教国家，信仰涵盖天主教、伊斯兰教、基督新教和其他传统宗教。这些因素都是推动菲律宾文化深度融合马来文化、西班牙文化、美国文化的主要动力。此外，"碎片化"的空间结构、复杂化的自然地理属性和长期殖民历史等因素，深刻影响着菲律宾当下的社会经济发展。

第二，菲律宾的特殊性核心在于与中国的关系。在地理区位上，菲律宾是中国一衣带水的邻邦，其北部与中国台湾仅隔一道海峡。在历史渊源上，中菲交往于何时，学界尚无定论，但有明确记载的交往始于宋朝初期，历史久远。当时中菲之间有着密切的政治往来，但两国之间的贸易规模不大。随着东洋航线开辟和大帆船贸易的兴起，中菲的邻近优势更加凸显，贸易与人员往来都有了显著提升。近现代以来，中菲交往更为密切。1975年建交后，中菲两国的经济关系快速发展。2011年，中国已成为菲律宾的第三大出口国，中菲贸易额跃升至菲律宾贸易总额的30%。当前，中菲经贸合作对菲律宾经济发展具有不可替代且不同寻常的重大意义。

第三，菲律宾的特殊性关键在于南海问题。尽管中菲之间有着密切的经贸联系，但却未能推动中菲政治安全关系的深化，南海争端无疑是一个干扰因素。由于菲律宾长期受到美国的殖民统治，独立后与美国的关系颇为紧密。而美国妄想延缓中国的崛起进程，压缩中国的战略空间。近年来，为维护和巩固既得利益，菲律宾在南海争端上采取了种种单边举措，政策趋于强硬。同时，受到美国"重返亚太"和"印太战略"的影响，菲律宾对华的强硬政策也使中菲政治安全关系面临前所未有的困难。自杜特尔特当选总统以来，他一再强调其"反美"立场和"亲华"战略，并于2016年签署《中华人民共和国与菲律宾共和国联合声明》，就南海争端问题与中国达成了共识。然而自2020年以来，菲律宾在南海问题上的态度再次发生了转变，并在南海地区对中国展开了一系列的挑衅性武力威胁，导致中菲关系再次发生变化。由此可见，南海问题是决定中菲关系走向的重要风向标。

随着共建"一带一路"倡议和"人类命运共同体"理念的提出，中国"走出去"的步伐进一步加速，中菲关系也得到了进一步强化。然而，国内外相关国别地理教材的发展却远远滞后于现实的需要。特别是菲律宾，作为共建"一带一路"高质量发展的枢纽国家，现有的菲律宾地理高质量著作数量较少。中文资料对菲律宾的地理总结和国情分析，仍多沿用赵松乔等人于1964年所出版的《菲律宾地理》，这与当下的现实情况存在较大出入。对菲律宾国情与地理缺乏深层次认识，对菲律宾投资环境、人文社会等缺乏系统性理解，必将影响共建"一带一路"高质量发展的进程，必将阻碍中国"走出去"的步伐。当前迫切需要一本全面梳理、深入探究、系统分析菲律宾地理的著作，以勾勒出更为真实、更加立体的菲律宾，为中国政府外交决策提供参考，为中国企业"走出去"提供科学指导。

本书重点突出综合性、区域性和实践性，探究菲律宾自然要素、经济要素和人文要素的发展演变规律、空间规律及其相互作用。一是突出综合性。菲律宾地理是一门综合学科，其研究范围涵盖了自然、经济和社会文化等各个方面。每个地理区域都是地理环境要素相互联系的综合体，各区域又包括了次一级的综合体。因此，菲律宾地理是要素的综合、区域的综合，也是要素联系的整体。对地理现象及原因分析，是从要素联系、区域联系以及整体上进行系统的考虑，以揭示自然、经济与社会的本质规律。二是突出区域性。区域性是各国因地制宜发展经济的地理基础，也是区域国别学研究的核心属性。每一个国家的地理区域，都是由复杂的数量与质量各异的环境要素组成，这些要素相互联系、相互渗透、相互影响、相互制约，构成了国家特定的地理环境，显示出明显的区域特征。菲律宾地理研究的重要任务就是充分认识其国土结构的破碎性和分散性，构成区域要素的独特性，紧紧抓住菲律宾这个国家的区域特性，充分认识区域分异的客观规律。三是突出实践性。菲律宾地理也是一门经世致用的应用型科学，能够在菲律宾的社会经济发展与国家建设实践中发挥重要作用。在认识菲律宾自然地理、人文地理、经济地理以及人地关系地域系统规律的基础上，提出和解决菲律宾面临的一系列重大科学问题和实践问题，运用综合分析法和区域比较法，根据菲律宾自然资源的利用和经济发展的需要，积极为菲律宾的社会经济建设服务。

本书共分为九章。第一章为绪论。从地理位置及国土构成的视角阐述菲律宾的地理区位，梳理、总结和归纳菲律宾的历史沿革，探究了菲律宾行政区划特征，并介绍马尼拉市、宿务市、奎松、达沃市、碧瑶市五个重点城市。最后，分析菲律宾的政治环境以及其在世界地缘经济版图中的地位。第二章为地形地貌与土壤。主要分析了菲律宾地形地貌形成的地质条件，以及岛屿、火山、河谷和平原的空间分布特征，探究了土壤类型与空间分布的特征。第三章为气象气候与水系。介绍了菲律宾主要的气候类型，包括热带海洋性气候、热带雨林气候、热带季风气候、热带草原气候、热带沙漠气候以及周边海域气候，归纳了菲律宾气候要素特点及其空间分布。作为一个台风活动较为活跃的国家，本章还讨论了菲律宾台风活动的地域差异，探究了菲律宾河流、湖泊等分布特点。第四章为自然资源。分析了菲律宾矿产资源的形成基础，探究不同资源包括金属矿产、燃料资源、动植物资源等的空间分布。第五章为人口分布与民族文化。在勾勒菲律宾的人口发展脉络的基础上，探究了人口的空间分布格局与城市化发展状况，并阐释了菲律宾的文化、民族、宗教以及语言文字等构成与分布。第六章为经济格局与产业特征。在梳理菲律宾经济发展历程的基础上，分析了菲律宾的经济模式、结构与体系，探究了菲律宾的经济空间格局、经济区布局、产业发展与布局。第七章为基础设施发展与布局。从菲律宾不同交通类型，如公路、铁路、水运、航空等，分析了交通网络空间格局，同时探究了菲律宾通信和电力等基础设施的分布。第八章为对外经贸与海外劳工格局。在总结了菲律宾营商环境的基础上，分析了菲律宾的对外经济地理，包括商品贸易的结构与分布特征、国外投资的结构与分布特征，重点梳理和分析了海外劳工发展与分布特征。第九章为地域系统结构。基于地理分区的概念、内涵、原则、目标、方法，结合了菲律宾各大区域的自然特点和社会经济特征重新划分了八大区域，探究了各大区域的分工协作以及城市化发展规律。

目　　录

第一章　绪论 ··· 1
　第一节　地理位置 ··· 1
　第二节　国土构成 ··· 4
　第三节　历史沿革 ·· 14
　第四节　政治环境 ·· 19
　第五节　世界地位 ·· 23

第二章　地形地貌与土壤 ·· 29
　第一节　地质条件 ·· 29
　第二节　岛群分布 ·· 34
　第三节　火山分布 ·· 42
　第四节　河谷与平原分布 ··· 48
　第五节　土壤类型及分布 ··· 51

第三章　气象气候与水系 ·· 56
　第一节　主要气候类型 ··· 56
　第二节　气候要素特点 ··· 62
　第三节　气候空间分异 ··· 66
　第四节　台风活动分布 ··· 70
　第五节　水系分布特征 ··· 74

第四章 自然资源 …… 89
第一节 成矿条件 …… 89
第二节 金属矿产 …… 92
第三节 燃料资源 …… 101
第四节 动植物资源 …… 108

第五章 人口分布与民族文化 …… 116
第一节 人口发展分析 …… 116
第二节 人口空间格局 …… 123
第三节 城市化发展 …… 133
第四节 文化发展与分区 …… 139
第五节 民族构成与分布 …… 146
第六节 宗教构成及分布 …… 156
第七节 语言文字构成 …… 163

第六章 经济格局与产业特征 …… 167
第一节 经济发展历程 …… 167
第二节 经济模式分析 …… 174
第三节 经济空间格局 …… 179
第四节 经济区布局 …… 184
第五节 产业发展与布局 …… 192

第七章 基础设施发展与布局 …… 215
第一节 公路网格局 …… 215
第二节 铁路网格局 …… 221
第三节 水运港口分布 …… 227
第四节 航空运输格局 …… 231
第五节 通信和电力设施格局 …… 238

第八章 对外经贸与海外劳工格局 …… 248
第一节 营商环境 …… 248
第二节 商品贸易的空间格局 …… 253

第三节　外商投资的空间格局 ·············· 263

　　第四节　海外劳工的空间格局 ·············· 272

第九章　地域系统结构 ·············· 282

　　第一节　地理分区概述 ·············· 282

　　第二节　地理分区特征 ·············· 288

　　第三节　区域分工协作 ·············· 299

第一章 绪 论

菲律宾,全称菲律宾共和国(Republic of the Philippines)。1543 年,西班牙探险家鲁伊·洛佩斯·德·维拉洛博斯(Ruy Lopez de Villalobos)将菲律宾中部诸岛取名为"菲律宾群岛"(The Philippines Archipelago),向当时仍是西班牙王子的腓力二世(Philip Ⅱ)致敬。菲律宾由此得名,并沿用至今。菲律宾是东南亚群岛国家、东盟主要成员国、亚太经合组织 24 个成员国之一,同时也是发展中国家、新兴工业国家以及世界的新兴市场之一,与中国有着悠久的历史渊源。中菲交往最早可追溯至宋代,并始终保持着较为密切的政治、经济和文化联系,维持着友好的双边关系。进入 21 世纪以来,菲律宾成为中国"走出去"的重要起点之一。菲律宾历经波折,饱受殖民困扰,在经历了西班牙、美国、日本等国家长达 400 多年的殖民统治之后,于 1946 年 7 月 4 日才获得完全独立。独立后的菲律宾继续沿用美国的民主制度和市场经济体制,但与之不同的是,菲律宾的家族政治特征明显,宗教与军方势力庞大,这些因素导致菲律宾的经济在 20 世纪 50 年代高速发展之后,于 70 年代陷入了停滞,进入 21 世纪后才得以稳步恢复。菲律宾在世界发展中有着极具特殊性的战略地位,厘清菲律宾的国别地理意义重大且影响深远。

第一节 地理位置

菲律宾地处西太平洋,位于亚洲东南部,是东南亚边缘的一个岛国。全国领土主要分布于赤道和北回归线之间,即 4°35′N—21°08′N,116°55′E—126°37′E。

菲律宾东临太平洋，西濒中国南海，北至吕宋海峡，并与中国台湾岛隔海相望，两地最近距离约为 99 千米。其南面和西南面与印度尼西亚和马来西亚隔苏拉威西海、苏禄海和巴拉马克海峡相望。菲律宾扼守在亚洲、大洋洲和太平洋的交汇处（图 1-1），同时地处东亚和南亚之间，地理位置十分优越，对世界具有较大的影响力（Ulack，1984）。

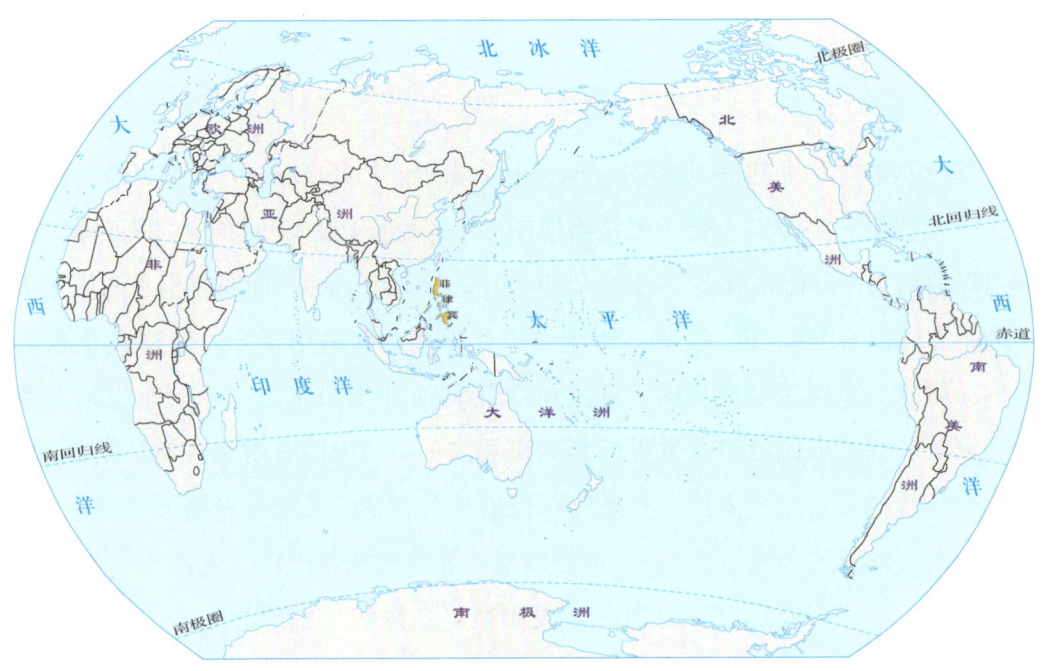

图 1-1　菲律宾所处位置

菲律宾位于南海航道的交会点，是全球海上贸易的关键枢纽。南海航道贯穿菲律宾东部，连接着东南亚、南亚、东北亚和西太平洋地区，构成了东亚和南亚主要经济体贸易联系的重要海上通道。南海航道是世界上非常繁忙的交通线之一，其航运吞吐量仅次于霍尔木兹海峡，位列全球第二。全球约 1/3 的航运路线要通过南海航道；80% 的中东石油要经过此地进入中国、日本、韩国等东亚国家；中国超过 60% 的进口贸易依赖于南海航线。巴士海峡连通着菲律宾海与南海，连接着中国台湾岛与巴丹群岛，是船只从南海进入太平洋的主要通道。苏比克湾位于菲律宾第一大岛吕宋岛西南部，距离首都马尼拉市仅 110 千米，是南海东岸的重要港湾，也是控制沿马六甲海峡至巴士海峡方向重要国际水道的重要枢纽。

　　菲律宾位于全球的边缘地带，是一个海上战略要地。美国地缘政治学家尼古拉斯·约翰·斯皮克曼（Nicholas John Spykman，1893—1943）基于麦金德的心脏地带概念，于20世纪40年代提出了边缘地带学说。斯皮克曼认为，欧亚大陆沿海地带之间的边缘地区，才是世界权力之争的关键所在。这一边缘地带的地理空间包括欧洲近海地区、中东、小亚细亚、西南亚、中国东南部、朝鲜半岛、东西伯利亚地区，以及伊拉克、阿富汗、印度等国家，在未来世界政治格局竞争中的地位将不断上升。菲律宾紧邻亚欧大陆的心脏地带，毗邻南中国海，是一个典型的边缘地带国家。由于这一特殊的地理位置，自19世纪末以来，菲律宾已成为美国实施全球战略的重要据点，并被称为"美国停泊在南海上的一艘'永不沉没的航空母舰'"。美国控制菲律宾之后，建立了第一个军事基地——苏比克湾基地。苏比克湾基地最初由西班牙于1885年修建。1898年，美国在美西战争中取得胜利，苏比克湾转由美军使用。在这一阶段，美国政府不断扩大对苏比克湾海军基地的投入和建设。自此，苏比克湾成为支持美国第七舰队在西太平洋进行军事活动的"服务站"，并有"东方小美国"之称。在第一次和第二次世界大战中，苏比克湾作为美国最大的海军陆战队训练基地，发挥了重要作用。

　　由于菲律宾特殊的地理位置，美国不断通过签订条约来赋予其军事占领合法性，并扩大美军在菲律宾的权限（孙茹，2012）。1907年，美国与菲律宾自治政府签署了《塔菲条约》。根据该条约，美国有权在菲律宾自由建立军事基地，并且在整个菲律宾群岛拥有驻军权。1935年，美国又与菲律宾签署了《菲律宾独立法》。根据该法律，菲律宾将在10年后获得独立。然而，这项协议中还包含了一项条款，即允许美国在菲律宾保留军事基地和军队。1947年签订的《美菲军事协定》确认了美国在菲律宾的军事存在，并允许美国继续在该地区建立和维持军事基地，进一步确保了美国在该地区的军事力量。1976年，美国与菲律宾签署了《克拉克基地和斯巴坦基地协议》，同意逐步撤离两地军队并将它们交还给菲律宾。1992年11月24日，随着美国国旗在苏比克湾海军基地降下，最后一批美国驻军撤出了菲律宾。

第二节 国土构成

素有"千岛之国"之称的菲律宾,在地图上的形状就像是被打碎的积木,大小密集地嵌入海洋之中。菲律宾形成了吕宋、米沙鄢、棉兰老三大岛组,其行政区划分为大区、省、市和镇、村(或社)四级行政单位。

一、国土结构

俯瞰菲律宾群岛,整体轮廓近似一个"入"字形(图1-2)。北面的吕宋岛(Luzon Island)是菲律宾的第一大岛。南面的棉兰老岛(Mindanao Island)是菲律宾的第二大岛。两座岛屿雄踞在菲律宾的南北两端。中间是米沙鄢群岛(Visayas Islands),构成菲律宾国土的躯干。由吕宋岛向西南方向延伸的巴拉望岛(Palawan Island)和由棉兰老岛向西南方向延伸的苏禄群岛(Sulu Archipelago)构成菲律宾国土的双腿,成为菲律宾通向马来西亚加里曼丹岛的两条岛链(Case,1927)。

菲律宾国土总面积为30.02万平方千米[①],南北距离1 851千米,东西距离1 107千米,海岸线长达18 533千米。境内天然良港和海峡众多,各岛之间多为浅海、珊瑚礁。吕宋岛(40 814平方千米)、棉兰老岛(36 906平方千米)、米沙鄢群岛、巴拉望岛和苏禄群岛等11个主要岛屿,约占全国总面积的96%。菲律宾没有特大岛屿,各岛内地均距海边较近,大多在50千米以内,吕宋、棉兰老两大岛上也没有离海边120千米以上的地方。各岛屿之间的距离也很近,被各岛包围着的内海均为浅海,多珊瑚礁,风平浪静,宛若内湖,这对菲律宾发展经济和维护领土完整非常有利。菲律宾境内被岛屿环绕而成的海众多,共有20多个,如苏禄海(Sulu Sea)、卡加延海(Cagayan Sea)、棉兰老海(Mindanao Sea)、萨马海(Samar Sea)、米沙鄢海(Visayan Sea)等。菲律宾

---

① 资料来源:菲律宾统计局,https://www.psa.gov.ph/。

图 1-2 菲律宾行政区划

除了沿海有少数平原,其余地方多为山地和丘陵,其中山地占国土总面积的3/4以上。因菲律宾位于环太平洋火山地震带附近,火山和地震活动频繁,亚欧板块和太平洋板块在相互挤压下形成了众多岛屿和山地(Jernegan,1906)。

二、行政区划

菲律宾的行政区划以吕宋岛、米沙鄢岛和棉兰老岛三大岛群为基础,设有四级行政单位，第一级为大区（Region），第二级为省（Province），第三级为市（City）和镇（Municipality），第四级为村或社（Barangay）（陈丙先等，2019）。根据2024年6月更新的菲律宾统计局标准地理代码（PSGC），菲律宾全国共有18个大区、82个省、149个市和1 493个镇，以及42 004个村（社）（表1-1）。

表1-1 菲律宾行政区划总体概况

岛组	大区	省	市	镇	村（或社）
吕宋（Luzon）	8	38	77	694	20 495
米沙鄢（Visayas）	4	16	39	369	11 419
棉兰老（Mindanao）	6	28	33	430	10 090
合计	18	82	149	1 493	42 004

大区是菲律宾的一级行政区。多数政府单位只设大区级别的办公室，而不在每个省设立单独的办公室。这些大区办公室通常（但并非每一个都是）设在指定的中心城市内。大区本身并不拥有一个独立的地方政府，唯一例外的是棉兰老穆斯林自治区，有一个经选举产生的大区议会及首长。科迪勒拉行政区原有意自治（即成为科迪勒拉自治区），但两次针对是否成立自治区的公民投票均告失败。

吕宋岛群包括吕宋岛、民都洛岛和巴拉望岛，下设8个大区：国家首都区、伊罗戈区、卡加延河谷区、中吕宋区、甲拉巴松区、民马罗巴区、比科尔区、科迪勒拉行政区（表1-2）（李涛、陈丙先，2012）。①国家首都区，面积633平方千米，坐落在马尼拉湾和湾内湖所组成的地峡中，属热带干湿季气候和热带季风气候。下辖4个区，16个市和1个镇，地区中心为马尼拉市。②伊罗戈区，面积19 422平方千米，位于吕宋岛西北部，东邻科迪勒拉行政区，东北和东南毗邻卡加延河谷区，南邻中吕宋区，西邻南海，包括4个省，即北伊罗戈省、南伊罗戈省、拉乌尼翁省和邦阿西楠（班诗兰）省，地区中心为拉瓦格市。③卡加延河谷区，面积28 228平方千米，位于吕宋岛东北部，包括5个省，即巴坦群岛省、卡加延（加牙因）省、伊莎贝拉省、新比斯开省和基里诺省，地区中心为土格加劳市。就面积而言，卡加延河谷区是菲律宾第二大行政区，菲律宾最长的河流卡加延河流经此地。④中吕宋区，面积 22 014 平方千米，位于吕宋岛中部，下辖 7 个省，即奥罗拉省、巴丹省、布拉干省、新怡诗夏省、邦板牙省、打拉省、三描礼士省，地区中心为圣费尔南多市。⑤甲拉巴松区，面积 16 873 平方千米，位于吕宋岛南部，下辖 5 个省，即八打雁省、甲米地省、内湖省、奎松省和黎刹省，地区中心为卡兰巴市。该区是菲律宾人口最多的行政区，也是人口密度第二大的行政区。⑥民马罗巴区位于菲律宾西部，由马林杜克省、西民都洛省、东民都洛省、巴拉望省、朗布隆省 5 个省组成，地区中心为卡拉潘市。⑦比科尔区，面积 18 155 平方千米，位于菲律宾东部，下辖 6 个省，即阿尔拜（亚眉）省、北甘马舞省、南甘马舞省、卡坦端内斯省、马斯巴特省和索索贡省。黎牙实比（莱加斯皮）市是地区中心，也是最大的城市。⑧科迪勒拉行政区，面积 19 422 平方千米，是菲律宾唯一一个内陆大区，包括 6 个省，即阿布拉省、阿巴尧省、本格特省、伊富高省、卡林阿省和高山省，地区中心为碧瑶市。

表 1-2　吕宋岛群下设的大区、区中心及省

大区	区中心	省
国家首都区 (National Capital Region，NCR)	马尼拉市 (Manila City)	—
伊罗戈区 (Ilocos Region； 第 1 政区，Region Ⅰ)	拉瓦格市 (Laoag City)	北伊罗戈省（Ilocos Norte） 南伊罗戈省（Ilocos Sur） 拉乌尼翁省（La Union） 邦阿西楠（班诗兰）省（Pangasinan）
卡加延河谷区 (Cagayan Valley Region； 第 2 政区，Region Ⅱ)	土格加劳市 (Tuguegarao City)	巴坦群岛省（Batanes） 卡加延（加牙因）省（Cagayan） 伊莎贝拉省（Isabela） 新比斯开省（Nueva Vizcaya） 基里诺省（Quirino）
中吕宋区 (Central Luzon Region； 第 3 政区，Region Ⅲ)	圣费尔南多市 (San Fernando City)	奥罗拉省（Aurora） 巴丹省（Bataan） 布拉干省（Bulacan） 新怡诗夏省（Nueva Ecija） 邦板牙省（Pampanga） 打拉省（Tarlac） 三描礼士省（Zambales）

续表

大区	区中心	省
甲拉巴松区 (Calabarzon Region； 第4A政区，Region IV-A)	卡兰巴市 (Calamba City)	八打雁省（Batangas） 甲米地省（Cavite） 内湖省（Laguna） 奎松省（Quezon） 黎刹省（Rizal）
民马罗巴区 (Mimaropa Region； 第4B政区；Region IV-B)	卡拉潘市 (Calapan City)	马林杜克省（Marinduque） 西民都洛省（Occidental Mindoro） 东民都洛省（Oriental Mindoro） 巴拉望省（Palawan） 朗布隆省（Romblon）
比科尔区 (Bicol Region； 第5政区，Region V)	黎牙实比（莱加斯皮）市 (Legaspi City)	阿尔拜（亚眉）省（Albay） 北甘马粦省（Camarines Norte） 南甘马粦省（Camarines Sur） 卡坦端内斯省（Catanduanes） 马斯巴特省（Masbate） 索索贡省（Sorsogon）
科迪勒拉行政区 (Cordillera Administrative Region，CAR)	碧瑶市 (Baguio City)	阿布拉省（Abra） 阿巴尧省（Apayao） 本格特省（Benguet） 伊富高省（Ifugao） 卡林阿省（Kalinga） 高山省（Mountain）

资料来源：菲律宾统计局标准地理代码系统（http://psa.gov.ph/classification/psgc/summary）。

米沙鄢岛群包括中部的米沙鄢群岛以及班乃、内格罗斯、宿务、保和、莱特和萨马等岛屿，下设了4个大区：西米沙鄢区、中米沙鄢区、东米沙鄢区和内格罗斯岛区（表1-3）。①西米沙鄢区位于米沙鄢群岛的西部，下辖4个省，即阿克兰省、安蒂克省、卡皮斯省和伊洛伊洛（怡朗）省，地区中心为伊洛伊洛（怡朗）市。②中米沙鄢区位于米沙鄢群岛的中部，辖有2个省，即保和省和宿务省，地区中心为宿务市。③东米沙鄢区位于米沙鄢群岛东部，是菲律宾没有土地边界的两个政区之一，另一个是民马罗巴区。该区辖有6个省，即比利兰省、东萨马省、莱特省、北萨马省、萨马省和南莱特省，位于米沙鄢群岛最东边的是莱特岛、萨马岛及比利兰岛，地区中心为塔克洛班市。④内格罗斯岛区下辖3个省，即东内格罗斯省、西内格罗斯省和锡基霍尔省，地区中心为巴科洛德市。

表 1-3 米沙鄢岛群下设的大区、首府及省

大区	区中心	省
西米沙鄢区 (Western Visayas Region; 第 6 政区, Region Ⅵ)	伊洛伊洛（怡朗）市 (Iloilo City)	阿克兰省（Aklan） 安蒂克省（Antique） 卡皮斯省（Capiz） 伊洛伊洛（怡朗）省（Iloilo）
中米沙鄢区 (Central Visayas Region; 第 7 政区, Region Ⅶ)	宿务市 (Cebu City)	保和省（Bohol） 宿务省（Cebu）
东米沙鄢区 (Eastern Visayas Region; 第 8 政区, Region Ⅷ)	塔克洛班市 (Tacloban City)	比利兰省（Biliran） 东萨马省（Eastern Samar） 莱特省（Leyte） 北萨马省（Northern Samar） 萨马省（Samar） 南莱特省（Southern Leyte）
内格罗斯岛区 (Negros Island Region, NIR)	巴科洛德市 (Bacolod)	东内格罗斯省（Negros Oriental） 西内格罗斯省（Negros Occidental） 锡基霍尔省（Siquijor）

资料来源：菲律宾统计局标准地理代码系统（http://psa.gov.ph/classification/psgc/summary）。

棉兰老岛群包括棉兰老岛和苏禄群岛等，下设 6 个行政区：三宝颜半岛区、北棉兰老区、达沃区、南哥苏萨桑区、卡拉加区和棉兰老穆斯林自治区（表 1-4）（李涛、陈丙先，2012）。①三宝颜半岛区是棉兰老岛西部延伸出的一个半岛，下辖 3 个省，即北三宝颜省、南三宝颜省和三宝颜-锡布盖省，地区中心为帕加迪安市。三宝颜半岛区北临苏禄海，南临苏拉威西海的莫罗湾，西临苏禄群岛。②北棉兰老区位于棉兰老岛中北部和甘米银岛，下辖 5 个省，即布基农省、甘米银省、北拉瑙省、西米萨米斯省和东米萨米斯省。区中心为卡加延-德奥罗市，建于 1871 年，1950 年升为市，是一个深水港口城市。③达沃区位于棉兰老岛东南部，下辖 5 个省，即北达沃省、南达沃省、东达沃省、金达沃省和西达沃省。区中心为达沃市。该区经济上虽然农业占主导地位，但正发展成为农产品加工、贸易和旅游中心，且农产品加工具有很强的竞争优势，木瓜、杧果、香蕉、菠萝、石刁柏、花卉和渔产均出口国外。④南哥苏萨桑区位于棉兰老岛中部，其名称包含辖区内的 4 个省：SOC 代表南哥打巴托省，C 代表哥打巴托

省，SK代表苏丹库达拉省，SAR代表萨兰加尼省。区中心为科罗纳达尔市。⑤卡拉加区覆盖棉兰老岛东北部和附近的岛屿，包括北阿古桑省、南阿古桑省、迪纳加特群岛省、北苏里高省和南苏里高省5个省。该区中心为武端市。⑥棉兰老穆斯林自治区包括以穆斯林人口为主的巴西兰省、南拉瑙省、北马京达瑙省、南马京达瑙省、苏禄省和塔威塔威省6个省。该区拥有自治政府，驻于哥打巴托市。

表1-4 棉兰老岛群下设的大区、区中心及省

大区	区中心	省
三宝颜半岛区 (Zamboanga Peninsula Region；第9政区，Region Ⅸ)	帕加迪安市 (Pagadian City)	北三宝颜省（Zamboanga del Norte） 南三宝颜省（Zamboanga del Sur） 三宝颜-锡布盖省（Zamboanga-Sibugay）
北棉兰老区 (Northern Mindanao Region；第10政区，Region Ⅹ)	卡加延-德奥罗市 (Cagayan de Oro City)	布基农省（Bukidnon） 甘米银省（Camiguin） 北拉瑙省（Lanao del Norte） 西米萨米斯省（Misamis Occidental） 东米萨米斯省（Misamis Oriental）
达沃区 (Davao Region；第11政区，Region Ⅺ)	达沃市 (Davao City)	北达沃省（Davao del Norte） 南达沃省（Davao del Sur） 东达沃省（Davao Oriental） 金达沃省（Davao de Oro） 西达沃省（Davao Occidental）
南哥苏萨桑区 (SOCCSKSARGEN Region；第12政区；Region Ⅻ)	科罗纳达尔市 (Koronadal City)	南哥打巴托省（South Cotabato） 哥打巴托省（Cotabato） 苏丹库达拉省（Sultan Kudarat） 萨兰加尼省（Sarangani）
卡拉加区 (Caraga Region；第13政区，Region ⅩⅢ)	武端市 (Butuan)	北阿古桑省（Agusan del Norte） 南阿古桑省（Agusan del Sur） 迪纳加特群岛省（Dinagat Islands） 北苏里高省（Surigao del Norte） 南苏里高省（Surigao del Sur）
棉兰老穆斯林自治区 (Autonomous Region in Muslim Mindanao，ARMM)	哥打巴托市 (Cotabato City)	巴西兰省（Basilan） 南拉瑙省（Lanao del Sur） 北马京达瑙省（Maguindanao del Norte） 南马京达瑙省（Maguindanao del Sur） 苏禄省（Sulu） 塔威塔威省（Tawi Tawi）

资料来源：菲律宾统计局标准地理代码系统（http://psa.gov.ph/classification/psgc/summary）。

三、主要城市

（一）马尼拉市：最繁华的城市

马尼拉市，别名岷里拉，是菲律宾的首都。马尼拉市位于吕宋岛西部、马尼拉湾东岸以及帕西河的入海口。帕西河横贯全城，把城市分成两大部分，14个区中有 7 个区分布在巴石河北岸，6 个区分布在南岸，河上 6 座桥梁把城市南北两部分联结起来。菲律宾统计年鉴（2023）显示，全市人口为 184.65 万（2020 年 5 月）。① 1976 年 11 月，菲律宾政府决定把马尼拉、奎松、卡洛奥坎、帕萨伊 4 个市和马卡蒂等 17 个市镇，组成马尼拉大都会。马尼拉市属于热带季风气候，一年只有两个季节，全年平均气温为 28℃，6—10 月为雨季，11—次年 6 月炎热、潮湿。

这是一座历史悠久、文化多元的城市。马尼拉市在印度、中国和中亚文化的基础上，还融入了西班牙和美国的西方文化，形成了中西合璧的文化（Doeppers，2017）。最早建立马尼拉市的记录可以追溯到西班牙时期。1571 年，西班牙移民者从马尼拉湾登陆并占领了整个吕宋岛。当时，西班牙人在巴石河南岸建立了城堡和炮台，这是马尼拉市的前身。西班牙将马尼拉市作为菲律宾殖民地的首府，对马尼拉市的发展产生了巨大的影响。1898 年，美国取代了西班牙在菲律宾的统治，同时扩大了对马尼拉市的控制范围，将其打造成为特别城市。在此过程中，马尼拉市商业区、大银行、大公司和大酒店等也得到了进一步的发展。1942 年，日本侵略了菲律宾的马尼拉市。由于战争激烈，马尼拉市遭受了极大的破坏。1976 年，菲律宾将马尼拉市设为首都。

近百年的历史成就了繁荣昌盛的国际性都市（Doeppers，2017）。马尼拉市是菲律宾的经济中心，集中了全国半数以上的工业企业，主要有纺织、榨油、碾米、制糖、烟草、麻绳、冶金等企业，产值占全国的 60%。马尼拉市是菲律宾重要的交通枢纽和贸易港口，全国出口货物的 1/3 和进口货物的 4/5 都集中在这里。其也是银行金融、零售、交通运输、旅游和房地产的主要中心。全区

---

① 全市指 City of Manila。

有 62 000 家企业总部，阿亚拉（Ayala）大道更是被称为菲律宾华尔街。马尼拉大都会中的岷伦洛区拥有世界上最大的唐人街，同时也是商业和商务活动中心。自 20 世纪 70 年代起，马卡蒂市成为马尼拉大都会首屈一指的中心商业区和金融区，被称为"亚洲曼哈顿"，也是全球摩天大楼密度较高的城市之一。作为东南亚知名的金融中心，马尼拉大都会的马卡蒂市一直都是投资者和外省移民落户的首选地。马尼拉市集中了许多所高等学府，有早期建立的马尼拉雅典耀大学、德拉萨大学，也有 20 世纪以来建立的菲律宾大学、菲律宾师范学院、菲律宾女子大学等。其中，菲律宾国立大学、德拉萨大学、圣托马斯大学和雅典耀大学是马尼拉市的四大名校。

（二）宿务市：最古老的城市

宿务市，是菲律宾中米沙鄢区下宿务省的首府，位于宿务岛东侧的中部，属高度都市化的一级收入城市，享有"南菲律宾首都"和"南菲律宾皇后"的美名。宿务市是典型的热带海洋性气候，只有旱季、雨季之分，气温常年维持在 24℃—30℃。这座城市始建于 1565 年，是菲律宾历史最悠久的城市，也是菲律宾第二大城市，经济地位仅次于马尼拉市。菲律宾统计年鉴（2023）显示，全市约有 96.42 万人（2020 年 5 月），是菲律宾人口第五多的城市，也是米沙鄢群岛人口最多的城市。除此之外，还有一个"大宿务"的概念——由宿务市、曼达威市和拉普拉普市组成。

宿务市商业和工业高度发达，是除马尼拉市之外的最大的经济中心。这座城市盛产玉米、椰子干、杧果、烟草、水产、木材等，有全国最大的椰子油提炼厂，以及卷烟、糖、陶瓷和啤酒等制造企业。宿务还拥有东南亚最大的铜矿。宿务交通便利，是菲律宾南部的海运和空运中心。坐落在宿务市西北边的宿务港是个天然良港，也是菲律宾第二大港。宿务港承担着菲律宾 80% 的国内航运业务，有 20 多条航线通往国内 40 多个港口。宿务的海陆空交通十分便利，是菲律宾南部的海运和空运中心。

（三）奎松市：人口最多的城市

奎松市，是菲律宾吕宋岛马尼拉大都会最大的一座城市，约占马尼拉大都会面积的 1/4，约 171.71 平方千米。城市西界由北至南依次与巴伦苏埃拉市、加洛坎市和马尼拉市相邻，南界与仙范市和曼达卢永市相邻，东南界与马利金纳市和帕西格市相邻。奎松市的南半部有数个市区，包括迪里曼、联邦、计划区、卡堡、卡米亚斯、卡慕宁、新马尼拉、旧金山和梅莎山庄；北半部则通常称为诺瓦利切斯，包括费尔维和拉各罗等区，这些市区尚无明显的分界，主要作为住宅区。据菲律宾统计年鉴（2023），全市约有 296 万人（2020 年 5 月），人口密度高达 17 239 人/平方千米。据 2020 年菲律宾审计委员会统计，其为菲律宾总资产最多的城市。

奎松市建立的时间较短。1939 年，奎松市根据菲律宾第二任总统曼努埃尔·奎松的指示建立，市名便取自该总统之名。1948 年，奎松市被宣布为菲律宾首都，直到 1976 年新的总统令下达，重新确立马尼拉市为首都。值得注意的是，奎松市现为马尼拉大都会的主要组成部分，并不隶属于任何省份。而菲律宾另有一个奎松省，位于吕宋岛东南的卡拉巴宋地区，其省名也是取自前总统奎松之名。作为菲律宾曾经的首都，奎松市保留了许多政府机构旧址，至今仍为菲律宾主要的经济、文化和交通中心。菲律宾的两所著名学府——菲律宾大学迪里曼校区和马尼拉雅典耀大学也坐落于此。有大量跨国企业将其菲律宾地区总部设在奎松市的伊士伍德城，包括花旗银行、IBM、日本电气等。

（四）达沃市：面积最大的城市

达沃市，总面积 2 443.61 平方千米，是菲律宾面积最大的城市。达沃市位于棉兰老岛东南部，达沃湾西北岸，与萨马尔岛相对。西部为丘陵地带，向东南海岸倾斜。菲律宾最高峰阿波山位于该市的西南边缘。达沃河是该市的主要河流，总长 160 千米，河流发源于布基农省圣费尔南多镇，流经面积超过 1 700 平方千米。达沃市属于热带雨林气候，季节性温度变化很小。月平均气温持续超过 26℃，月平均降水量超过 77 毫米。因此，这座城市属于热带气候，没有真正的旱季。冬季也相当多雨，但最大的降水发生在夏季。

达沃市是菲律宾人口第三多的城市，仅次于奎松市和马尼拉市。据菲律宾统计年鉴（2023），全市总人口为 177.69 万人（2020 年 5 月）。这座城市在 20 世纪的人口增长是来自菲律宾其他地区的大量移民浪潮。达沃市是棉兰老岛最大的城市经济体和菲律宾南部最大的区域经济体。农业是达沃市最大的产业，农业用地占土地面积的43%。这座城市盛产榴梿、红毛丹果、香蕉、菠萝、椰子、杧果、咖啡豆等，被誉为"菲律宾兰花之城""菲律宾果篮子""菲律宾可可之都"。达沃市还是著名的马尼拉麻加工中心，输出的马尼拉麻总量占全国首位。

（五）碧瑶市：旅游之都

碧瑶市，位于菲律宾首都马尼拉市北部，吕宋岛西部，是一座群山之中的山城。全市面积57.51平方千米，人口约36.64万人（2020年5月）。该市的海拔高度约1 500米，是菲律宾国内首屈一指的旅游胜地，有着"夏都之称"。这座城市也是吕宋岛热带松林栖息地，适合苔藓植物和兰花的生长，碧瑶当地土著名"Bagiw"就是苔藓的意思。

这座城市原来是菲律宾北部部落伊格洛特等少数民族的集聚地，建市时间较短。1900年，美国人在伊瓦洛伊人村庄的遗址上建了一个山中避暑地，并逐渐繁荣起来。1903年6月1日，碧瑶市被菲律宾委员会（Philippine Commission）指定为菲律宾的夏都。1909年9月1日由菲律宾议政委员会（Philippines Assembly）将该地合并扩建为市。2009年9月1日该市举行建市百年庆祝。这里有总统官邸、最高法院、立法办公室。碧瑶与马尼拉市相距260千米，交通便利。碧瑶市周围的金、银、铜矿含量丰富，采矿业发达。其次是手工艺雕刻生产，产品销往全国各地及欧美、东南亚一带。

第三节 历史沿革

菲律宾群岛上原本无人类居住，现在的菲律宾各民族都是从境外迁入的移民的后裔。有研究表明，公元前25万年之前至公元前200年，即旧石器时代后期至后金属时代初期，有一大批移民分别由陆地和海上进入菲律宾群岛，共达七次之多，史称"七次移民浪潮"（金应熙，1990）。这些移民包括尼格利陀人（矮黑人）、原始马来人、印尼人（两批）、马来人（三批）等。公元元年以来，又有中国人、印度人、阿拉伯人、日本人、西班牙人、英国人、美国人等东西方移民相继进入，不同地区的移民带来了与时俱进的生产工具和生产技术，共同构成了菲律宾多元化的民族和丰富多彩的历史。

一、七次移民潮

第一次移民的时间为距今 25 万年前的旧石器时代。这一时期菲律宾群岛已存在"爪哇人"的印迹，他们是从冰河时期的亚洲大陆迁移而来。当时菲律宾群岛四周的海洋水位降低，西南部有两条大陆桥与"巽他大陆"相连，一条是从巴拉望岛向西南延伸，连接北加里曼丹，另一条从三宝颜苏禄群岛向西南延伸，通向北加里曼丹，另外从棉兰老岛南部也可直通苏拉威西。因此，当时亚洲大陆上的人类和一些巨型动物便沿着这些陆桥迁移到菲律宾群岛。第二次移民的时间为距今 2.5 万—1.5 万年的中石器时代。这一时期尼格利陀人通过马来半岛、婆罗洲半岛和陆桥从南方迁入菲律宾群岛。目前菲律宾几近灭绝的少数民族"阿埃塔人""阿提人"或"伊他人"就是他们后裔。第三次移民的时间为距今 1.5 万—1.2 万年的中石器时代末。这一时期连接婆罗洲北部的大陆桥尚未消失，原始马来人迁入菲律宾群岛。比起尼格利陀人，他们有着更高的物质文明。第四次移民的时间为公元前 3000 年左右的新石器时代初期。这一时期蒙古人种——印度尼西亚人从北方乘独木舟或竹排、木筏迁入菲律宾群岛。第五次移民的时间为公元前 2000—前 1500 年。这一时期又有一批被称为"水上民族"的印尼人，从中国南部的沿海和安南（今越南）迁移至菲律宾的吕宋岛。这一阶段社会分工有了明显的进展，各地区间出现了一定程度的物产交换，贫富分化开始出现。第六次移民的时间为公元前 800—前 500 年的早期金属时代。这一时期有一批来自北方的移民进入吕宋岛北部。第七次移民的时间为后金属时代。后金属时代迁居菲律宾群岛的居民主要是马来人。他们先后分三批迁入菲律宾群岛，在菲律宾生产技术发展中起到了关键的作用。

二、麻逸国与苏禄苏丹国

公元前 2 世纪左右，菲律宾群岛开始形成"王国"，取代了氏族村落。王国的国土面积不大，呈现分头割据状态。政权形式比较简单，一般是由掌握先进生产技术和生产资料的少部分人（多是马来人），统治着辖区内相对落后的土著部落。公元 12 世纪，民都洛岛出现了一个名叫"麻逸国"的小国。在当时的语言中，"麻逸"的意思为"黑人的国土"。麻逸国的海上贸易很发达，商人们乘坐制作精美的竹排或简易木船往返菲律宾各岛及附近国家。他们用黄蜡、花布、珍珠、槟榔等特产交换其他地方的物品。据《宋史》和《文献通考》记载，宋朝时期，麻逸国商人曾登陆中国广州与中国商人进行贸易往来，换取中国的瓷器和铁器等。

14 世纪中叶，菲律宾群岛开始出现奴隶制国家，买卖奴隶活动十分普遍（Foreman，1906）。统治者制定法典来维护自己的统治地位。当时比较著名的法典范本是《马拉塔斯法典》和《卡郎提奥法典》。在诸多奴隶制国家中，最著名的是苏禄苏丹国。它兴起于 14 世纪，经济发达，国力昌盛，是当时的东南亚海上贸易中心。苏禄苏丹国的经济发达，盛产珍珠，出产的珍珠皆为上品，和其他的手工业产品一起，其产业成为对外贸易的优势产业。苏禄苏丹国的造船工艺较为发达，商人出海贸易频繁。当时的柬埔寨、占婆、中国、爪哇、苏门答腊等国家都是苏禄苏丹国商人经常往来的地方。苏禄苏丹国以伊斯兰教为主要信仰，最高统治者是苏丹，身兼国王和宗教领袖的双重职责。据考证，苏禄苏丹国全盛时期，其国境以苏禄海为中心，囊括了棉兰老岛的苏禄群岛、巴拉望岛和婆罗洲北部等岛屿。直到如今，伊斯兰教仍然是该地区居民的主要信仰。在政治上，苏禄苏丹国和中国多有往来。1417 年，即明朝永乐年间，苏禄苏丹国派当时的贵族东王巴都葛叭哈喇、西王麻哈喇葛麻丁和峒王巴都葛叭喇下作为使臣，代表苏禄苏丹国访问大明王朝。

三、西班牙殖民与英国侵占

16世纪开始，西班牙统治菲律宾长达300多年，建立了政教合一的殖民政府，使天主教和西方文化在菲律宾广泛传播（Foreman，1906）。菲律宾不仅是被西班牙的军队殖民，在更大程度上是被西班牙传教士所征服。1521年3月17日，麦哲伦及其船员在萨马岛莱特湾口登上菲律宾的土地，随行的传教士立即开始传播天主教。1525—1527年，西班牙又几次派遣船队远征菲律宾，但都没有成功。在途中，有的船只被毁坏，有的船员逃逸，人员也因内乱、饥荒和疾病等死去大半。直到1543年，西班牙又组织了一支包括6艘舰船和200多人的船队前往菲律宾，这次获得了成功。领队鲁伊·洛佩斯·德·维拉洛博斯把这片岛屿命名为"菲律宾群岛"，以表达对当时仍是西班牙王子的腓力二世的崇高敬意，"菲律宾"的名字也由此使用至今。

在政治体系层面，西班牙人在菲律宾建立了一套高度中央集权的行政管理体系，在马尼拉市的中央政府统治整个菲律宾殖民地，中央政府下辖各省政府，省政府下辖各市镇政府，代表西班牙国王的总督处在这一行政管理体系的最顶端。在司法体系层面，最高法院是西属菲律宾司法制度的典型代表，在整个西班牙殖民时代的作用独一无二。在经济发展层面，在18世纪60年代之前的200年间，西班牙人在菲律宾最重要的经济活动莫过于推行委托监护制和大帆船贸易。西班牙殖民者将带有浓厚封建色彩的经济制度移植到菲律宾，使菲律宾长期停留于自给自足的庄园经济，社会分工无法扩大（李富林、于臻，2018）。

1756—1763年，"七年战争"爆发。当时欧洲主要的强国均参与了这场战争，其影响覆盖了欧洲、北美洲、中美洲、西非海岸、印度以及菲律宾。当时，英国与法国争夺世界霸权的斗争日趋激烈。正因为这场战争，西班牙也被拖进英法纠纷。随后，英国派遣东印度公司组织一支远征队去征服西班牙的殖民地菲律宾。1762—1764年，英国占领了马尼拉市，但对其他地方无能为力。菲律宾人对英国人的抵抗，使得西班牙得以维持在菲律宾其他省份的统治。

四、美日统治至国家独立

美国殖民统治菲律宾 45 年，将自身的政治理念、政治文化、政治架构移植到菲律宾的政治体系中。日本虽然仅仅统治了菲律宾两年，但却使已经萌发民族主义的菲律宾人深刻认识到自身实力的局限性。第二次世界大战后的菲律宾在国家战略上依然未彻底摆脱大国因素的左右，尤其是在美国重返亚太后，菲律宾成为美国进入西太平洋地区拓展更多利益的战略基点（马燕冰、黄莺，2007）。

19 世纪末，从全球大国权力对比上看，西班牙的实力已严重衰落，美国的实力则迅速上升。美国为了获取更多的资本和利益，直接向传统大国发起挑战，其中一个重要的途径就是争夺西班牙既有殖民地。美国早已觊觎作为西太平洋重要贸易中心的马尼拉市，试图利用菲律宾做跳板，向西太平洋地区拓展更多的利益。在行政体系与司法体系层面，美菲殖民体系的构建始于"第二届菲律宾委员会"，即塔夫脱委员会，成立了以塔夫脱（William Howard Taft）为首的文官政府。塔夫脱委员会于 1901 年 1 月 31 日通过了第 82 号法令（也称《镇政府法典》），2 月通过了第 83 号法令（也称《省政府法典》），开始组建镇、省级地方政府，共建立了 765 个镇、35 个省。菲律宾最高法院由一位首席法官和 6 名陪审官组成，在 14 个司法区建立了初审法院，美国人占据了最重要的法官位置，司法权完全掌握在美国人手中。在经济发展层面，1910—1914 年，菲律宾平均每年的对外贸易额为 1.992 亿比索①，1994—1918 年平均贸易额达 3.069 亿比索，平均每年的贸易顺差达 4 770 万比索。其中麻、糖、椰油等几种主要出口产品的增长十分显著。同时，菲律宾还建立了一系列的国有企业。

随着第二次世界大战的爆发，在西太平洋地区占据重要战略地位的菲律宾成为日本南进的必争之地（马燕冰、黄莺，2007）。因此，菲律宾在 1935—1945 年经历了短暂的独立和日本的占领。日本占领马尼拉市后极力拉拢当地的

---

① 菲律宾比索（菲律宾语：peso，ISO 4217 货币编码：PHP）是菲律宾的法定货币。菲律宾因曾被西班牙殖民统治而使用比索作为货币。其他使用比索的国家包括墨西哥、哥伦比亚、阿根廷等。2024 年 1 月 15 日，1 菲律宾比索等于 0.018 美元。

社会上层人物，巩固日本统治，成立傀儡政权"行政委员会"，任命当地社会上层人物为委员会主席和各部部长。1943年10月，日本占领当局还虚伪地宣布给予菲律宾"独立"，任命何塞·帕西亚诺·劳雷尔（José Paciano Laurel）就任"菲律宾共和国"总统，宣布撤销军事管制，但实际上菲律宾仍然处于日本军事当局的统治之下。

第二次世界大战后，东南亚各国人民反对殖民主义，争取民族独立的运动蓬勃发展，菲律宾也不例外。尽管美国和菲律宾的各方势力想方设法阻止菲律宾独立，1946年7月4日，随着曼努埃尔·罗哈斯·阿库纳（Manuel Roxas y Acuña）在马尼拉市就任菲律宾共和国总统，菲律宾共和国宣布成立。菲律宾建国初期的前6届总统都是经过选举产生的，但这一时期菲律宾人并未真正掌握自己的命运，幕后的美国人仍大权在握。1965年，费迪南德·埃曼努埃尔·埃德拉林·马科斯（Ferdinand Emmanuel Edralin Marcos）就任总统后，通过各种手段打破民主选举制度，统治国家长达20年。1986年，马科斯被迫下台后，玛莉亚·科拉松·"柯莉"·许寰哥·阿基诺（Maria Corazon "Cory" Cojuangco Aquino）就任总统，召开了制宪会议，制定了新宪法，改总统选举为6年一次，不得连选连任，菲律宾政治重回民主轨道。此后，菲律宾经历了菲德尔·瓦尔德斯·拉莫斯（Fidel Valdez Ramos）、约瑟夫·埃赫西托·埃斯特拉达（Joseph Ejercito Estrada）、玛丽亚·格洛丽亚·马卡帕加尔-阿罗约（Maria Gloria Macapagal-Arroyo）、贝尼格诺·西梅昂·"诺伊诺伊"·许寰哥·阿基诺三世（Benigno Simeon "Noynoy" Cojuangco Aquino Ⅲ）、罗德里戈·"罗迪"·罗亚·杜特尔特（Rodrigo "Rody" Roa Duterte）执政时期。

第四节 政治环境

菲律宾政治环境具有浓厚的家族特色。家族政治的出现可追溯到菲律宾的前殖民时期，历经西班牙殖民时期、民族独立革命时期、美国殖民时期、两党民主时期和马科斯独裁时期并日益成熟稳固。精英家族政治权力由地方向中央延伸并最终垄断国家政治权力，形成极具特色的"寡头"政治（龙昇，2013）。

关于菲律宾精英、家族以及菲律宾民主的称呼，包括"精英家族"（Elite Family）、"寡头"（Oligarchy）、"卡西克民主"（Cacique Democracy）等。总体而言，菲律宾有政治影响力的显赫家族在地方上构筑了一个个"政治王朝"，而在选举过程中组成多个较大的"政治宗族"，竞相逐利。

一、家族政治

家族政治诞生于西班牙殖民时期，并在菲律宾取得独立后持续发展繁荣，成为一种政治常态。西班牙殖民时期产生了地方家族政治精英，出现了"大地主"。随后，美国殖民时期，菲律宾家族政治精英借由民主选举控制从地方层面到国家层面的政治生活，家族政治逐步成型。在保留西班牙殖民时期形成的封建式社会结构的基础上，美国推行带有相对自由色彩的殖民政策，在使菲律宾政治"美国化"的大前提下，逐渐推进殖民政府的"菲化"，最终实现一种监护式的新殖民统治。西班牙殖民时期，教会以巧取豪夺的方式集中了大量的土地，而美国殖民政府通过拍卖的方式将这些原属教会的土地转移到少数菲律宾人手中，由此产生了更多更大的地主。地主家族通过传统的庇护制，获得参与政治角逐的选票基础，进而凭借其掌握的公共政治经济资源巩固家族地位，形成了近乎世袭的政治门阀。

1946—1972年，菲律宾国会一直由代表着传统土地利益的地主精英所主导。1946年，来自富裕地主家族的众议员占比21.5%，1970年增长至50.9%；与此同时，出身富裕地主家族的参议员占比由45.8%增加至71.0%，出身中下层阶级家庭的议员所占比例则不断缩小。国会议员席位显现出被地主家族长期垄断的发展态势。军人独裁时期，菲律宾的家族政治发展至顶峰。人民力量运动成功推翻马科斯家族王朝独裁统治后，菲律宾的政治发展重返民主化道路。事实上，菲律宾政治重回民主化的进程中，始终未建立起真正意义上的现代民主宪政体制，只是重新回归到以家族权力为基础的传统民主体制。据统计，在阿基诺夫人政府上台后第一次选举产生的第8届国会中，200个众议院议席被"传统政治家族"成员斩获了130个，还有39个议席的当选众议员与这些政治家族存在亲属关系。

家族政治的存在和延续有其合理性，在一定的社会政治层面具有其特殊的价值。一方面，家族政治的运作是建立在庇护关系网络之上的，在缺乏一个能够连接中央到地方的政治组织的情况下，家族庇护关系网填补了这种缺失。政治家族通过庇护关系，在全国建立了无数大大小小、层级递进并相互交织的裙带关系网，形成一个巨型的金字塔结构，把社会联结在一起。这种庇护网络成为偏远的农村地区与中心城市相联系的重要社会政治渠道，各种信息借由这种相互交叠的网络和非制度化组织向上或向下传播，把整个社会连为一体。另一方面，当传统的政治参与模式与现代民主体制不符合时，以政治家族精英为主的参政团体迅速接受制度化组织形式，在客观上促进了菲律宾政治现代化转型。菲律宾独立后的 26 年间，由家族势力主导的两党议会制为民主化的政治运行提供了良好的环境，使得民主模式初具雏形。此外，在东亚地区整体步入现代化发展阶段时，菲律宾的传统地主家族为了掌握新时代的主动权，率先采用现代生产方式，由此成为菲律宾产业现代化的推动力。

二、政治制度

菲律宾的政治制度为总统共和制，即国家最高权力由总统和议会按不同职能分别执掌和行使的一种政体形式。总统共和制下，总统和议会分别由选举产生，任期限定，内阁由总统组织并对总统负责（又称之为"组阁"），总统既是国家元首又是政府首脑，与议会之间有权力制约关系。总统共和制是指以总统为国家元首和政府首脑，由总统直接领导政府，政府不对议会负责而对总统负责的国家政体形式。菲律宾共颁布过 3 部宪法，即 1935 年美国为其制定的宪法、1973 年马科斯军管下全民公决通过的宪法、1987 年经过菲律宾全国人民投票表决通过的宪法（李涛、陈丙先，2012）。

菲律宾实行行政、立法、司法三权分立。总统是国家元首、政府首脑和武装部队的总司令，国会是最高的立法机构，司法权属最高法院和各级司法机构。因此，菲律宾政府机构由三部分构成：总统及其领导的行政机构；国会，包括参议院和众议院；最高法院（图 1-3）。①总统。根据菲律宾 1987 年的宪法规定，国家行政权由总统行使，总统由全国直接选举产生，任期 6 年，不得连任。

任何继任总统任职 4 年以上者都不得再次参加总统选举。副总统可以连任两届（每届 6 年），由选民投票选举产生。②国会，也称议会。根据菲律宾 1987 年的宪法规定，菲律宾议会由参议院和众议院两部分组成，共有 274 名议员。参议院由 24 名议员组成，由全国直接选举产生，任期为 6 年，每 3 年改选一半，可连任两届。众议院包括由各省、市、镇、立法区选举产生的 250 名议员，以及特定社会团体政党代表（占议员总数的 20%）。③最高法院又称大理院，由 1 名首席法官和 14 名陪审法官组成。菲律宾最高法院和中级法院的法官都不是由选举产生的，而是先由司法与律师理事会向总统推荐名单，每个空缺推荐 3 名候选人，经任职委员会同意后，再由总统从中挑选 1 人加以任命。每届任期为 4 年。

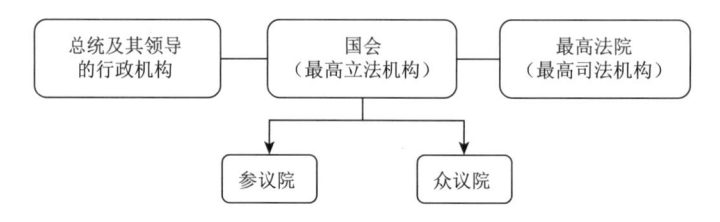

图 1-3　菲律宾政府机构框架

三、政党团体

菲律宾是东南亚最早实行政党政治的国家。菲律宾拥有大大小小的党派百余个，其中多数是地方小党派，全国性或影响较大的政党主要有民主力量党、自由党、摩洛民族解放阵线、摩洛伊斯兰解放阵线、菲律宾国民党、民众党、人民改革党等（陈丙先等，2019）。自治时期由国民党一党执政，独立前夕至 1972 年由国民党与自由党轮流执政，1973—1978 年政党政治中断，1978 年恢复党派活动。1986 年后，菲律宾的政党政治空前活跃，政党为数众多。菲律宾的政党政治虽然移植于美国，但其运作方式却与美国不同。在菲律宾，很多政党都没有自己统一的章程、明确的政治纲领和意识形态，政党组织极为松散，党内派系斗争激烈，分裂频繁。

第五节　世界地位

第二次世界大战后的菲律宾，其国内经济经历了几十年的快速增长，曾被誉为"亚洲工业之星"，与日本、缅甸同属亚洲最富国。20 世纪 80—90 年代，菲律宾因深陷发展瓶颈，经济出现停滞。进入 21 世纪，菲律宾开始经济改革，实现了强势的经济反弹。2013—2019 年，菲律宾每年的国内生产总值（GDP）增长率均高于 6%。英国牛津经济研究机构（Oxford Economics）在 2019 年 2 月的报告中预计，菲律宾 2019—2028 年的 GDP 平均增长率将达 5.3%，仅次于印度的 6.5%（Andriesse，2017）。

一、经济地位

菲律宾是东南亚地区较早走上工业化道路的发展中国家之一。20 世纪 60 年代之前，菲律宾经济实力仅次于日本，超过马来西亚、泰国、印尼、新加坡和韩国。有研究指出，菲律宾拥有富庶的自然资源、较高教育水平的劳动力和美国公开支持的"自由民主"政府，具备了经济快速增长所必需的基本条件（Bernstein，2018）。不用多久，菲律宾便会加入到先进工业化国家的行列。

由于出口缺乏竞争力，国内市场狭窄，制约了菲律宾工业尤其是制造业的发展（Krinks，2003）。在 1960 年之后的近半个世纪里，菲律宾经济发展、结构变化与其邻国相比显得十分缓慢。1960—1993 年，菲律宾的农业产值占 GDP 的比重从 26% 降为 22%，降幅仅为 4%。从制造业产出结构来看，1970—2000 年，除了电子产品制造业得益于政府的自由化改革，其产出比重有所上升，成为菲律宾制造业中的主要产业之外，菲律宾的工业内部结构基本上没有太多的变化（Salita and Rosell，1980）。从制造业部门的增加值和就业指数来看，食品加工业、饮料和烟草产品一直占据垄断地位，分别为 50% 和 22%—25%，服装和鞋类部门的就业指数呈上升趋势，可是产出比重自 20 世纪 90 年代之后却呈下降趋势。自 20 世纪 70 年代之后，菲律宾经济增长中的全要素生产率（Total

Factor Productivity，TFP）便一直呈现负增长趋势。

进入 21 世纪以来，菲律宾开启了经济转型的进程。20 世纪末，菲律宾实现了"正在工业化的新兴国家"的目标，使菲律宾人民过上了"正在工业化的新兴国家生活"。21 世纪初，菲律宾政府制定了《21 世纪国家信息技术计划》和《政府信息系统计划》，将信息产业和以信息产业为依托的业务流程外包（Business Process Outsourcing，BPO）作为引领经济快速发展新的增长点（沈红芳，2017）。菲律宾国家经济发展署在 2011 年制定的《菲律宾 2011—2016 年发展计划》中提出了"实现持续的、产生大规模就业和贫困缓解"的"包容性"经济增长，采取一系列战略性措施来提高工业的竞争力（杨超，2015）。2001—2019 年，菲律宾的 GDP 持续增长（图 1-4），GDP 增长率不断提高，数年超过 5%，最高于 2010 年达到 7.33%。尤其在 2012 年之后，菲律宾 GDP 增长率均高于 6%。菲律宾经济对世界经济的贡献持续提高，占世界 GDP 的比重逐年上升，由 2001 年的 0.24% 提高至 2019 年的 0.43%。其 GDP 在世界的排名也不断上升，由 21 世纪初的 50 名左右上升至 35 名左右（表 1-5）。

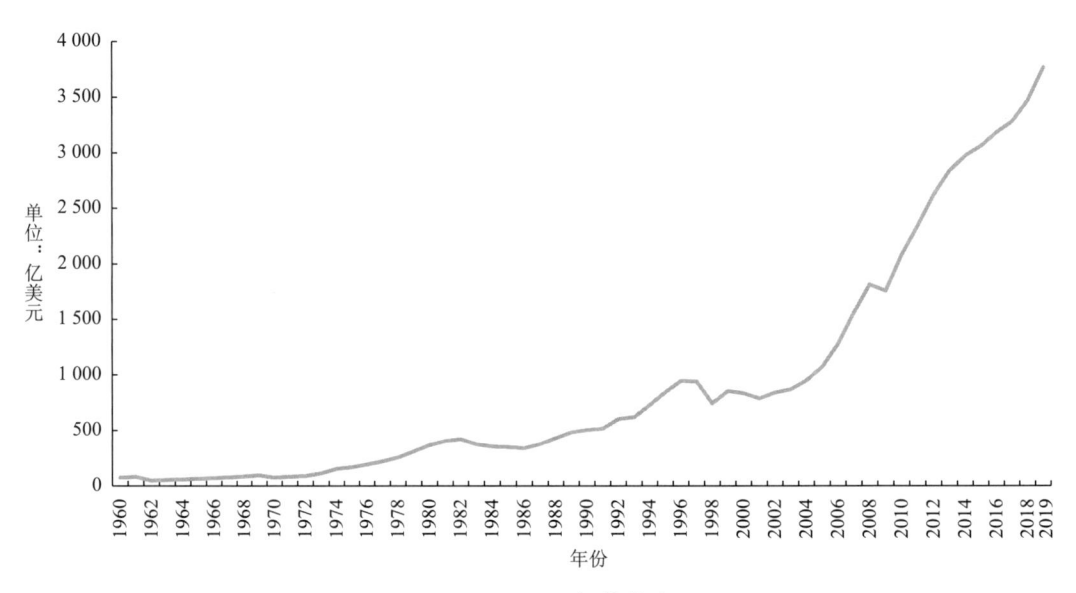

图 1-4　1960—2019 年菲律宾 GDP

资料来源：世界银行数据库，https://data.worldbank.org.cn/。

表 1-5 2001—2019 年菲律宾 GDP 及世界排名

年份	GDP（亿美元）	GDP 增长率	占世界 GDP 比重	排名
2019	3 767.96	6.04%	0.43%	36
2018	3 468.42	6.34%	0.40%	40
2017	3 284.81	6.93%	0.40%	33
2016	3 186.27	7.15%	0.42%	37
2015	3 064.46	6.35%	0.41%	40
2014	2 974.84	6.35%	0.37%	40
2013	2 839.03	6.75%	0.37%	42
2012	2 619.21	6.90%	0.35%	39
2011	2 342.17	3.86%	0.32%	46
2010	2 083.69	7.33%	0.32%	47
2009	1 761.32	1.15%	0.29%	49
2008	1 810.07	4.34%	0.28%	47
2007	1 559.80	6.52%	0.27%	48
2006	1 276.53	5.32%	0.25%	48
2005	1 074.20	4.94%	0.23%	50
2004	950.02	6.57%	0.22%	48
2003	870.39	5.09%	0.22%	47
2002	843.07	3.72%	0.24%	46
2001	789.21	3.05%	0.24%	45

资料来源：世界银行数据库，https://data.worldbank.org.cn/。

二、贸易地位

在经贸协定签署方面，菲律宾是世界贸易组织（World Trade Organization，WTO）、亚太经合组织（Asia-Pacific Economic Cooperation，APEC）和东盟（Association of Southeast Asian Nations，ASEAN）成员国。截至 2022 年，菲律宾已同近 40 个国家和地区签订了各类双边经贸协定或安排，同 39 个国家签署了税务条约。菲律宾除享受东盟国家间贸易优惠安排外，还享受其他国家与东盟签订的有关经贸协定，例如《中国-东盟自由贸易协定》及其升级议定书等，菲律宾签订的几大重要协定如下：①东盟货物贸易协定。菲律宾与东盟其他成员国于 2010 年启动东盟货物贸易协定（ASEAN Trade in Goods Agreement，ATIGA），这是东盟协调内部货物贸易活动的全面协定。该协定合并了与货物贸易有关的《共同有效优惠关税计划》以及东盟自由贸易区（ASEAN Free Trade Area，AFTA）的所有承诺，涵盖关税自由化、贸易便利化倡议、简化原产地规则并建立东盟贸易资料库等内容。目标是在东盟地区建立共同市场，使商品自由流通。②菲律宾-日本经济伙伴协定。菲律宾和日本于 2008 年签订了经济伙伴协定，涵盖货物贸易、服务贸易、投资、自然人流动、知识产权、政府采购、竞争和改善商业环境等内容。该协定于 2008 年 12 月生效。③菲律宾-欧洲自由贸易联盟自由贸易协定。菲律宾和欧洲自由贸易联盟（European Free Trade Association，EFTA）成员国冰岛、列支敦士登、挪威和瑞士于 2016 年签署了自由贸易协定，涵盖货物贸易、服务贸易、投资、竞争、知识产权保护、政府采购及贸易和可持续发展等内容。

菲律宾进出口总额总体呈增长趋势，如图 1-5。除 2009 年由于金融危机冲击以及 2001、2015 年出现负增长以外，其他年份的贸易额均为正增长。2000 年

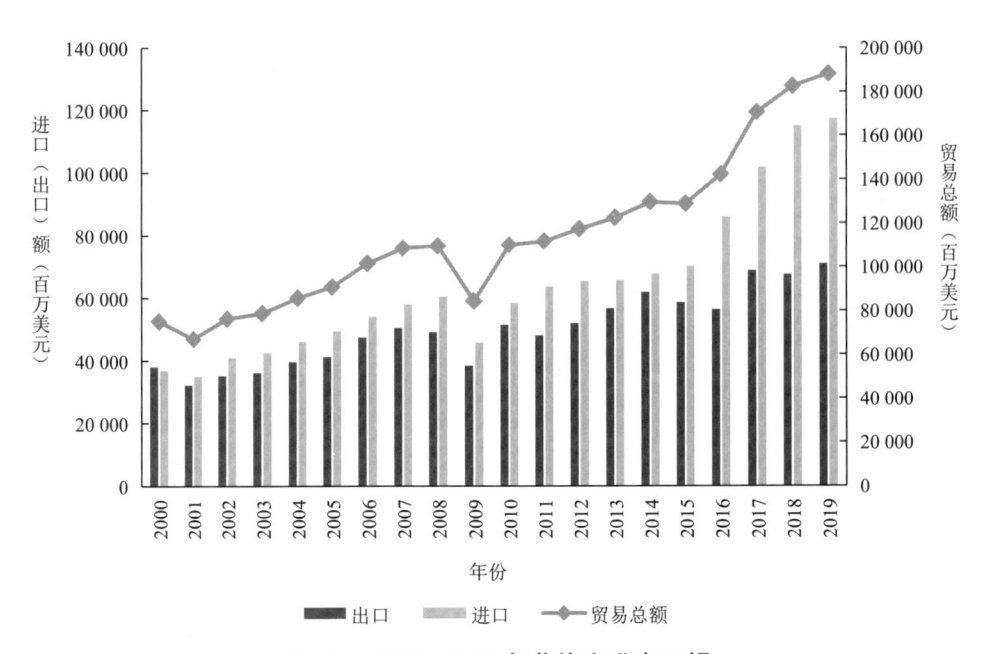

图 1-5　2000—2019 年菲律宾进出口额

资料来源：世界银行数据库，https://data.worldbank.org.cn/。

菲律宾贸易总额为 75 085.65 百万美元，2019 年增长至 188 173.90 百万美元，涨幅高达 150.61%。其中，出口额由 2000 年的 38 078.25 百万美元增长至 2019 年的 70 926.67 百万美元，进口额由 2000 年的 37 007.40 百万美元增长至 2019 年的 117 247.3 百万美元，进口增长速度显著高于出口增长速度，而且自 2001 年开始菲律宾贸易出现逆差，逆差程度逐年提高。

三、投资地位

菲律宾拥有很多吸引外资的优越条件，比如丰富的旅游资源、充足的人力资源、巨大的农业发展潜力和前景广阔的采矿业。菲律宾的教育事业发展良好，大部分人可以用英语交流，易于接纳不同文化。据联合国最新统计，2019 年菲律宾 15 岁以上居民识字率达到 96%，在东盟国家中仅略低于新加坡。菲律宾的劳动力成本较低，白领工人的工资水平仅为美国的 1/4。菲律宾吸引外资方面在整个亚洲地区较为突出。世界银行发布的《2020 年营商环境报告》显示，在 190 个经济体中，菲律宾营商环境便利度排名第 95 位，分值为 62.8/100。根据瑞士洛桑国际管理发展学院（International Institute for Management Development，IMD）发布的《2021 年世界竞争力报告》，菲律宾基础设施全球排名第 59 位，低于其第 52 位的综合排名。世界知识产权组织发布的《2022 年度全球创新指数》显示，在 132 个国家和地区中，菲律宾综合指数排名第 59 位。

菲律宾逐渐受到国际投资者的青睐。2000—2015 年，菲律宾的 FDI 流入量由 22.40 亿美元上涨为 52.34 亿美元，其中 2008 年受全球金融危机影响出现波谷，但此后恢复速度较快；菲律宾 FDI 流出量由 1.25 亿美元上升为 56.02 亿美元，表明菲律宾对外投资的能力和水平增强。2001—2013 年，菲律宾 FDI 流入量占贸易总额的比重由 0.56% 上升至 3.65%，流出量占贸易总额的比重由 -0.32% 上升至 4.67%，表明菲律宾对外贸易的发展同时带动了国际投资的进步。2001—2015 年，菲律宾 FDI 流入量占 GDP 比重由 0.25% 上升至 1.75%，流出量占 GDP 比重由 -0.18% 提高至 1.87%，表明资本流动在菲律宾经济中的重要性不断提高。2000—2015 年，菲律宾 FDI 流入量占世界比重由 0.16% 上升至 0.29%，流出量占世界比重由 0.01% 上升为 0.37%，表明菲律宾在世界投资版图中的地位不断提高。

参 考 文 献

[1] 陈丙先等：《"一带一路"国别概览：菲律宾》，大连海事大学出版社，2019 年。
[2] 金应熙：《菲律宾史》，河南大学出版社，1990 年。
[3] 李富林、于臻："西班牙统治时期大帆船贸易对菲律宾的政治影响"，《齐齐哈尔大学学报》（哲学社会科学版），2018 年第 7 期。
[4] 李涛、陈丙先：《菲律宾概论》，世界图书出版公司，2012 年。
[5] 龙异："菲律宾精英家族政治的历史演进分析"，《南洋问题研究》，2013 年第 4 期。
[6] 马燕冰、黄莺：《列国志·菲律宾》，社会科学文献出版社，2007 年。
[7] 沈红芳："21 世纪的菲律宾经济转型：困难与挑战"，《人民论坛·学术前沿》，2017 年第 1 期。
[8] 孙茹："美国亚太同盟体系的网络化及前景"，《国际问题研究》，2012 年第 4 期。
[9] 杨超："阿基诺三世治下的菲律宾经济社会情况"，《东南亚纵横》，2015 年第 9 期。
[10] Andriesse, E. 2017. Regional disparities in the Philippines: Structural drivers and policy considerations. *Erdkunde*, No. 2.
[11] Bernstein, D. 2018. *The Philippine Story*. Pickle Partners Publishing.
[12] Case, G. S. 1927. The geographic regions of the Philippine islands. *Journal of Geography*, No. 2.
[13] Doeppers, D. F. 2017. *The Development of Philippine Cities Before 1900*. Routledge.
[14] Femandez, A. M. 1971. *The Spanish Governor General in the Philippines*. University of the Philippines Law Center.
[15] Foreman, J. 1906. *The Philippine Islands: A Political, Geographical, Ethnographical, Social and Commercial History of the Philippine Archipelago, Embracing the Whole Period of Spanish Rule, with an Account of the Succeeding American Insular Government*. Kelly and Walsh.
[16] Jernegan, P. F. 1906. *Philippine Geography Primer*. DC Heath & Company.
[17] Krinks, P. 2003. *The Economy of the Philippines: Elites, Inequalities and Economic Restructuring*. Routledge.
[18] Thompson, M. R. and E. V. C. Batalla. 2018. *Routledge Handbook of the Contemporary Philippines*. Routledge.
[19] Salita, D. C., D. Z. Rosell 1980. Economic geography of the Philippines. *Economic Geography of the Philippines*.
[20] Ulack, R. 1984. Geography in the Philippines. *The Professional Geographer*, No. 4.

第二章　地形地貌与土壤

菲律宾由西太平洋的菲律宾群岛组成，这些岛屿如一颗颗闪烁的明珠镶嵌在西太平洋之中，因此菲律宾拥有"西太平洋明珠"的美称。总体上，菲律宾的地形地貌破碎、分散，整个群岛呈现南北纵列分布，因地处环太平洋地震带上，火山活动、地震频发。因此，菲律宾地形多以山地为主，山地面积占总面积的3/4以上，共有200多座火山，其中活火山21座。除少数岛屿有较宽广的内陆平原外，大多数岛屿仅沿海有零星分布的狭窄平原。菲律宾群岛两侧为深海，萨马岛和棉兰老岛以东的菲律宾海沟最深处可达10 479米，是世界海洋极深的地区之一。

第一节　地质条件

菲律宾群岛大体可分为五个地理单元。北部吕宋岛及其附近岛屿、中部米沙鄢群岛、南部棉兰老岛及其附近岛屿、西南部巴拉望岛及其附近岛屿，以及苏禄群岛。前三个地理单元的空间组合大致构成一个近南北向的"S"字形，后两个地理单元的岛屿组合呈明显的东北—西南方向（刘德生等，1995）。菲律宾地处太平洋板块西缘，地质演化历史不长，最老的地层是石炭系。全国地层基本上可分为前新生界和新生界两大部分，前者分布零星，连续性差，后者发育较好，分布广泛（Iwabuchi and Saiki，1968）。

一、总体概况

菲律宾地貌的主要特征表现为南北纵列的岛屿，其南北分别与印度尼西亚群岛、中国台湾岛相邻。面向太平洋，背临南海，海陆分异明显，并有曲折的海岸线。新构造运动作用形成了原生幼年的构造地形。同时，海平面上升影响着珊瑚礁的发育以及曲折沉溺海岸的形成（Iwabuchi and Saiki，1968）。短而急促的河流加大了对土地的侵蚀，加上强烈的化学风化作用，形成了大小不一的平原。岛上山峦重叠，海岸悬崖峭壁，平原较少。除吕宋岛西北部山地与中央平原，以及棉兰老岛上的高原、谷地面积较大外，其余地貌类型单元均破碎而狭小，且大部分是沼泽、低地、高地和高山（Foreman，1906）。

菲律宾群岛地形嵯峨，大部分山地的海拔在 2 000 米以上。绵亘于群岛东部的沿海山脉，由北到南纵贯整个菲律宾地区，由吕宋岛向南延伸，经萨马岛直至棉兰老岛（图 2-1）。此外，吕宋岛、米沙鄢群岛、棉兰老岛又各自拥有多个山脉。中部向北的马德雷山脉，西部的三描礼士山脉，中间偏西的中科迪勒拉山脉，南北走向，相互平行，纵列于吕宋岛东西两侧。东部的太平洋科迪勒拉山脉、中部的中棉兰老山脉、三宝颜半岛上的三宝颜科迪勒拉山脉，也都是南北走向，绵亘于棉兰老岛。米沙鄢群岛中的一些较大岛屿也有各自的中央山脉和大小山脉（Sato，1984）。

二、构造运动

菲律宾地区经历过多次构造运动。二叠纪末（或早三叠世运动）、侏罗纪末（或早白垩世运动）和白垩纪末运动，都出现过强烈的构造变形。这三次运动在加里曼丹岛也存在，从而说明两地该阶段的构造经历极为相似。白垩纪末的运动对于菲律宾地区有重要意义，因为这次运动使古地理面貌大为改观，群岛的轮廓基本形成。另外，也是由于这次运动，造成了西南地区与菲律宾其他地区的明显差异。根据西南地区的第三纪无火山喷发活动，因而划分出一个冒地槽阶段。第三纪期间也有多次构造运动。中新世末的运动是使地槽封闭的重

图 2-1 菲律宾地形高度分布

要运动，也正是因这次运动形成了如今菲律宾地貌景观的雏形。大规模石英闪长岩伴随这次运动侵入，菲律宾内生金属矿的形成多与这次运动有关（乔斯马、巴伯，1985；Sato，1984）。

加里曼丹岛山脉沉入巴拉巴克海峡后，形成了巴拉望岛与其他小岛，继之又构成民都洛岛与吕宋岛的西部山脉主干。加里曼丹岛山脉向东北延伸的褶皱地形形成了苏禄群岛。褶皱带从棉兰老岛开始，经过米沙鄢群岛与吕宋岛中央部分相连。菲律宾群岛陆地部分自北向南逐渐加宽，形成了一系列陆脊，其间又被许多内海和海峡所隔，其东侧菲律宾海沟为世界极深海沟之一，而西侧则是南海（Iwabuchi and Saiki，1968）。总之，菲律宾地质构造分为两大南北纵列单元。

三、地质基础

菲律宾群岛的地质构造骨架是中生代后期的火成岩，组成了吕宋岛中北部的中央山脉与东岸山脉、民都洛中东部山脉、班乃西部山地、棉兰老东部山地等，主要岩石为基性与超基性的橄榄石与辉绿岩等，并有零星的花岗岩（Murauchi et al.，1968）。而地面主要由第三系地层组成，第四纪与现代冲积仅限于平原与海滨地带。该群岛在地质构造上属亚洲大陆东南边缘巨大岛弧的一部分，位于巽他台地与萨呼尔台地之间的褶皱断层和火山喷发带内，新构造运动很强，地震频繁（铃木尉元、沈耀龙，1989）。

前新生界主要分布在菲律宾西部地区的巴拉望岛中北部、民都洛岛西部和三宝颜半岛等地，在东部地区吕宋岛的马德雷山、棉兰老岛中央山脉、比科尔和达沃等地也有出露，其中以巴拉望岛出露的层序较全。最老的石炭系-下二叠统为一套厚层状细碎屑岩系，夹灰岩透镜体，现大多变质为千枚岩、板岩、页岩和片岩，未见底，厚度不详。中二叠统为砾岩、砂岩与灰岩，夹薄层凝灰岩，含牙形虫等化石，与下伏为不整合关系。上二叠统为灰岩，含丰富纺锤虫生物化石，厚数十米，与中二叠统呈整合接触。中三叠统分布较为局限，为含放射虫的赤铁矿燧石岩，岩性横向变化较大，常过渡为绿片岩，厚度变化大，与下伏呈不整合关系。上三叠统-下侏罗统由灰岩、页岩和砂岩组成，厚数十米，与下伏中三叠统呈角度不整合关系。

中侏罗统为砂岩、砾岩层，无生物化石，具弱变质，厚度一般为十余米。上侏罗统-白垩系分布较广，特别是在菲律宾中东部地区，由玄武岩、安山岩、细碧岩夹层状凝灰岩、砂岩和页岩组成，大部分地区已变质为绿片岩，并且在上侏罗统上部和上白垩统顶部常含有蛇绿岩或蛇纹岩，以及超镁铁质岩。在吕宋的马德雷山和棉兰老岛的迪望达山一带，蛇绿岩可延伸至古新统中，但多以逆冲断片形式出现，与地层呈断层不整合关系。大部分地区缺失古近系的古新统，尤其是下古新统，只有在吕宋岛、宿务岛和内格罗斯岛见有出露不全的砾岩、砂岩及凝灰质砂岩。

始新统发育较好，但横向变化大。在北部吕宋岛以玄武岩、安山岩为主，夹着少量安山质火山碎屑岩和灰岩透镜体，厚度变化较大。在南部巴拉望、内格罗斯以及三宝颜、迪望达山一带则以砂岩、页岩和灰岩为主。在民都洛岛见有底砾岩。巴拉望一带灰岩厚度较大，达数十米，并含生物化石。

渐新统除在中部班乃岛、马斯巴特岛、莱特岛东部以及宿务岛北部等地缺失或大部分缺失外，在北部吕宋岛和棉兰老岛中央山脉等地仍然以火山岩地层为主，为中基性火山熔岩与凝灰岩互层，偶夹碎屑岩，其他地区下部以碎屑岩为主，上部以碳酸盐岩为主，构成一次沉积旋回，厚数十米，与下伏始新统呈整合接触。

新近系发育比较全，相对研究程度也较高，中新统在南部巴拉望至棉兰老一带发育，其下部以碳酸盐岩为主，上部以碎屑岩为主，构成一套海退层序。中部民都洛岛一带以粉砂岩、砂岩、页岩、碳质页岩为主，夹灰岩透镜体和煤层，展现出海陆交互特点。北部吕宋岛一带基本上以砾岩、砂岩、页岩为主，夹玄武岩、凝灰岩和少量灰岩，厚度变化大。中新统除巴拉望地区外，其他与下伏多呈不整合接触。

上新统主要由砂岩、粉砂岩与薄层灰岩组成，从沉积特征看，其中有两个以上沉积旋回，并且在其中部常含碳质页岩、薄煤层或煤线，底部砾岩发育，最厚可达数十米。部分地区在其底部或下部夹1—2层火山熔岩和凝灰岩。上新统与下伏多呈角度不整合接触。

更新统十分发育，从岩石组合可明显分为3种。一是中酸性火山熔岩及其凝灰岩，厚数米至数十米，分布较广，主要位于巴拉望岛、吕宋岛和棉兰老岛。二是砾岩和砂岩组合，个别夹薄层灰岩，厚度一般仅数米，主要分布在中部民都洛岛、班乃岛一带。三是灰岩、礁灰岩，厚度变化大，分布较分散，主要分布在内格罗斯岛和迪望达山。这3种岩石组合偶尔混合搭配，构成上下层位。

全新统以第四纪冲积层为主，个别沿海地区为海湾沼泽、海滩沉积以及珊瑚礁，内陆山区多为阶地砂砾层，厚度变化较大。个别河谷地带可见全新世安山质和英安质熔岩流与玄武质熔岩。全新统与下伏更新统均呈角度不整合关系。

第二节　岛群分布

菲律宾由 7 107 个大小岛屿和露出水面的石礁组成，有人居住的岛屿达 1 000 个，466 个岛屿超过 1 平方千米。吕宋岛、棉兰老岛、萨马岛等 11 个主要岛屿占全国总面积的 96%（刘宝银、杨晓梅，2003）。

一、吕宋岛及其附近岛屿

吕宋岛位于菲律宾群岛的北部，面积为 10.5 万平方千米，占全国总面积的 35%。岛上地形复杂，2/3 以上为山地与丘陵。地势北高南低，山脉南北纵列，山脉之间有峡谷与盆地。山下终年炎热，雨量丰富，年降水量达 2 000 毫米以上。其东部每年 6—11 月常有台风袭击（诸云强等，2017）。

菲律宾南北纵列的地貌类型繁多：①东岸山脉分布于文督半岛以北的吕宋岛东海岸。在仁牙因—丁加兰线以北的块断山，即称之为东岸山脉，这里的地貌特征主要为火山，海岸附近山体最高，且向东为悬崖峭壁，海滨平原极少，向西逐渐进入加牙鄢谷地。在仁牙因—丁加兰线以南，东岸山脉绵延 200 千米，宽达 50 千米，山脊海拔千米以上，坡度陡峭，几乎无滨海平原。②东南火山区位于拉涯湾东南的甘马仁半岛与米骨半岛。其南北纵列地形起伏不大，活火山与死火山广泛分布，其中以甘马仁半岛的拉博山以及米骨半岛的描容山、武路山等最为显著。③中央平原南北介于马尼拉湾与仁牙因湾之间，而其东西两侧分别为东岸山脉与西部山地。南北长约 192 千米，东西宽近 112 千米。地面大都接近海平面，河流穿过其间。④西部山地的三描礼士山脉自巴丹半岛向北，分为两支平行山脉，山脊海拔可达 1 400 米，最高山峰为 2 338 米。东坡陡峭，西坡平缓并延伸入海。由于断层关系，该山地与中央平原之间界线分明。而仁牙因湾附近仅为海拔 90 米的滨海低地。⑤西南火山区介于马尼拉湾与地耶拔湾之间，地面崎岖，河流纵横深切，多第四纪活火山。火山区以东与马尼拉湾相邻，面积达 2 410 平方千米，水深约 6.5 米，内湖湖面接近海平面高度。⑥西北部山地分布在仁牙因—丁加兰线西北，由南北走向的三个山脉组成。即自西向东排列为：海拔近 1 800 米的马来亚山脉；山坡陡峭，山脊海拔最高达 2 400 米的中央山脉；山坡较平缓，山脊海拔 1 500—2 100 米的婆利斯山脉。该山地的河流短急、河谷呈"V"字形。而在河流中下游较平缓地，发育有局部的冲积平原。海滨有平原、宽达 20 千米的第四纪沉积、上升的珊瑚礁与海成阶地等。⑦加牙鄢谷地位于西北部山地和东岸山脉之间，呈南北走向，全长 352 千米的加牙鄢河顺谷流入海洋。谷地北面向描布扬海峡开敞，谷地向南逐渐升高。

吕宋岛附近有北部海岸、西部岸段、苏比克湾、马尼拉湾、南部岸段、圣贝纳迪诺海峡、东部岸段（Iwabuchi and Saiki, 1968）。①北部海岸位于吕宋岛东北端锡尼吉安高角至西北端的博哈多尔角之间，除其东北角与帕塔角以西岸段外，基本为低平沙质岸。这里有圣维森特港、阿帕里港、嘎散巴兰甘湾、克拉佛里亚湾、帕萨兰格湾、班吉湾，以及注入海洋的布格伊河与卡加延河等。②西部岸段是指吕宋岛从其西北角博哈多尔角向南至圣地亚哥角之间的不规则而多山的海岸。该岸段湾大、港多。其中，博哈多尔角至迪累角岸段呈南北走向，海岸较低；位于吕宋岛西北端的博哈多尔角向东逐渐隆起，到该角以东 2 海里处，分布有断续的山丘。③苏比克湾位于苏埃斯特角及其以东 6.5 千米的比南嘎角之间，向北弯入近 10 海里，宽 2.5—6 海里。湾口被格兰德岛分隔成东、西侧水道，其中西侧水道深而宽，系主水道；东侧水道曲折而狭窄。湾内筑有比南嘎港、乌朗牙坡港等多个港口。④马尼拉湾位于戈奇诺斯角与利米特角之间，向陆弯入达 30 海里，最宽处为 23 海里。湾口被科雷吉多尔岛与嘎巴略岛分隔成深水的南北水道。该湾北侧与东北侧岸段系由潘潘加河与其他河口的三角洲组成，滨岸为湿地，水下浅滩向外延伸出 10 米等深线，距岸达 2—4 海里。该湾内有马尼佛累斯港、马尼拉港等多个港口。其中，菲律宾重要贸易港的马尼拉港位于该湾的东岸，它分为南港、北港与巴锡河三个港域。⑤南部岸段是指韦尔德岛水道至圣贝纳迪诺海峡沿岸，也包括诸多岛屿与岩礁。邻近的韦尔德岛水道穿越吕宋岛西南侧与民都洛岛北岸，西接南海，东连吕宋岛南侧的深水水道；而圣贝纳迪诺海峡介于吕宋岛东南端和萨马岛西北部之间。该岸段及其以南的苏禄海和菲律宾群岛之间，有从中国南海经各水道西口所来的潮流与从太平洋经各水道东口所来的潮流，两支潮流在岛间水道内混合。⑥圣贝纳迪诺海峡位于吕宋岛东南岸与萨马岛西北岸和附近岛屿之间，连接太平洋与菲律宾群岛水域，也是蒂高水道与萨马海的连接处。其附近分布有数个群岛，如位于圣贝纳迪诺海峡外方进口处，由两个小岛与两个大岩石以及数个暗礁组成的圣贝纳迪诺群岛，该群岛两侧有宽而深的水道；而圣贝纳迪诺海峡南端有着由六个岛屿所组成的纳兰霍群岛，岛间均有深水畅通的水道。该群岛与其以东的达卢皮里岛、萨马岛彼此间自东向西依次分布有宽而深的纳兰霍水道、嘎布尔水道与达卢皮里水道。⑦东部岸段是指地势高耸的锡尼吉安角至宾格角。其间，锡尼吉安角与其向南281千米处的圣伊尔德丰索角之间海岸十分规则；再从圣伊尔德丰索角与其向东南近407千米的宾格角之间的高耸而起伏不平的不规则海岸，由此多港湾，沿途分布有众多岛屿与岩礁，如波利略群岛、嘎拉瓜群岛、卡坦端内斯岛、圣米格尔岛、嘎格拉赖岛、巴坦岛与拉布拉布岛等。

二、棉兰老岛及附近岛屿

棉兰老岛位于菲律宾南部，大致位于北纬5°—10°，是菲律宾群岛中的第二大岛，面积约为95 583平方千米。棉兰老岛的形状不规则，北岸的伊利甘湾与南岸的伊利亚纳湾之间为宽14千米的地峡，南北纵列的山脉与平原交错，沿岸分布着许多深水海湾。棉兰老岛全年炎热潮湿，大部分地区年降水量在2 000毫米以上。台风对棉兰老岛的影响较小，植被以热带雨林为主。

棉兰老岛的地貌与米沙鄢群岛相似，包括了多种地貌类型区：①棉兰老岛最西部是三宝颜半岛。从地质构造上来看，三宝颜半岛是一个呈东北-西南走向的地块，分布着众多山地，山地南坡呈锯齿状。滨海平原以其南端、东北端与北面较为宽阔。棉兰老岛的最高峰为达皮克山，高达2 627米。②棉兰老岛中部是兰老-武基伦高地。从地质构造上来看，兰老-武基伦高地属于上升地块。武基伦高地由7个不同的高原组成，海拔达600米，地面切割强烈，7条山脉横亘其间，其中3条为死火山山脉。兰老高地海拔高达700米以上，均由玄武岩组成。其中心有一由死火山口形成的兰老湖，面积达340平方千米，湖面海拔700米，水深112米，为菲律宾群岛第二大湖。而该湖的南岸有环立的死火山与活火山，岛上的河流向北注入棉兰老海。③亚虞产谷地位于丁阿塔山西麓，长 230 千米，宽达 30 千米，是兰老-武基伦高地与丁阿塔山之间的北北西-南南东向的构造谷地，地面低平。亚虞产河发源于丁阿塔山南部，干流长达 150 千米，河谷宽约 25 千米，向西北注入棉兰老海，为菲律宾群岛第三大河。谷地中湖泊相望，运河纵横，多是低洼地。终年湿热，植被以热带雨林为主。④古达描岛谷地位于兰老-武基伦高地以南，原来是一个古海湾，长达 400 千米，宽约 50—60 千米。它是由棉兰老河冲积而形成的，地势低平，河床曲折，两边多沼泽，河口附近有宽阔的三角洲。⑤棉兰老东岸是丁阿塔山地。从地质构造上来看，丁阿塔山地是一个断块山，主要由安山岩与玄武岩等火成岩组成。其中丁阿塔山地的最高峰是希朗希朗山，海拔 1 837 米。山地向东直逼太平洋，沿海平原狭窄而断续。⑥玛士通山地位于古达描岛谷地以东，主要由高山高原组成，山地上部为安山岩，下部以砂岩、页岩与石灰岩为主。海拔 2 954 米的阿颇火山山峰为菲律宾群岛第一高峰。它与棉兰老岛第二高峰玛士通山之间为海拔 600 米的高原，沿海平原狭窄。⑦治鲁雷高原位于古达描岛谷地与玛士通山地的西南部，在地质构造上属于地垒。海拔多在千米以上，地面崎岖，多火山，最高峰武萨山海拔为 2 082 米，山地南侧直逼曲折的海岸。

棉兰老群岛港湾众多：①棉兰老岛西岸濒临苏禄海东岸，即从嘎尔德拉角向北至波洛角，100 米等深线距岸 0.3—5 海里。此地每年西南季风期的风浪都特别大，并且从巴西兰海峡来的向西潮流沿西岸向北，至西岸中部与从苏里高海峡来的南流汇合，形成一股流向嘎尔德拉角的强东向涡流。②棉兰老岛北岸地势起伏较大，陆地有数座高达 2 000 米以上的死火山，沿岸平原宽阔，并有大河注入海洋。北岸从西向东被半岛或海角分隔成四个大海湾，分别是伊利甘湾、马卡哈拉湾、京奥奥格湾与武端湾。20 米等深线距岸不超过 1.5 海里。这里东北季风与西南季风相当强。③棉兰老岛东岸面向太平洋，基本呈南北走向，北始比拉阿角，南至圣阿古斯丁角。海岸曲折多岬角，并有岸礁，外缘邃深。嘎维德角以北海域水浅且分布有众多岛屿和岩礁，并均在 100 米等深线以内陆架上。特别是从嘎维德角至嘎达尔曼角之间的礁脉与浅滩，向外延伸达 6 海里，沿岸有诸多港口，如苏里高港与布拉塞尔港等。④棉兰老岛南濒苏拉威西海，西连苏禄海，东通太平洋，西南还有苏禄群岛，并与马来西亚与印度尼西亚相连。该岸段有棉兰老岛第一大湾的莫罗湾，以及达沃湾、锡布盖湾、伊利亚纳湾与萨兰加尼湾等。这里的棉兰老河三角洲生长有红树的低洼湿地，以及位于棉兰老岛西南端与巴西兰海峡北侧著名的三宝颜港。

三、米沙鄢群岛

米沙鄢群岛位于菲律宾中部，吕宋岛与棉兰老岛之间，呈南北纵列，岛上丘陵与平原相错，海拔多在1 500米以下。自北而南，台风影响由强到弱。各岛年降水量近2 000毫米，但其东、西岸降水量差异较大。所属岛屿地貌类型错综复杂，共有8个较大的岛屿，包括萨马岛、民都洛岛、班乃岛、内格罗斯岛、马斯巴特岛、宿务岛、保和岛、莱特岛。

萨马岛是米沙鄢群岛中最大的岛屿，位于米沙鄢群岛东北边缘，同为菲律宾群岛的第三大岛。从地质构造上来看，萨马岛是一个呈北北西-南南东走向的地块，西海岸为一断层带，东海岸濒临菲律宾深渊。而岛中央山地海拔达800米，由此河流向四周辐射，除山地外，还有崎岖的丘陵与狭窄的滨海平原。

米沙鄢群岛西北端有民都洛岛，位于地质构造线方向突然改变处，其南北均为地槽型深海峡谷，即民都洛海峡等。民都洛岛为抬升地块，从帕屈立克山到木山的山脊线作北偏西20°方向。由山脊线向西南海岸坡度平缓，向东南海岸坡度陡急。这座岛大部分由死火山熔岩组成，形成波状起伏的高原地面。岛的南部地势较低，主要为起伏的丘陵。沿海有一些断续而狭窄的冲积平原，其中以北部的巴科河冲积平原与南部的仙焦斯河冲积平原较为广阔。

米沙鄢群岛南部有班乃和内格罗斯岛：①班乃岛位于民都洛岛的东南部，地质构造上属于吕宋弧的马尼拉盆地带。西部为马尼拉盆地带西支，南北纵列的山脉绵延，海拔均在千米以上，最高山峰描洛山海拔高达1 728米。中东部则为马尼拉盆地带中支，有长达100千米、宽约25千米的班乃河等河流穿过其间的构造盆地，地面低平。南部沿海有较大的沼泽地。东部米沙鄢台地以起伏的丘陵为主。②内格罗斯岛位于班乃岛的南部，为米沙鄢群岛的第二大岛，同为菲律宾群岛的第四大岛。其上多为东北-西南走向的山地，大部分海拔500—1 000米，最高山峰是坎拉翁山，海拔2 465米。岛的北部为高地，火山绵亘，形成了火山性土壤；北海岸有较宽的滨海平原，多珊瑚礁和沼泽，近岸水深达

30米。而岛的南部主要由玛拉潘塔山与玛加索山等火山组成，南濒苏禄海，近岸水深达535米。

米沙鄢群岛的其他岛屿：①马斯巴特岛位于吕宋岛和莱特岛之间，作"入"字形，且地势低平。马斯巴特岛的主要山地呈西北-东南走向，山脊高达500米；而一支是呈东北-西南走向的山地，延伸至海岸，滨海平原并不广阔。岛东北近岸水深近900米，相对多海港，而西南沿岸水深则很浅。②宿务岛位于武运岛的西部，呈东北-西南走向的狭长形，长达216千米，宽约35千米。中央为山地，多由石灰岩、页岩与砂岩等组成。高度为850—1 100米，岛周边多为狭窄的海滨平原，滨海上有发育的珊瑚礁，航行较为便利，其与内格罗斯岛之间有一深500米的狭窄海峡。2—4月为旱季，降水量与周围岛屿相比较少。③保和岛位于莱特岛西南部，大致呈圆形，海拔500米以下，海岸较平直，西北岸多珊瑚礁，船舶难以靠近。岛上以丘陵为主，中央为石灰岩组成的丘陵，最高峰海拔达800米。岛的南、北分别有因纳班加河冲积平原与罗爱河冲积平原。④莱特岛位于萨马岛以西，东西两岸多海湾，最窄处仅为21千米。其与萨马岛之间为萨马海峡，海峡最窄处仅1 600米，水流湍急。岛上山地呈西北-东南走向，纵贯全岛，岛上多火山，山脊海拔达千米，其中最高峰亚尔托山高达1 349米。岛西南部为丘陵地，东北部则有广阔的平原，西岸沿岸也多平原耕地，植被也以热带雨林为主。

米沙鄢群岛的西北群岛广泛分布在开阔的海域内，西为锡布延海，南邻米沙鄢海，东为萨马海（Iwabuchi and Saiki, 1968）。这里还分布有几个港湾。米沙鄢群岛的西群岛屿包括班乃岛、内格罗斯岛、宿务岛与其邻近岛屿，周边被西部的苏禄海、北部的锡布延海与米沙鄢海、东部的嘎莫德斯海与保和海所围。岛间分布有怡朗海峡、吉马拉斯海峡、达尼翁海峡与保和海峡等。米沙鄢群岛的东群岛屿包括保和岛、锡基塞尔岛、萨马岛、莱特岛及其邻近岛屿，周边被西部的萨马海、米沙鄢海与嘎莫德斯海，南部的保和海，北部与东部的太平洋所围。

四、巴拉望岛及其附近岛屿

巴拉望岛位于菲律宾西南部，民都洛岛与加里曼丹岛之间，呈北北东-南南西走向（Mogi，1970）。巴拉望岛及其附近岛屿包括卡拉棉群岛、巴拉望岛与巴拉巴克岛等，东西两侧分别邻接苏禄海与南海。该岛弧的西部没有火山，而东部邻接地质断层带。巴拉望岛位于苏禄海与中国南海之间，形状狭长，呈东北-西南走向，长 423 千米，最宽处近 45 千米，最窄处仅 9 千米。该岛的山地主要分布在西南部，海拔 2 054 米的曼塔灵阿汉山为最高峰。海拔 600 米左右的丘陵主要分布在东北部，沿海平原少，珊瑚礁发育广泛。终年炎热潮湿，植被以热带季雨林、热带雨林与山地森林为主。

巴拉望岛西岸由低山丘陵与中央山脉的支脉形成极不规则的海岸，北岸段多岛屿和海湾。近岸水深，近 200 米等深线从该岛北端利布罗角以西 33 海里处，向西南延伸至利布卢延角以西 23 海里处，该等深线内散布有众多的礁滩。该岛东岸从北向南有诸多海湾，如太太湾、绿岛湾与杭达湾等五大海湾，湾中有 2—11 千米范围的低地，并有山地河流流入低地，在河口形成有拦门沙。距岸 20 海里内也散布有许多岛礁与浅滩。

巴拉望岛东北部分布着卡拉棉群岛、利纳帕坎岛与库约群岛等，位于民都洛岛、班乃岛与巴拉望岛东北端之间，大致为 10°23′N—12°27′N，119°30′E—121°15′E。卡拉棉群岛是由布桑加岛、龟良岛以及许多小岛组成，其与民都洛岛之间相隔民都洛海峡。布桑加岛是卡拉棉群岛中最大的岛屿，形状不规则，海岸曲折多港湾，沿岸分布有岸礁，岛峰高达 640 米。其附近分布的岛礁，如杜门巴利岛、楠嘎群岛、塔布拉斯岛等 20 多个。该岛东北岸即从北端的马嘎钦角向东 41 海里至阿洛农角之间为曲折的岸段，岛以北 28 海里范围内，以及距东北岸 5—10 海里范围内分布有众多岛礁，而其岸礁之宽从几米到千米以上，礁缘外遽深，近 20 米等深线基本位于岸礁外侧。龟良岛位于布桑加岛西南近 4.5 海里处，是卡拉棉群岛中的第二大岛。岛岸曲折多湾，其最高峰高达 475 米，邻近散布有许多岛礁，如嘎罗格岛、拉霍岛、拉木岛、朗卡岛与乌利利岛等 10 余座岛屿，岛间有水道。利纳帕坎岛是龟良岛南端与巴拉望岛东北岸之间最大的岛屿，其海岸曲折、岸外遽深，多山，主峰高 331 米。该岛东北侧邻近岛屿周边遽深，岛间水道较深，附近岛屿有迪嘎布卢兰岛、班嘎尔道安岛和佩德罗岛等 20 余个岛屿。库约群岛包括 40 余个岛屿与众多礁滩，散布在巴拉望岛北部与班乃岛之间，其中以面积达 58 平方千米的库约岛为最大，其余的有基尼卢班群岛、基尼卢班岛、提尼提土安岛等。巴拉望岛周边还分布着巴拉望水道、马兰亚湾（巴拉望岛西岸重要的海湾）、圣安托尼沃湾等。

五、苏禄群岛

苏禄群岛位于棉兰老岛与加里曼丹岛之间，是两层互相平行的陆脊上的 300 余个大小岛屿。东北从巴西兰海峡起，西南至阿利斯海峡，长达 220 海里，宽约 50 海里，并将苏禄海与苏拉威西海隔开（Mogi，1970）。其由巴西兰岛、霍洛岛与塔威塔威岛及其周围的一些小岛所组成，并且在岛湾中建有一些港口。岛屿大部分由火山活动形成，并且四周发育有许多珊瑚礁。其中外层，即东北面由三宝颜半岛向西南延伸至加里曼丹岛的达佛尔湾以北，没有火山，主要是珊瑚礁性质的蜂牙塔朗列岛。而内层，即东北面从三宝颜半岛经描西郎、霍洛、塔威塔威岛延至达佛尔湾以南，这里存在活火山。

苏禄群岛及其附近岛屿包括巴西兰岛、潘古塔兰群岛、皮拉斯群岛。①巴西兰岛位于苏禄群岛东北端，与三宝颜半岛之间相隔巴西兰海峡。巴西兰岛是一个火山岛，而且是苏禄群岛中的第一大岛，岛主峰巴西兰峰高达 1 011 米。岛岸由低平的珊瑚砂组成，并生长有红树林，而部分岛岸并不规则。该岛附近分布有 30 余个岛礁与浅滩，如潘加萨汉岛、戈雷诺岛与高卢安岛等。岛间有比欣迪努萨水道、高卢安水道和博黑累本水道等。在其西北岸有巴西兰港。②潘古塔兰群岛与皮拉斯群岛位于苏禄群岛北部的浅水带东北处，该浅水带系指由德英阿岛东北东方 5 海里起，向西南西方延伸 143 海里至锡嘎灵岛的浅滩，其与巴西兰岛、霍洛岛、塔威塔威岛与加里曼丹东北岸等，围成水深达 600 米的内海浅水区。潘古塔兰群岛从德英阿岛西南方 29 海里处的费沃里特浅滩，向西南西方延伸 111 海里到珍珠滩，呈狭长形，均为低平珊瑚岛。该群岛附近还分布有 40 余个岛礁与浅滩，岛间与岛滩间水道纵横。皮拉斯群岛位于苏禄群岛东北部，它由 40 余个岛、洲、礁、滩组成，并散布在德英阿岛向南、西南西方各延伸 28 海里的三角形浅水区内（Mogi，1970）。

第三节　火山分布

菲律宾山地占全国土地总面积的 3/4 以上。菲律宾海拔在 1 500 米以上的山峰有 29 座，分别分布在 8 个岛屿上，棉兰老岛有 11 座，吕宋岛有 9 座，巴拉望岛有 3 座，民都洛岛有 2 座，另外 4 座分别分布在其他岛屿，绝大多数是火山（表 2-1）。

一、总体概况

菲律宾死火山和活火山共有 200 多座，在过去 600 年间喷发过的活火山有 22 座，最为著名的则有 3 座。棉兰老岛的阿波火山（Mt. Apo）是菲律宾的最高峰，有"火山王"之称，近百年没有喷发，但一直冒烟。吕宋东部的马荣火山（Mayon Volcano），海拔为 2 462 米，周长 130 千米，是菲律宾最大的活火山。吕宋西南部的塔尔火山（Taal Volcano），海拔仅为 300 米，是世界上最低、最小的火山（马燕冰、黄莺，2007）。

表 2-1　菲律宾凸起高度超过 1 500 米的山峰　　　　　　（单位：米）

次序	山峰名	所在岛屿	海拔	凸起	高度差
1	阿波火山	棉兰老岛	2 954	2 954	0
2	普洛格山	吕宋岛	2 922	2 922	0
3	哈尔空山	民都洛岛	2 582	2 582	0
4	塔古布德山	棉兰老岛	2 670	2 580	90
5	马荣火山	吕宋岛	2 462	2 447	15
6	卡坦格拉德山	棉兰老岛	2 938	2 440	498
7	坎拉翁山	内格罗斯岛	2 430	2 430	0
8	马林当山	棉兰老岛	2 404	2 290	114

续表

次序	山峰名	所在岛屿	海拔	凸起	高度差
9	玛蒂阿克山	班乃岛	2 117	2 117	0
10	曼塔林山	巴拉望岛	2 085	2 085	0
11	贵亭山	锡布延岛	2 058	2 058	0
12	高峰	吕宋岛	2 037	2 015	22
13	伊萨诺格山	吕宋岛	2 000	1 951	49
14	玛图图姆山	棉兰老岛	2 286	1 950	336
15	巴拉豪山	吕宋岛	2 170	1 919	251
16	希隆希隆山	棉兰老岛	1 920	1 838	82
17	曼迦邦山	棉兰老岛	2 480	1 803	677
18	布沙山	棉兰老岛	2 030	1 661	369
19	凯奥拓山	棉兰老岛	1 816	1 639	177
20	曼巴豪山	卡米金岛	1 630	1 630	0
21	维多利亚峰	巴拉望岛	1 709	1 619	90
22	民甘山	吕宋岛	1 901	1 601	300
23	皮阿帕云干	棉兰老岛	2 815	1 590	1 225
24	克利奥帕特拉之针	巴拉望岛	1 608	1 582	26
25	锡卡波山	吕宋岛	2 361	1 581	780
26	巴科山	民都洛岛	2 364	1 574	790
27	布卢桑火山	吕宋岛	1 565	1 547	18
28	拉泊山	吕宋岛	1 544	1 524	20
29	卡拉屯甘山	棉兰老岛	2 880	1 502	1 378

资料来源：Picklist. PHILIPPINES MOUNTAINS: 29 Mountain Summits with Prominence of 1500 meters or greater，http://www.peaklist.org/WWlists/ultras/philippines.html，2005-8-11.

菲律宾火山数量众多、种类繁多，被称为"火山之国"。原因如下：一是地球构造。菲律宾地处亚欧板块、太平洋板块、印度洋板块和澳洲板块的汇聚点，地质构造复杂，构造活动频繁。由于洋壳的寿命较短，在菲律宾等地块上，岩浆会通过地壳裂缝形成火山喷发口，形成火山岩（Murauchi et al.，1968）。二是板块碰撞和活动。当板块相互碰撞或挤压时，岩石中的水和气体会被释放，导致火山活动。由于太平洋板块不断向亚欧板块深处推移而导致岩石变形和熔化，释放出了大量的火山碎屑和火山物质。三是地壳运动。地壳运动也是菲律宾火山活动的重要因素之一，岩浆被地壳热量加热形成火山岩石。四是气候变化。火山岩是由导热性低的岩石和含水气体中的高能热气体混合物组成的。当气温变化时，火山口的温度也会随之变化，释放出水和气体，迅速形成岩浆。从地质学来看，菲律宾位于亚欧板块和菲律宾板块的交界地带。总体而言，菲律宾是一个具有活动性岛弧特征的区域，火山活动频繁的背后是地球构造、板块碰撞和活动、地壳运动、气候变化等多种因素综合作用的结果（刘若新、李霓，2005）。

二、阿波火山：菲律宾最高的火山

阿波火山是一座位于菲律宾棉兰老岛东南部的活火山，至今仍经常冒烟，地处达沃市、南达沃省和哥打巴托省交界。从这座山峰俯瞰，东北45千米的是达沃市、东南25千米的是迪戈斯、西20千米的是基达帕万。阿波火山海拔2 954米，是菲律宾群岛、棉兰老岛的最高山峰，也是全世界岛屿的第24高峰。Apo意为"祖先"，可见在当地人心中的重要地位。阿波火山最近的喷发时间无人知晓，历史上也无相关记录。火山喷发产生了从安山岩到英安岩的熔岩，一条硫质喷气孔线从海拔2 400米的东南侧延伸至山顶。

阿波火山有三座山峰，其中西南部山峰海拔最高，山顶是一个宽200米的火山口，火山口内有一个小湖。阿波火山被归类为休眠成层火山，尽管该地区存在火山岩和火山口，但阿波火山实际上没有已知的历史喷发。山上有4个湖泊、19条主要河流、21条小溪和瀑布、2座地热电站、2座水电站。阿波火山山顶的气候属于高山气候，每月平均温度均不超过10℃，全年降水量相对平均。月平均温度范围从1月的6.9℃到4月的8.9℃。月相对湿度范围从3月和4月的78%到6月和7月的82%。1月和2月的最低温度为2.4℃。阿波火山是菲律宾潮湿的地方之一，年平均降水量约为2 500毫米。

阿波火山是众多植物和动物的生长地。该地区包括148科维管植物和非维管植物，以及124科蕨类植物、被子植物和其他属于苔藓植物科的物种。动物包括227种脊椎动物、69科两栖动物、118种蝴蝶、272种鸟类，其中111种鸟类是该地区特有的①。同时，阿波火山也是世界上最大的鹰类——极度濒危的食猿雕——菲律宾的国鸟的家园。阿波火山还拥有菲律宾知名的地热能资源，是棉兰老岛唯一拥有地热能资源的地区。①阿波火山是鸟类保护区。有白腿小隼、八哥、食猿雕、蓝短翅鸫、粉胸咬鹃、黄腹啸鹟、岛仙鹟和小斑姬鹟。还可以看到吕宋高地的鸟类，如灰顶伯劳、菲律宾红腹灰雀、白颊红腹灰雀。在原始森林地区还发现了火冠鸟、雪眉鹟、黑桂扇尾鹟和桂红绣眼鸟。②阿波火山是蝴蝶的栖息地。这里有大量的蝴蝶，如草黄蝴蝶、青线凤蝶、白昼蝴蝶、尾松鸦蝴蝶以及五种特有蝴蝶：菲律宾青斑蝶、正午斑粉蝶（Delias lecicki）、斯科宁斑粉蝶（D. schoenigi）、阿波斑粉蝶（D. apoensis）和林斑粉蝶（D. woodi）。③这里还栖息着蝙蝠、果子狸、鹿、老鼠、松鼠、有蹄类动物、鼩鼱和裸鼠。还有五种特有动物：棉兰老岛山地森林鼠、菲律宾树鼩、菲律宾树松鼠、棉兰老岛刺猬或棉兰老岛月鼠，以及菲律宾刺猬（属于刺猬家族）。菲律宾鹿是该地区受威胁最严重的哺乳动物。④阿波火山还存在着多种爬行动物和两栖动物。在该地区发现的一些爬行动物包括短尾石龙属的穴居石龙子、卡明耳石龙子、蜓蜥科（Lygosoma）的蜥蜴和水蜥蜴。这里还有多种蛙类，包括菲律宾林地树蛙（濒临灭绝的物种）、宽心林蛙、角林蛙、远足蛙、穆勒蟾蜍、棉兰老岛蟾蜍、平头蛙、山地窄口蛙。由于淡水稀缺，这些物种的数量增长缓慢。

三、马荣火山：吕宋岛复式火山

马荣火山是位于菲律宾吕宋岛东南部的活火山，也是世界上轮廓最完整的火山，号称"最完美的圆锥体"。马荣火山位于比科尔大区阿尔拜省，在首都马尼拉市东南方约340千米处。马荣火山经常被同日本的富士山相比，是菲律宾著名的旅游景点。马荣火山的形成是由于板块运动和地质变化引起的。马荣火山的形成背景可追溯至几百万年前，那时菲律宾位于靠近赤道的海底中央的一块陆地上。随着地球板块的运动和海洋板块向菲律宾深部俯冲，这块陆地慢慢沉没，并且被海底火山岩覆盖。随后，板块运动和火山运动继续引起地质变化，

---

① 资料来源：visitphilippines（https://www.visitphilippines.org）。

新的岩浆从地壳深部升起，并在地表逐渐堆积。

在火山学的分类中，马荣火山属于复式火山，对称的圆锥体是经由多次的火山灰和熔岩流喷发、累积的结果。马荣火山是菲律宾非常活跃的火山之一，在过去400年间，有记载的喷发共47次，第一次记载的喷发时间是1616年。1616—1968年，马荣火山共喷发36次，规模最大的一次是1814年2月1日，火山岩浆埋没了卡葛沙威镇，有1 200人丧生，只剩下卡葛沙威教堂的塔尖露出地面。最壮观的一次喷发发生在1897年6月，当时马荣火山在连续7天内持续喷射熔岩。马荣火山最近于2018年1月13日喷发过一次，喷出高达3千米的火山灰，在8千米的危险区内，至少有1.34万名居民面临降下火山灰的风险。火山喷发持续不断地增强喷发力度，1月16日，火山所在地25千米的居民紧急疏散，阿尔拜省进入灾难状态，中国驻菲使馆提醒中国公民在当地注意安全，在大陆的中国公民谨慎进入。根据有关报道，马荣火山共出现了9次火山性微动、4次短暂的熔岩喷发和75次熔岩崩塌。1月17日，已疏散超过34 000人，民众被安顿在30个紧急疏散中心。1月22日，马荣火山喷出大量火山灰，菲政府已将喷发警戒级别提高至4级，并再次疏散火山周围的居民。1月23日，马荣火山再次喷发，已疏散56 000名居民。1月24日，马荣火山持续喷发，500人患呼吸道感染。该次火山爆发导致黎牙实比机场（Legazpi Airport）关闭数日，8.1万人流离失所。

四、塔尔火山：世界最矮的活火山

塔尔火山（Taal Volcano），位于吕宋岛八打雁省塔尔湖，距离首都马尼拉市约50千米，是菲律宾非常活跃的火山之一。塔尔火山是世界上最矮的活火山，相对高度仅200米。该火山在地貌上较为奇特，在大的火山口湖（塔尔湖）中有一个小的火山口湖，就像袋鼠妈妈的育儿袋中还有一只小袋鼠一样，二者构成了"母子"火山。塔尔火山顶上的火山口有25千米长，15千米宽，面积约300平方千米。火山口中积聚了不少水，形成了一个火山口湖，叫"塔尔湖"。塔尔湖中的小火山，名叫"武耳卡诺"。塔尔火山和武耳卡诺的年龄相差很大，塔尔火山出现在地质年代的第四纪，而武耳卡诺在1911年塔尔火山爆发后才出现。武耳卡诺也是塔尔湖中的一个小岛，岛的顶端有几个喷火口，其中一个喷火口中积累了不少水，形成了一个小湖。塔尔火山"山中有山，湖中有湖"，是大自然的一大奇迹。

有历史记录以来，塔尔火山有过 30 余次喷发，历史上最大的一次喷发发生在公元前 3580±200 年，火山爆发指数（Volcanic Explosivity Index，VEI）达到 6 级，该指数由 0 到 8 逐级递增，每增加一级意味着火山爆发强度增加十倍。塔尔火山区周边人口密集，距首都马尼拉市仅 60 多千米，火山喷发灾害风险较大。塔尔火山本身规模并不大，但由于住在火山附近的人口数量众多，一直以来都被认为是世界上极危险的火山之一。塔尔火山的成因与亚欧板块、菲律宾板块的汇集有关。自 1572 年有记录以来，塔尔火山有 33 次火山爆发，其中 1911 年的爆发导致逾千人死亡。近年来，塔尔火山仍在不断喷发，1911 年、1965 年、1970 年、1976 年都曾喷发过。1976 年那次喷发，火山灰腾空而起，高达 1 500 米。2020 年 1 月，塔尔火山再次喷发。

对塔尔火山的监测始于 1952 年，然而 1965 年的一次火山喷发摧毁了火山监测设备，1966 年又重新布设了监测设备。现在塔尔火山已建成较为先进的火山监测系统，配备有火山地震、连续 GPS、连续 CO_2 气体、倾斜形变监测等设备。自 1977 年火山平静以来，直到 2020 年 1 月，火山学家共监测到至少 5 次火山震群事件，地表形变每年高达 20 多厘米，火山口湖 CO_2 排放每天高达 4 000 多吨。

五、皮纳图博火山：喷发规模第二大的火山

皮纳图博火山（Mount Pinatubo）是一座活跃的层状火山，位于菲律宾吕宋岛三描礼士、打拉和邦板牙三省的交界处，岩层主要由安山岩和英安岩构成。1991 年之前，皮纳图博火山并不知名，而且受到严重侵蚀。当时它被茂密的树林覆盖，住有数千名原住民，他们的祖先在 1565 年西班牙人征服菲律宾后从低地逃往山区。1991 年 6 月，皮纳图博火山爆发，是 20 世纪发生在陆地上第二大规模的火山爆发。其喷发后的火山灰横跨南海中部，影响面积达 4×10^5 平方千米。根据斯密森研究所对火山爆发指数的划分标准，1991 年皮纳图博火山爆发指数为 6 级。与上一次已知的爆发相距 450—500 年（火山爆发指数为 5 级），

与上一次达到火山爆发指数 6 级时隔 500—1 000 年。

皮纳图博火山爆发时，将 5 立方千米的火山灰喷射到高空，其中包含约 3 兆吨的 Cl、42 兆吨的 CO_2、17 兆吨的 SO_2 以及大量其他气体。皮纳图博火山喷发的火山灰主要成分是浮岩和玻璃（74%），其次是斜长石（15%）和角闪石（9%），黑云母、石英、镁铁闪石等仅占 2%。在火山玻璃、斜长石、角闪石和镁铁闪石中检测出大量硅、铝、铁、镁等元素。这次爆发引起的火山碎屑流、火山灰和由台风容雅登陆后的雨水触发的火山泥流严重破坏了邻近的地区，数千间房屋和其他建筑物被摧毁。当地的河流系统在后续数年都因此次喷发而改变。1992—1993 年，火山口附近仍持续有小型穹丘形成喷发。火山爆发的影响扩散至全球，也为当地地表带来大量的矿物和金属，并向平流层注入大量的气溶胶。数月后，气溶胶再形成一层硫酸雾，导致 1991—1993 年全球平均气温下降约 0.5℃，臭氧层空洞亦短暂大幅增加。

第四节　河谷与平原分布

菲律宾的河谷与平原相对较少，主要分为内陆河谷和沿海平原两种。内陆河谷大多因地下断层陷落作用或由河流冲积而成，主要分布于吕宋和棉兰老这两个最大的岛屿上（Foreman，1906）。吕宋岛北部的卡加延河谷，总面积达 5 000 平方千米，是亚洲最大的烟叶产区。吕宋岛的中央平原，面积是卡拉延谷地的两倍，是菲律宾最著名的粮食种植地区。棉兰老岛东北部的阿古桑河谷，南北长约 300 千米，中部宽度最大处达 40 千米。棉兰老岛西南部的哥打巴托河谷，长 400 千米，中段宽度最大处达 85 千米，土地肥沃，适宜发展农业，在菲律宾农业经济中也占有重要地位。至于沿海平原，由于菲律宾东部沿海山脉从海洋边缘急剧隆起，各岛沿海平原难以伸展，加上山涧溪流的冲刷，形成断续间隔的小块冲积三角洲，宽度一般只有 15 千米左右。

一、卡加延河谷

卡加延河谷盆地主要含有渐新世-更新世浅海相碎屑沉积物，对这些沉积物的厚度估计不一，从 7 500 米到 10 000 米。最老的岩石由渐新世凝灰质砂岩、粉砂岩和集块凝灰岩组成，它们覆盖在变质的火成岩和沉积岩基底之上。该盆地在晚渐新世-早中新世时较浅，沉积了致密的浅水相灰岩。随后，盆地中部下沉并加深。在盆地两侧沉积了诸如砂岩和礁组合的边缘相，而在盆地中部则沉积了厚的海相页岩和浊积岩。更新世至现代的物质由陆相砂、粉砂、砾石和火成碎屑物组成。整个剖面中，火山来源物质在晚第三纪粗碎屑沉积物中占了很大比例。这表明在卡加延河谷盆地发育的大部分时间内都有火山活动存在。盆地的构造走向一般呈南北向，东部具有强烈不对称的褶皱。盆地北部边缘被北东走向的地垒断块所破坏。由于这一地区背斜轴走向明显偏东，地垒断块的出现似乎要早于褶皱作用。油气显示表明该盆地是一个潜在的含烃类区，但迄今所钻的 20 口井都没有找到工业性油气藏。

卡加延河谷是菲律宾第二大区，位于吕宋岛东部，包括 5 个省和 3 个市：巴丹群岛省、卡加延省、伊萨贝拉省、新比实加耶省和奎里诺省以及卡加延市、土格加劳市和圣地亚哥市。西临科迪勒拉山脉，东临马德雷山脉，南临卡拉巴洛山脉，北临吕宋海峡。卡加延河谷如同它的名称，整个大区基本覆盖在菲律宾最长的河流——卡加延河的河谷地带。根据考古发现，当地可能在 50 万年前即有人类居住，原住民大部分来源于马来人种，西班牙殖民者到来后，和印度、中国、日本以及马来人的商业往来形成，这里成为烟草的主要产地。卡加延河谷种植雪茄烟叶的历史可以追溯到 1592 年，由西班牙传教士将古巴的种子带到菲律宾并开始种植，卡加延河流域的伊莎贝拉（Isabela）、卡加延（Cagayan）、潘加锡南（Pangasinan）、宿务（Cebu）和拉乌尼翁（La Union）是最适合雪茄烟叶生长的地方。当地生产的烟叶颜色较浅、口感温和、香气丰富，主要用作手工雪茄的茄衣和茄芯，或用于卷制机制雪茄。卡加延河谷还是全国第一大玉米生产地和第二大大米生产地。

二、中央平原

中央平原位于吕宋岛西部和东部，在中科迪勒拉山脉和马德雷山脉之间，有三描礼士山脉和科迪勒拉山脉贯穿南北，形成西、东两侧的天然屏障。两大山脉成功阻隔了来自南中国海和西太平洋的气流。西太平洋台风经行至此，往往会被山峰阻隔在外。台风尾声化为适量的降水，润泽大地，对农作物的威胁大大减弱。适合的气候和土壤条件促进了中央平原区域农耕业的发展。这里90%以上的土地都种植了稻米，总产量超过吕宋岛全岛稻米产量的1/3。因此，中央平原区又获得"谷仓"的美誉。它和吕宋岛西南地区并称两大稻米种植基地，成为菲律宾主要农作物。稻米是菲律宾民众日常食用的主食，也是吕宋岛乃至整个菲律宾种植规模最大的农作物。

在中央平原区与西南地区两大农业区之间，分布着人口稠密、工业发达的都会区。都会区由菲律宾首都马尼拉市和周边地区组成，拥有全国最发达的工商业、交通运输业、服务业和教育资源，是菲律宾政治、经济和文化中心。都会区每年都会迎来大量外来人口，成为菲律宾最受欢迎的地区。在都会区，奎松市的风采丝毫不亚于马尼拉市。为了纪念菲律宾联邦第一任总统曼努埃尔·路易斯·奎松（Manuel Luis Quezon y Molina），这座前首都城市被命名为"奎松市"。奎松市是全国人口最多的城市，同时有着"菲律宾好莱坞"之称。在吕宋岛东南部，还有一个奎松省，原名塔亚巴斯，是曼努埃尔·奎松出生的地方。因此，这个省份也以"奎松"命名。

三、阿古桑河谷

阿古桑河谷是在中棉兰老岛高地与太平洋山脉之间宽达64—80千米的肥沃河谷。阿古桑河谷是菲律宾重要的人口中心，如武端、卡巴巴兰（Cabadbaran）和布埃纳维斯塔（Buenavista）等，均集中于海湾周围。武端以西的纳西皮特（Nasipit）是大规模的木材加工基地。武端与南面的达沃市之间有公路相通。埃斯佩兰萨（Esperanza）和塔拉科贡（Talacogon）是位于天然冲积堤上的传统贸易站，沿河两岸后又兴建了许多贸易村。沿阿古桑河中游的沼泽区是伐木业集中地。沿河下游为种植园，盛产椰子、稻米、竹和各种水果，辅以渔业。主要粮食作物为稻米，经济作物以椰子为主。

第五节 土壤类型及分布

菲律宾拥有多种类型的土壤，包括红壤、黄壤、棕壤、砖红壤、黑壤、火山土等。红壤和黄壤分布较为广泛，主要分布在吕宋岛和棉兰老岛的一些地区。棕壤和砖红壤主要分布在一些山区和丘陵地区（郑建初、刘健，1995）。火山土主要分布在吕宋岛的一些火山地区。不同类型的土壤适宜种植不同的农作物，因此菲律宾的农业生产和土地利用具有很大的潜力（杨成华，1993）。

一、红壤分布及利用

红壤是菲律宾典型的土壤类型之一。菲律宾红壤的颜色通常为红色或棕红色，这是由于其富含铁氧化物所致。质地较为黏重，颗粒较细，容易团聚成块状（付小锦等，2010）。pH 值为 5.0—6.5，呈酸性至中性反应。红壤中有机质含量较低，但矿物质含量丰富，尤其是铁、锰和铝等元素。红壤作为一种肥沃的土壤类型，对菲律宾的农业生产有着重要的影响。首先，红壤中的矿物质含量丰富，有利于植物的生长和发育。其次，红壤的酸性反应可以提供适宜的酸碱度，促进植物对营养物质的吸收利用。然而，红壤也存在一些问题，如土壤侵蚀、养分流失和病虫害易发等（Asio et al.，2009）。因此，在农业生产中需要采取相应的措施来保护和改良红壤资源。

二、黄壤分布及利用

黄壤是指分布于菲律宾群岛的一种特殊土壤类型。由于其具有较高的肥力和生产力，以及与红壤和砖红壤的明显区别，它在该国的农业和自然生态系统中扮演着重要的角色。菲律宾黄壤主要分布于中南部地区，如马尼拉大都会、棉兰老岛和内格罗斯岛等地。此外，一些内陆地区如巴丹省也有少量的黄壤分布。这些地区的气候条件和地形地貌都对黄壤的形成和发展起到了重要作用（Carating et al.，2014）。由于富含铁元素，菲律宾黄壤的颜色呈现出黄色或黄棕色。黄壤的质地较为均匀，主要由黏土和沙质土混合而成。结构较为稳定，主要以团粒结构为主。由于较高的有机质含量和丰富的矿物质，菲律宾黄壤具有较高的肥力。酸碱度一般呈酸性，pH值为5.0—6.0。菲律宾黄壤具有很高的生产力和适耕性，是农业生产的重要基地，为菲律宾的农业提供了丰富的土壤资源，特别是水稻和其他热带作物的种植。此外，黄壤还广泛用于园艺、林业和果树种植等领域。同时，由于其优良的肥力和适中的酸碱度，菲律宾黄壤也适宜于橡胶和其他经济作物的种植。

三、棕壤分布及利用

棕壤是菲律宾土壤类型中重要的一种，具有特定的物理和化学性质，对于农业和生态系统的平衡发展具有重要意义。棕壤主要分布在吕宋岛和一些海拔较高的岛屿，如巴拉望岛和棉兰老岛等（Carating et al.，2014）。这些地区具有较高的海拔和山地地形，同时气候条件也相对特殊。棕壤的形成主要受到成土母质、气候、地形和生物等因素的影响。其中，成土母质主要指岩石或土壤的来源，气候包括气温、降水量和湿度等，地形则包括山地、丘陵等地貌特征，生物则包括植被类型和微生物等。这些因素相互作用，共同促进了棕壤的形成和发展。棕壤的颜色通常为棕色或红棕色，这是由于土壤中含有一定量的铁氧化物。质地较为粗犷，通常由许多大小不一的颗粒组成，包括石块、沙粒和黏粒等。结构较为松散，有利于水分的渗透和植物根系的生长。棕壤肥力相对较高，因为它们含有较高的有机质和矿物质含量。酸碱度通常呈中性至微酸性，pH值为6.0—7.0。棕壤在菲律宾的利用价值较高，可以用于种植各种农作物，如茶叶、果树、林木和蔬菜等。由于棕壤具有较好的通气性和保水性，因此有利于作物的生长和发展。此外，棕壤还广泛用于园艺和林业等方面。

四、砖红壤分布及利用

砖红壤主要分布在吕宋岛、棉兰老岛和其他一些岛屿的热带雨林和季风林地区，一般位于海拔低于1 000米的低地地区。这些地区具有高温多雨的气候特点，同时植被也为砖红壤的形成提供了重要的物质基础（Carating et al.，2014）。砖红壤的形成主要受到气候、地形、母质和生物等因素的影响。气候条件如高温多雨有利于土壤中水分的积累和氧化铁的氧化，地形地貌的不同则会影响土壤的发育和性状，母质的差异也会对土壤的性质产生影响，而生物因素则包括植被类型和微生物等，它们对土壤的有机质含量和生物活性产生重要影响。砖红壤的颜色通常为红棕色或暗红色，这是由于土壤中含有大量的氧化铁。质地较为细腻，由黏土和少量的砂粒组成。结构较为紧密，颗粒较细，不具有良好的通气性和渗透性。肥力较高，特别是有效磷和钾的含量较高。酸碱度通常呈酸性至中性，pH值为5.0—7.0。菲律宾的砖红壤主要用于种植各种农作物，如水稻、玉米、甘蔗、橡胶和其他热带经济作物。由于砖红壤具有较好的通气性和保水性，因此有利于作物的生长和发展。此外，砖红壤还广泛用于园艺和林业等方面。

五、火山土分布及利用

火山土是菲律宾一种独特的土壤类型，主要分布在吕宋岛和其他一些岛屿的火山地区，一般位于火山山麓及其附近。这些地区具有高温多雨的气候特点，同时火山活动也为其形成提供了物质基础。火山土的形成主要受到火山喷发、母质、气候和地形等因素的影响。火山喷发会将火山岩和火山灰等物质喷出并覆盖在土地上，这些物质经过长期的风化作用和土壤化过程形成了火山土。此外，气候条件和地形地貌也会影响火山土的形成和发育。由于火山土中含有大量的火山灰和氧化铁，其颜色通常为棕色或暗棕色。火山土的质地较为粗糙，由大小不一的颗粒组成，包括石块、沙粒和黏粒等。其结构较为松散，颗粒较粗，具有良好的通气性和渗透性。火山土的肥力较高，特别是有效磷、钾和硅的含量较高。酸碱度通常呈中性至微酸性，pH值为6.0—7.0。火山土在菲律宾的利用价值较高，可以用于种植各种农作物，如茶叶、果树、林木和蔬菜等。由于火山土具有较好的通气性和保水性，因此有利于作物的生长和发展。此外，火山土还广泛用于园艺和林业等方面。

六、沙壤分布及利用

沙壤的沙质土壤、高透气性和保水能力等与其他土壤类型有着明显区别，主要分布在菲律宾北部的沙漠地区，如巴丹群岛、民都洛岛和卡拉扬岛等地（Carating et al.，2014）。沙壤的特点是颗粒粗糙、排水性好，但缺乏养分。因此，沙壤地区的植被稀疏，生态环境较为脆弱。沙壤的颜色通常为灰色或棕色，这是由于其富含黏粒所致。其质地较为松散，颗粒较大且容易移动；孔隙度较高，有利于水分和空气的渗透。沙壤的保水能力较差，容易受到干旱和水浸的影响。沙壤作为一种贫瘠的土壤类型，对农业生产有着一定的限制性影响。首先，沙壤的养分含量较低，植物生长所需的营养元素难以满足需求。其次，沙壤的保水能力差，容易导致水分不足而影响作物生长。然而，通过合理的耕作措施和技术手段，可以在一定程度上改善沙壤的肥力状况和水分保持能力。

七、黏土分布及利用

菲律宾黏土分布广泛，主要分布于菲律宾群岛的各个岛屿，特别是沿海地区和低洼地势地貌，以及菲律宾中部的河谷地带，如卡加延德奥罗省、阿古桑省和伊洛伊洛省等地。其形成原因主要是菲律宾湿度大、温度高。菲律宾的植被以热带雨林和季风林为主，这些植被的根系有助于保持土壤的稳定性，并增加土壤的有机质含量（Carating et al.，2014）。菲律宾的地质作用也是黏土形成的重要因素之一，特别是对于工程用黏土而言。菲律宾黏土的颜色因所含氧化铁的量不同而有所差异，常见的颜色包括红棕色、黄色和灰色等。黏土的质地细腻，主要由极细的颗粒组成，通常包括高岭石、蒙脱石等黏土矿物。其结构较为紧密，具有较高的密度和较低的透气性。黏土的肥力较低，因为其有机质含量较低，但矿物质含量较高。酸碱度一般呈酸性至中性，pH 值为 5.0—7.0。菲律宾黏土因其高黏性和低透气性而具有独特的利用价值。在农业方面，黏土可以作为肥料和土壤改良剂来提高土壤的肥力和质地。此外，黏土还广泛用于建筑工程中，如作为砖瓦、水泥以及制备陶瓷制品的原材料等。同时，在菲律宾的某些地区，黏土还被用于制作传统的陶器和水泥制品等。

参 考 文 献

[1]〔美〕D. 乔斯马、〔美〕A. J. 巴伯著，徐志成等译：《东亚构造与资源研究》，地质出版社，1985年。

[2] 付小锦等："土壤地球化学测量在菲律宾红土型镍矿勘查中的应用"，《地质找矿论丛》，2010年第4期。

[3] 李涛、陈丙先：《菲律宾概论》，世界图书出版公司，2012年。

[4] 铃木尉元、沈耀龙："菲律宾群岛地质构造发育史"，《海洋石油》，1989年第5期。

[5] 刘宝银、杨晓梅：《环中国岛链：海洋地理、军事区位、信息系统》，海洋出版社，2003年。

[6] 刘德生等：《亚洲自然地理》，商务印书馆，1995年。

[7] 刘若新、李霓：《火山与火山喷发》，地震出版社，2005年。

[8] 马燕冰、黄莺：《列国志·菲律宾》，社会科学文献出版社，2007年。

[9] 美国世界百科全书编写委员会：《世界百科全书》（国际中文版），海南出版社，2006年。

[10] 申韬、缪慧星：《菲律宾经济社会地理》，世界图书出版公司，2014年。

[11] 杨成华："菲律宾山区陡坡耕地水土保持措施的效益"，《水土保持科技情报》，1993年第4期。

[12] 赵松乔：《菲律宾地理》，科学出版社，1964年。

[13] 郑建初、刘健："菲律宾山区土地持续利用"，《世界农业》，1995年第2期。

[14] 诸云强等："菲律宾吕宋岛"，《全球变化数据学报（中英文）》，2017年第4期。

[15] Asio, V. B. et al. 2009. A review of soil degradation in the Philippines. *Annals of Tropical Research*, No. 2.

[16] Carating, R. B., R. G. Galanta, C. D. Bacatio 2014. *The Soils of the Philippines*. Springer Science & Business.

[17] Foreman, J. 1906. *The Philippine Islands: A Political, Geographical, Ethnographical, Social and Commercial History of the Philippine Archipelago, Embracing the Whole Period of Spanish Rule, with an Account of the Succeeding American Insular Government*. Kelly and Walsh.

[18] Iwabuchi, Y., K. Saiki 1968. Topography of the Philippine trench. *Report of Hydrographic and Oceanographic Researches*, No. 4.

[19] Lemenkova, P. 2019. Geospatial analysis by python and R: Geomorphology of the Philippine trench, Pacific Ocean. *Electronic Letters on Science and Engineering*, No. 3.

[20] Mogi, A. 1970. Submarine topography of the Philippine Sea. *Journal of Geography (Chigaku Zasshi)*, No. 5.

[21] Murauchi, S. A. N. A. D. O. R. I. et al. 1968. Crustal structure of the Philippine Sea. *Journal of Geophysical Research*, No. 10.

[22] Sato, T. 1984. Submarine topography and geological structure in the northern margin of the Philippine Sea Plate. *The Quaternary Research (Daiyonki-Kenkyu)*, No. 2.

[23] Tolentino, P. L. M. et al. 2022. River styles and stream power analysis reveal the diversity of fluvial morphology in a Philippine tropical catchment. *Geoscience Letters*, No. 1.

第三章　气象气候与水系

菲律宾气候特点与中国西沙、南沙群岛相似，终年高温，台风频繁，一年中风向有季节性，多雨、少雨季节鲜明。每年的6—10月为雨季，11—次年5月为旱季，年平均气温27℃，且南北温差不大。在少数高山地区，气温比其他地区低7℃—9℃，如海拔1 500米的碧瑶市。年平均降水量为2 000—3 000毫米，年平均湿度为77%。由于国土空间呈南北方向延伸，各大山脉和各大岛屿分散，全国不同地区少雨季节和多雨季节存在明显的区域性。吕宋岛西岸的旱季长达4—6个月，马尼拉市全年平均有雨日为196天，但每年的12—次年5月，该地区有雨日仅45天，1—3月最为干旱。菲律宾东部受东北季风影响，终年多雨，雨量尤以11月、12月和1月最多。菲律宾南部气候具有赤道地区的特点，终年多雨，没有明显的雨季和旱季。

第一节　主要气候类型

菲律宾主要存在五种类型的气候：热带海洋性气候、热带雨林气候、热带季风气候、热带草原气候和热带沙漠气候，拥有相对高的温度、湿度，带来了大量降水（刘德生，1996）。根据降水量的多少，菲律宾分为雨季和旱季。这也取决于不同区域的地理位置。

一、热带海洋性气候

热带海洋性气候是菲律宾最显著的气候类型。热带海洋性气候具有温带海洋性气候的降水特征,终年受来自海洋的盛行风影响,带来湿润水汽,降水丰富(Coronas,1920)。而且,该气候类型位于热带地区和气压带风带当中,盛行风为低纬信风带,其中北半球为东北信风带,南半球为东南信风带,信风带风向由东往西。该区域位于信风带的迎风坡,盛行热带海洋气团,东岸常有暖流流经,具备显著的海洋性,陆地面积较小,海陆热力性质差异不显著,相对热带季风气候区较少有热带季风的现象。因此,热带海洋性气候主要出现于南、北纬10°—25°的信风带大陆东岸及热带海洋中的若干岛屿上。菲律宾大部分区域都属于这个纬度带之间,故具有典型的热带海洋性气候特征。

热带海洋性气候的年温差和日温差都较小,但最冷月的平均气温要比赤道稍低,年温差比赤道多雨气候较大,年降水量一般在2 000毫米以上,季节分配较均匀。菲律宾位于南北回归线之间,属于赤道多雨气候和热带海洋性气候,而且由于各岛的面积都比较小,可以充分得到海洋的调节。一般来说,菲律宾的年均温为26℃—28℃,除个别岛屿外,很少有超过29℃或低于24℃的岛屿。赤道地带的年温差不超过1℃,在纬度较高的地方可超过5℃。因受季风影响,菲律宾北部地带也有超过10℃的地区。由于纬度、地形和风的向背有所不同,菲律宾各岛屿的降水差别较大,菲律宾的年平均降水量总体在1 000毫米以上,迎风山坡为2 000—4 000毫米,甚至高达6 000毫米,降水类型多为对流雨和锋面雨。

二、热带雨林气候

热带雨林气候是一种高温多湿的气候类型,具有以下特点:在温度方面,全年平均气温较高,一般在25℃以上,甚至可达30℃或更高。在降水方面,年降水量丰富,一般在2 000毫米以上,且分布均匀。在湿度方面,相对湿度较高,一般在80%以上。在风向方面,主要受赤道低压带影响,风向多为东北风和东南风。菲律宾的热带雨林气候主要分布在吕宋岛北部、中部、南部以及棉兰老岛北部。这些地区的年降水量普遍在 2 000 毫米以上，且分布较为均匀。

菲律宾热带雨林气候的形成和发展受到多种因素的影响。①菲律宾位于赤道附近，纬度较低，太阳辐射较强，有利于热带雨林气候的形成。②菲律宾群岛的地形复杂多样，山地、平原、丘陵等地貌类型丰富，不同地形对热带雨林气候的形成和发展有不同程度的影响。③菲律宾受到季风的影响较大，夏季湿润气流从南海吹来，带来大量降水，有利于热带雨林的形成和发展。④菲律宾的植被覆盖率较高，森林覆盖率在 60% 以上，为热带雨林提供了良好的生存环境。这种气候条件有利于热带雨林植物的生长和繁衍，也为动物提供了丰富的食物来源和良好的栖息环境。

由于菲律宾群岛的地形复杂多样，不同地区的热带雨林气候也有所差异，主要体现在植被类型、物种多样性、土壤类型等方面。菲律宾南部棉兰老岛的热带雨林主要由榕树、橡胶树、椰子树等树种组成，而北部的阿吉山脉则是由热带雨林和常绿阔叶林组成的混合型生态系统。此外，不同地区的土壤类型也有所不同，例如北部的阿吉山脉土壤肥沃，而南部的棉兰老岛则以红土和沙壤土为主。

三、热带季风气候

热带季风气候是一种主要分布在亚洲南部和东南部的气候类型，包括印度次大陆、中南半岛以及中国的南部地区。热带季风气候的温度通常为 24℃—30℃，全年温差不大，但湿度较高。每年有两次明显的雨季和旱季，通常雨季在夏季，降水量大，旱季在冬季，降水量小。热带季风气候的风向主要受陆地和海洋的影响，夏季盛行西南风，冬季盛行东北风。菲律宾的热带季风气候主要分布在北回归线以北的地区，包括吕宋岛、米沙鄢群岛等北部地区，以及菲律宾南部部分地区。在这些地区，每年分为明显的旱雨两季，分别由东北季风和西南季风主导。

菲律宾热带季风气候的主要特征包括以下几个方面：①菲律宾的年平均气温在 26℃ 左右，最高温度可达 30℃，最低温度为 15℃ 左右。②每年的雨季为

6—10月，降水量较大，而旱季则为11—次年5月，降水量较少。③湿度较高，一般在70%以上。④受南太平洋副高和季风的影响，风向多为东北风和东南风（Coronas，1920）。

四、热带草原气候

热带草原气候又称热带干湿季气候、萨瓦纳气候、热带稀树草原气候和热带疏林草原气候，大致分布在南北纬10°至南北回归线之间，以非洲中部、南美巴西大部、澳大利亚大陆北部和东部为典型。这一类型的气候处于赤道低压带与信风带交替控制区。主要特点包括全年高温，年平均气温约25℃，且分明显干季和湿季。在赤道低压带控制时期，赤道气团盛行，降水集中；在信风带控制时期，受热带大陆气团控制，干旱少雨。年降水量一般在700—1 000毫米，有明显较长的干季。自然景观主要为热带稀树草原。热带草原的植物群落包括许多种植物，如草本植物、灌木和乔木等。在热带草原上，一些植物会采取不同的策略来应对干旱。例如，有些植物在干旱季节来临前，会通过落叶等方式来减少水分损失。另外，热带草原上的动物也会根据干旱的情况做出相应的生存策略。例如，有些动物会在干旱季节来临前储存足够的食物和水，以应对干旱。

五、热带沙漠气候

热带沙漠气候在菲律宾的分布并不广泛，但在一些特定区域，如棉兰老岛的西部以及吕宋岛的北部，仍能找到这种干燥、季风影响较小的气候类型。热带沙漠气候的特点是干燥、温差大，以及白天和夏季炎热，夜晚和冬季寒冷。菲律宾热带沙漠气候的年平均降水量通常在150毫米以下，有的地方甚至可能低于100毫米。而且，这里的降水多集中在短暂的雨季，如菲律宾的夏季（5—9月）。由于缺乏云层覆盖，热带沙漠气候的日夜温差较大。白天的温度可能会超过35℃，而在夜晚或清晨，温度可能会骤降至20℃左右。相对于其他气候类型，菲律宾的热带沙漠气候的季节性变化较小。这里的湿度和温度变化通常只受雨季和非雨季的影响。

菲律宾热带沙漠气候的生态环境较为单一，主要特征包括稀疏的植被、沙漠化土地和大规模的风化岩石。这里主要生长着一些适应干燥环境的植物，如仙人掌和其他种类的草原植物。由于降水稀少，这里的植被往往具有厚实的根系和叶子以减少水分蒸发。尽管热带沙漠气候的生态环境较为单一，但这里仍存在一些独特的动物种类。例如，许多爬行动物，如蜥蜴、蛇等，以及昆虫和其他无脊椎动物。它们适应了干燥的环境，形成了独特的生存策略。例如，许多蜥蜴会在夜间活动，减少白天水分的蒸发。

六、周边海区的气候特征

菲律宾周边海区的风向变化存在季节性（孙守勋、滕军，2013）。冬季风时期（10—次年3月），菲律宾盛行风向为西北、北和东北向。10月开始，由于受到大陆西伯利亚高压和北太平洋上阿留申低压的影响，北部区域由日本向南至琉球群岛、中国台湾东部、吕宋岛东部海区的风向为东北风，频率为40%—74%。南部区域在北纬10°以南至加罗林群岛的风向为西南风，频率为34%—41%。但在北纬10°—25°，东经135°以东海区的风向为偏东风，频率为44%—66%。11月，日本的南部海区的风向为偏北风，频率为39%—51%。东北风的区域由琉球群岛向南，扩展到北纬5°的广大海区，频率为45%—79%。12—次年3月冬季风最为强劲，风向以北纬25°为界划分为两个区域，在北纬25°以北到日本沿岸区域的风向为西北，频率为40%—70%，北纬25°以南到加罗林群岛区域的风向为东北风，频率高达60%—85%。4月，菲律宾海冬季风的影响逐渐减弱，东经135°以东海区开始出现偏东风，频率为35%—76%。5月，整个菲律宾海基本上被偏东风控制，频率为30%—76%。6—8月是夏季季风时期，在北纬25°以北，全部为南及西南风，频率为32%—51%；在北纬25°以南，中国台湾、菲律宾群岛附近海区为南及西南风，频率为33%—59%，且范围逐渐向东扩大，其东部外海约东经135°以东海区为偏东风，频率为43%—70%，范围逐月缩小，至8月东风局限于北纬20°—25°的中国台湾东部外海，频率为37%—48%。

菲律宾的周边海区风速变化存在区域性（孙守勋、滕军，2003）。在冬季风时期（10—次年3月），各月平均风速的分布趋势是北部海区风速大，向南递减。在北部区域，日本东部沿海、中国台湾附近海区、巴士海峡的平均风速均大于9m/s，南部的低纬度海区风速较小，一般为5—6m/s。1月是冬季风最强劲的月份，日本东部的伊豆诸岛风速最大，可达9—10m/s，其次是台湾附近海区、巴士海峡和巴林塘海峡，风速大约为9m/s，从琉球群岛至关岛的广大海区，均为8m/s，在棉兰老岛至贝劳群岛以南，风速减弱为5—6m/s。4—5月，菲律宾海的风速分布仍然是北部大，南部小。在北纬20°以北海区为6—8m/s，北纬20°以南海区为4—6m/s。6—8月夏季风时期，菲律宾海的风速分布较为均匀，为4—7m/s，在北纬20°以北海区为6m/s，仅于8月有海区中央的一小块区域为7m/s。在北纬20°以南海区为5—6m/s。9月，菲律宾海的风速开始加大，日本东部伊豆诸岛东侧和台湾岛周围为7m/s，吕宋岛以南至加罗林群岛为5—6m/s，其余大部分海区为6—7m/s。

菲律宾周边海区是多台风活动区。西北太平洋是全世界热带气旋活动最频繁的海区（中国科学院南海海洋研究所，1994）。多台风区的南区东起关岛，经菲律宾东部洋面—菲律宾群岛—南海中部，终点位于海南岛；北区始于海南岛，依次经过南海北部—中国台湾—琉球群岛海区。冲绳以南，菲律宾以东洋面是台风出现最多区域，亦即频数最高的区域，其次是南海。所以，菲律宾周边海区也是全世界热带气旋活动最频繁的海区。台风全年均可能出现，以2月最少，8—9月最多。5—6月台风活动呈现出一种突然性变化，活动中心向北移动，数量也逐月递增。1—4月台风多在菲律宾以东洋面活动，5月北移到中国台湾以南洋面。菲律宾群岛北半部、巴士海峡、冲绳附近海区台风数量增加，而菲律宾以东洋面的台风数量相对减少。7—9月台风活动频繁，是台风盛季。菲律宾群岛北半部台风数量逐月增加。10月台风比9月减少，活动范围缩小。11月台风明显减少，台风观测数也明显减少，最多活动区南移至吕宋岛附近洋面。12月台风数量大幅度降低，多台风活动区南移至菲律宾的南半部棉兰老岛一带洋面。

第二节 气候要素特点

菲律宾气候受到海洋的调节，与中国西沙、南沙群岛相似，具有典型的热带海洋性气候特征。据相关资料，菲律宾的极端最高气温不超过38.6℃，极端最低气温也不低于14.5℃。而且，菲律宾的海陆风非常盛行，垂直高度可达1 000米以上，水平方向可深入内陆几十千米（赵松乔，1964）。

一、气温年较差小

菲律宾是一个热带岛国，全年太阳两次直射地面，太阳辐射极为丰富，全年气温较高（林光，1975）。综合菲律宾所有的气象站数据（碧瑶市的除外）（图3-1），菲律宾全年的平均气温为26.6℃，最热月为5月，平均气温达27.8℃，与中国东南沿海盛夏相似；最冷月为1月，平均气温达25.1℃，比中国沈阳地区盛夏7月的平均气温还要高些。最热和最冷的月份温差不超过3℃，无明显的热季凉季之分，无春夏秋冬之分。菲律宾最冷月出现在1月，但最热月没有出现在7月和8月，而是出现在多雨季节来临前的5月。这与菲律宾地区的季风进退变化有关。菲律宾及其附近海域6—9月盛行西南季风，能够带来丰沛的降水，所以气温相对下降；10—次年5月盛行东北季风，相对干燥少雨，随着太阳入射角的增高，最热月便出现在5月。

在菲律宾各地，最高平均温度为33℃—39℃，最低平均温度为16.7℃—20.9℃，除高山地区外，其余地方年温差很小。在菲律宾，纬度并非气温变化的一个重要因素，然而海拔却造成了气温的巨大反差。菲律宾设在三宝颜的最南端气象站的年平均气温，与设在佬沃（Laoag）的最北端气象站的年平均气温差别不大。在吕宋、米沙鄢和棉兰老各个沿海或近海地区测量到的年平均气温也差别不大。而有着1 500米海拔高度的碧瑶市，年平均气温仅为18.3℃，这使得碧瑶市气候温和，被认为是菲律宾的夏都。1915年，在海拔2 100米的巴纳霍山顶测量到的年平均气温为18.6℃，比低地的平均气温低了10℃。在马尼

图 3-1 菲律宾月气温变化趋势

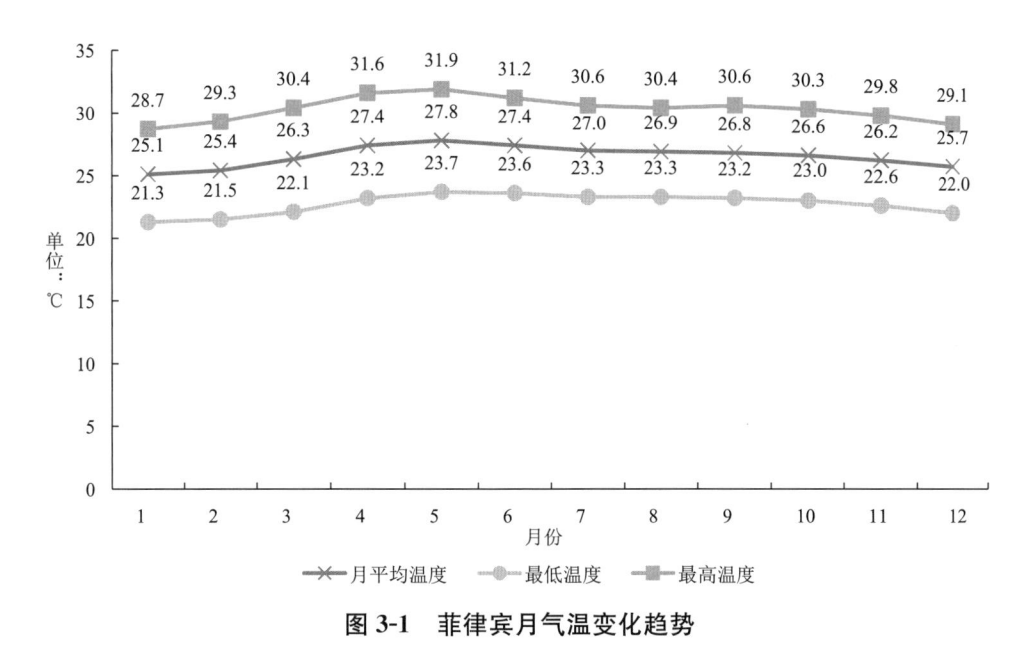

资料来源：World Bank Climate Change Knowledge Portal (1990-2009), http://sdwebx.worldbank.org/climateportal/index.cfm?page=country_historical_climate&ThisRegion=Asia&ThisCCode=PHL。

拉市和大多数低地地区，气温很少高于37℃。菲律宾最高气温42.2℃的纪录于1912年4月29日和1969年5月11日出现在卡加延谷地，最低气温3℃的纪录于1903年1月出现在碧瑶市。

二、气温日较差大

菲律宾的昼夜温差要比年温差大得多，全国平均日温差为6℃—12℃。一般来说，雨季的日温差较小，旱季较大。以马尼拉市为例，全年平均最高气温为31.6℃，平均最低气温为21.8℃，平均日温差为9.8℃，在少雨季节日温差还会大些，常可降到20℃以下。习惯了高温气候的热带居民对寒冷比较敏感，即使温度只降到20℃以下，也会感到冷。因此有"夜即是热带之冬"的说法。不过，在海拔1 500米的碧瑶市，11—次年2月夜间最冷时可接近0℃，还有霜冻。其他一些海拔较高的地区每年也有温度很低的时候。因此，如果要说热带也有春夏秋冬四季的话，那么这四季不是发生在一年之内，而是发生在一天之中。

三、降水量高且具有区域性

菲律宾由于季风活跃和多台风，降水非常充沛，降水量在东南亚乃至全世界都名列前茅。菲律宾年降水量在 965 毫米与 4 064 毫米之间浮动，大部分地区年均降水量为 2 000—3 000 毫米，年平均湿度为 77%。从时间来看，由于菲律宾西南季风来自赤道洋面，比东北季风更加暖湿，湿层更厚，所以菲律宾多雨季出现在 6—11 月西南季风期间，而 12—次年 5 月东北季风期间是相对少雨的季节。根据菲律宾气象局统计数据，2020 年，菲律宾年降水量为 2 419 毫米，其中年降水量最高为 8 月，高达 323 毫米，降水量最低的为 3 月，也可达 82 毫米（图 3-2）。从区域来看，全国降水量的分布因地而异，菲律宾年降水量由北向南逐渐增多，这主要取决于湿空气的方向和山脉的区位。受东北季风影响，菲律宾多山的东海岸地区终年降水，尤其 11 月、12 月和 1 月降水最多，其中碧瑶市、萨马岛东部和东苏里高降水量最大。西部是典型的季风气候区，旱季和雨季明显。南部气候具有赤道地区的特点，终年多雨，没有明显的雨季和旱季。宿务岛和吕宋岛的卡加延谷地则因山岭屏蔽，年平均降水量不到 1 500 毫米，是全国比较干燥的地区。哥特巴托南部降水量最小，其中的桑托斯将军市年均降水量仅为 978 毫米。5—10 月夏季的季候风给菲律宾群岛的大多数地区带去了强降水。在菲律宾北部地区，至少有 30% 的年降水量是由热带气流带来的，不过带给南部岛屿的不到其年降水量的 10%。迄今所知，对菲律宾群岛湿度影响最大的热带气流发生在 1911 年 7 月，在 24 小时之内给碧瑶市带去了 1 168 毫米的降水量。

四、温度与湿度大

菲律宾的相对湿度很高，5—9 月，月平均相对湿度为 71%—85%。高温加上很高的相对和绝对湿度，使得整个群岛体感炎热，特别是 3—5 月。

菲律宾的湿度主要是受海水的大量蒸发、每年不同季节不同季候风、大量降水等因素影响。第一点可以被认为是高湿度的一般原因，因为全年在所有的

图 3-2　菲律宾月平均降水量趋势

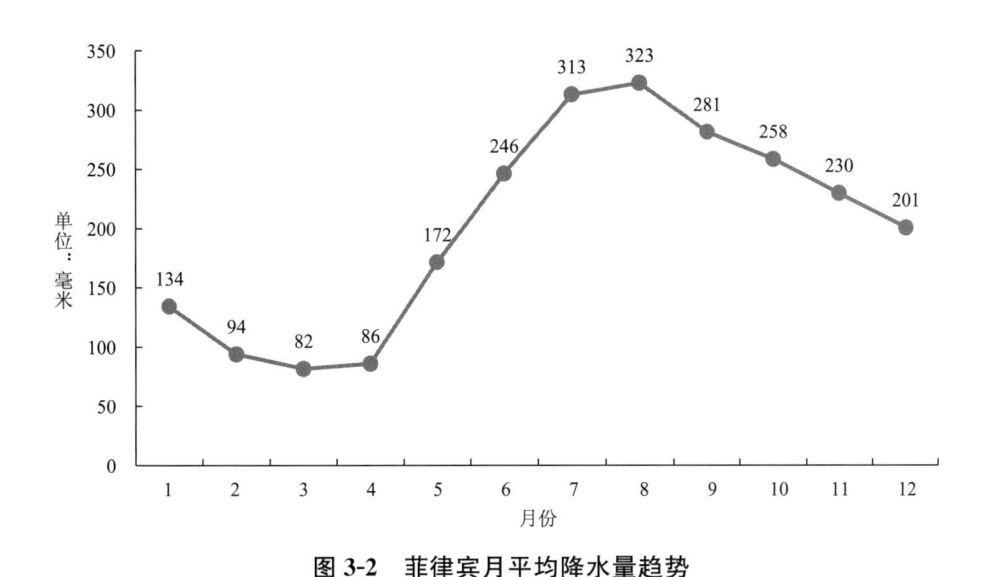

资料来源：World Bank Climate Change Knowledge Portal（1990-2009），http://sdwebx.worldbank.org/climateportal/index.cfm?page=country_historical_climate&ThisRegion=Asia&ThisCCode=PHL。

岛屿都能观测到这一点。后两点在每年不同的月份和群岛不同的地区，在不同程度上影响湿度。在低温月份，即使菲律宾东部地区东北风盛行，降水量更丰沛，湿度还是低于处于旱季的西部地区。6—10 月，即使整个群岛普遍多雨，但由于西风和西南风盛行，菲律宾西部的降水量更为丰沛，因此那里的空气湿度比东部地区的还大。

五、旱季和雨季明显

根据降水量可以将菲律宾分为两个季节，11—次年 5 月为旱季，该时期正值北半球的冬季和春季；6—10 月为雨季，该时期正值北半球的夏季和秋季。综合气温和雨量的年变化趋势，又可将菲律宾的旱季进一步细分为从 11 月—次年 2 月的凉爽旱季；3—5 月的炎热干燥季节（表 3-1）。4 月和 5 月是学校在学年之间长时间休息的炎热干燥的月份，被称为夏季，而在北半球的大部分地区，这些月份是春季的一部分（陈丙先等，2019）。

表 3-1 菲律宾季节类型划分

月份	11—次年 2 月	3—5 月	6—8 月	9—10 月
雨量	干燥		潮湿	
温度	凉爽	炎热		
季节	凉干	热干	多雨	

第三节 气候空间分异

菲律宾气候受山脉地形的影响及其所处地理位置的不同,各地区多雨季节和少雨季节有着显著的差异,气候类型具有明显的区域性(Corporal-Lodangco and Leslie,2017)。而且,菲律宾的山脉基本上是南北走向,因此气候的东西差异高于南北差异。总体上来看,菲律宾的气候可划分为四种类型(李涛、陈丙先,2012)。

一、东岸:存在旱雨两季但不明显

菲律宾东岸型气候的特点是 11—次年 1 月处于东北季风的迎风坡,月降水量为 400—500 毫米,在西南季风期间受到台风雨水的补充,月降水量也在 200 毫米以上。以博龙岸市(Borongan city)为例,其年平均气温为 27.1℃,年平均最高温为 31.0℃,年平均最低温为 23.2℃,年平均最高和最低气温较差为 7.8℃。其中,最冷月出现在 1 月,最高气温为 29.1℃,最低气温为 22.5℃;最热月出现在 9 月,最高气温为 32.3℃,最低气温为 23.7℃。博龙岸市的年降水量为 4 109 毫米,降水量超过 400 毫米的月份为 11—次年 1 月,这三个月的降水量总和为 1 706 毫米,降水量占全年的 41.5%;2—10 月每月的降水量均为 100—400 毫米,降水量总和仅为 2 403 毫米(表 3-2)。

表 3-2　博龙岸市月平均气温和降水量变化趋势

指标	1月	2月	3月	4月	5月	6月	7月	8月	9月	10月	11月	12月
最高温（℃）	29.1	29.3	30.1	31.1	31.8	32.1	32.0	32.2	32.3	31.5	30.5	29.7
平均值（℃）	25.8	25.8	26.4	27.1	27.7	27.9	27.8	27.9	28.0	27.4	26.7	26.3
最低温（℃）	22.5	22.4	22.7	23.2	23.7	23.7	23.6	23.7	23.7	23.3	23.0	22.9
降水量（毫米）	565.0	394.0	308.0	262.0	315.0	221.0	218.0	201.0	194.0	290.0	508.0	633.0

资料来源：李涛、陈丙先（2012）。

二、西岸：两季不明显且相对较湿

西岸型气候的特点是降水集中在 5—11 月西南季风期间，尤其是 7、8 月降水量均在 400 毫米以上；12—次年 4 月东北季风期间处于背风坡，又无台风雨水补充，降水稀少，1—4 月的月平均降水量只有 10—30 毫米。以马尼拉市为例，其年平均气温为 27.3℃，年平均最高温为 31.3℃，年平均最低温为 23.4℃，年平均最高和最低气温较差为 7.9℃。其中，最冷月出现在 1 月，最高气温为 29.8℃，最低气温为 21.6℃；最热月出现在 5 月，最高气温为 33.8℃，最低气温为 24.9℃。马尼拉市的年降水量为 2 047 毫米，存在明显的两个季节。其中，降水量超过 100 毫米的月份为 5—11 月，降水量总和为 1 920 毫米，占全年的 93.8%；12—次年 4 月，各个月份的降水量均低于 100 毫米，降水量总和仅为 127 毫米（表 3-3）。

表 3-3　马尼拉市月平均气温和降水量变化趋势

指标	1月	2月	3月	4月	5月	6月	7月	8月	9月	10月	11月	12月
平均最高温（℃）	29.8	30.6	32.3	33.7	33.8	32.1	31.0	30.5	30.6	30.9	30.5	29.7
平均气温（℃）	25.7	26.1	27.5	28.8	29.3	28.3	27.5	27.3	27.2	27.3	26.8	25.9
平均最低温（℃）	21.6	21.6	22.7	24.0	24.9	24.6	24.1	24.1	23.9	23.7	23.1	22.2
降水量（毫米）	17.0	8.0	13.0	26.0	125.0	273.0	407.0	441.0	346.0	193.0	135.0	63.0

资料来源：李涛、陈丙先（2012）。

三、北岸：两季不明显且相对潮湿

北岸型气候的特点是季节区分并不明显，整年相对其他区域较干，其中只有2—4月降水量少，5—次年1月降水量较多。以宿务市为例，其年平均气温为27.5℃，年平均最高温为31.6℃，年平均最低温为23.5℃，年平均最高和最低气温较差为8.1℃。其中，最冷月出现在1月，最高气温为30.2℃，最低气温为22.5℃；最热月出现在5月，最高气温为33.0℃，最低气温为24.3℃。宿务市的年降水量仅为1 607毫米，降水量超过100毫米的为5—次年1月，2—4月降水量均为50—100毫米（表3-4）。

表3-4 宿务市月平均气温和降水量变化趋势

指标	1月	2月	3月	4月	5月	6月	7月	8月	9月	10月	11月	12月
平均最高温（℃）	30.2	30.4	31.4	32.5	33.0	32.3	31.9	31.9	31.7	31.5	31.3	30.7
平均气温（℃）	26.3	26.5	27.1	28.1	28.6	28.2	27.9	27.9	27.7	27.5	27.4	26.9
平均最低温（℃）	22.5	22.6	22.8	23.7	24.3	24.1	23.9	24.0	23.7	23.6	23.5	23.1
降水量（毫米）	103.0	79.0	59.0	65.0	115.0	176.0	192.0	164.0	174.0	193.0	166.0	121.0

资料来源：李涛、陈丙先（2012）。

四、南部：全年多雨且降水分配平衡

菲律宾南部由于接近赤道，全年多雨，各月降水量分配大体平衡，无明显多雨和少雨季节之分。以桑托斯将军城（General Santons）为例，其年平均气温为29.0℃，年平均最高温为38.3℃，年平均最低温为19.7℃，年平均最高和最低气温较差较高，高达18.6℃。其中，最冷月出现在10月，最高气温为33.0℃，最低气温为21.0℃；最热月出现在6月，最高气温为42.0℃，最低气温为21.0℃。桑托斯将军城的年降水量高达4 220毫米，且月份分布较为平衡。其中，降水量最高的是1月，降水量高达750毫米，最低的为3月，降水量仍有110毫米（表3-5）。

表 3-5　桑托斯将军城月平均气温和降水量变化趋势

指标	1月	2月	3月	4月	5月	6月	7月	8月	9月	10月	11月	12月
平均最高温（℃）	40.0	37.0	38.0	38.0	40.0	42.0	40.0	37.0	40.0	33.0	38.0	37.0
平均气温（℃）	29.0	27.5	29.0	29.0	28.5	31.5	30.0	28.0	30.0	27.0	29.5	29.0
平均最低温（℃）	18.0	18.0	20.0	20.0	17.0	21.0	20.0	19.0	20.0	21.0	21.0	21.0
降水量（毫米）	750.0	500.0	110.0	160.0	280.0	400.0	390.0	310.0	260.0	340.0	260.0	460.0

资料来源：李涛、陈丙先（2012）。

五、碧瑶市

碧瑶市因全境都位于1 000—2 000米高的山脉之上，气温相比其他相同纬度的国家或城市低得多，加上地处纬度较低，每年温差甚少，天气清凉，故碧瑶市一直成为菲律宾人的避暑胜地。其年平均气温为19.1℃，年平均最高温为23.1℃，年平均最低温为15.1℃，年平均最高和最低气温较差为8.0℃。其中，最冷月为1月，最高气温为22.0℃，最低气温为13.0℃；最热月为4月，最高气温为25.0℃，最低气温为16.0℃（表3-6）。碧瑶市的年降水量为4 541毫米，旱雨两季分明，降水量超过300毫米的月份为5—10月，降水量总和为4 168毫米，占全年的91.8%；11—次年4月的降水量为20—150毫米，降水量总和仅为373毫米。

表 3-6　碧瑶市月平均气温和降水量变化趋势

指标	1月	2月	3月	4月	5月	6月	7月	8月	9月	10月	11月	12月
平均最高温（℃）	22.0	23.0	24.0	25.0	24.0	24.0	22.0	22.0	22.0	23.0	23.0	23.0
平均气温（℃）	17.5	18.0	19.0	20.5	20.0	20.0	19.0	19.0	19.0	19.5	19.0	18.5
平均最低温（℃）	13.0	13.0	14.0	16.0	16.0	16.0	16.0	16.0	16.0	16.0	15.0	14.0
平均降水量（毫米）	23.0	23.0	43.0	109.0	401.0	437.0	1 074.0	1 161.0	714.0	381.0	124.0	51.0

资料来源：李涛、陈丙先（2012）。

第四节　台风活动分布

菲律宾东侧紧挨着拥有"世界暖池"别称的西北太平洋，海温高，辐散好。西北太平洋的自然地理条件极其容易生成热带气旋，菲律宾是世界上极容易受台风影响的国家之一（Brand and Blelloch，1973）。菲律宾平均每年要经历约20次的台风侵袭，大多数台风发生在6—11月。在这一时期，热带气旋在太平洋上形成，并沿着副热带高压边缘向西移动，进入菲律宾（Takagi and Esteban，2016）。

一、生成条件

台风是热带气旋（tropical depressions）的一种，其活动范围限于亚洲东部，多在赤道以北5°—15°之间的太平洋群岛中，以加罗林群岛（Caroline Islands）附近活动频率最高。热带气旋是一个由云、风和雷暴组成的巨型的旋转系统，一方面，它的基本能量来源是高空水汽冷凝时汽化热的释放。所以，热带气旋可以被视为由地球的自转和引力支持的一个巨型的热力发动机。另一方面，热带气旋也可被看成一种特别的中尺度对流复合体（Mesoscale Convective Complex），不断在广阔的暖湿气流中发展。当水冷凝时，有一小部分释放出来的能量被转化为动能，水的冷凝就是热带气旋附近高风速的原因。高风速和其导致的低气压令蒸发增加，继而使更多的水汽冷凝。大部分释放出的能量驱动上升气流，使风暴云层的高度上升，进一步加快冷凝。热带气旋因此能够取得足够的能量自给自足，这是一个正回授的循环，只要暖湿气流和较高的水温可以维持，越来越多的能量便会被热带气旋吸收。其他因素例如空气持续地不均衡分布也会给予热带气旋能量。地球的自转使热带气旋旋转并影响其路径，这就是科里奥利力的作用。综上所述，热带气旋形成的因素包括预先存在的天气扰动、高水温、湿润的空气和在高空中相对较低的风速（Tang and Chan，2014）。如果适合的环境持续，使热带气旋正反馈的机制借着大量的能量吸收被启动，热带气旋就可能形成。

热带气旋的生成和发展需要海温、大气环流和大气层三方面的因素结合。热带气旋的能量来自水蒸气凝结时放出的潜热。对于热带气旋的生成条件，至今尚在研究之中，未被完全了解。一般认为热带气旋的生成须具备7个条件，但热带气旋也可能在这7个条件不完全具备的情况下生成（Santos，2021）：①海水的表面温度不低于26.5℃，且水深不少于50米。这个温度的海水造成上层大气足够的不稳定，因而能维持对流和雷暴。②大气温度随高度迅速降低。这允许潜热被释放，而这些潜热是热带气旋的能量来源。③潮湿的空气。大气湿润有利于天气扰动的形成，尤其是在对流层的中下层。④大部分须在离赤道超过五个纬度的地区生成，否则科里奥利力的强度不足以使吹向低压中心的风偏转并围绕其转动，环流中心便不能形成。⑤不强的垂直风切变，如果垂直风切变过强，热带气旋对流的发展会被阻碍，使其正反馈机制无法启动。⑥一个预先存在的且拥有环流及低压中心的天气扰动。⑦中对流层的大气不能太干燥，相对湿度必须大于40%。

二、生成动因

菲律宾正好位于北纬5°—20°，菲律宾以东的西北太平洋洋面是台风理想的生成之地和发展之所。而且，由于菲律宾位于西北太平洋的开放海面上，当台风顺着副热带高压南侧向西移动的时候，菲律宾首当其冲（Brand and Blelloch，1973）。菲律宾台风多源自西太平洋加罗林群岛和马绍尔群岛（Marshall Islands）一带的台风，其在每年夏秋两季有15—20次自马里亚纳群岛东南吹袭菲律宾，大部分皆横贯菲律宾的中部和北部，唯米沙鄢群岛以南地区很少受到台风影响。第一，菲律宾位于赤道附近，是台风生成的主要区域。台风是由赤道前线东北与东南两种信风造成的，伴随着太阳的移动而移动。当太阳移动至北半球时，正值北半球的夏季，加罗林群岛也正值赤道前线的位置。其附近稳定无风且气流上行，造成整个区域气压偏低。此时，各群岛的陆面因受到太阳强烈的直射，容易形成更低的气压，加之周围海面冷空气的补充，经常会形成小气旋（北半球小气旋向左旋转）。由于赤道前线上升的气流使得气旋旋转加速,其速度常达50m/s。第二,菲律宾附近的洋面能为台风生成与发展带来充足的水热条件。台风生成和发展还需要大量热量和水汽,所以表面温度高于26.5℃的温暖洋面是它们理想的生活环境。如果有外界输送水汽就更加利于台风发展,而西北太平洋洋面上空的副热带高压周围的暖湿气流,以及夏季南海上空发展的西南季风都能为台风带来大量的水汽资源。第三,菲律宾是台风北上的主要门户。气旋同时受到纬度风向的影响,先向西北前进,多数是在菲律宾登陆进而折行向北(Santos,2021)。

三、区域差异

根据菲律宾大气地球物理和天文服务管理局(Philippine Atmospheric, Geophysical and Astronomical Services Administration,PAGASA)统计(图3-3),菲律宾1948—2005年各月份均有台风登陆记录,每年登陆或穿越菲律宾的平均有9场。7—11月台风登陆次数最多,其中10月台风平均登陆次数为1.43次,11月台风平均登陆次数为1.34次,7月台风平均登陆次数为1.29次。全年台风登陆次数最多的是1993年,有19场台风登陆菲律宾。台风登陆次数最少的是1955年、1958年、1992年和1997年,全年只有4次。

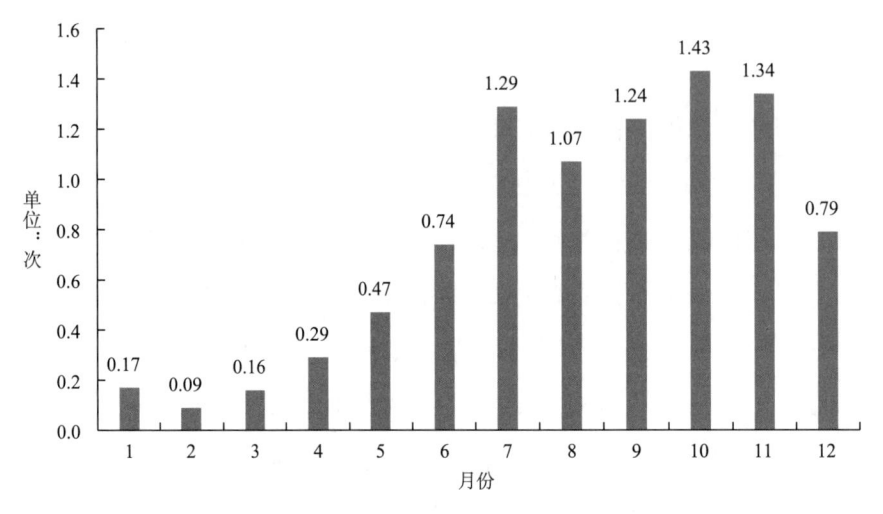

图3-3 1948—2005年各月登陆菲律宾台风次数

对吕宋岛、比科尔岛和东米沙鄢地区而言，台风的影响巨大，马尼拉市也遭受到周期性的破坏。①吕宋岛北部遭台风袭击较频繁，高强度台风登陆较集中，但反而台风灾害最轻。除了防台经验丰富外，吕宋岛东北部为高耸的马德雷山，呈南北走向，通常与台风行进方向垂直，对台风的削弱作用明显。即便是超强台风登陆，山间的坝子仍然可能感受不到大风。另外，吕宋岛北部植被覆盖较好，也不易产生泥石流等地质灾害。只有台风长久徘徊不去，导致暴雨持续，才有可能造成较大灾害。②吕宋岛南部及米沙鄢群岛遭受到台风的袭击远不及吕宋岛北部多，台风强度通常也不如吕宋岛北部的影响那么大，但灾害损失最大。这是因为吕宋岛南部为菲律宾政治、经济中心，人口极为密集。另外，吕宋岛南部为火山分布区，有著名的马荣火山。火山的存在大大增加了这一地区发生泥石流等灾害的可能性。③棉兰老岛总体位于北纬10°以南，属于强台风"盲区"，很少受到台风的影响。但棉兰老岛是火山、地震多发区，发生泥石流的风险非常大。当台风经过时，强降水引发地质灾害的概率比较大（Holden，2018）。

四、特点与影响

菲律宾台风的路径主要有三种：西行路径、西北路径和东北路径。西行路径的台风直接向西或西北方向移动，影响菲律宾的西部和北部地区。西北路径的台风在向西移动的过程中逐渐转向西北，影响菲律宾大部分地区。东北路径的台风在向西移动的过程中逐渐转向东北，影响菲律宾东北部地区。菲律宾台风强度一般为15—35节（风速每小时73—118千米）（Deppermann，1939）。强台风带来的强降水、大风和风暴潮等极端天气现象，对菲律宾的经济、社会和环境都产生了深远的影响。首先，台风会对菲律宾的农业造成严重破坏，导致粮食减产甚至歉收。其次，台风会对菲律宾的基础设施造成破坏，包括房屋、道路、桥梁等。再次，台风还会引发洪水和滑坡等灾害，对人类的生命安全构成威胁。最后，台风还会对菲律宾的环境造成破坏，包括森林破坏、水源污染等。强台风还可能引发大范围的停电和饮用水供应中断等问题（Perez *et al.*，1999）。

第五节 水系分布特征

菲律宾地处热带海洋性气候，降水丰富，河流湖泊发育良好，总水域面积高达183平方千米，包括所有内陆水域：湖泊、河流、水库、湿地等。由于菲律宾地形较为分散，无法形成绵延千里的大河流，其水网较为破碎（Magnani et al.，1984）。河流分布主要集中在吕宋地区和棉兰老地区，吕宋地区的河流数量所占比重接近一半。菲律宾的湖泊主要由构造运动和火山喷发形成，吕宋内湖是菲律最大的湖泊，渔场丰富，而且是吕宋岛最主要的航运通道（Quimpo et al.，1983）。

一、河流分布

菲律宾终年多雨，且地形嵯峨，山地面积占全国土地总面积的75%以上，因此境内河流数量高达132条，绝大多数都分布在吕宋岛和棉兰老岛，仅吕宋地区就有60多条。但受菲律宾破碎的地形地貌限制，绵延千里的大河流无法存在，再加上山地陡峭，所以菲律宾的河流多半源短流急，不利于航行（Alejandrino，1976）。棉兰老河（Mindanao River）能航行的地段不长，河槽曲折，河边沼泽众多。卡加延河（Cagayan River）雨季船只可上溯240千米，旱季仅110千米。长约4 380米的著名的巴拉望岛地下河，除尾部的30米外，其余河段均可通航（李涛、陈丙先，2012）。

（一）吕宋岛河流数量众多

除高山地区外，吕宋岛气候炎热，雨量丰沛，年降水量高达2 000毫米以上。加上吕宋岛2/3以上的土地都为山地、丘陵，山脉南北纵列（Tolentino et al.，2022）。因此，吕宋岛河流水系发育良好，主要河流有卡加延河、邦板牙河、阿格诺河等（表3-7）。

表 3-7　吕宋岛主要河流

名称	源头	流域面积（平方千米）	长度（千米）	序次（按流域）
卡加延河	卡拉巴略山脉	27 300	505	1
邦板牙河	马德雷山脉	10 540	260	4
阿格诺河	科迪勒拉山脉	5 952	206	5
阿布拉河	达塔山	5 125	178	6
比科尔河	巴托湖	3 770	94	8
阿布劳格河	卡林加省	3 732	175	9
加隆旁河	—	472	—	—
锡尼洛安河	马德雷山脉	74	—	—
潘吉尔河	内湖支流	51	—	—
潘锡皮特河	—	—	9	—
图拉森河	甲米地省	—	9	—
昂阿特河	马德雷山脉	—	—	—
阿巴尧河	阿巴尧省	—	—	—
内湖河	内湖支流	—	—	—
卡布瑶河	—	—	—	—
伊富高河	—	—	—	—
满加内特河	内湖支流	—	—	—
马里基纳河	马德雷山脉	—	—	—
帕拉那克河	—	—	—	—
圣胡安河	内湖支流	—	—	—
圣克里斯托波尔河	内湖支流	—	—	—
圣克鲁斯河	内湖支流	—	—	—
打拉河	打拉省	—	—	—
无米乐河	—	—	—	—
瓦瓦河	—	—	—	—
莫隆河	内湖支流	—	10	—
杜惹罕河	—	—	15	—
巴石河	内湖	—	25	—
巴姆班根河	马德雷山脉	—	—	—
萨旁巴后河	内湖支流	—	—	—

资料来源：Water Environment Partnership in Asia，https://wepa-db.net/database/philippines.

菲律宾第一大河是卡加延河。卡加延河位于吕宋岛北部，全长 505 千米，流域面积 2.73 万平方千米，年流量约为 539.43 亿立方米，地下水储量为 478.95 亿立方米。卡加延河的上游位于卡拉巴略山，该山脉的海拔 1 524 千米，并由南往北流经阿帕里小镇，最后汇入巴布延海峡。其支流包括马加特河（Magat River）、伊拉甘河（Ilagan River）和奇科河（Chico River），这些支流的大部分河段可通航。卡加延河及其支流在相对平坦的卡加延山谷中，被西部的科迪勒拉山脉、东部的马德雷山脉和南部的卡拉巴略山脉包围，其中沉积了第三纪和第四纪的沉积物，大多数是石灰岩砂和黏土。卡加延河流经阿帕约省、奥罗拉省、卡加延省、伊福高省、伊莎贝拉省、卡林加省、高山省、新比斯开省和季里诺省，这些省的人口大约为 200 万，其中大多数是农民和土著部落。卡加延河的北部年平均降水量为 1 000 毫米，南部年平均降水量为 3 000 毫米。由于卡加延河的地势平坦，峡谷蜿蜒曲折且山脉坡度较低，水流相对较为缓慢。因此，每年 5—10 月的东南亚季风季节，卡加延河附近经常遭受大面积的洪水袭击，给当地造成了巨大的生命和财产损失。菲律宾政府沿着卡加延河建立了几个洪水预警站，并专门监测从图格加劳到阿帕里，以及从伊拉甘到伊莎贝拉图马伊尼的实时径流量变化。沿河的山谷生产各种农作物，包括大米、玉米、香蕉、椰子、柑橘和烟草。两条支流马加特河和奇科河都建有水坝，而且附近的矿产较为丰富。

马加特河是卡加延河最大的支流，位于盆地的西南部，从新维兹卡亚到卡加扬河的汇合处，全长约 150 千米，年流量为 98.08 亿立方米。马加特河和奇科河是卡加延河的重要支流，年径流量约占整个流域的 1/3。伊拉甘河源自马德雷山脉的西坡，流经卡加延河流域的东部和中部，年流量为 94.55 亿立方米。伊拉甘河由东向西流动，并在伊莎贝拉岛伊拉根（Igagan）处汇入卡加延河，全长约 200 千米。

邦板牙河（Pampanga River）是吕宋岛第二大河流，菲律宾第四大河流。该流域面积约为 1.05 万平方千米，长 260 千米，位于吕宋岛中部地区，穿越邦板牙省、布拉干省和新怡诗夏省。邦板牙河上游源于马德雷山脉，向南和西南方向流经约 261 千米，最后汇入马尼拉湾。邦板牙河主要支流包括盆地东侧的佩尼亚兰达河和科罗内尔-桑托尔河，以及西北侧的里奥奇科河。邦板牙河流域是菲律宾的洪水泛滥区平均每年至少发生一次洪水。除了12—次年5月为旱季，其他时间均较为潮湿，最潮湿的是7—9月。邦板牙河流域24小时降水量为100—130毫米。历史上，邦板牙河发生过多次大面积洪灾，包括1962年7月、1966年5月、1976年5月、1993年10月、2003年8月、2004年8月、2009年9月下旬—10月和2012年8月。其中，1972年7月和8月的洪水最为严重，淹没了吕宋岛北部和中部的14个省，以及马尼拉大都会和南部塔加禄。2011年9月的纳沙台风（Nesat）导致的洪水也几乎吞没了邦板牙和布拉干南部地区。阿赖亚特山（Mount Arayat）和邦板牙河的东侧为坎达巴沼泽（Candaba Swamp），面积约250平方千米。该沼泽吸收了马德雷山脉西部斜坡和邦板牙河溢流的大部分洪水，经常在雨季被淹没，但在夏季相对干燥。

阿格诺河（Agno River）全长206千米，流域面积为5 952平方千米，最终经林加延湾注入南中国海，是菲律宾最大的河流系统。该河流发源于海拔2 090米的科迪勒拉山，年流量约6.6立方千米，占流入该湾淡水总量的比重高达70%。大约有200万人居住在阿格诺河谷，是菲律宾人口居住较多的流域之一。阿格诺河随着地势降低先是向南前进，呈现出编织状的河道，流经吕宋岛中部时则变成了一条向西南方向蜿蜒的河流，接着从南面与塔拉克河汇合，并继续向北流。阿格诺河的主要支流包括皮拉河、卡明河、塔拉克河和安巴约安河。塔拉克河起源于塔拉克的皮纳图博山，海拔1 745米，与巴彦邦附近波蓬托沼泽的阿格诺河相连接。沼泽地面积约25平方千米。阿格诺河经过平均海拔约610米的山脉后，形成了一个巨大的冲积扇和三角洲，称为班诗兰平原，其是吕宋岛历史上的重要经济中心。由于阿格诺河流域以山地地形为特征，因此菲律宾政府建造了安布克拉奥水库，以防止水库水位下降对河下游造成影响。估计平均年降水量从塔拉克附近的2 000毫米到阿格诺河上游的4 000毫米不等，因此班诗兰平原经常遭受破坏性的洪水的影响。1972年7—8月、1976年5月和2009年9月的洪水几乎淹没了整个班诗兰平原，包括塔拉克河的洪泛区。

（二）米沙鄢群岛河流规模小

贾拉乌尔河（Jalaur River）是菲律宾班乃岛第二长的河流，总长141千米，也是班乃岛的第二大流域，面积为 1 503 平方千米，年流量在菲律宾众多河流中排在第 17 位，年平均径流量为 40.29m³/s。贾拉乌尔河的源头位于班乃山脉中部的巴洛伊山，河流从东到东南横穿班乃市东部，通过伊洛伊洛省，最后汇入吉马拉斯海峡。贾拉乌尔河下游的洪水季节主要集中于每年的 6—9 月，而且班乃岛位于台风带内，成为该流域洪水暴发的主要因素。该流域也是周边农田灌溉的主要水源和周边居民生活饮用水，用于灌溉伊洛伊洛省 15 519 公顷的土地。菲律宾经济发展署（National Economic and Development Authority，NEDA）于 2019 年批准了贾拉乌尔河水坝项目的工程。项目包括建设水电站和供水系统等，价值 112 亿比索，这是菲律宾除吕宋地区以外最大的水利项目。项目将分两步进行，首先使用韩国政府提供的 89.5 亿比索官方发展援助资金，其后采取公私合作伙伴关系项目的方式进行建设。

班乃河（Panay River）是菲律宾班乃岛最长的河流，大约为 152 千米，流域面积约为 2 204 平方千米，几乎覆盖整个卡皮斯省和伊洛伊洛省北部。班乃河的源头在伊加邦山安加斯山脉的山坡上，从塔帕兹（Tapaz）开始，向南延伸，进而朝着东北方向改变，途经杜马拉格（Dumalag）和库塔特罗（Cuartero），然后向北穿越潘尼坦（Panitan）市，最后一分为二，干支流汇入锡布延海。班乃河的主要支流是塔帕兹河、曼布索河、巴德巴兰河和马永河。其中，曼布索河亚流域面积为 487.86 平方千米，巴德巴兰河亚流域面积为 342.52 平方千米，马洪河亚流域面积为 358.76 平方千米。

苏邦达库河是菲律宾南莱特岛最大的河流，流入索戈德市的索戈德湾，其名在宿务语中有"大河"或"宽河"的意思。苏邦达库河的生态系统受人类活动影响严重，包括采石作业中岩石磨削引起的噪声、河流系统支离破碎阻挡了水生生物的通行、淤泥沉积等问题。有研究指出，河口附近的采砂和砾石开采、河流改道是造成该地区生境退化和水质问题的主要原因。同一份报告提到采矿对索戈德湾有害，建议在科学证据和监测的基础上，以干流的规划来规范采石和重新流通道路，作为保护苏邦达库河的一种方式。该地区的采石活动频繁。在河水每次洪水泛滥时，多家公司开采河水积聚的沙子和砾石，削弱了河床，使河水容易受到洪水和环境侵蚀（表 3-8）。

表 3-8 米沙鄢群岛主要河流

名称	源头	流域面积（平方千米）	长度（千米）	序次（按流域）
贾拉乌尔河	班乃岛	1 503	141	17
阿克安河	班乃岛	—	—	—
巴尼卡河	班乃岛	—	—	—
西拉旁安河	—	—	—	—
罗格河	—	—	—	—
里奥洛河	里奥洛	—	—	—
罗博河	比科尔	—	—	—
班乃河	班乃岛	2 204	152	—
希尔慕基河	波尔邦	—	—	—
苏邦达库河	南莱特岛	—	—	—

资料来源：Water Environment Partnership in Asia，https://wepa-db.net/database/philippines.

（三）棉兰老岛形成"H"字形河流网

棉兰老岛的河流以南部的棉兰老河与北部的阿古桑河为轴，形成"H"字形，其中棉兰老河是菲律宾的第二大河，阿古桑河是菲律宾的第三大河（Tolentino *et al*.，2022）（表 3-9）。

表 3-9 棉兰老岛的主要河流

名称	源头	流域面积（平方千米）	长度（千米）	序次（按流域）
棉兰老河	尹帕苏贡山	23 169	373	2
阿古桑河	康波斯特拉谷	10 921	350	3
塔高罗安河	马莱巴莱市	1 704	106	13
塔古姆河	—	—	—	—
马伦贡河	—	—	—	—
里布加农河	—	—	—	—

续表

名称	源头	流域面积（平方千米）	长度（千米）	序次（按流域）
古阿古阿河	—	—	—	—
布阿延河	—	—	—	—
卡加延德奥罗河	卡拉屯甘山	1 521	90	—
达沃河	南棉兰老	1 700	160	—
阿古斯河	拉瑙湖	113	37	—

资料来源：Water Environment Partnership in Asia, https://wepa-db.net/database/philippines.

棉兰老河（Mindanao River）是菲律宾第二大河流系统，也是棉兰老地区的主要运输通道。位于棉兰老岛南部，总排水面积为2.32万平方千米，覆盖了该岛中部和东部大部分地区，总长度约为373千米。其源头河为普朗依（Pulangi）河，源出布基农（Bukidnon）省东北部高原，南流与卡巴甘（Kabacan）河汇成棉兰老岛河。棉兰老河流向西北，经利邦岸（Libungan）洼地和利瓜桑（Liguasan）沼泽，在达图皮昂（Datu Piang）分为两条支流注入伊利亚纳（Illana）湾。棉兰老河是棉兰老岛一条重要的运输大动脉，主要用于运输农产品和木材。而且，沿河周边区域也是重要的人口中心，包括哥打巴托市、马京达瑙市和米德萨亚普市。棉兰老河的主要支流包括：普朗依河，长374千米；喀布尔南河，长175千米；安拉河，长130千米；布卢安河，长109千米；西穆艾河，长81千米；利邦甘河，长80千米；姆朗河，长62千米。

阿古桑河（Agusan River）是菲律宾的第三大河流，位于棉兰老岛的东北部，是棉兰老地区的人口中心。流域面积约为1.09万平方千米，长度350千米。源于北达沃省境内，由南向北流经宽达177千米的阿古桑河谷，宽度32—48千米不等，最后注入保和海的武端湾。根据地形特征，阿古桑河流域分为三个子流域：阿古桑河上游流域、阿古桑河中游流域和阿古桑河下游流域。阿古桑河上游流域是从达沃德奥罗山区到圣何塞法、阿古桑德尔苏尔到韦鲁埃拉、阿古桑德尔苏尔的河段，阿古桑河中游流域是从圣何塞法到安帕罗、阿古桑德尔苏尔的河段，而阿古桑河下游流域是从安帕罗到布图安河口的河段。阿古桑河谷是菲律宾重要的人口中心，包括武端、卡巴巴兰（Cabadbaran）和布埃纳维斯塔（Buenavista）等，均集中于海湾周围。武端以西的纳西皮特（Nasipit）是大规模的木材加工基地。武端与南面的达沃市之间有公路相通。埃斯佩兰萨（Esperanza）和塔拉科贡（Talacogon）是位于天然冲积堤上的传统贸易站，沿河两岸兴建了许多贸易村。阿古桑沼泽地的总面积为 19 197 公顷。沼泽地为阿古桑河提供了一个蓄洪盆地，切断了导致河流下游山洪暴发的高排放。除此之外，沼泽地还拥有独特而原始的栖息地，如萨戈和泥炭沼泽森林，是濒危和地方性动植物的重要家园。因此，1996 年，总统菲德尔·拉莫斯将其指定为野生动物保护区。而且，沿阿古桑河中游的沼泽区是伐木业集中地。沿河下游为种植园，产椰子、稻米、竹和各种水果，辅以渔业。主要粮食作物为稻米，经济作物以椰子为主。

达沃河（Davao River）是菲律宾南部棉兰老岛流域的第三大河流，流域面积超过 1 700 平方千米，总长度为 160 千米，是棉兰老地区较少发生台风的区域。达沃河大部分地区是高地，最高海拔为 1 875 米，靠近河口的河流平均流量估计为 70—80 m^3/s。气候类型相对平衡，全年气温、降水和湿度均匀分布，年平均降水量为 1 800 毫米。由于达沃河分布在棉兰老地区的高山区域，所以很少遇到台风，气候相较其他地方更为干旱。达沃河流域总人口约为 80 万人，平均每年每个家庭的收入约为 15 万比索，工业和农业生产总值约为 64.1 亿比索，城市化率仅为 27%，缺水指数等级为中等。1984—1990 年平均河流量约为 78 m^3/s。达沃市的主要饮用水源位于邻近的塔洛莫流域，未来的居民用水可能需要抽水才能满足需要。

二、湖泊分布

湖泊是在一定的地质活动、地理特征背景下形成的，并具有一定的事件性。在湖泊的形成、成熟直至消亡的过程中，该区域的地质、地理、物理、化学、生物作用相互影响，而且表现出明显的地域性。菲律宾湖泊的形成主要与火山和地震活动密切相关。很多小湖泊是由死火山凹陷的火山口形成，有些湖盆是由火山活动或板块运动造成的地陷形成，其他的则由山体滑坡、熔岩流以及火山尘造成通道堵塞而形成（Magnani et al., 1984）。菲律宾较知名的湖泊有吕宋内湖和塔尔湖，以及棉兰老的拉瑙湖。

(一) 地质构造运动而形成构造湖

构造湖（Tectonic Lake）是由地壳构造运动所造成的坳陷盆地积水而成的湖泊。菲律宾多数湖泊类型主要属于构造湖（表3-10），包括菲律宾第一大湖吕宋内湖、第二大湖棉兰老的拉瑙湖和第三大湖迈尼特湖都是因地壳构造运动而形成的湖泊。

表3-10 构造湖概况

排序	湖名	面积（公顷）	排序	湖名	面积（公顷）
1	吕宋内湖	93 000	20	瓦肯湖	70
2	拉瑙湖	34 000	21	皮纳马洛伊湖	60
3	迈尼特湖	17 340	22	森库兰湖	49
4	瑞汉湖	8 125	23	坎德拉利亚湖	48
5	布鲁安湖	6 134	24	达赛湖	40
6	巴托湖	2 810	25	那帕里特湖	36
7	卢冒湖	1 680	26	乌雅安湖	28
8	达袍湖	1 012	27	希姆邦湖	26
9	蛮古熬湖	741	28	布提格湖	25
10	伍德湖	738	29	卡托尔湖	19
11	达瑞湖	680	30	巴萨克湖	15
12	抱威湖	403	31	达库拉湖	12
13	色布湖	354	32	卡兰加南湖	12
14	凯央根湖	182	33	马里曼嘎湖	12
15	巴奥湖	177	34	马南内湖	11
16	努伦甘湖	153	35	巴巴布湖	5
17	达瑙湖	148	36	卡玛瑞安湖	3
18	洛克湖	113	37	那拉潘湖	3
19	萨帕湖	112			

资料来源：Water Environment Partnership in Asia，https://wepa-db.net/database/philippines.

吕宋内湖（Laguna de Bay）是菲律宾最大的湖泊，位于马尼拉大都会南部拉古纳省和北部里扎尔省之间，面积为9.3万公顷，平均水深约2.8米，海拔约1米。湖的形状类似字母"W",两个半岛从北岸伸出来,中间是火山。湖的中央是塔利姆大岛,在里扎尔省的比南戈南镇和卡多纳镇的管辖之下。吕宋内湖是由两次火山爆发形成的,大约发生在100万至2万7千年前或2万9千年前。该湖由45 000平方千米的集水区及其21条主要支流提供水源。其中,帕格桑詹河提供了吕宋内湖35%的水源,圣克鲁斯河提供了吕宋内湖15%的水源。吕宋内湖是菲律宾淡水鱼的主要来源之一。其水源通过帕西格河流入马尼拉湾。吕宋内湖对吕宋地区发展的意义重大。自西班牙殖民时代以来,该湖一直被用作航道、水力发电项目、渔业、灌溉以及家庭、农业和工业废水蓄水池。已知的湖泊岛屿中:塔利姆岛是最大和人口最多的岛屿;卡兰巴岛用于度假;马拉希岛曾经是马利吉岛军事保留地,靠近塔利姆南端。而且,吕宋内湖还有泄洪的作用。为了减少马尼拉大都会沿帕西格河的洪水,在暴雨期间,马里基纳河的峰值水流通过曼加汉改道到吕宋内湖,吕宋内湖作为临时水库。如果湖面水位高于马里基纳河,洪水道上的流量会逆转,马里基纳河和湖水都会通过帕西格河排到马尼拉湾。由于吕宋内湖的重要性,菲律宾对其水质和一般状况进行密切监测。

随着人口增长、快速工业化和资源配置等发展压力的严重影响,吕宋内湖生态环境面临着重大挑战。政府数据显示,居住在拉古纳德湾地区的约840万人中,近60%通过其支流间接向湖中排放固体和液体废物。根据DENR的数据,这些废物中的很大一部分主要是农业废物,占比约40%。而其余的则是家用废物或工业废物,二者占比几乎相等,各占30%。整个地区农业现代化进程加快了对湖水生态环境的破坏。农业化肥和农药的残留物最终都排向了吕宋内湖,这些化学物质导致水中氧气含量耗尽,藻类迅速生长,引发了大量鱼类死亡。马尼拉大都会居民产生的4 100公吨废物中,约有10%是倾倒入吕宋内湖的,并造成湖水淤积。国家排污局通过《清洁水法》,向所有管理区域,包括吕宋内湖地区和区域工业中心,实行废水收费制度。废水收费考虑了以下几点:①为污染者改变其生产或管理工艺、污染控制技术以减少水污染物的产生量提供了强有力的经济诱因;②支付水质管理或改善方案的费用,包括管理排放许可和水污染收费制度的费用;③反映水污染对周围环境造成的损害,并提供修复费用;④区分了污染物类型。

拉瑙湖（Lanao Lake）是棉兰老岛最大的湖泊，也是菲律宾第二大的湖泊，位于棉兰老岛的南拉瑙省内，面积为3.4万公顷，南北长35.2千米，东西最大宽度27千米。湖水盆地向北最浅，向南逐渐加深，最深为110—112米（南端），最浅为10米（北端），平均深60.3米。湖中有十多个小岛，沿湖有几座死火山。源自该湖的阿古斯河（Agus）注入保和海的伊利甘湾。拉瑙湖也被认为是世界上15个古老湖泊之一，湖水清澈，湖畔气候凉爽，是全岛最好的休养地。菲律宾一直在争取将该湖列入联合国教科文组织世界遗产名录。而且，拉瑙湖还是棉兰老岛的水力发电中心，安装在拉瑙湖和阿古斯河系统的水力发电厂可产生棉兰老岛人民70%的电力。拉瑙湖是由一次大地震引起的火山喷发而形成的，由于火山喷发异常剧烈，使得原本高耸的火山锥凹陷下去，进而形成了一块巨大的盆地，流经火山脚下的阿古斯河为这块盆地注入水源，因而形成了今天的拉瑙湖。拉瑙湖与马来诺部落渊源很深，是马来诺部落神话和传说的起源之地，部落的名字也是源于这个古老的湖泊，意为"居住在湖泊周围的人"。拉瑙湖中生活有多种当地的鱼类和无脊椎动物，当地鲤科可达20多种，其他的鱼种有鲇鱼、攀鲈鱼、鳗鲡、棘臀鱼、虱目鱼等。除了鱼类外，还生活有黑水鸡、董鸡以及印尼野猪和坡鹿等哺乳动物，为科学家的相关研究作出了突出贡献。

迈尼特湖（Lake Mainit）是菲律宾最深的湖泊，也是菲律宾第三大湖泊，面积1.73万公顷。该湖也是菲律宾最深的湖泊，最大深度达到了223米。其位于棉兰老岛东北部，由北苏里高省和北阿古桑省共同管辖。迈尼特湖是菲律宾动植物重要的栖息地，植物包括火兰花、纳拉树、莫拉夫树、菲律宾玫瑰木、卡马贡、曼科诺、桉树、印度莲花等；动物包括棉兰老岛皱眉猫头鹰、棉兰老大草原夜行者、棉兰老岛森林翠鸟、白胸海鹰等。

（二）火山喷发而形成的火山湖

火山湖（Volcanic Lake）是火山喷发后，熔岩和碎屑物冷却后堆积在火山的周围，形成的四壁陡峭、中央深陷的洼地，汇集降水或火山物质渗水形成湖泊。火山湖多是圆形、椭圆形和马蹄形。有的火山湖形成后，火山复活，重新喷发，在湖中形成新的火山锥或岛屿。由于菲律宾火山频发，由火山喷发而形成的火山湖数量众多,包括塔尔湖、貌寒湖、皮纳图博湖等(表 3-11)。

表 3-11　火山湖概况

排序	湖名	面积(公顷)	排序	湖名	面积(公顷)
1	塔尔湖	23 420	22	鳄鱼湖	23
2	貌寒湖	317	23	姑瑞湖	23
3	皮纳图博湖	183	24	卡帕哈延湖	22
4	必拓湖	140	25	马霍克敦湖	22
5	塔尔火山坑湖	121	26	潘丁湖	21
6	辛古安湖	112	27	达瑙湖	18
7	桑帕洛克湖	104	28	卡巴利安湖	15
8	巴林萨萨尧湖	76	29	穆希卡普	15
9	伦纳德湖	70	30	内里格湖	11
10	帕拿貌湖	68	31	撒尼湖	11
11	色伊特湖	59	32	杜密拉嘎特湖	9
12	提库湖	47	33	扬波湖	5
13	帕拉克帕金湖	43	34	达瑞湖	4
14	卡里巴托湖	42	35	提拉贡达嘎特湖	4
15	欧内斯廷湖	35	36	达基阿南湖	3
16	提姆普奥克	32	37	卡巴林安湖	2
17	布诺特湖	31	38	马比洛格湖	2
18	布卢桑湖	28	39	皮纳孤尔布安湖	2
19	达瑙湖	28	40	普洛格湖	2
20	阿波湖	24	41	雅谷缅姆湖	1
21	利布熬湖	24			

资料来源:Water Environment Partnership in Asia,https://wepa-db.net/database/philippines.

塔尔湖作为菲律宾旅游胜地,位于菲律宾吕宋岛西南部八打雁省境内的大雅台东南山脚下,在马尼拉市以南约 56 千米处,实际为火山口。塔尔湖长 24 千米,宽 14 千米,面积为 2.34 公顷。其海拔 10 米,水深 170 米。环状的塔尔湖形成于第四纪,距今已数百万年,湖水源自海水,是火山爆发与地壳运动使火山口抬升并形成陆地。湖中有一小岛,岛上有世界上最小的火山——塔尔火山。塔尔火山的山势较低,最高处海拔仅有 300 米。因此从湖岸远望,白色的烟雾不是从最高处喷出,更像从山腰升起的团团轻烟。火山中间又有一火山湖,称为"火山口",面积只有大约 1 平方千米,形成湖中有山、山中有湖的美丽景观。1911 年的一次火山爆发,使湖里长出了武耳卡诺岛,南北长 8 千米,东西宽 5 千米,上面有好几个喷火口,有的积水成了小湖。塔尔火山是二度爆发时在原有的火山湖之中形成的,故被称为二重式火山。在菲律宾 50 多座火山中,塔尔火山是其中最为活跃的一座活火山,也是世界上地势最低的火山。近四五百年来,塔尔火山已爆发 40 余次。

皮纳图博湖(Pinatubo Lake)是皮纳图博火山于 1991 年 6 月 15 日爆发后形成的山顶火山口湖。该湖位于赞巴莱斯的博托兰,靠近菲律宾邦板牙省和塔拉克省的边界。皮纳图博湖集水区面积 5 平方千米,平均水深 95—115 米。此湖被形容为宽广的蓝绿色宝石,目前为热门的徒步景点。1991 年皮纳图博火山的喷发摧毁了最初的山顶,进而形成了一个直径为 2.5 千米的火山口,其中心从喷发前的山顶向北偏移了 1 千米。1991 年 6 月 15 日火山山顶坍塌,火山下水库大量岩浆消退,加之该地区的高降水率,进而使得皮纳图博湖由一个小而热的酸湖迅速过渡到接近环境温度和正常 pH 值的大型湖泊。

(三)其他重要湖泊

菲律宾除了构造湖与火山湖之外,还有许多火山堰塞湖、山崩湖和温泉湖,包括潘塔邦岸湖、马帕努皮湖等(表 3-12)。潘塔邦岸湖是一个水库,位于菲律宾新埃西哈省,主要为灌溉和水力发电提供水,同时也是防洪设施。该水库于 1971 年开始建设,1974 年竣工,被认为是东南亚较大的水库之一,也是菲律宾较清洁的水库之一。马帕努埃佩湖长 4.1 千米、宽 2.5 千米,面积为 6.48 平方千米,蓄水量为 75×10^6 立方米,海拔高度 129 米,最大水深 25 米,湖岸线长度 33 千米,是由 1991 年皮纳图博火山喷发时形成的火山堰塞湖。

表 3-12 其他湖泊概况

湖名	面积(公顷)	类型
潘塔邦岸湖	5 923	水库
普朗吉湖	1 985	水库
马嘎特湖	1 122	水库
卡莉莱亚湖	1 050	水库

续表

湖名	面积（公顷）	类型
圣罗克湖	882	水库
马帕努埃佩湖	648	火山堰塞湖
鲁莫特湖	582	水库
拉弥萨湖	463	水库
阿姆布克牢湖	383	水库
谭博湖	79	火山堰塞湖
巴拉南湖	25	山崩湖
圣马科斯湖	24	火山堰塞湖
那嘎叟温泉	3	温泉湖

资料来源：Water Environment Partnership in Asia, https://wepa-db.net/database/philippines.

参 考 文 献

[1] 陈丙先等：《"一带一路"国别概览：菲律宾》，大连海事大学出版社，2019年。
[2] 李涛、陈丙先：《菲律宾概论》，世界图书出版公司，2012年。
[3] 林光："菲律宾的气候"，《气象》，1975年第5期。
[4] 刘德生：《亚洲自然地理》，商务印书馆，1996年。
[5] 孙守勋、滕军："菲律宾海的气候特征"，《海洋预报》，2003年第3期。
[6] 赵松乔：《菲律宾地理》，科学出版社，1964年。
[7] 中国科学院南海海洋研究所：《南海诸岛海域自然环境与资源综合调查研究报告（下册）》，科学出版社，1994年。
[8] Alejandrino, A. A. 1976. *Principal River Basins of the Philippines*. National Water Resources Council(Philippines).
[9] Brand, S., J. W. Blelloch 1973. Changes in the characteristics of typhoons crossing the Philippines. *Journal of Applied Meteorology and Climatology*, No. 1.
[10] Coronas, J. 1920. *The Climate and Weather of the Philippines, 1903-1918*. Bureau of printing.
[11] Corporal-Lodangco I. L., L. M. Leslie 2017. Defining Philippine climate zones using surface and high-resolution satellite data. *Procedia Computer Science*.
[12] Deppermann, C. E. 1939. Some characteristics of Philippine typhoons. *Bulletin of the American Meteorological Society*, No. 7.
[13] Holden, W. N. 2018. Typhoons, climate change, and climate injustice in the Philippines. *ASEAS-Austrian Journal of South-East Asian Studies*, No. 1.
[14] Magnani, R., S. Tourkin, M. Hartz 1984. *Evaluation of the Provincial Water Project in the Philippines*. International Statistical Programs Center, Bureau of the Census, US Department of Commerce.
[15] Perez, R. T., L. A. Amadore, R. B. Feir 1999. Climate change impacts and responses in the

Philippines coastal sector. *Climate Research*, No. 2-3.
[16] Philippine Atmospheric, Geophysical and Astronomical Services Administration. *Climate of the Philippines*. November 26, 2015.
[17] Quimpo, R. G., A. A. Alejandrino, T. A. McNally 1983. Regionalized flow duration for Philippines. *Journal of Water Resources Planning and Management*, No. 4.
[18] Santos, G. D. C. 2021. 2020 tropical cyclones in the Philippines: A review. *Tropical Cyclone Research and Review*, No. 3.
[19] Takagi, H., M. Esteban 2016. Statistics of tropical cyclone landfalls in the Philippines: unusual characteristics of 2013 Typhoon Haiyan. *Natural Hazards*, No. 1.
[20] Tang, C. K., J. C. L. Chan 2014. Idealized simulations of the effect of Taiwan and Philippines topographies on tropical cyclone tracks. *Quarterly Journal of the Royal Meteorological Society*, No. 682.
[21] Tolentino, P. L. M., *et al*. 2022. River Styles and stream power analysis reveal the diversity of fluvial morphology in a Philippine tropical catchment. *Geoscience Letters*, No. 1.

第四章 自然资源

由于位于环太平洋的火山带与地震带上，地质构造和地理环境都有利于矿床的形成，菲律宾已成为世界上重要的金属矿产资源国。据环境与资源部地质矿业局的统计数据，现已探明13种金属矿产和29种非金属矿产，金属矿储量为66.7亿吨，非金属矿储量为785亿吨。其中，铜占金属矿产储量的大部分，比例约为56%，镍所占比例约为19%，锰、铬、金总共约占21%。如果以单位面积矿产储量计算，菲律宾金矿储量居世界第三位、铜矿储量居世界第四位、镍矿储量居世界第五位、铬矿储量居世界第六位。菲律宾生物群体多样，是全球17个极具生物多样性的国家之一，也是全球生物多样性的热点地区，还是全球新物种发现率较高的国家之一。菲律宾至少有1.4万种植物物种，占世界物种总量的5%。过去十年新发现的哺乳动物16种。因此，菲律宾被称为"环太平洋资源库"。

第一节 成矿条件

菲律宾的地质构造是一个相对年轻、近期地壳运动较为强烈的地区，南北纵向布局的构造形势明显。在此基础上，菲律宾形成较为广阔的火山分布，全国有火山近60个，其中活火山就有10余个。该地质构造一方面决定了菲律宾岛屿的星罗棋布与地貌的崎岖起伏，另一方面也决定了菲律宾拥有较为丰富的金属矿产，但燃料资源相对匮乏（Ulack，1984）。

一、板块运动

菲律宾地处菲律宾板块，四周海沟发育，西向毗邻亚欧板块，东向与太平洋板块连接，南向与印度洋-澳大利亚板块相连，属于上述三板块的汇聚地带（板块三联点）（吴良士，2012）。菲律宾板块呈南北向狭长的菱形展布，四周几乎全部被深海沟所围绕。其东部与太平洋板块以伊豆-小笠原-马里亚纳海沟为界，发育有太平洋板块向菲律宾板块俯冲的菲律宾俯冲带。东南侧与卡罗林板块以雅浦海沟、帕劳海沟、阿玉海槽为界。西部与亚欧板块以日本-琉球-中国台湾-菲律宾沟弧系为界，菲律宾西部发育有亚欧板块的南中国海大陆向菲律宾板块俯冲的海沟，即马尼拉俯冲带北段（或称东吕宋俯冲带）。菲律宾板块南侧与印度-澳大利亚板块以索隆断裂带为界。各大板块的相互作用对菲律宾的矿产资源产生了深远影响。特别是在中生代时期，菲律宾经历了强烈的构造活动，形成了大量的基性和超基性岩，以及与这些岩石相关的金属矿产。

菲律宾区域的成矿作用在时间上比较集中，晚始新世—早渐新世和晚中新世—早上新世是两次最主要的成矿期（吴良士，2012）。大部分有色金属、黑色金属和煤炭等矿产都是在这两个时期形成的，只有少部分产出于晚更新世或早始新世。至于侏罗纪—白垩纪以及前中生代，目前还没有发现具有一定工业价值的矿床。区域成矿作用明显与板块运动有关，致使矿产地空间分布主要受构造控制。其中，有色与黑色金属矿产大多受逆冲断裂构造控制，并且矿床与混杂堆积岩的产出有一定空间关系。煤炭与油气则产出于新生代盆地中，而这些盆地往往又多为断陷盆地（吴时国等，2013）。

二、岩浆活动

菲律宾主要由火山岛构成，同时存在大量的火山活动，形成了丰富的火山岩系。此外，菲律宾还拥有大量的沉积岩系，如砂岩、页岩、石灰岩等。这些地质条件为矿产资源的形成提供了良好的物质基础（Becker，2012）。一是提供矿物质来源。岩浆活动是地球内部高温高压条件下的熔融岩石和矿物质的释放过程，这些矿物质在地表堆积，形成了丰富的矿产资源。例如，菲律宾的镍矿、铜矿和金矿等主要就是由海底火山喷发形成的。二是形成新的矿产资源。岩浆活动过程中，会形成新的矿产资源。例如，菲律宾的钨矿主要来源于岩浆冷却后形成的矿物质。三是影响矿产分布。岩浆活动会影响矿产的分布。例如，菲律宾的金矿主要分布在火山活动频繁的地区，这是因为火山活动会改变地壳的构造，使得金矿更容易被开采出来。菲律宾主要矿产资源大多与岩浆活动有关，因而矿床类型主要为岩浆型、矽卡岩型和热液型，其次为斑岩型与火山岩型。据不完全统计，上述矿床类型可占菲律宾所有矿床类型的70%左右。在吕宋岛北部的花岗岩-片麻岩地区，岩浆活动带来了大量的钨和锡元素，形成了现代的钨矿和锡矿。

三、物理作用

菲律宾的气候条件也为矿产资源的形成提供了良好的条件。菲律宾高温多雨、湿度大，年平均气温为27℃，大部分地区的年平均降水量为2 000—3 000毫米，只有西部地区有旱季（11—4月）和雨季（5—10月）之分，东部与南部地区终年多雨，无明显旱、雨季。菲律宾地震频繁，每年至少数十次。而且菲律宾台风多发，尤其6—11月是台风频繁生成的时期。菲律宾境内多山、沟谷发育，山区昼夜温差大，夜间可以结冰。多个岛屿形成的海岸线总长近2万千米。这些气候条件都为地质侵蚀风化作用提供了良好的环境和强大的动力，尤其对于由此形成的次生矿床来说比较重要。其中以大面积红土壤化为最大特征，使一些矿床或岩石发生成矿物质的二次富集作用，在内陆山区形成红土型铁、镍、铝、金等矿床。在盆地河谷以及海滨地区则形成了一些工业的砂矿床（Philippine Board of Investments，2011）。在吕宋岛北部，中生代的火山-侵入活动形成了富含铁、镁的火山岩，这些火山岩经过风化侵蚀和沉积作用，形成了现代的含铁沉积岩矿床。

第二节 金属矿产

金属矿产是菲律宾矿产资源的重要组成部分。菲律宾的金属矿产主要包括铜、镍、铬、锌、铅、金、银和钴等。这些金属在工业生产中有着广泛的应用，如电力生产、机械制造、建筑施工等。此外，菲律宾还拥有丰富的稀土元素资源，如镧、铽、铕等。这些矿产资源主要分布在菲律宾的不同地质构造单元中，如火山岩、沉积岩和变质岩等。

一、总体概况

菲律宾金属矿产在全球储量中占据了重要地位，已知矿化带的土地面积达900多万公顷，占国土面积的30%。迄今为止，菲律宾探明的金、铜、镍、铝、铬、银、铅、锌等金属矿产总储量为71亿吨，是世界重要的铜、镍等金属矿产资源的生产国和出口国。据菲律宾国家地质矿业局统计，目前已查明和开发的矿种有50种左右，矿产种类相对比较齐全，尤其如镍、铜、金、铁、铬、钴等金属矿产，都具有一定储量和开发潜力。截至2017年，菲律宾的镍储量为480万吨；钴储量为29万吨；铜储量为2 300万吨；金储量为2 400吨。以单位面积矿产储量计算，铜矿、镍矿、铬矿储量分列世界第四位、第五位和第六位。如表4-1所示：①菲律宾的铁矿资源主要分布在棉兰老岛的三宝颜半岛、吕宋岛的中部山区和比科尔。其中，吕宋岛中部山区的铁矿储量最为丰富。②菲律宾的铜矿分布较为广泛，主要储藏在马尼拉海槽和科迪勒拉板块的变质岩中。位于棉兰老岛南部的铜矿储量较为可观（吴良士，2013）。③菲律宾的锌矿主要分布在棉兰老岛及附近地区。该地区具有较高的锌品位，是菲律宾锌矿的主要产地。④菲律宾的镍矿主要储藏在科迪勒拉板块的基性-超基性岩地区，广泛分布在吕宋岛和米沙鄢群岛。另外，棉兰老岛北部的镍矿储量和品位均较高。⑤金矿在吕宋岛、米沙鄢群岛和棉兰老岛均有分布。这些矿产资源的储量和品位均较高，具有较大的开发价值。

表 4-1　金属矿产分布

所在地区	具体地址	矿藏
吕宋岛	吕宋中部山区	金、铜、铁、锰
	马德雷山脉北部	铬、镍、铜
	三描礼士	铬、镍、钴、铂、铜、金
	奥罗拉	铜、金
	比科尔	金、铁、铜
	南他加禄	铜、金、镍、钴
米沙鄢群岛	中米沙鄢	铜、金、锰
	萨马-东棉兰老	金、铜、铁、铬、镍、铂、锰
	巴拉望	铬、镍、钴、铂、金
棉兰老岛	中北棉兰老	铬、铜、金
	三宝颜半岛	金、铜、铬、铁
	南棉兰老	铜、金

资料来源：Philippine Board of Investments，2011.

菲律宾的矿产资源开采与利用已有较长的历史。目前，菲律宾的金属矿产开采以地下开采为主，露天开采为辅。其中，铁矿开采主要集中在北吕宋地区，铜矿则主要在棉兰老岛南部的变质岩地区开采，锌矿主要在棉兰老岛南部的沉积岩地区开采，镍矿则在棉兰老岛北部开采，钨矿和锡矿则在科迪勒拉板块的花岗岩-片麻岩地区开采。煤炭资源的开采则以北吕宋地区的煤矿为主（Martinico-Perez et al.，2018）。

二、铜：世界第四大储量国

菲律宾地处环太平洋铜矿带上，铜矿遍布全国各地，以斑岩型铜矿为主。铜矿区主要分布在北吕宋山区和南部山区，具体分布于北部吕宋岛的三描礼士省、本格特省、新比斯开省和南部的北苏里高省、达沃省和东达沃省，沿近南北走向、断层两侧相对向左移动的菲律宾大断层破碎带分布（吴良士，2012）。据统计，棉兰老岛拥有全国约60%的铜矿储量，而吕宋岛拥有全国约20%的铜矿储量。其他岛屿如巴拉望岛和卡加延岛等也具有一定的铜矿储量。

菲律宾于第二次世界大战之后大规模开采铜矿，尤以低品位的斑岩铜矿为主。直至 20 世纪 50 年代中期，位于阿特拉斯（Atlas）的两座铜矿投入生产。80 年代，菲律宾的铜矿产量达 100 万吨，成为世界第五大铜产国。但是在《矿业法》颁布之前，由于自然灾害、生产技术匮乏、对矿业限制多等因素，影响了铜矿生产状况。菲律宾铜矿在 2012 年的产量为 6.5 万吨，占当年世界总产量的 0.38%，成为世界第四大铜产国（Fong-Sam，2005）。

菲律宾铜矿床有阿特拉斯铜矿床、锡佩莱（Sipalay）铜矿床、斯托托马斯Ⅱ（Sto TomasⅡ）铜矿床、苏拉特（Sulat）铜矿床、巴洛（Barlo）铜矿床和希克斯巴（Hixbar）铜矿床等（Lyday，1996）。①阿特拉斯铜矿床位于宿务岛，是菲律宾最早生成的白垩纪斑岩型铜矿床。该矿床于 1955 年开始规模生产，已产出铜 170 万吨、金 29 吨、银 169 吨、辉钼矿 70 吨、铁矿石 81 万吨。1981 年曾估算含铜品位 0.45% 的铜矿石约有 942 亿吨。②锡佩莱铜矿床分布于内格罗斯岛西南地区，是菲律宾规模较大的古近纪斑岩型铜矿床之一。该矿床发现于 1936 年，1957 年开始生产，共计生产铜 45 万吨、金 2 吨、银 79 吨、辉钼矿 968 吨。③斯托托马斯Ⅱ铜矿床位于北吕宋岛西岸碧瑶市南部，是菲律宾最大的铜金生产地之一。该矿床为新近纪斑岩型铜矿床，发现于 1955 年，1958 年投产。共计生产了铜 38 万吨、金 55 吨、银 63 吨和铁矿石 37 万吨。④苏拉特铜矿床位于萨马岛中东部。该矿床发现于 1956 年，随后立即进行勘查。1981 年估算块段矿石储量为 3 250 万吨。⑤巴洛铜矿床位于吕宋岛西部三描礼士山东北部，于 1962 年开始生产，已生产铜 379 吨、金 186 千克、银近 8 吨。⑥希克斯巴铜矿床位于阿尔拜省，1981 年估算矿石储量 110 万吨。

菲律宾是全球重要的铜矿出口国之一，其出口量在全球铜矿贸易中占据一定地位。根据相关数据统计，2021 年，菲律宾铜矿出口量约 7.5 万吨，约占全球铜矿出口总量的 5%，居全球第四。这一数字在 2020 年时为 6.9 万吨左右，约占全球铜矿出口总量的 4%。菲律宾铜矿主要出口到亚洲、欧洲和北美洲等地区。其中，中国是菲律宾铜矿最大的出口市场，其次是美国和日本。菲律宾出口的铜矿主要以硫化铜矿石为主，约占总出口量的 80%。此外，还有部分氧化铜矿石和混合铜矿石。这些矿石储量大、品质好、易于开采和冶炼，是全球铜矿市场的重要供应来源。

三、镍：世界第五大储量国

菲律宾镍矿总储量（即已探明储量、可期储量、可能储量三者之和）约为11亿吨，约占金属矿产总储量的15.5%。其中已探明储量约为10.2亿吨，占镍矿总储量的93.7%，其平均品位为0.23%—2.47%；可期储量为5 600余吨，约占总储量的5.17%，平均品位为0.36%—1.24%；可能储备约为1 210万吨，平均品位为0.23%—2.27%。菲律宾镍矿的产出多与超基性岩有关，分布在俯冲带上盘的超基性岩体或超基性岩带中，如吕宋岛东北部的土格加劳，西部三描礼士，南部的民都洛岛、巴拉望岛，以及莱特岛-达沃一线菲律宾断层破碎带附近的超基性岩中。这些矿藏多因后期的风化剥蚀作用存在于铁矾土中。矿床赋存在浅土层中，开采容易且成本较低，吸引了许多跨国企业投资镍矿开发项目。高镍低铁的矿区主要集中在三描礼士和巴拉望，低镍高铁的矿区集中在苏里高和塔威塔威，共拥有100多家矿业公司（Wang，2010）。高品位镍矿仅占菲律宾总储量的6%。菲律宾盛产红土镍矿，主要分布在东达沃省、巴拉望省和苏里高省，储量分别为4.75亿吨、4.65亿吨和4.14亿吨。菲律宾红土镍矿尤以吕宋岛三描礼士省为典型代表。

吕宋岛三描礼士矿区位于菲律宾板块的北部吕宋弧，马尼拉海沟俯冲构造带的北段，地质构造较为复杂。地层具有不同沉积旋回的沉积岩系，其中以阿克西特罗深海相灰岩、三描礼士浅海碎屑岩及灰岩、吕宋中部陆相盆地沉积岩系和巴塔安火山杂岩为主。矿区内主要是北西西向展布的走滑断层，同时北西向和北东向关系密切。矿区的超基性岩带主要由马新洛、卡班嘎和三安托尼三个超基性岩体组成。岩性主要由黑褐色块状强蛇纹石化方辉橄榄岩组成，还有少量橄榄岩、辉长岩、纯橄榄岩等。矿区内不仅有镍矿，还有其他金属矿产，如金矿、铜矿等，镍矿储量最大，常见于超基性岩体顶部红土风化壳内，与蛇纹石化方辉橄榄岩关系紧密。产于红土风化壳中的镍矿矿体大多受地形控制，平面形态复杂，呈不规则状，矿体的分布范围与红土风化壳分布范围基本吻合。镍矿物主要以镍硅酸盐的形式产出，主要含镍蛇纹石、含镍绿高岭石、镍绿泥石和硅镁镍矿等。红土镍矿的形成与化学风化分不开，菲律宾地处近赤道北部，常年炎热潮湿，雨水丰足，这对当地矿床的风化起决定性作用，化学风化可使超基性岩体顶部红土风化壳中的镍含量普遍增高，在局部富集区域形成红土型镍矿（Wang，2010）。

菲律宾镍矿出口规模近年来呈现较快的增长趋势。2021年，菲律宾镍矿产量预计达到约37万吨，占全球总产量的14%，位居全球第三。这一数字在2020年时为32万吨，占全球总产量的13%。菲律宾镍矿主要出口到中国市场，少量出口到欧洲、北美等地区。据统计，中国从菲律宾进口的镍矿数量占其总进口量的比重超过了50%。菲律宾镍矿出口主要集中在几个主要港口城市，包括马尼拉市、苏比克湾和宿务市等。其中，马尼拉市拥有最大的镍矿出口港，其出口量约占菲律宾镍矿出口总量的70%。菲律宾出口的镍矿主要以红土镍矿为主，占其总出口量的80%以上。红土镍矿储量丰富、易于开采和冶炼，是全球镍矿市场的主要供应来源。

四、铬：世界第六大储量国

菲律宾铬矿可主要分为原生和次生2种成因类型。原生岩浆型铬矿床分布较广，主要分布于吕宋岛西岸的三描礼士、巴拉望南部、西民都洛以及北苏里高的迪纳加特岛，其次分布于东达沃、东米萨本斯、班诗兰、南甘马磷、奎松和布基农等省（Sajona et al.，2002）。三描礼士地区是菲律宾铬矿床较集中的地区，且勘查程度也较高。初步统计已有65处之多。其中，阿科杰（Acoje）矿床是最主要的冶金型铬铁矿床，科托（Coto）矿床是世界上最大的耐火材料型铬铁矿床之一。①阿科杰铬铁矿床位于三描礼士山区蛇绿岩带中北部。该矿床铬铁矿石（Cr_2O_3）的含量为20%—50%，平均为25%，Cr_2O_3/FeO比值为24—32，矿石属于冶金型。估算资源储量为500万吨。②科托铬铁矿床位于三描礼士山区中部，阿科杰铬铁矿床以南。科托矿床矿石Cr_2O_3的含量平均为32.33%，Al_2O_3的含量平均为29.38%，属于耐火材料型矿石，估算资源储量近1 000万吨。该矿床开发较早，目前开发规模也较大，绝大部分矿石是出口外售。

铬矿是国民经济和国防工业中不可或缺的资源之一，在不锈钢、合金钢和航空发动机制造等领域有着广泛的应用。菲律宾作为全球铬矿的主要生产国之一，其产量和出口量对全球铬矿市场具有重要影响。根据相关数据统计，2021年，菲律宾铬矿出口量达到了 50 万吨左右，约占全球铬矿出口总量的 30%，位居全球第一。这一数字在 2020 年时为 45 万吨左右，约占全球铬矿出口总量的 28%。菲律宾铬矿主要出口到亚洲、欧洲和北美洲等地区。其中，中国是菲律宾铬矿最大的出口市场，其次是欧洲和北美洲。在亚洲地区，除了中国外，日本、韩国和印度等国家也是菲律宾铬矿的主要进口国。菲律宾出口的铬矿主要以块状铬铁矿为主，约占其总出口量的 80%。此外，还有部分鳞片状铬铁矿和富铬矿石。这些矿石具有较高的品位和较低的杂质含量，在全球市场上较为抢手。

五、金属矿进出口

矿石和金属出口是菲律宾的经济支柱之一，尤其进入 21 世纪以来，菲律宾矿石与金属矿业的出口规模高达 3.64 亿美元。从时间序列上看，菲律宾矿业发展大致经历了三大阶段，如图 4-1 所示。

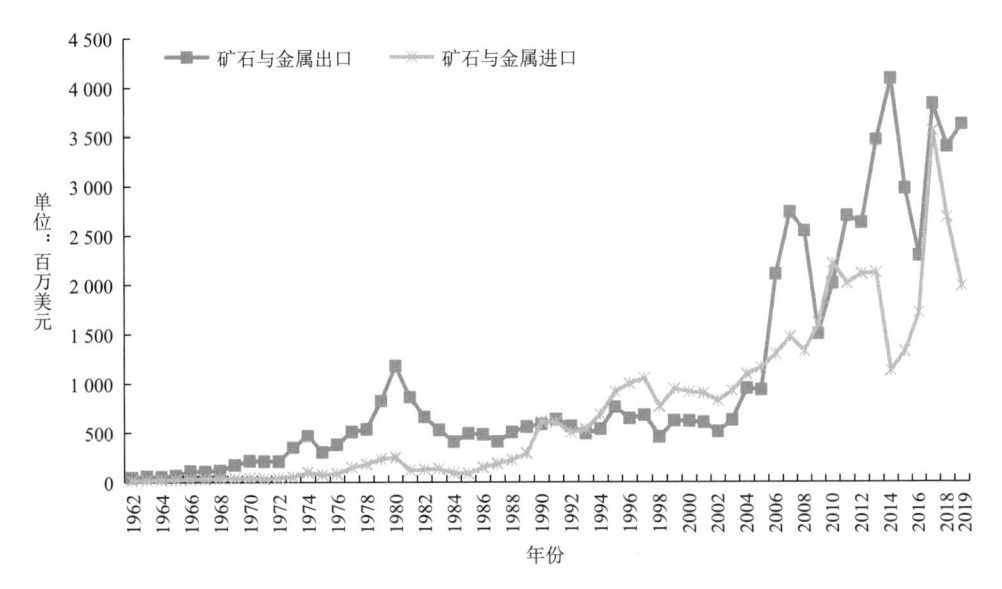

图 4-1 1962—2019 年矿石与金属进出口的发展概况

资料来源：世界银行数据库，https://data.worldbank.org.cn/。

第一阶段是20世纪50至80年代（1962—1980年）。这一阶段是菲律宾矿业发展辉煌的时期，地质工作活跃，矿石与金属出口规模大幅增长。矿石与金属出口由1962年的0.47亿美元增长至1980年的11.81亿美元，提高了24倍，年平均增长率高达134.35%。由于矿石与金属开采量较大，可以满足大部分国内发展的需求。因此，该时期菲律宾矿石与金属的进口规模依然维持在较低水平。1980年，菲律宾矿石与金属进口规模为2.5亿美元，仅是出口规模的1/4。

第二阶段是20世纪80年代至21世纪初（1981—2005年）。这一阶段是菲律宾矿业发展的衰落期。这一时期菲律宾矿产资源勘探与开采停留在较初级阶段，开采的矿床基本上都是地表-近地表矿床，一般钻孔深度都不超过千米，通常采用"以采代探，边采边探"的模式进行生产。这种模式导致菲律宾的矿业无法得到更深层次的发展。这也体现在矿石与金属出口规模的下降。菲律宾矿业出口由1980年的11.81亿美元波动下降至2005年的9.37亿美元。矿石与金属出口规模最低下降至1987年的4.09亿美元。由于该时期菲律宾矿业发展无法满足社会经济发展的需求，菲律宾矿石和金属进口规模大幅增长。1990年，菲律宾矿石与金属进口规模达6.11亿美元，首次超过出口规模。1996年，菲律宾矿石与金属进口规模继续增长至10.54亿美元，达到该阶段的最高值。

第三阶段是2006—2019年。该时期菲律宾矿石与金属的进出口规模上升且存在巨大波动。由于全球金融危机导致国际矿业市场疲软，菲律宾作为国际矿石与金属的重要出口国，受国际矿业市场环境影响较大。该时期，菲律宾矿石与金属出口规模最高为2014年的40.91亿美元，最低为2009年的15.04亿美元。而菲律宾矿石与金属的进口规模也是处于波动上升的态势，但进口规模远低于出口规模。

近二十年来，菲律宾矿石与金属进出口逐渐发展成为国内经济发展的关键产业之一。据世界银行统计，2019年，菲律宾矿石与金属出口占商品出口比例可达5.12%，如图4-2所示。2001—2005年是菲律宾矿业衰落的末期，矿石与金属出口占商品出口比例较低，仅维持在2%的水平，最低为2002年的1.45%。随着菲律宾矿业勘探与开采技术进一步提升，菲律宾矿石与金属出口地位再度攀升。2006年，菲律宾矿石与金属出口占商品出口比例增长至4.44%。虽然受到金融危机和国际市场波动的影响，菲律宾矿石与金属出口占商品出口的比例出现下降，但随着世界经济回暖，占比恢复上升，2014年高达6.59%。在菲律宾的矿业结构中，镍、金矿勘查、开采与出口的所占份额最大（表4-2），新的勘探项目主要位于棉兰老岛地区。其中，铜、金矿勘查的主要工作是进行老矿山的储量发掘，红土型镍则集中在矿山可行性研究阶段。相对应地，菲律宾矿石与金属进口占商品进口比例则呈现波动中下降的特征。菲律宾矿石与金属进口占商品进口比例始终都处于较低水平，维持在2%左右，2019年菲律宾矿石与金属进口占商品进口比例下降至1.69%。菲律宾矿石与金属进口仅仅是国内经济发展的补充性资源。

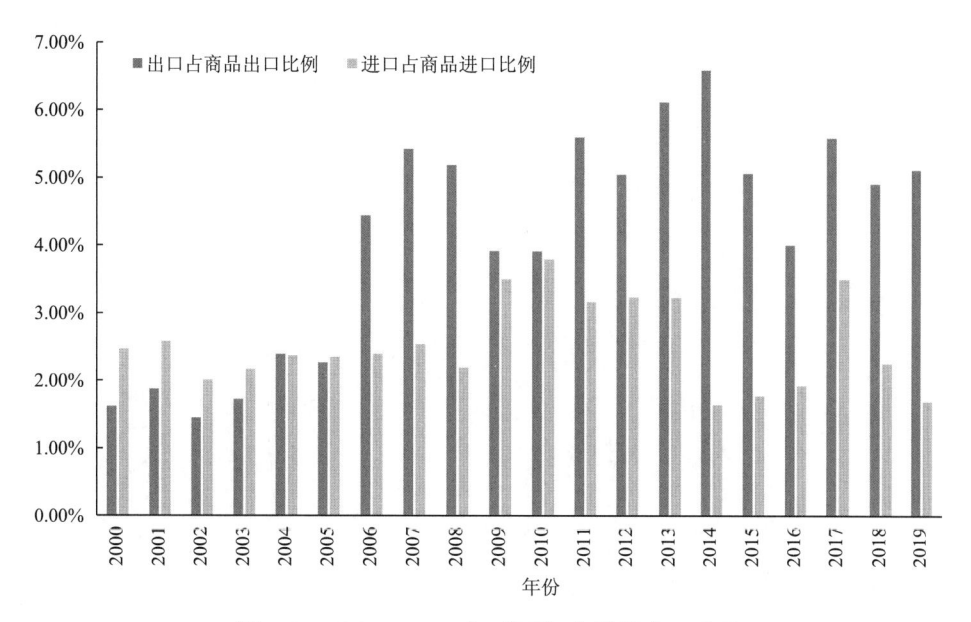

图 4-2　2000—2019 年矿石与金属进出口占比

资料来源：世界银行数据库，https://data.worldbank.org.cn/。

表 4-2　2010 年矿石与金属出口结构

分类	矿石	离岸价（百万美元）	占总值的百分比
贵金属	金	16.62	5.35%
	银	2.55	0.82%
贱金属	铜	7.41	2.39%
铁及含铁合金	镍	276.42	89.06%
	铬铁	7.39	2.38%

资料来源：Philippine Board of Investments，2011。

菲律宾矿业出口对世界贡献较大，特别是铜矿和镍矿在世界出口中占据重要地位。东南亚国家的镍资源多集中在印度尼西亚和菲律宾，2014 年，两国镍矿储量分别为 450 万吨和 310 万吨。2012—2014 年，菲律宾成为全球第一大镍产量国。菲律宾的铜矿产量虽然仅占世界产量的 0.03%，但是国内需求量极小，铜矿出口量大，且铜精矿和冶炼铜产量巨大。从菲律宾矿石与金属进出口占世界矿石与金属进出口比重看，菲律宾是东南亚主要的矿石与金属出口国（图 4-3）。20 世纪 50 至 80 年代，菲律宾矿石与金属出口占世界矿石与金属出口的比重高达 1%。虽然随后菲律宾矿石与金属出口占世界矿石与金属出口的比重有所下降，但均可以维持在 0.5%—0.6% 的水平范围。根据世界银行矿石与金属进出口数据整理而得，2017 年，菲律宾矿石与金属出口占世界矿石与金属出口的比重可达 0.55%。相对地，菲律宾矿石与金属进口占世界矿石与金属进口的比重相对较低，仅维持在 0.2%—0.3% 的范围。

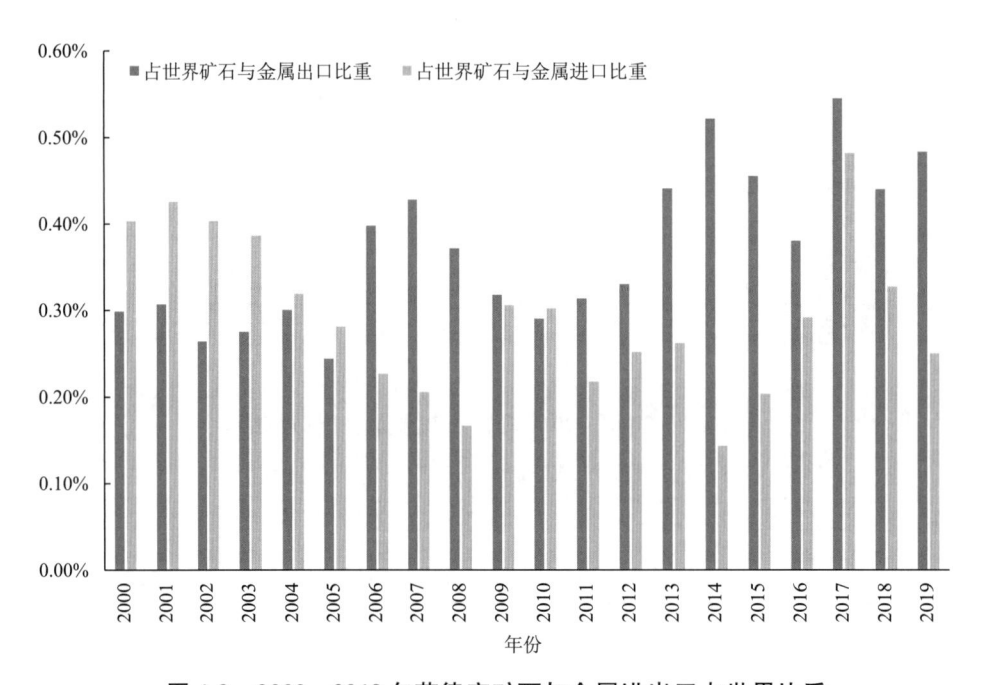

图 4-3　2000—2019 年菲律宾矿石与金属进出口占世界比重

资料来源：世界银行数据库，https://data.worldbank.org.cn/。

第三节 燃料资源

菲律宾的油气资源较为匮乏。菲律宾早在1896年就钻得了石油,但至今其石油产量仍旧不高,其海上石油产量多数来自西北巴拉望海域,勘探方向也在西北巴拉望海域、礼乐滩和南苏禄海。

一、油气生产与分布

根据菲律宾国家石油公司(Philippine National Oil Company,PNOC)的统计数据,菲律宾的石油总储量约为1.2亿桶,天然气总储量约为5万亿立方米。此外,菲律宾还有大量未探明的油气资源。菲律宾的石油主要分布在吕宋岛和棉兰老岛的沿海地带。其中,吕宋岛的石油资源最为丰富,主要集中在苏禄海和南海海域。棉兰老岛的石油资源则主要分布在北苏里高海峡。菲律宾的天然气主要分布在西米沙鄢群岛和南中国海。其中,西米沙鄢群岛的天然气资源最为丰富,主要分布在巴拉望海盆和中沙群岛海域。南中国海的天然气资源则主要分布在苏拉威西海、爪哇海和马六甲海峡等地。目前,菲律宾的油气开发主要集中在吕宋岛和棉兰老岛。其中,菲律宾国家石油公司是菲律宾最大的油气开发企业,其在吕宋岛和棉兰老岛的油气开发项目主要包括美嘉(Mega)油田、坦布里(Tambuli)油田等。此外,菲律宾还有一些外国公司在其海域进行油气开发,如埃克森美孚、壳牌等。

菲律宾石油勘探最早可追溯至1896年,美国出资的石油公司在泸定一共打了30口探井,但仅在菲律宾中部宿务岛第三纪砂岩层和晚中新世石灰岩层中,发现少量油气显示。1972年,菲律宾制定《石油勘探开发法》,规定石油公司一律通过服务合同方式参加石油勘探。1973年,菲律宾成立国营石油公司。1975年,菲律宾将原已签订的200份矿业权合同转为服务合同,采用现代化的勘探技术,从而开辟了菲律宾石油勘探时代。1977年,菲律宾成立能源部,并负责与外国的石油公司签订服务合同。1978年,有22个外国承包公司在菲律宾各盆地勘探，勘探工作量成倍增长。

随着能源危机的到来，国际石油资本不断寻找新的能源供应途径。此时，无论是菲律宾政府还是外国公司，对勘探石油的兴趣都极为高涨，勘探工作在南海海域广泛展开，重点勘探区域集中在从巴拉望沿海到卡拉延海域一带。菲律宾把礼乐滩地区作为勘探的主要目标，希望通过油气开发，获得石油自给。1975年，菲律宾国营石油公司与瑞典萨伦石油公司缔结了一项"联合服务合同"，特许以该公司为首的三家瑞典公司、一家美国公司和七家菲律宾公司组成"礼乐滩财团"进行勘探作业。1971年，菲律宾同菲利普斯、德士古、城市服务等石油公司签订合同，进行海上石油勘探，分别在帕加萨（Pagasa）及加拉米安（Galamian）各钻一口井，在巴拉望岛以西海域钻了8口干井。1976年，城市服务公司菲律宾分公司在巴拉望西北海岸外大约50千米的尼多地区钻了第一口井，初产日流量1 440桶，是菲律宾第一口高产油井。为了加速进行石油钻探，菲律宾不断吸引外资进行油气开发。1973—1978年，菲律宾同外国公司签署了25项石油勘探合同。1981年，在菲律宾万桶石油当量的能源总消费量之中，进口石油占73.5%，国产能源占26.5%。1982年，菲律宾进口石油在能源总消费中所占比重已下降为67.9%，而国产能源所占比重则上升至32.1%，约为350万桶，比1981年增长了157%。菲律宾对新发现的油井大肆宣传，不仅是要刺激国内经济活动，鼓励国内资本参与石油开发，更重要的是通过拉拢外国资本的投资，抢夺中国南海的油气资源。

目前，菲律宾对南海油气肆意开发。2012年7月31日，菲律宾公布了位于西北巴拉望盆地海域的3个区块的油气田开发权，面积分别为61.6万公顷、60万公顷和42.4万公顷，其中有2个油气田位于中国管辖范围。然而，菲律宾对这3处油气田进行了公开招标，但只有6家公司参与竞标，而且没有国际大型石油公司参加。其中，只有1家是国外的公司——即英国的皮特金石油公司，剩下的5家都是菲律宾本国的公司。同时，菲律宾的油气勘探活动渐渐进入南沙海域，包括礼乐滩（Reed Bank）、巴拉望西北海域（Northwest Palawan Shelf）等地区，其中巴拉望西北海域的开发效果明显。据统计，菲律宾在南海地区，主要在西北巴拉望盆地产区的石油和天然气产量分别达到2.5万桶/天和27.3×10^8立方米/年。

根据菲律宾能源部门的统计数据，2021年，菲律宾的石油出口量达到了约800万吨，其主要的出口市场为美国、中国和印度。其中，美国是菲律宾石油出口的主要目的地，约占其总出口量的50%。除了传统的石油出口市场，菲律宾也在积极寻求新的出口渠道，以扩大其在全球石油市场的影响力。菲律宾同时也是石油进口大国之一，2021年，其石油进口量达到了约700万吨。由于国内石油需求的不断增长，菲律宾的石油进口量也在逐年增加。其主要的进口来源为中东地区和俄罗斯等石油生产大国。菲律宾的天然气资源主要集中在巴拉望岛和苏比克湾地区。2021年，菲律宾的天然气出口量约为60亿立方米。其主要的出口市场为日本、韩国和中国等亚洲国家。其中，日本是菲律宾天然气主要的出口市场，约占其总出口量的50%。菲律宾同时也是天然气进口大国之一，由于国内天然气产量的不足，菲律宾的天然气进口量也在逐年增加。2021年，菲律宾的天然气进口量约为80亿立方米。其主要的进口来源为卡塔尔、澳大利亚和马来西亚等天然气生产大国。

二、煤炭生产与分布

菲律宾是个煤炭资源比较丰富的国家，且煤炭资源的空间分布比较广，主要在岛弧形构造的狭窄海陆交互带上。成煤时代为始新世至上新世—更新世，以中新世为成煤的高峰期，全国已知煤炭矿山约有80%是在该时期形成的，其次为上新世。

从煤层层数来看，菲律宾煤层较多，少则8—9层，多达20多层，厚度变化大，从几厘米至3—4米，平均单层厚度10米；煤层厚度超过25米的仅在民都洛南塞拉拉岛见到。煤层倾角变化也很大，在卡加延和苏里高一带上新世—更新世煤层几乎以近于水平至缓倾斜产出；而在宿务一带则呈陡倾斜产出。从煤炭的类型来看，全国煤炭约有55%为亚烟煤至烟煤，42%为褐煤至亚烟煤，仅有3%为烟煤至半无烟煤。菲律宾的煤类是不全面的，尤其缺少工业用煤（缪奋，1986）。

从空间分布来看，菲律宾煤炭分布大致可分为三大区（表4-3）。①北部主要集中于吕宋岛，其中主要产出在卡加延，为上新世—更新世褐煤和亚烟煤，查明资源储量为 7 500 万吨。波利略-巴坦-卡坦维内斯一带以中新世亚烟煤、烟煤、焦煤为主，查明资源储量为 950 万吨。中部地区分布较散，其中规模较大的是塞米拉拉岛，为中新世亚烟煤，查明资源储量为 1.5 亿吨。萨马-柔特一带为中新世次亚烟煤、褐煤，查明资源储量为 7 500 万吨。宿务为中新世亚烟煤和烟煤，查明资源储量为 960 万吨。此外，还有南民都洛和内格罗斯等地的中新世褐煤和亚烟煤，查明资源储量均为 100 万吨左右。②南部地区主要集中于棉兰老岛，其中主要产出在苏里高和三宝颜两处。前者为中新世褐煤和亚烟煤，后者为中新世烟煤和半无烟煤，查明资源储量均为 3 000 万—4 000 万吨。此外，在达沃-阿古苏一带也有一定的中新世褐煤和亚烟煤的资源储量。菲律宾最大的塞米拉拉岛亚烟煤湿度为 17%—18%，含灰分为 2%—9%，挥发分为 37%—38%，固定碳为 37%—41%，硫为 0.5%—0.7%，热量值为 7 992—

表 4-3　菲律宾煤炭资源的分布概况

地理区	含优区	确定储量（百万吨）	推定储量（百万吨）	煤级
吕宋群岛	卡加延	5.5	300	褐煤
	波利略-巴坦-卡坦维内斯	4.2	78	亚烟煤、烟煤、焦煤
	南民都洛	2	100	亚烟煤
	塞米拉拉	93	550	亚烟煤
米沙鄢群岛	萨马-柔特	8	27	亚烟煤、褐煤
	内格罗斯	0.18	50	亚烟煤
	北宿务	2	100	亚烟煤-烟煤
	中宿务	4	40	亚烟煤-烟煤
	南宿务	2.3	50	亚烟煤-烟煤
棉兰老群岛	三宝颜	17	60	烟煤、半无烟煤、部分炼焦煤
	苏里高	5	200	褐煤、烟煤
	达沃	—	100	亚烟煤

资料来源：引自缪奋，1986。

9 990 BTU/Lb；三宝颜中新世烟煤-半无烟煤的湿度为 2%—4%，含灰分为 5%—7%，挥发分为 24%—28%，固定碳为 58%—67%，硫为 0.4%—0.9%，热量值为 12 708—7 280 BTU/Lb。据估算，菲律宾全国煤炭资源储量大约为 3 亿—4 亿吨。但这些仍然无法满足国民经济与国民生活的需要。

2010—2022 年，菲律宾的煤炭出口量和进口量总体上呈现增长态势。在出口方面，菲律宾 2010 年的煤炭出口量约为 1 400 万吨。到了 2018 年，出口量增加至 2 300 万吨左右。2020 年受全球疫情影响，出口量有所下降，约为 1 350 万吨。2021 年，出口量增加至 1 700 万吨左右。在进口方面，菲律宾 2010 年的煤炭进口量约为 850 万吨。到了 2018 年，进口量增加至 1 350 万吨左右。2020 年受全球疫情影响，进口量有所下降，约为 750 万吨。2021 年，进口量增加至 950 万吨左右。菲律宾所生产的煤炭基本产于首都马尼拉市南部安蒂克省的塞米拉拉岛（Semirara）上的露天煤矿，由菲律宾塞米拉拉矿业与电力公司（Semirara Mining and Power Corp.）负责煤炭开采。因此，其出口也主要集中在这个地区，主要出口到中国、韩国和日本等亚洲国家。菲律宾煤炭进口主要来自澳大利亚、印度尼西亚和中国等国家，这些国家的煤炭具有较高的质量和较低的价格，满足菲律宾国内电力行业的需求。

三、燃料进出口贸易

菲律宾的燃料资源相对匮乏也体现在其进出口结构上。菲律宾国内燃料尤为依赖国际进口，而燃料出口始终处于较低水平。从时间序列上来看，菲律宾燃料进出口大致也可以划分为三大阶段，如图 4-4 所示。

第一阶段是 1962—1982 年。这一时期菲律宾燃料进口处于稳步上升阶段。1962—1973 年，菲律宾经济发展较为缓慢，国内的燃料需求较低，进口规模较低。1962 年燃料进口规模为 67.40 百万美元，而 1973 年也仅增长至 232.54 百万美元。随着菲律宾经济的增长，国内的燃料消耗量大增。这一时期菲律宾的工业产值占国内生产总值的比重高达 30%，在亚太地区中仅次于日本。由于自身燃料资源的限制，菲律宾只能从国际市场大量进口燃料资源以满足国内的发展需要。1974—1982 年菲律宾年平均进口燃料规模高达 1 581.75 百万美元，是

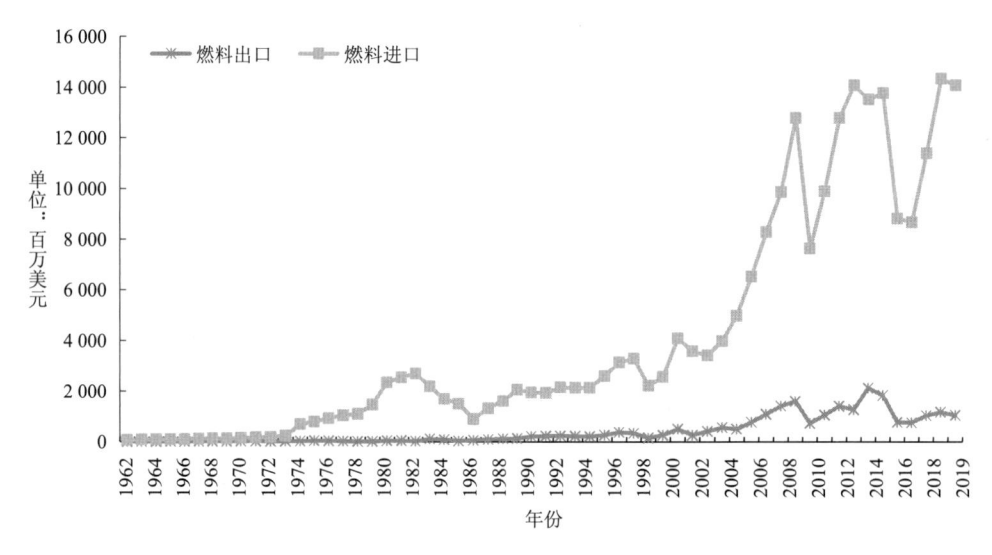

图 4-4　1962—2019 年菲律宾燃料进出口的发展概况

资料来源：世界银行数据库，https://data.worldbank.org.cn/。

1962—1973 年的 12 倍之多。进口规模最高是 1982 年的 2 704.41 百万美元。这一阶段菲律宾能源出口一直处于 10 百万—20 百万美元范围。

第二阶段是 1982—2004 年。1982 年，菲律宾被世界银行列为"中等收入国家"，但很快就深陷瓶颈。对菲律宾来说，20 世纪 80 年代是停滞，甚至倒退的年代。据亚洲开发银行统计，1981—1990 年菲律宾的国民生产总值的年平均增长率仅为 1.2%，远远低于同期泰国的 7.8%，新加坡的 6.3%，印度尼西亚的 5.5% 和马来西亚的 5.2%。剔除人口增长率，菲律宾这 10 年的人均国内生产总值甚至为负增长。进入 90 年代，菲律宾经济仍不景气，国民生产总值增长率 1991 年为 -1%，1992 年为 1%，1993 年为 2.3%。因此，1983—1986 年菲律宾的燃料进口规模也出现大幅度下滑，由 1983 年的 2 193.31 百万美元降至 896.07 百万美元。随后，伴随着菲律宾经济有所回暖，菲律宾燃料进口处于波动中上升的态势。由 1984 年的 1 332.76 百万美元增长至 4 985.83 百万美元。这一阶段由于菲律宾对南海资源的肆意开采，使得菲律宾燃料出口也出现增长。由 1983 年的 107.69 百万美元增长至 2004 年的 500.86 百万美元。

第三阶段是 2005—2019 年。随着菲律宾迈入工业化后期，菲律宾燃料需求大增，但其仍然高度依赖于国际市场的燃料进口。2005 年菲律宾燃料进口规模为 6 563.69 百万美元，2019 年菲律宾燃料进口规模大幅度增长至 14 092.84 百万美元。该阶段菲律宾也加大了对南海资源的非法开采力度，其燃料出口规模也出现大幅度增长的局面。其燃料出口规模最高的为 2013 年，高达 2 135.76 百万美元。

菲律宾燃料高度依赖于国际市场，燃料进口在商品进口中占了较高的比重（图 4-5）。1962—2019 年菲律宾燃料进口占商品进口比重始终都保持着 10% 的高位，尤其进入 20 世纪以来，菲律宾更加依赖于国际燃料市场。2000—2019 年，菲律宾燃料进口占商品进口比重年平均高达 14.47%，其中 2008 年菲律宾燃料进口占商品进口比重最高可达 21.57%。菲律宾燃料资源的匮乏也进一步推动其侵占南海油气资源，导致菲律宾成为南海周边国家之中对南海资源开发力度最大的国家。菲律宾燃料出口占商品出口比重一直较低，保持在 1%—2% 的水平范围。

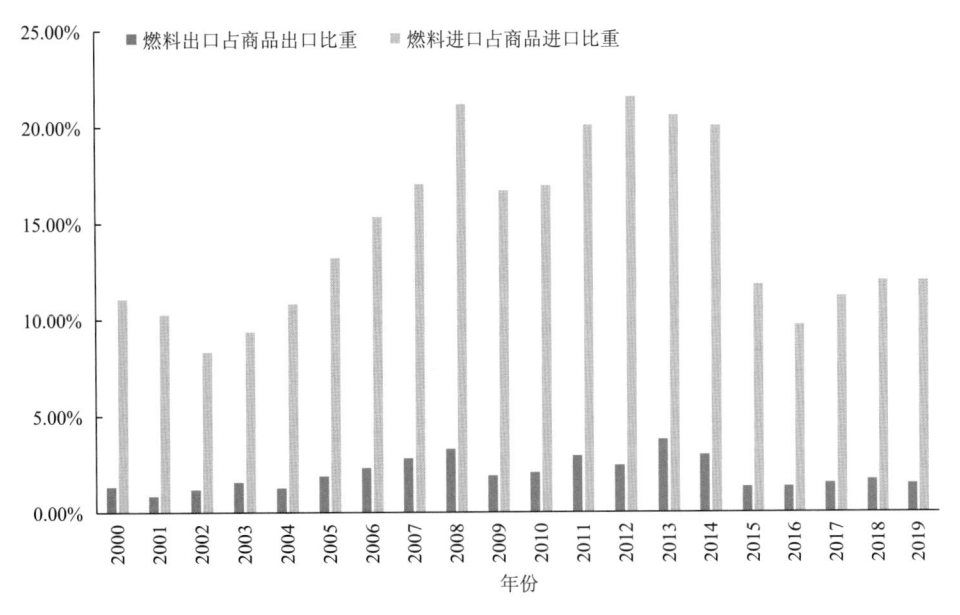

图 4-5　2000—2019 年菲律宾燃料进出口占商品进出口比重

资料来源：世界银行数据库，https://data.worldbank.org.cn/。

从燃料进出口结构横向对比，菲律宾燃料进口的绝对量远远高于燃料出口的绝对量。但受到菲律宾在世界经济地位的限制，菲律宾燃料进出口占世界燃料进出口较低（图 4-6）。2000—2019 年，菲律宾燃料出口占世界燃料出口的比重年平均仅为0.05%，菲律宾燃料进口占世界燃料进口的比重年平均也仅为0.48%。菲律宾燃料进口占比不仅受国际经济发展和国际能源市场波动的影响，还与其国内经济发展紧密联系。

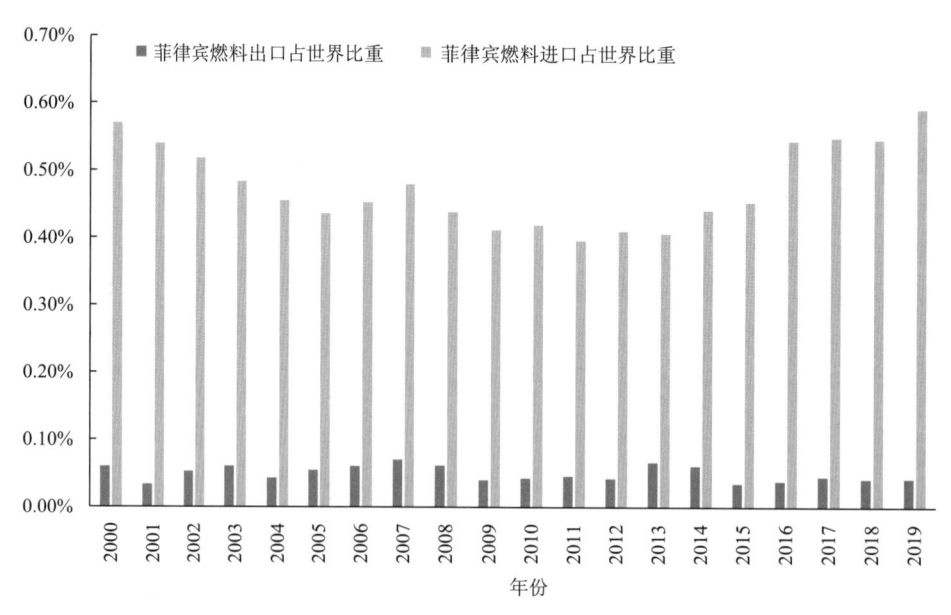

图 4-6　2000—2019 年菲律宾燃料进出口占世界比重

资料来源：世界银行数据库，https://data.worldbank.org.cn/。

第四节　动植物资源

菲律宾的主要植被可以分为12种类型：低地常绿雨林、半常绿雨林、半落叶林、石灰岩林、超碱岩林、滨海林、红树林、泥炭沼泽林、淡水沼泽林、低山雨林、高山雨林和亚高山林（Salita and Rosell，1980）。其中植物群体约有1.4万个物种，占世界物种总量的5%，约8000种开花植物或被子植物、33种裸子植物、1100种蕨类植物、1271种苔藓类植物、3555种以上的真菌类、1355种以上的藻类、790种地衣。被子植物占马来植被区的22.5%，世界脉管植物的3.8%。在菲律宾所有的植物物种中，有26个属的开花植物和蕨类是本土的，包括有茜草科4个、萝藦科3个、姜科2个、无患子科2个，以及槟榔科、紫菀科、大戟科、蝶形花科、芸香科、荨麻科、桑寄生科、野牡丹科各 1 个。这些本土属的物种中有 17 个是单一植物类型的。菲律宾还是世界 17 个最具生物多样性的国家之一，也是全球生物多样性的热点地区，同时也是全球新物种发现率最高的国家之一。但菲律宾的动物种属相对贫乏，过去 10 年发现 16 种新的哺乳动物。

一、植物种属

菲律宾的植物种属非常丰富。据统计，菲律宾的显花植物和羊齿类植物高达一万种以上，其中包含 2 500 种树木，900 种以上为兰属，居世界第一。菲律宾的植物主要是亚洲大陆、印度尼西亚群岛以及澳大利亚大陆的植物相交会的结果，而且菲律宾群岛又和亚洲大陆、印度尼西亚群岛、澳大利亚大陆分离，因此菲律宾存在特有的植物有 39 属之多。菲律宾的气候条件也使其孕育出丰富的植被。首先，菲律宾全国各地终年高温，植被以热带雨林及季雨林为主，但在海拔 400 米以上，热量稍有减少，就有橡树林分布，海拔 900 米以上，又有松林的产生。其次菲律宾全年降水丰富。例如，海滨沼泽地为沼泽林，终年湿润，低地为热带雨林，季节性干旱低地生长热带季雨林，空气特别潮湿的高地则形成"雾林"。菲律宾山地的坡向、坡度、土质以及风向等自然条件都在一定程度上影响植被的分布与植物群落的性质。此外，菲律宾植被也受人类经济活动的影响。菲律宾许多地方都已开辟为农地，特别是"刀耕火种"的迁徙农业在山地相当普遍，使约占半数的原始森林成为次生林，又使大面积的林地沦为白茅草地。

二、植物群落

热带雨林在菲律宾的分布最为广泛，同时也是经济价值最大的植物群落。它主要生长于终年多雨（或有一个短暂的旱季），而且是海拔在 400 米以下的低地，树木种属繁多。据统计，每亩热带雨林最高纪录可存在 80 种植物，但主要树木以龙脑香科为主。龙脑香科树木直到海拔 900 米都有生长，占全国森林树种的 75% 左右，并且常形成易于采伐的纯林。菲律宾的热带雨林和其他地区的热带雨林相似，林相异常茂密而高大。树木一般分为三层，最高层高达 60 米，直径达 2 米，树冠作一条不规则的锯齿形曲线，以常绿树为主，也有一部分落叶树。中层及下层几乎全为常绿树，树叶较大。林内阴暗，林下植物稀少，林中又有许多攀缘植物和附生植物。

菲律宾的龙脑香科植物大多为中至大乔木，离地相当高才分枝，通常高达 40—65 米，胸径或基径为 60—150 厘米，有的粗至 300 厘米，树干通直。1984 年，龙脑香科森林的立木材积 80 520 万立方米，占全国 95 573 万立方米的 84.2%，在森林开发局辖下的 10 765 279 公顷林地中，生产性的龙脑香科森林有 8 136 792 公顷，非生产性（保护区）的龙脑香科森林有 1 421 812 公顷。在全国 651 万公顷的商品林地中，龙脑香科占 95.3%。菲律宾以龙脑香科植物生产的商品用材数量最多，以"桃花心木"的商品名广销世界各地。①桃花心木-桃花心木［*Swietenia mahagoni*（L.）*Jacq*］林是菲律宾最重要的木材。其森林极其茂密，树冠曲线比较规则，树木种属比较单纯，林下草类很多，攀缘植物和附生植物也很多。主要树木为龙脑香科的白桃花心木（*pentacmeicontorta*），其他还有红桃花心木（*shoreasp*）。②桃花心木-"哈加恰"（*hagachac*）林主要分布于终年多雨而地下水位接近地面的潮湿地区，以河谷底部发育最为良好。其树木种类较为繁富，除龙脑香科的桃花心木和哈加恰以外，还有许多其他高大乔木，随着地下水位和微地貌的变化而分布于不同的地区。③"亚卡耳"（*yacal*）-桃花心木林主要分布于具有一个短暂旱季的地区，以海滨火山性的丘陵上生长最为良好，在土壤比较干燥、雨量较少的海峡，以及河谷间的低矮分水岭也多有生长。树木种类以龙脑香科的"亚卡耳"为最多，这是龙脑香科中质地最坚硬、产量也最多的木材。

热带季雨林主要分布于旱季显著、海拔在 400 米以下的低地，在降水季节分配比较均匀但土壤透水性强（例如火山灰和石灰岩）的地区也多有分布。树木具有显著的旱季落叶倾向，树木高大，树冠也呈不规则的锯齿形。但除土壤肥沃地区以外，树木比较稀疏，在土壤透水性较强地区，乔木更为稀少，灌丛丰富。乔木以龙脑香科的"阿皮汤"（*apitong*，*dipterocarpus grandiflora*）和桃花心木为主要类型，其他还有双翅龙脑香属（*dipterocarpus vernicifbius*）

等。在经济树林中，棕榈比较稀少，而竹丛特别丰富。

"莫来夫"林分布的地形、气候条件和热带雨林的"亚卡耳"-桃花心木林极为相似，只是基岩多为透水性较强的石灰岩，因而树木的旱生更显著。这一类型的森林总面积约为 11 400 平方千米。主要乔木为"莫来夫"树（*vitex parviflora*），其他还有蝴蝶树属（*tarrietia sylvatica*）等，这些都是质地坚硬的木材，适于制造家具，价值极高。

海滨森林位于比上述各类型森林低平的地区，主要包括两种森林。一是红树林。红树林多分布在沿海沼泽地带以及河口附近低平的泥地中。红树约有 30 种，都具有在不稳定的泥浆中扎根以及忍受潮水淹浸的能力。各种属之间也因适应海水淹浸状况而形成特殊排列，形成与海岸相平行的带状。向海一边为先驱种属，最能耐受咸水淹浸，向内陆边缘则为抵抗咸水淹浸力量最薄弱的种属。红树林一旦形成之后，潮汐影响逐渐削弱，而海滨沉积作用逐渐增加，不久海岸就会向外扩展，而内陆边缘逐渐被淡水植被所代替。菲律宾红树林的内缘为尼巴棕榈（*nypa fruticans*）的分布地带。红树林的木材为良好燃料及烧炭材料，树皮含鞣酸达 12.5%—39.3%，广泛用作制革原料。二是海滩森林。海滨沙滩上为狭窄的海滩森林地带，一般距海岸线 60 米以内，海风影响显著。主要种属为露兜树（*pandanus sp.*），其他重要树木有榄仁树（*terminalia catappa*）、刺桐属（*erythrina indica*）、玉蕊属（*barringtonia asiatica*）等。海滩森林可作为燃料及木材，目前大部分已遭受破坏，而代之以椰子树的种植为主。

山地森林多分布于海拔比上述各类型森林更高的地区，由于垂直地带性而形成，具有显著的亚热带森林特色。主要包括三种森林：一是橡树混交林。主要分布于海拔 400—900 米的山地，以吕宋岛北部的中央山脉最为广泛。由于地势较高，年降水量较为丰沛，季节分配也较为均匀。主要乔木为龙脑香科的娑罗双属（*Shorea polysperma*）以及橡树属（*Quercus spp.*），也有矮小的棕榈。这个森林类型的经济价值不大。二是松林。这一类型主要分布于海拔 900—1 500 米且旱季显著的山地和高原，以吕宋岛西北部分布最为广泛。吕宋中央山脉以赤松为主，岷罗洛西南部为南洋松。由于受到人类破坏，阔叶树逐渐消失，而针叶树由于较能忍耐林火而恢复了次生林。三是"雾林"。这一类型占全国山地总面积的 3%，多分布于海拔 900 米以上终年潮湿的山地，地面崎岖，土壤贫瘠，风力较强，因而树干多矮小屈曲（大部分在 5 米以下，最高不超过 20 米），并且有苔藓丛生。主要为泪杉属（*dacrydium spp.*）、罗汉松属（*podocarpus spp.*）、丁子香属（*eugenia spp.*）、橡树属（*Quercus spp.*）等。

草地是土地利用不合理（特别是迁徙农业）和破坏森林后的结果，广泛存在于山地地区。主要分布在棉兰老岛的兰佬、武基伦高地北部和古达描岛南部、吕宋岛西部山地以及班乃岛等的山地。在农业迁徙的过程中，放火焚毁森林，点种旱稻、甜薯及玉米等作物，收获一季或二季之后，白茅（*Imperata arundinacea*）等野草丛生，草根组成了极为坚韧的根泥网，旧式农具不能复加耕种，因而被迫丢弃，并转向焚毁另一块森林。白茅草在旱季时，又甚易燃烧，阻止了森林的更新。目前半数以上的草地都处于荒废的状态。

三、动物资源

菲律宾动物区系属于印度—马来区。第四纪冰期海平面相对下降，印度尼西亚群岛西部诸岛包括加里曼丹、爪哇、苏门答腊等，与马来半岛连接而成为一片巨大的陆地。在地质构造上也可称之为"巽他台地"。菲律宾群岛当时就位于这块巨大陆地的东北边缘，陆地面积相对现在较为广阔，从巴拉望列岛到加里曼丹并有陆桥相连。这种地理条件有助于陆地动物的迁移，并可能一直持续到人类历史时期的初期。因此，在动物区系上，菲律宾群岛作为加里曼丹岛的边缘岛屿，其动物种属不多（Salita and Rosell，1980）。特别是在东南亚其他地区比较常见的大型兽类包括象、虎、豹等都没有分布。而且越往东北，种属越趋贫乏。澳大利亚大陆对菲律宾群岛动物区系的影响较为明显，例如，吕宋岛山上有鼠科七个特有属，其中三个同澳大利亚大陆相似，又有一个鹦鹉亚科属于澳大利亚大陆成分。亚洲大陆又在许多方面都丰富了菲律宾群岛的动物区系。此外，热带岛国的地理环境一方面使菲律宾动物区系较为贫乏，另一方面也培育了若干特有种（集中在面积较大的吕宋岛和棉兰老岛），并使个别群落较为繁盛，特别是树栖动物众多。这也构成了菲律宾的重要动物资源。

菲律宾有 191 种哺乳动物，其中 1 种已经灭绝、8 种濒临灭绝、13 种有灭绝危险、30 种易受伤害。菲律宾的哺乳动物种类不多,大型的更少,并且除广泛分布于吕宋岛北部的几个鼠科特有种以外,绝大部分是最近从加里曼丹迁入的。许多种属向东北只到达巴拉望岛和棉兰老岛,抵达吕宋岛的仅有几种蝙蝠、两种跑鼠、食蟹猴、两种麝猫、猪以及菲律宾鹿。菲律宾主要的哺乳类动物有下列 10 种:①眼镜猴(tarsiers)是菲律宾的特有种,也是世界上已知的最小猴种,产于棉兰老岛。属于夜行性动物,栖居在灌木、树木及竹林中。②马来灵猫(viverra tangalunga)有分泌腺囊,能分泌浓郁的香味。经常穴居,是夜行性的动物,栖居地面,以食取各种小动物及野果为主。③菲律宾斑鹿(cervus alfredi)是黑鹿群中的小型鹿,主要分布在宿务、危那拉、礼智、班乃岛等地区。另有菲律宾鹿(cervus philippinus)只产于吕宋岛,体型比菲律宾斑鹿略大。④岷罗洛水牛(bubalus mindorensis)是仅产于岷罗洛岛的一种小型野牛,经常栖居在河边及沼泽的芦苇之中。⑤菲律宾鼯猴(cynocephalus philippinensis)群栖于森林中,是夜行性动物,休息、睡眠、吃食都是头下垂脚朝上,倒挂在树枝上,以树叶和野果为主要食物。⑥棉兰老刺猬(podogymnura)仅产于棉兰老岛的亚波山区,以白蚁和螳螂为主要食物,对农作物有利。⑦长尾猕猴(macaca irus)尾巴几与头身的长度相当,经常在海岸红树林中出现,善于游泳,每当退潮时就到浅水中觅食,喜吃甲壳类的食物,因而又名为食蟹猴。⑧懒猴(nycticebus coucang)具有树栖及夜行的习性,很少在地面行走,行动极为缓慢,以昆虫、果实及其他植物为主食。⑨菲律宾跑鼠(Rhynchomys)以蠕虫和软体的昆虫作为主食,分布在吕宋北部的山区。

菲律宾的鸟类种属较多,发现了 612 种鸟,其中 194 种为本土特有物种、3 种是由人类引入的、52 种是稀有的或只是偶尔出现的。其中 67 种有在全球灭绝的危险,包括红褐犀鸟和食猴鹰。菲律宾东部是全国鸟类最丰富的地区,集中了大部分的特有种:①白耳棕果鸽(phapitreron leucotis)居住在离地面不高的森林和次生林中,广泛分布在菲律宾各地。②吃猴鹰(pithecophaga jefferyi)是一种鸟类中特殊的属,也是菲律宾最大的鹰,主要食取猴类及其他哺乳类动物,并经常攫取小鸡,分布在吕宋和棉兰老岛等地。③犀鸟(Penelopides panini)亚种很多,分布广,以野无花果及其他果类为主食。④光头啄木鸟(rhabdornis mystacalis)主要分布在吕宋和班乃岛等地区。另一种是平头啄木鸟（*rhabdornis inornatus*），主要分布在三描和棉兰老岛。⑤肉桂白眼（*hypocryptadius cinnamomeus*）仅产于棉兰老岛海拔 1 000—2 000 米的亚波山区。

菲律宾爬虫类和两栖类不多，已发现有 332 种爬行和两栖动物，其中 215 种是本土特有的。爬行类分布较广的有鳄鱼、蜥蜴和蛇，其中大部分从加里曼丹迁入。在菲律宾的 114 种蛇中，有毒的不多于 14 种。菲律宾本土特有的淡水鳄鱼被称为菲律宾鳄鱼或民都洛鳄鱼，是在菲律宾发现的两种鳄鱼中的一种，另一种是体型更大的印度-太平洋鳄鱼（也称咸水鳄鱼）。由于河流开发以及过度捕鱼，菲律宾鳄鱼已濒临灭绝。两栖类大部分从加里曼丹迁入，其中一种无目蛇向东北分布，界线为巴拉望列岛和棉兰老岛。菲律宾蛙分布较广，但不同科属有不同的分布范围。

菲律宾已发现近 21 000 种昆虫，其中大约有 70 种是菲律宾特有的。以蚊、蚋、蜂、蝶为主，其中蚊子分布最广。在菲律宾 915 种蝴蝶中大约有 1/3 是本土特有的，130 多种斑螬中有 110 种也是本土特有的。菲律宾昆虫对菲律宾人民的健康影响最大，危害最烈的是微小按蚊（*Anopheles minimus*），每年遭受微小按蚊传染而患疟疾病者和死亡的人数很多。农作物害虫种类不少，主要害虫有玉米蚜（*Aphis maides fitch*），经常伤害玉米、甘蔗及其他禾本科植物；此外还有银棉介壳虫（*Icerga seychellarum*）及桃蚜（*Myzus persicae*）等。

参 考 文 献

[1] 陈丙先等：《"一带一路"国别概览：菲律宾》，大连海事大学出版社，2019 年。
[2] 缪奋："菲律宾的煤炭资源"，《煤田地质与勘探》，1986 年第 3 期。
[3] 申韬、缪慧星：《菲律宾经济社会地理》，世界图书出版公司，2014 年。
[4] 吴良士："菲律宾地质构造及其区域成矿主要特征"，《矿床地质》，2012 年第 3 期。
[5] 吴良士："菲律宾铜、铝、磷矿产资源概况"，《矿床地质》，2013 年第 3 期。
[6] 吴时国、范建柯、董冬冬："论菲律宾海板块大地构造分区"，《地质科学》，2013 年第 3 期。
[7] 赵国权："菲律宾主要金属矿产及其地质概况"，《有色金属（矿山部分）》，1990 年第 1 期。
[8] 赵松乔：《菲律宾地理》，科学出版社，1964 年。
[9] Becker, G. F. 2012. *Report of the Geology of the Philippine Islands*. Ulan press.
[10] Fong-Sam, Y. 2005. The mineral industry of the Philippines. *Minerals Yearbook*.
[11] Lyday, T. Q. 1996. *The Mineral Industry of the Philippines*. US Geological Survey, Minerals Information.
[12] Martinico-Perez, M. F. G., H. Schandl, H. Tanikawa 2018. Sustainability indicators from

resource flow trends in the Philippines. *Resources, Conservation and Recycling*.
[13] Philippine Board of Investments. 2011. The Philippine Mineral Potential.
[14] Sajona, F. G., E. Izawa, Y. Motomura, *et al*. 2002. Victoria carbonate-base metal gold deposit and its significance in the Mankayan Mineral District, Luzon, Philippine. *Resource Geology*, No. 4.
[15] Salita, D. C., D. Z. Rosell 1980. *Economic Geography of the Philippines*. National Research Council of the Philippines.
[16] Ulack, R. 1984. Geography in the Philippines. *The Professional Geographer*, No. 4.
[17] Wang, Z. 2010. Geological features of lateritic nickel deposits and mineral exploration methods in the Dinagat Island, Philippines. *Geology and Exploration*.

第五章　人口分布与民族文化

菲律宾人口约 1.16 亿（截至 2022 年），居世界第十三位，居东南亚第二位（仅次于印度尼西亚），主要分布在吕宋岛和棉兰老岛，这两个地区的人口总和占全国总人口的比重达 90% 以上。菲律宾人口与民族文化有四大显著特征：第一，菲律宾是一个拥挤的国家，人口密度高，平均每平方千米有 338 人。第二，菲律宾是一个多民族的国家，约有 180 个民族，其中马来族占比达 85% 以上，其他民族包括伊洛克族、他加禄族、邦板牙族、比科尔族和比萨扬族等。第三，菲律宾是一个多宗教的国家，有天主教、伊斯兰教、独立教和基督教新教等。天主教是菲律宾最主要的宗教信仰，信众约占总人口的 90%。第四，菲律宾是一个文化包容性强的国家。经历长期殖民的菲律宾，各国文化汇聚于此、和谐共处，为菲律宾的文化多样性提供了重要基础。

第一节　人口发展分析

菲律宾是全球第十三大人口国家，人口总数位于埃塞俄比亚和埃及之间。近年来，菲律宾人口增长迅速，2010—2022 年以年平均 1.6% 的速度增长，2022 年的人口达 1.16 亿。从年龄结构来看，菲律宾青壮年占比高，劳动力资源丰富，2022 年 15—64 岁人口规模所占比重超过 64%。从性别结构来看，菲律宾男女占比不平衡，男性居多，2022 年男性比重为 50.8%。从人口密度来看，菲律宾较为"拥挤"，2022 年每平方千米人数为 338 人，人口密度排在世界的第十位。

一、发展阶段

　　菲律宾人口政策相对自由、宽松，且受天主教生育观念的影响。近年来，菲律宾人口规模增长迅速，人口不断膨胀。菲律宾人口委员会报告指出，菲律宾人口增长率高居亚洲第一位，每年约有 160 万名婴儿出生。根据世界银行的预测，菲律宾是东南亚地区人口增长率最高的国家。世界银行数据库显示，截至 2022 年，菲律宾人口总数达到 1.16 亿，比 2010 年增长了 2 388 万，增长率达到 25.9%。

　　独立前，菲律宾遭遇多次战争与殖民统治，人口稀少，发展缓慢（陈丙先等，2019）。16 世纪初，菲律宾遭受西班牙的入侵，当时全国仅有 50 万人左右。17 世纪初，菲律宾爆发了西班牙和荷兰之间的战争，人口再次减少。根据历史资料记载，菲律宾人口 1591 年为 66.4 万、1593 年为 48.1 万、1612 年为 53.5 万、1621 年为 61.1 万、1655 年为 51.0 万。除了强迫劳动和战争造成人口死亡之外，当时的菲律宾还遭受各种疾病的袭击，例如霍乱、天花、流行性感冒和瘟病。1591 年，天花袭击了马尼拉市及其邻近地区。1628 年，马尼拉市又出现霍乱，仅在几小时内就使成千上万人丧生。17 世纪后半叶至 18 世纪，菲律宾连续不断地发生了各种疾病（马寿海，1984）。1882 年，菲律宾生病人数达到高峰，每天死亡者高达 1 300 人。根据专家的估计，这一时期的受害者约在 1.5 万—2.0 万。菲律宾于 1877 年进行了第一次人口调查，总人口为 556.8 万，然后又于 1887 年进行了人口调查，总人口为 598.5 万。20 世纪以后，菲律宾在美国的统治下，分别于 1903 年、1918 年和 1939 年进行了全国性的人口普查。1903 年普查的人口总数为 763.5 万，1918 年为 1 031.4 万，1939 年为 1 600.0 万。

　　独立后，菲律宾人口增长大致经历了两个阶段，如图 5-1 所示：

　　第一阶段是 1948—1960 年，菲律宾经历了一波生育高峰期。这一阶段菲律宾的人口增长速度达到了创纪录的水平，年平均增长率升至历史最高峰的 3.06%，直到 1970 年仍基本保持在 3.00% 的水平上。这也是菲律宾人口增长最迅速的时期，由 1948 年的 1 823.4 万人增长至 1960 年的 2 627.3 万人。菲律宾

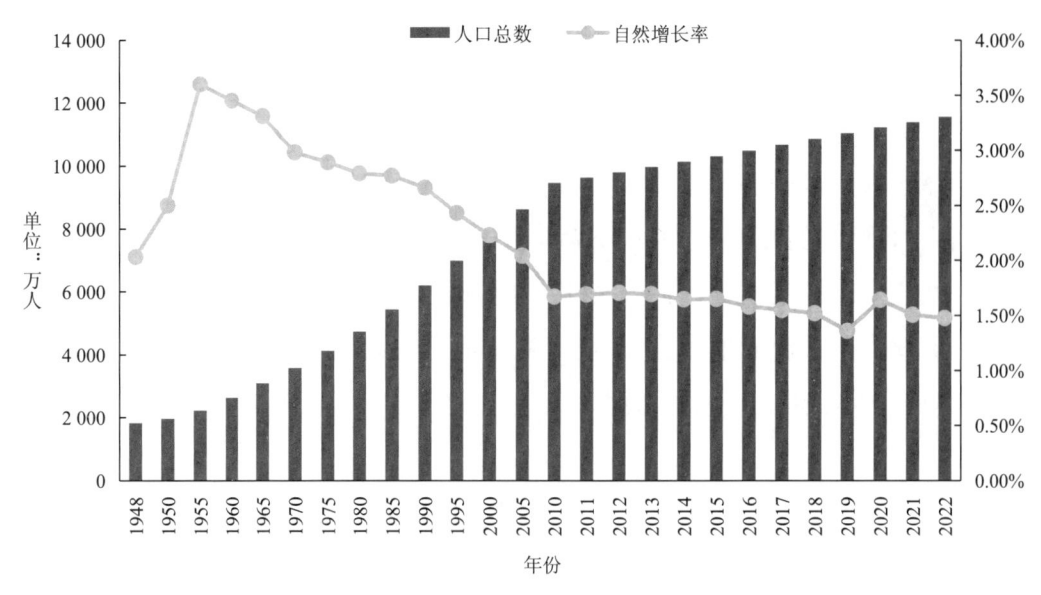

图 5-1　1948—2022 年菲律宾人口总数与自然增长率

资料来源：世界银行数据库，https://data.worldbank.org.cn/。

人口迅速增长的主要原因在于死亡率的迅速下降。研究表明，菲律宾从 1903 年第一次全面人口普查到第二次世界大战期间，粗死亡率大约从 38‰ 逐渐降到 27‰。随后降低速度加快，1960 年粗死亡率已降到约 15‰。根据这种情况估算，菲律宾每年人口的净增率为 3.8%，即每年净增人口达 100 多万（Gastardo-Conaco and Jiminez，1986）。

第二阶段是 1970—2022 年，菲律宾的人口自然增长率呈下降趋势。1970—2022 年，菲律宾人口的自然增长率下降至 1.47%。1970 年，菲律宾人口还只有 3 580.5 万人。1970—2005 年，菲律宾人口仍然保持着 2.00%—3.00% 的高速增长。2010 年之后，菲律宾人口的自然增长率出现了显著的下降。这 13 年菲律宾人口的年平均自然增长率仅为 1.15%，最低降至 2019 年的 1.36%。这一阶段，菲律宾人口规模依然处于上升态势，由 1970 年的 3 580.5 增长至 2022 年的 11 555.9 万。

二、人口密度

菲律宾是一个相对"拥挤"的国家，人口密度位于世界第十位，排在日本之后。在菲律宾29.97万平方千米的国土面积上，居住着1.16亿的人口。世界银行数据库显示（图5-2），菲律宾人口密度从2000年的261人/平方千米升至2015年的364人/平方千米，这意味着比2000年每平方千米的人口增加了123人（32.16%）。菲律宾人口是中国人口密度的两倍以上，是世界人口密度的六倍以上。特别是21世纪以来，随着菲律宾人口的进一步膨胀，人口密度也出现飙升，18年时间飙升了47.13%。

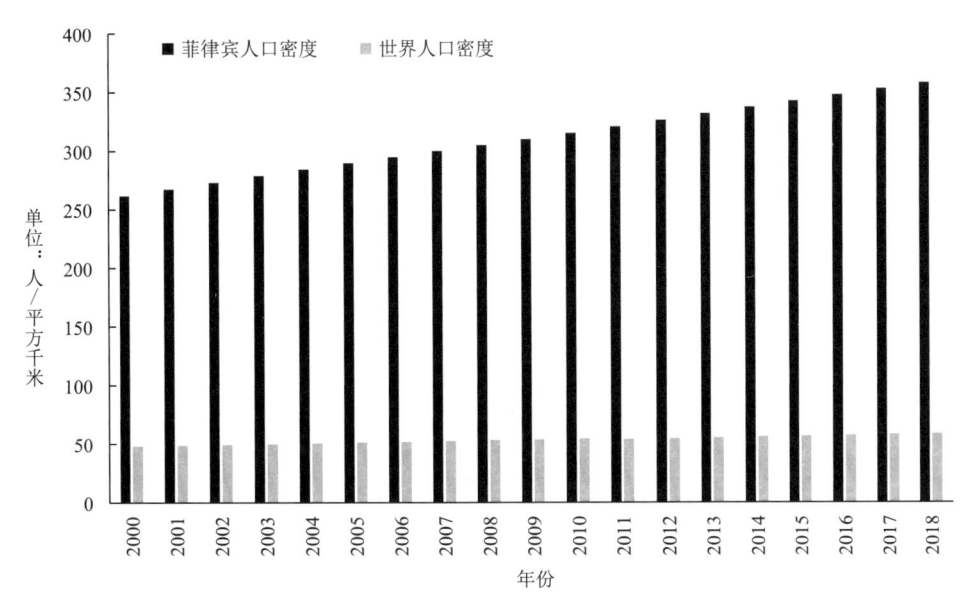

图5-2　菲律宾与世界人口密度变化

资料来源：世界银行数据库，https://data.worldbank.org.cn/。

三、年龄结构

菲律宾是一个相对"年轻"的国家。根据2015年的人口普查数据显示（表5-1），全国平均年龄为24.3岁。小于1岁的人口占比为2.06%，约207.6万人；1—4岁的人口占比为8.66%，约874.3万人；5—9岁的人口占比为10.74%，约1 084.3万人；10—14岁的人口占比为10.39%，约1 049.4万人；15—64岁的人口占比为63.41%，约6 403.6万人；65岁以上的人口占比为4.74%，约478.8万人。拥有投票权的18岁以上的人口占比为62.01%，约

6 261.5万人。60岁以上的人口占比为7.48%，约754.9万人。就年龄与性别的分布而言（图5-3），0—54岁的男性数量要高于该年龄段的女性。在全国人口中，男性人口总数为5 106.0万，占比为50.57%；女性人口总数为4 990.9万，占比为49.43%，男女性别比变为102∶100。总抚养比率（Overall Dependency Ratio）是58，这意味着每100个工作年龄人口需要负担58个抚养者。

表5-1 2015年人口年龄结构

年龄段	人口数	占比
小于1岁	2 076 015	2.06%
1—4岁	8 742 916	8.66%
5—9岁	10 842 920	10.74%
10—14岁	10 493 942	10.39%
15—64岁	64 035 924	63.41%
65岁以上	4 787 586	4.74%
超过18岁（拥有投票权）	62 615 419	62.01%
60岁以上资深公民	7 548 769	7.48%

资料来源：菲律宾国家统计局，https://psa.gov.ph/。

菲律宾的人口年龄结构较为合理，表现出越来越年轻的趋势，但65岁以上人口的占比也在上升（图5-4）。1960—1990年是菲律宾儿童段年龄占比的高峰期，占总人口的比重一直维持在40%—50%。1965年，菲律宾儿童段年龄（0—14岁）占比高达47.48%。随后则出现逐渐下降的趋势。这与这一时期菲律宾的人口高自然增长率有关。菲律宾14—65岁的人口占总人口比重逐年上升，由49.88%增长至55.92%；65以上的人口占比保持稳定，基本维持在3.00%上下波动。1990年之后，15—64岁的人口占比继续增长，由1990年的55.92%增长至2019年的64.21%，人口总数高达648.4万。这一时期，菲律宾老年群体也在上升，65岁以上人口占比也不断扩大，由1990年的3.14%增长至2019年的5.31%。相应地，菲律宾0—14岁人口占比继续下降至2019年的30.48%。菲律宾未来仍可享受人口红利优势，特别是劳动密集型产业的发展。随着劳动力规模的进一步扩大，菲律宾形成更大的消费市场，并吸引外资进驻（Furuoka，2010）。

图 5-3　2015 年菲律宾人口金字塔

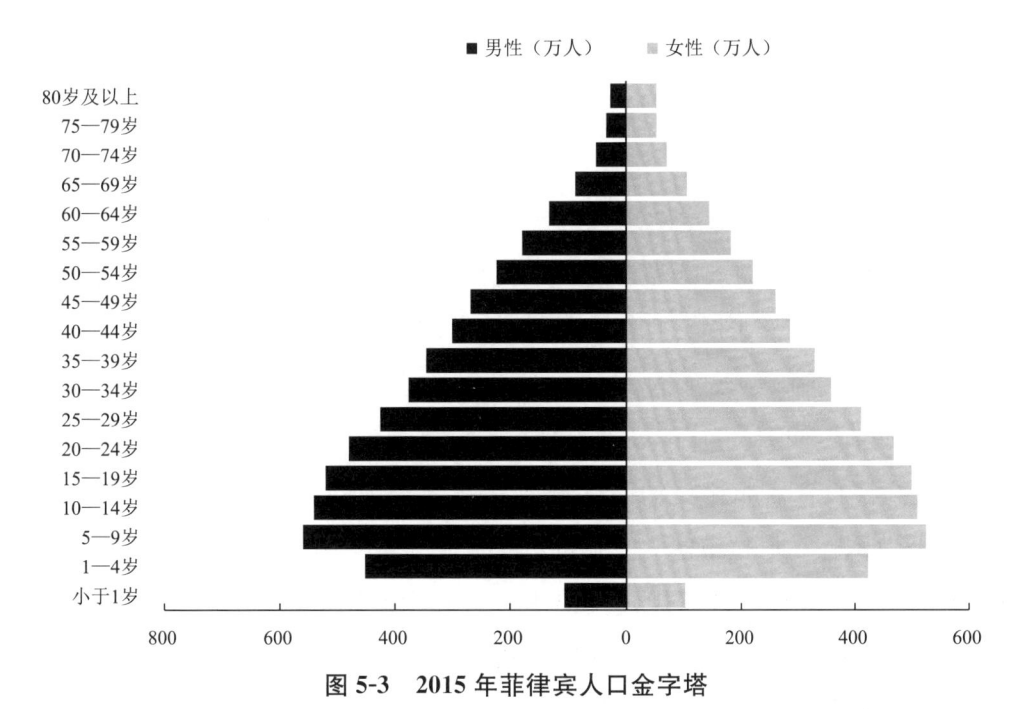

资料来源：菲律宾国家统计局，https://psa.gov.ph/。

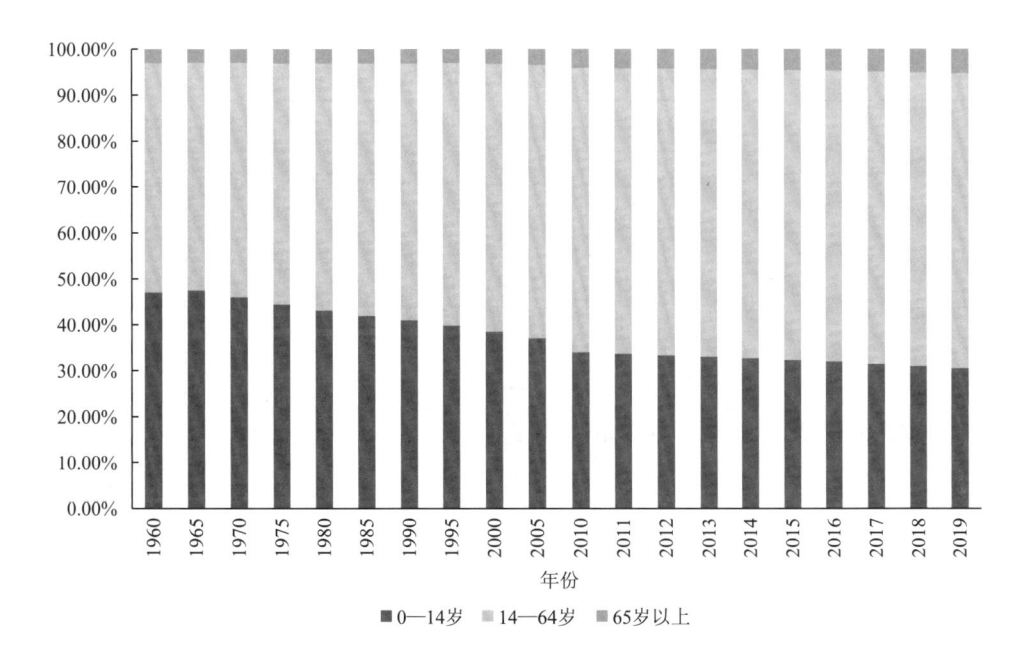

图 5-4　1960—2019 年菲律宾人口年龄结构

资料来源：世界银行数据库，https://data.worldbank.org.cn/。

四、综合素质

菲律宾教育水平在东南亚地区处于中等水平，但与发达国家相比仍存在较大差距。根据菲律宾的人口普查数据（表5-2），截至2015年，菲律宾劳动力总数高达4202.77万，接受过中学教育的劳动力占劳动力总数的比重高达73.30%，接受过高等教育的劳动力占劳动力总数的比重达25.00%。其中，15—24岁的青少年人口中有30%受过高等教育，25—64岁的成年人口中有40%受过高等教育。菲律宾的高等教育一直受美国的影响，有着悠久的历史。1611年，美国在马尼拉市建立了亚洲的第一所大学，随后菲律宾高等教育主要采用美国体制。菲律宾政府规定英语为官方和商业用语，学校的教学语言也为英语。菲律宾成为亚洲英语普及率最高的国家，高达93%。菲律宾政府还采取了一系列措施来加强教育状况。例如，实施免费教育政策、加强基础教育设施建设、提高教师待遇等，都取得了一些成效。

表5-2 2015年菲律宾人力资源与受教育程度

劳动力类别	占比/数量
接受过中学教育的女性占女性劳动力的百分比	66.60%
接受过中学教育的男性占男性劳动力的百分比	77.60%
接受过中学教育的劳动力占劳动力总数的百分比	73.30%
接受过高等教育的女性占女性劳动力的百分比	31.80%
接受过高等教育的男性占男性劳动力的百分比	20.70%
接受过高等教育的劳动力占劳动力总数的百分比	25.00%
女性劳动力占劳动力总数的百分比	39.09%
劳动力总数	4 202.77万人
人口总数	10 097.9万人

资料来源：菲律宾国家统计局，https://psa.gov.ph/。

五、就业情况

菲律宾是一个拥有丰富人力资源的国家，其劳动力市场的表现对于国家经济的发展具有重要影响。菲律宾的就业率较高，根据菲律宾统计局的数据，2022 年总就业率为 93.1%，其中城市地区的就业率为 95.1%，农村地区的就业率为 89.4%；男性的就业率为 57%，女性为 43%，这与男性更倾向于从事体力劳动有关。此外，女性的就业率也受到教育水平、家庭责任和经济条件等因素的限制。根据国际劳工组织的数据，2022 年菲律宾的失业率为 5.3%，主要归因于职位空缺与求职者技能不匹配等因素。

菲律宾的劳动力集中在服务业、农业和制造业。其中，服务业是最大的就业部门，占菲律宾总就业的 60% 左右。菲律宾人口就业问题主要包括如下方面：一是，菲律宾的劳动力市场存在技能与需求不匹配的问题。许多职位空缺由于找不到具备特定技能和知识的求职者而无法填补，进一步加剧了失业问题。二是，菲律宾的工资水平普遍较低，导致一些工人无法满足基本生活需求，进而影响其工作积极性和生产效率。三是，在一些地区，尤其是农村地区，就业机会相对较少，导致一些有技能的劳动力流失到城市地区寻找机会。

第二节　人口空间格局

菲律宾人口分布不均衡，总体呈现"北高南低"的空间格局。甲拉巴松区的人口规模居 18 个行政区之首。甲拉巴松区、国家首都区和中吕宋区是菲律宾人口超过千万的三大区域。菲律宾人口密度的空间分布也极不平衡。马尼拉大都会人口密度远超北京和上海，成为菲律宾最拥挤的区域。菲律宾北部和南部区域的人口密度相对稀疏。不均衡的人口格局是造成区域发展不平衡的重要因素。

一、区域分布：北高南低

北部地区包括吕宋岛和其他北部山脉地区，是菲律宾的政治、经济和文化中心。该地区人口较为密集，城市和工业区集中，同时也是农业和矿产资源的集中地。中部地区包括马尼拉大都会和周边省份，是菲律宾的经济和金融中心。该地区人口较为密集，城市化程度较高，但土地资源有限，农业生产相对较低。西部地区包括棉兰老岛和其他西部省份，是菲律宾的农业和矿产资源基地。该地区人口较为分散，土地资源丰富，但城市化程度较低，交通和基础设施有待改善。南部地区，包括棉兰老岛的南部地区和其他南部省份，是菲律宾的海洋资源和旅游胜地。该地区人口稀少，土地资源丰富，气候适宜，但经济发展相对滞后。

2015年菲律宾人口普查数据显示（表5-3），在菲律宾17个行政区中，甲拉巴松区的人口最多，为1 441.5万，人口占比达14.27%；其次是国家首都区的人口规模达1 287.7万，人口占比达12.75%；然后是中吕宋区的1 121.8万，人口占比达11.11%。这三个区域都在吕宋岛。人口最少的为科迪勒拉行政区，其人口总数仅为172.2万，仅占全国人口的1.71%。各区域人口规模变化较稳定。2000年，菲律宾人口规模前三的区域为甲拉巴松区的932.1万，国家首都区的993.3万，中吕宋区的820.5万。人口规模最小的区域为科迪勒拉行政区。这一年份，菲律宾未出现人口超过千万的区域。2010年，菲律宾人口规模前三的区域仍然为甲拉巴松区、国家首都区和中吕宋区，人口规模依次为1 261.0万、1 185.6万、1 013.8万，仅这三个区域人口超过千万。人口规模最小的区域依然是科迪勒拉行政区。

表5-3　2000年、2010年和2015年菲律宾各区人口规模　　（单位：万人）

各区名称	2000年	2010年	2015年
甲拉巴松区	932.1	1 261.0	1 441.5
国家首都区	993.3	1 185.6	1 287.7
中吕宋区	820.5	1 013.8	1 121.8

续表

各区名称	2000 年	2010 年	2015 年
中米沙鄢区	457.7	551.4	604.2
比科尔区	468.7	542.0	579.7
伊罗戈区	420.0	474.8	502.6
达沃区	367.6	446.9	489.3
北棉兰老区	350.6	429.7	468.9
南哥苏萨桑区	322.2	411.0	454.5
西米沙鄢区	364.5	419.5	447.7
东米沙鄢区	361.0	410.1	444.0
棉兰老穆斯林自治区	280.3	325.6	378.1
三宝颜半岛区	283.1	340.7	363.0
卡加延河谷区	281.3	322.9	345.1
民马罗巴区	229.9	274.5	296.3
卡拉加区	209.5	242.9	259.7
科迪勒拉行政区	136.5	161.7	172.2

资料来源：菲律宾国家统计局，https://psa.gov.ph/。

注：内格罗斯岛区于2024年设立，之前的年份中，内格罗斯岛区的东内格罗斯省和锡基霍尔省属于中米沙鄢区，西内格罗斯省属于西米沙鄢区，故统计数据为17个行政区，下同。

落后地区发展吸引人口更多地迁入，使得菲律宾区域人口规模的增长率变化较大，如表5-4所示。2000年，菲律宾人口增长率排在前三位的依次为甲拉巴松区的3.07%，南哥苏萨桑区的2.46%，中吕宋区的2.14%。2010年，菲律宾各区域人口增长出现较大变化，第一为棉兰老穆斯林自治区的2.89%，第二为甲拉巴松区的2.58%，第三为中吕宋区的1.95%。相比2010年的人口普查数据，2015年菲律宾人口增长率排在前三的区域和2000年一致，第一的区域也是甲拉巴松区，增长率高达2.90%；其次是位于棉兰老岛中部的南哥苏萨桑区，增长率达2.28%；第三是中吕宋区的2.07%。

表 5-4　2000 年、2010 年和 2015 年菲律宾各区域人口增长率　　（单位：%）

各区名称	2000 年	2010 年	2015 年
甲拉巴松区	3.07	2.58	2.90
南哥苏萨桑区	2.46	1.94	2.28
中吕宋区	2.14	1.95	2.07
棉兰老穆斯林自治区	1.51	2.89	1.98
北棉兰老区	2.06	1.68	1.92
达沃区	1.97	1.74	1.89
中米沙鄢区	1.88	1.76	1.84
国家首都区	1.78	1.58	1.72
民马罗巴区	1.79	1.47	1.68
三宝颜半岛区	1.87	1.21	1.64
科迪勒拉行政区	1.70	1.21	1.53
卡拉加区	1.49	1.28	1.42
比科尔区	1.46	1.29	1.40
西米沙鄢区	1.28	1.52	1.36
卡加延河谷区	1.41	1.25	1.36
东米沙鄢区	1.39	1.27	1.35
内格罗斯岛区	1.27	0.98	1.17
伊罗戈区	1.23	1.09	1.18

资料来源：菲律宾国家统计局，https://psa.gov.ph/。

菲律宾人口规模的区域差异主要包括三个方面的因素：一是地理因素。不同地区的地理环境、地形地貌和气候条件的不同，影响了人口规模的大小和分布。北部地区的平原和河流流域有利于农业和城市化发展，因此人口较为密集。而南部地区的山区和平原面积较小，不利于农业和城市化发展，因此人口较为稀少（张大勇，1996）。二是经济因素。不同地区的经济发展水平和产业特点不同，影响了就业机会和人口流动。北部地区和中部地区的城市和工业区集中，就业机会较多，吸引了许多农村人口迁移到城市。西部地区和南部地区的农业和矿产资源丰富，但经济发展相对滞后，就业机会较少，导致人口流出较多。三是社会文化因素。不同地区的社会文化背景和价值观念不同，影响了人口规模的大小和分布。北部地区的教育、医疗和文化资源较为丰富，吸引了许多追求优质生活和教育资源的人口。南部地区的文化和传统保留较为完整，吸引了许多文化旅游者和投资者。

二、城市分布：高度集聚

菲律宾人口高度集聚在117个城市中。前十位城市的人口规模共1 221万，占比高达17.44%。最大的城市是奎松市，约有293.6万人。紧随其后的是马尼拉市，约有178.0万人。排在第三的城市是达沃市，约有163.3万人。马尼拉大都会由17个城市和直辖市组成，总人口为1 469万。排名前两位的都属于马尼拉大都会（表5-5）。

表5-5 2015年菲律宾人口规模前二十的城市 （单位：万人）

排名	名称	人口
1	奎松市	293.6
2	马尼拉市	178.0
3	达沃市	163.3
4	加洛坎市	158.4
5	宿务市	92.3
6	三宝颜市	86.2
7	达义市	80.5
8	帕西格市	75.5
9	卡加延德奥罗市	67.6
10	帕拉尼亚克市	66.6
11	巴伦苏埃拉市	62.0
12	拉斯皮纳斯市	58.9
13	马卡蒂市	58.3
14	巴科洛德市	56.2
15	蒙廷卢帕市	50.5
16	马利金纳市	45.1
17	伊洛伊洛市	44.8
18	帕赛市	41.7
19	安赫勒斯市	41.2
20	拉布拉布市	40.8

资料来源：菲律宾国家统计局，https://psa.gov.ph/。

商业区是马尼拉大都会人口规模最大的地方,尤其是马卡蒂大道和帕塞纳克地区。这些地区的商业设施齐全,吸引了大量的企业和办公人员。住宅区主要集中在马尼拉大都会的南部和西部,如帕赛市和洛哥斯特市。这些地区的居民主要是中低收入阶层,生活条件相对较差。工业区主要集中在城市的北部,如洛马尔奎斯市和巴丹加亚市。这些地区的工厂和企业为马尼拉大都会提供了大量的就业机会。

马尼拉大都会集聚大量人口的因素有如下几个方面:第一,马尼拉大都会的经济中心地位吸引了大量的外来务工人员和家庭。这些人多数选择在马尼拉市和周边城市寻找工作和生活机会,从而推动了这些地区的人口增长。第二,随着菲律宾的总体城市化进程加速,许多人从农村地区迁移到城市,其中大部分都选择了马尼拉大都会作为他们的目的地。这种城市化进程的推进也在一定程度上影响了马尼拉大都会的人口分布。第三,马尼拉大都会拥有较为完善的基础设施,包括丰富的公共交通、医疗和教育资源等,这些都是吸引人们在此生活和工作的重要因素(马燕冰、黄莺,2007)。同时,马尼拉大都会由于人口过多面临着一些问题和挑战。首先,由于人口过度集中,导致了交通拥堵、环境污染和住房短缺等问题。其次,贫富差距较大,社会不公现象较为严重。最后,城市规划和管理也面临一些困难,如何在保证经济发展的同时改善居民的生活条件,是一个需要解决的问题。

三、密度分布:极不平衡

从区域尺度看(图5-5),人口最稠密的地区是国家首都区,2010年人口密度为19 137人/平方千米,2015年人口密度高达20 785人/平方千米,其人口密度是全国平均人口密度的61倍之多,是人口最稀少的地区的239倍。国家首都区作为菲律宾第一大都市区,面积619.54平方千米,是北京的1/25、上海的1/10。2020年,国家首都区人口密度超过21 000人/平方千米,是上海的5倍。

菲律宾人口最稀少的地区是科迪勒拉行政区。2015年,科迪勒拉行政区平均每平方千米仅有87人。且科迪勒拉行政区的人口密度在空间分布上存在差异性。首先,中部和南部的部分区域人口密度较高,这是由于这些地区拥有优越

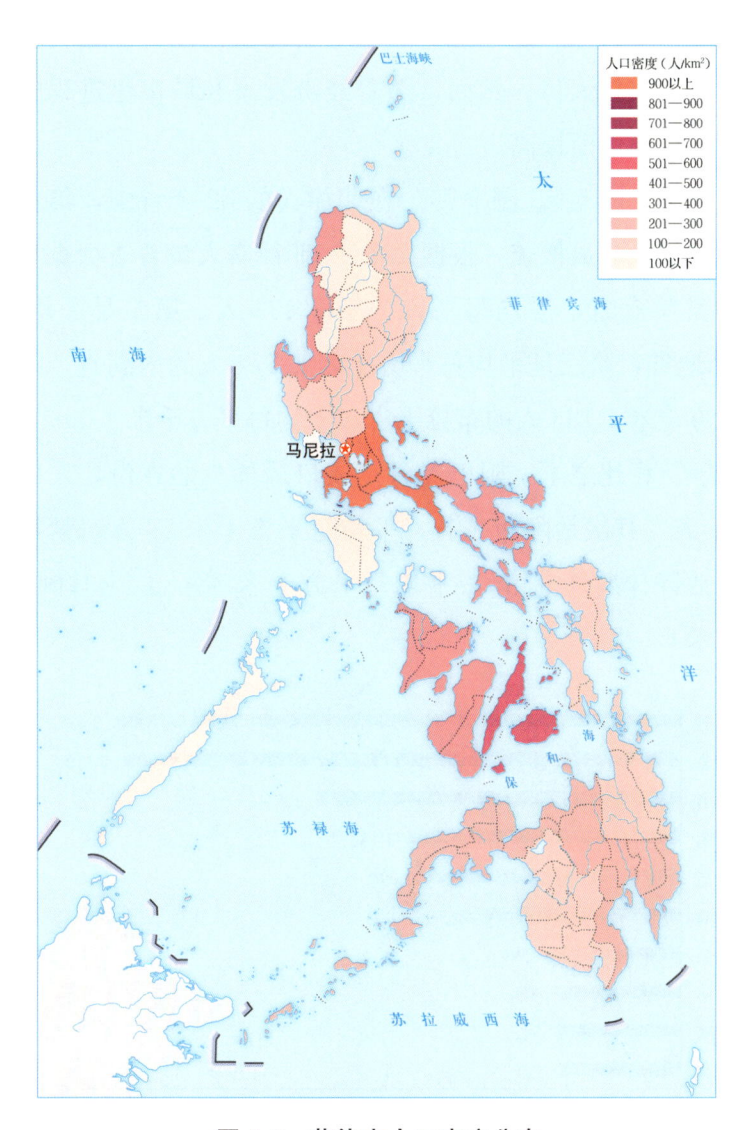

图 5-5　菲律宾人口密度分布

的地理条件,如丰富的水源和肥沃的土地。其次,北部山区和边远地区的人口密度较低,这是地理环境存在限制和经济发展不平衡导致的。科迪勒拉行政区的经济发展状况与人口密度有着密切的关系。在人口密集的地区,得益于更好的基础设施和社会服务,经济发展通常更为活跃。然而,人口密度较低的地区经济发展相对滞后,这又进一步限制了这些地区的吸引力,使得人口增长缓慢甚至出现负增长。

总体上,相较于马尼拉市及马尼拉大都会的高密度人口分布,菲律宾沿海地区的人口密度相对较低。这些地区的土地资源较为丰富，适宜农业和渔业发展，故吸引了大量农村人口。然而，随着经济发展和城市化进程的推进，沿海地区的人口密度也在逐渐提高。

从省域尺度看（图5-6、图5-7），在菲律宾的82个省中，黎刹省的人口最稠密，阿巴尧省的人口最稀疏。根据2015年菲律宾人口普查数据显示，人口密度排名第一的是黎刹省，平均每平方千米2 439人。第二是平均每平方千米2 410人的甲米地省，第三是平均每平方千米1 574人的内湖省。第四和第五分别是平均每平方千米1 183人的布拉干省和平均每平方千米1 098人的邦板牙省（不包括天使城）。相比之下，阿巴尧省是人口最稀少的省份，人口密度为平均每平方千米26人。其次是阿布拉省，平均每平方千米57人，紧随其后的是巴拉望省（不包括普林斯萨港市），平均每平方千米58人，卡林阿省和高山省，平均每平方千米65人。

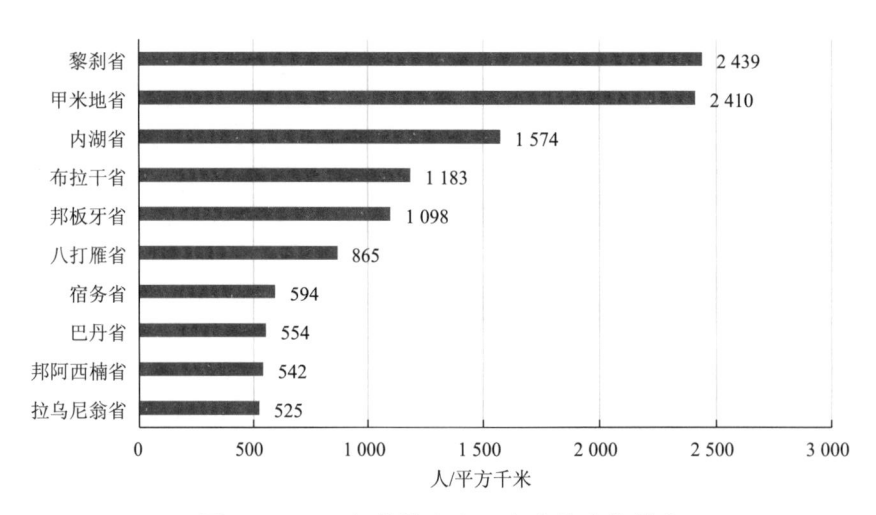

图5-6　2015年菲律宾人口密度前十位的省

资料来源：菲律宾国家统计局，https://psa.gov.ph/。

从城市尺度看，菲律宾人口密度前十位的城市中，前八个都属于马尼拉大都会（图5-8）。其中，马尼拉市以平均每平方千米71 263人的人口密度位居菲律宾各大城市之首。紧随其后的是曼达卢永市，其人口密度高达41 580人/平方千米。然后是帕赛市，其人口密度也可达29 815人/平方千米。

菲律宾城市人口密度分布主要与其自然地理条件、经济发展和人口政策有

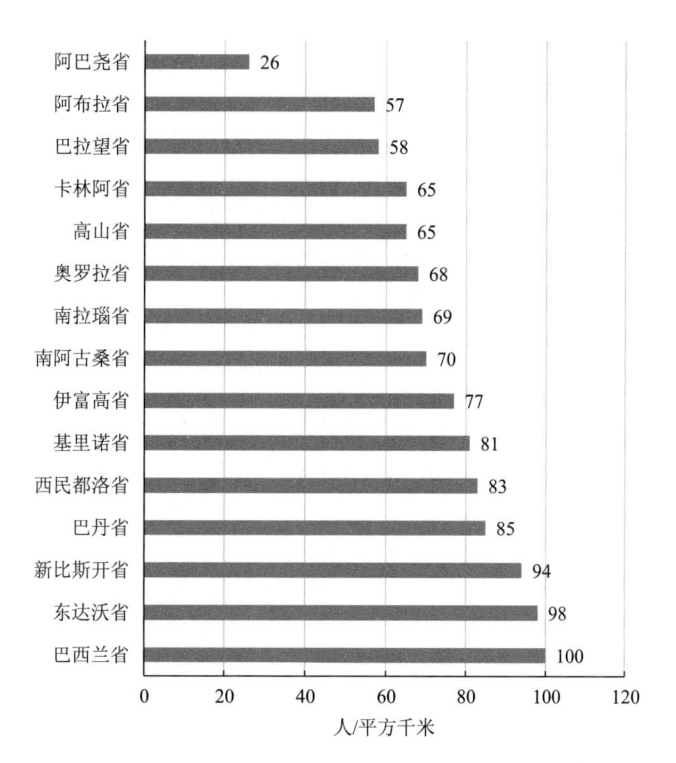

省	人口密度（人/平方千米）
阿巴尧省	26
阿布拉省	57
巴拉望省	58
卡林阿省	65
高山省	65
奥罗拉省	68
南拉瑞省	69
南阿古桑省	70
伊富高省	77
基里诺省	81
西民都洛省	83
巴丹省	85
新比斯开省	94
东达沃省	98
巴西兰省	100

图 5-7　2015 年菲律宾人口密度后十五位的省

资料来源：菲律宾国家统计局，https://psa.gov.ph/。

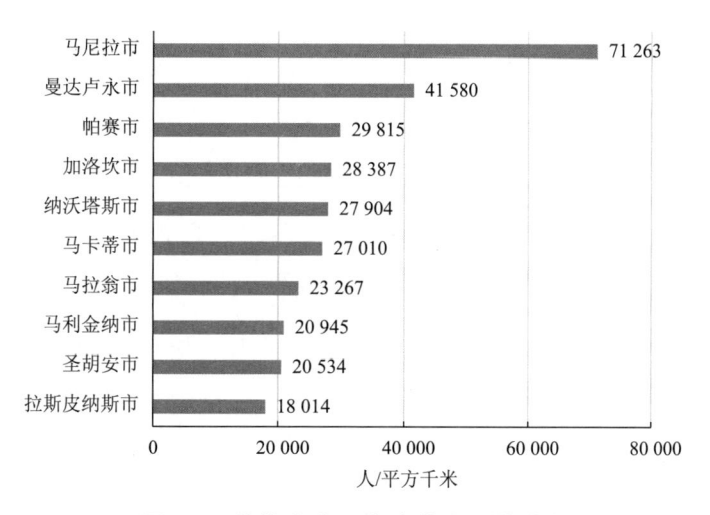

城市	人口密度（人/平方千米）
马尼拉市	71 263
曼达卢永市	41 580
帕赛市	29 815
加洛坎市	28 387
纳沃塔斯市	27 904
马卡蒂市	27 010
马拉翁市	23 267
马利金纳市	20 945
圣胡安市	20 534
拉斯皮纳斯市	18 014

图 5-8　菲律宾人口密度前十位的城市

资料来源：菲律宾国家统计局，https://psa.gov.ph/。

关。首先，菲律宾土地面积有限，导致其人口密度较高。其次，菲律宾的经济中心主要集中在马尼拉大都会、宿务市和达沃市等地区，吸引了大量人口涌入这些地区寻找就业机会（Costello，1998）。最后，菲律宾人口政策也对其城市人口密度分布产生了影响。政府采取了城市化发展战略，推动了大量农村人口向城市转移。高城市人口密度对菲律宾的社会经济发展产生了多方面的影响。大量的人口涌入给城市的基础设施带来了巨大的压力，交通拥堵、环境污染等问题在菲律宾的大城市中普遍存在。高城市人口密度也加剧了贫困问题，许多城市居民生活在狭窄的住房内，生活条件恶劣。高城市人口密度还给菲律宾的社会治安带来了挑战，一些大城市成为犯罪率较高的地区。

四、家庭规模：北低南高

就家庭规模而言，2015年菲律宾全国的家庭数达到2 297.6万户，比2010年的2 020.0万户增长了13.74%，是1990年1 140万户家庭数的2倍。甲拉巴松区以340万户家庭数高居菲律宾18个行政区的榜首，其次是国家首都区的276万户和中吕宋区的310万户。科迪勒拉行政区依然是家庭数最少的地区，仅为39.6万户。2015年，菲律宾全国家庭人口平均数为4.4人，低于2010年的4.6人、2000年的5人和1990年的5.3人。就家庭人口数量的分布来看，棉兰老穆斯林自治区家庭人口平均数最高，达每户6.1人，其次是比科尔区的每户4.8人。最低的家庭人口数量是国家首都区和达沃区，均为每户4.1人。

菲律宾的家庭规模空间分布存在一定的差异。这种差异不仅受到社会经济发展的影响，也受到文化传统和人口政策的影响（Mapa and Bersales，2008）。首先，大城市和小城市之间的发展不平衡导致了大城市的家庭规模相对较小，而小城市和农村地区的家庭规模相对较大。其次，文化传统也是影响家庭规模的一个重要因素。例如，在一些生育文化氛围浓厚的地区，家庭规模可能相对较大。最后，菲律宾的人口政策也对家庭规模空间分布产生了一定的影响。而家庭规模空间分布的差异也会对菲律宾的社会经济发展产生一定的影响。首先，家庭规模的大小直接影响到家庭的消费和生产行为。例如，在家庭规模较小的地区，消费可能会相对较高，而在家庭规模较大的地区，生产可能会相对较多。

其次，家庭规模的空间分布也会影响到菲律宾的人口结构和社会结构。例如，在一些地区，人口老龄化问题可能更加突出，而在另一些地区，可能仍然面临着人口增长过快的问题。

第三节　城市化发展

城市化是乡村人口向城市人口转化，以及人类的生产生活方式由乡村型向城市型转化的一个复杂过程。城市化于 18 世纪英国工业革命时期开始发展，逐渐波及各个国家和地区。菲律宾城市化较早，发生在西班牙殖民时期。独立后，随着菲律宾的工业化进程不断推进，其城市化水平也不断提高。

一、城市化的历程

菲律宾早期的城市化可以追溯到西班牙和美国殖民时期。在西班牙殖民统治下，马尼拉等城市开始出现并逐渐发展起来。美国殖民时期，由于大量移民涌入和经济的发展，城市规模不断扩大，出现了一些新的城市。然而，这一时期的城市化水平相对较低，城市发展也较为缓慢（Banzon-Bautista，1998）。第二次世界大战后，菲律宾经济开始快速发展，尤其是工业化的不断发展，推动了城市化的进程。这一时期，菲律宾政府采取了一系列政策措施来促进工业化的发展，例如建设基础设施、吸引外资等。工业化的发展带来了就业机会和收入水平的提高，吸引了大量农村人口涌入城市寻找更好的发展机会。因此，这一时期的城市化水平得到了显著提高。

（一）城市化率

城市化率，也称为城镇化率，是一个国家或区域测算城市化水平常用的指标，即城镇人口占区域总人口的比重。根据世界银行的数据显示，菲律宾的城市化进程主要可以分为三个阶段。

第一阶段为 1960—1970 年，是菲律宾城市化的起步阶段。这一阶段，城市化率增长较为缓慢，由1960年的30.30%提高至1970年的32.98%，仅增长了2.68%。城市化起步时期，菲律宾制定了以工业化为核心的经济发展路径，工业化的蓬勃发展一定程度上带动了城市化进程，一些农村人口开始进入城市（李开盛，2021）。

第二阶段为1971—1990年，是菲律宾城市化的高速发展阶段。这一阶段，城市化蓬勃发展，城市化率由1971年的33.49%快速提升至46.99%，20年间增长了13.5%。这个时期也是东南亚经济飞速发展的时期，带动了菲律宾工业的快速发展。同时，菲律宾的工业在GDP中占有很大比重，而且大量的工业投资都集中在城市。农村人口大量涌入城市，推动了菲律宾城市人口快速膨胀（卡里纳·康斯坦丁诺—戴维等，1995）。

第三阶段为1991年至今，是菲律宾城市化的稳定发展阶段。这一阶段，菲律宾城市化率总体为45%—47%。1997年亚洲经济危机出现后，菲律宾城市化率一度出现下降，由1997年的46.39%下降至2010年的45.33%。2010年之后才出现增长，增长至2022年的47.98%。一方面，该时期的菲律宾经济面临着产业结构调整和升级的压力，国家不再一味追求经济的高速发展，转而寻求经济带的可持续发展。另一方面，随着国际化程度的提高，菲律宾城市面临着来自全球的竞争压力。为了提升城市的竞争力，菲律宾政府采取了一系列政策措施来促进城市化的发展，例如加大对城市基础设施建设的投入、鼓励外国投资等。

（二）城市化速度

根据世界银行的数据显示，菲律宾城市化速度总体处于波动状态，尤其自20世纪90年代后，城市化速度出现断崖式下降（图5-9、图5-10）。1960—1980年，菲律宾城市人口年平均增长速度总体维持在3.5%—4.0%，较为稳定。1981—1990年，菲律宾城市化速度达到顶峰，城市人口年平均增长速度总体保持在4.0%—5.0%。在这十年间，城市人口规模增长了近千万。随后，菲律宾城市化速度出现了大幅度下降，由1990年的4.1%下降至1991年的2.2%，速度最慢的为2008年的1.65%。

图 5-9　1960—2022 年菲律宾城市人口和农村人口占比

资料来源：世界银行数据库，https://data.worldbank.org.cn/。

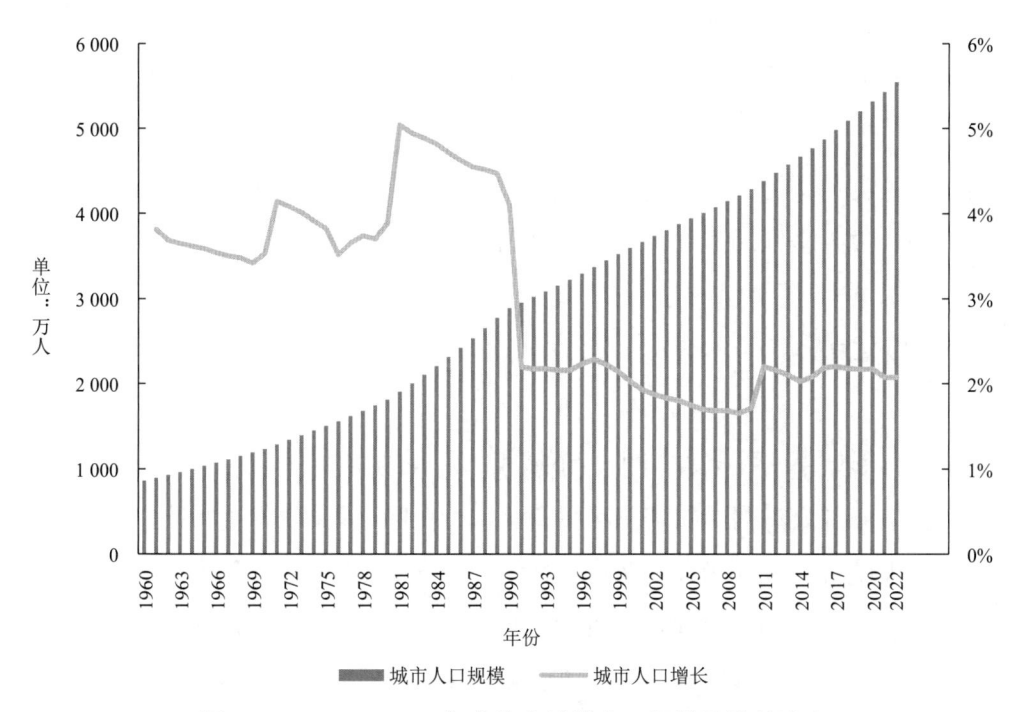

图 5-10　1960—2022 年菲律宾城镇人口规模及增长速度

资料来源：世界银行数据库，https://data.worldbank.org.cn/。

(三)城市化因素

菲律宾城市化发展是经济、社会、人口变化等多方面因素共同推动、相互促进的结果(丹尼斯·德怀尔,2000)。第一,经济发展是城市化发展的主要推动力。随着菲律宾经济的快速发展,城市提供了更多的就业机会和更好的生活条件,吸引了大量农村人口向城市迁移。经济的发展也促进了城市的基础设施建设和完善,使得城市成为人们向往的地方。第二,菲律宾政府对城市化进程也起到了一定的推动作用。政府实施了一系列政策,鼓励农村人口向城市迁移,例如提供住房、就业和公共服务等,为城市化提供了支持和保障,使得更多的人能够在城市中安居乐业。同时,政府的规划和管理也促进了城市的合理布局和发展。第三,随着社会的发展和进步,人们对生活品质的需求也在不断提高。城市化能够提供更好的教育、医疗等公共服务,满足人们对高品质生活的需求。城市化也在一定程度上促进了文化的交流和融合,使得不同地区的人们能够更好地相互了解和沟通。第四,自然灾害和气候变化也对菲律宾的城市化产生了影响。近年来,菲律宾经常遭受台风、地震等自然灾害的影响,这些灾害加速了农村人口向城市迁移的过程,因为农村地区遭受了严重的损失,而城市提供了更好的防灾和救援条件。气候变化也导致了部分地区的农业生产受到气候变化的影响,进一步推动了农村人口向城市的迁移。

二、城市规模体系

菲律宾形成了"特大城市少、小城市多"的城市规模体系。根据联合国经济和社会事务部人口司的数据(表5-6),1950年,菲律宾不存在超大城市,只拥有一个大城市,规模为100万—500万,占全国人口的比重为31%,其他均为人口规模30万以下的小城市。1980年,菲律宾最大城市马尼拉市突破500万人,成为第一个超大城市,占全国人口的比重上升至34%。随后,最大城市的人口数量虽然不断增加并在2005年突破千万,成为特大城市,但是占全国人口的比重下降至27%,并一直稳定在这一值的附近。菲律宾第二大城市人口不断集聚,于1995年突破100万。2020年,菲律宾第一、第二大城市人口数量共占全国人口比重的31%。

表5-6 菲律宾城市规模体系

等级	类型	1950年	1980年	2005年	2020年
>1 000万	数量（个）	0	0	1	1
	人口占比（%）	0	0	27	27
	城市人口（万人）	0	0	1 075.1	1 392.3
500万—1 000万	数量（个）	0	1	0	0
	人口占比（%）	0	34	0	0
	城市人口（万人）	0	595.5	0	0
100万—500万	数量（个）	1	0	1	1
	人口占比（%）	31	0	3	4
	城市人口（万人）	154.4	0	129.4	182.5
50万—100万	数量（个）	0	1	4	13
	人口占比（%）	0	3	7	17
	城市人口（万人）	0	614	259	893.4
30万—50万	数量（个）	0	2	9	17
	人口占比（%）	0	5	9	12
	城市人口（万人）	0	837	360.9	645.8
<30万	数量（个）	—	—	—	—
	人口占比（%）	69	58	54	37
	城市人口（万人）	349.8	1 034.7	2 119.2	2 156.2

资料来源：联合国经济和社会事务部人口司。

1990年是菲律宾城市化率的高峰时期，拥有1个人口规模大于100万的大城市，2个城市规模为50万—100万的中等城市。随着菲律宾城市化水平的日益提升，菲律宾的大城市人口规模不断壮大。2018年，菲律宾拥有1个人口规模超过1 000万的特大城市，1个人口规模为100万—500万的大城市。值得重点关注的是，菲律宾的中等城市和中小城市数量持续膨胀。人口规模为50万—100万的中等城市增长至10个，人口规模为30万—50万的城市提高至19个。根据联合国的城市规模预测，到2030年，菲律宾将拥有1个特大城市、4个大城市、14个中等城市（图5-11）。

	1990年	2018年	2030年
>1 000万	0	1	1
500万—1 000万	1	0	0
100万—500万	0	1	4
50万—100万	2	10	14
30万—50万	4	19	20

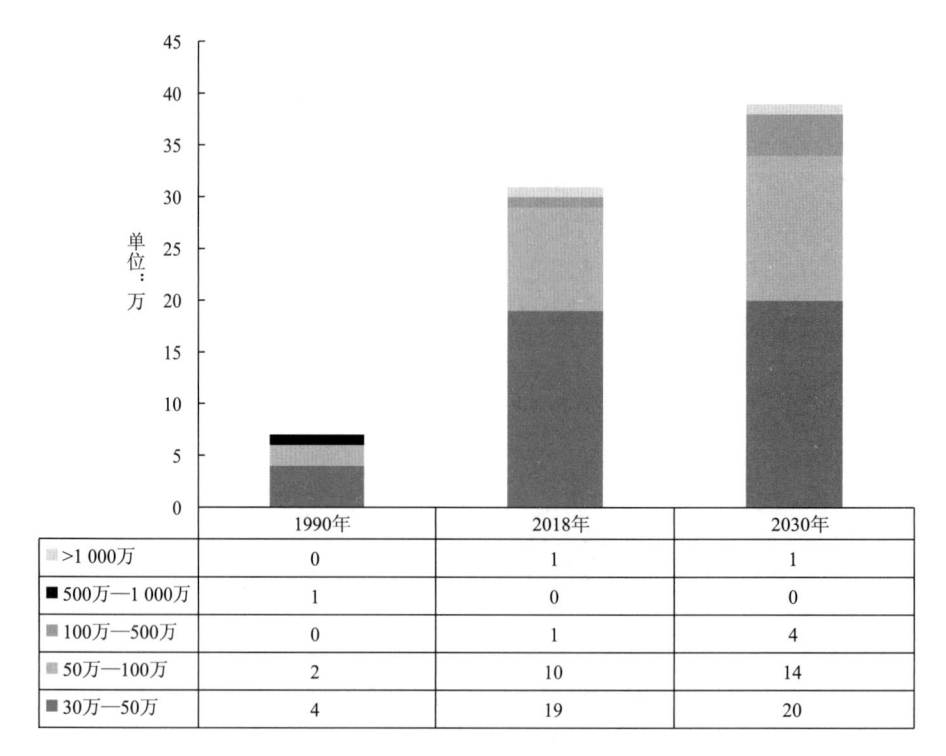

图 5-11 菲律宾城市规模体系

资料来源：联合国经济和社会事务部人口司。

总体上，菲律宾城市规模等级体系呈现如下特征：一是高度集中化。国家首都地区集中了该国大部分的经济和人口。这种高度集中化的特点也导致了城市间的差距较大，一些小城市和城镇的发展相对滞后（Costello，1998）。二是区域性差异。吕宋岛和米沙鄢地区的城市发展较为迅速，而其他地区的城市发展相对缓慢。这种区域性差异也导致了经济和社会的分化，不利于菲律宾的整体发展（Boquet，2017）。三是缺乏次级中心城市。除了马尼拉市以外，其他城市的发展相对独立，没有形成有效的城市网络。这种缺乏次级中心城市的状况限制了菲律宾城市体系的整体发展（李开盛，2021）。

三、城市化的政策

为了解决城市化带来的问题，菲律宾政府制定了一系列的规划政策。这些政策包括对城市土地使用进行规划和控制，对城市交通进行规划和疏导，以及对城市环境进行保护和改善。其中，菲律宾高度重视对城市土地使用的规划和控制。政府通过制定土地使用规划和相关法规，限制城市无序扩张和乱占耕地现象，保护了城市周边的生态环境。同时，政府还鼓励在城市中心建设高层建筑，提高土地利用效率。这些政策的实施有助于减少城市拥挤和交通堵塞，同时也保护了城市的环境。

为了提高城市居民的生活质量，菲律宾政府制定了一系列的政策来加强城市基础设施建设。这些政策包括建设更多的道路、桥梁、公共交通设施、水利设施和电力设施等。政府还加大了对城市基础设施的投入力度，通过公私合作等方式吸引社会资本参与城市建设。这些政策的实施有助于提高城市居民的生活质量，同时也促进了城市经济的发展。

虽然菲律宾的城市化水平已经很高，但农村地区的发展仍然是一个重要的问题。为了促进农村地区的发展，菲律宾政府制定了一系列的政策。这些政策包括提供农业贷款和技术支持、鼓励农民向城市转移，以及改善农村基础设施等。政府还加大了对农村地区基础设施的投入力度，提高农村地区的公共服务水平（Bravo，2017）。这些政策的实施有助于提高农村地区的生活水平，同时也为城市提供了更多的劳动力。

第四节　文化发展与分区

13世纪以前，菲律宾一直处在原始社会的社会组织结构，即巴朗盖占统治地位的状态。这是一种以家庭为基础的聚落结构，尽管已经具备阶层分化，但由于缺乏相应的集权体制，更像是一种"前国家"的形态。菲律宾巴朗盖时期就出现了充满群岛特色的古代社会和文化体系。13世纪末，菲律宾开始了伊斯兰化进程。随着西方殖民者的到来，菲律宾逐渐基督教化。伊斯兰教和基督教两大宗教的战争在菲律宾群岛愈演愈烈。菲律宾不仅面临原有文化体系的分化，还遭遇文化群体的分解与对立（阳阳等，2014）。自1935年进入自治时期，菲律宾政府着手文化整合，为社会摆脱殖民色彩，实现民族文化再发展创造了契机（何平、段宜宏，2020）。菲律宾也不可避免地遇到了极端的文化冲突、少数民族文化丧失等问题，以及出现了依附在主体民族文化上的文化派生现象，使得菲律宾文化体系朝着更为多元化的方向继续发展（陈丙先等，2019）。

一、文化发展：孕育期——巴朗盖组织

大约距今6 000万年前，菲律宾群岛出现。随后，菲律宾群岛先后迎来了尼格利陀人、原始马来人和新马来人移民。在三者之间冲突与融合并存的历史进程中，诞生了古代菲律宾社会。随着生产力的发展，产生了具有菲律宾群岛特色的巴朗盖社会结构，出现了社会等级和奴隶制度，并建立了古代文化体系。这一时期菲律宾的文化深受印度文化和中国文化的影响，在构筑古代菲律宾文化体系过程中体现出了内聚式的特点。因此，孕育期的菲律宾文化是在吸收并消化印度文化和中国文化元素的基础上成形的（贺圣达，2011）。

巴朗盖是早期菲律宾社会特有的一种组织形式，在这一形式中产生了颇具特色的古代菲律宾文化。巴朗盖是以家庭单位为基础的聚落结构，一个家庭通常由父母和子女组成，虽然父母双方内外分工不同，但母亲具有和父亲相当的权力，子女可随母姓，女儿亦可享有继承权。一个巴朗盖一般由30—100个家庭组成，也有规模更大的巴朗盖，如吕宋岛西北岸的美岸（Bigan）、中部的马尼拉和米沙鄢群岛的宿务地区就出现过由2 000多个家庭组成的巴朗盖。早期的巴朗盖相互独立，受各自首领的领导，在一定程度上类似封闭的部落。在巴朗盖的结构中，成员主要被划分为3个等级：贵族、自由民和奴隶。贵族是巴朗盖中社会地位最高的阶层，通常是由巴朗盖首领及其家庭组成，享有最高的政治和社会权力。贵族之下是自由民，为巴朗盖里的中间阶层。自由民的身份可通过家庭继承获得，也可以是被解放的奴隶。巴朗盖社会的底层由奴隶组成，但被奴役的程度各不相同。巴朗盖的社会等级差别说明早期的菲律宾已经出现于奴隶制度。

巴朗盖的出现将菲律宾先民带入一个更为有序、更能体现社会性的系统，在这一系统中也形成了具有菲律宾群岛特色的文化体系（Gregorio，1979）。而且，在这个过程中菲律宾也受到了外来文化的影响。菲律宾群岛地处亚洲、大

洋洲和太平洋之间，也是沟通东亚和南亚的必经之地。从公元前800年开始，菲律宾群岛就陆续迎来了来自印度、中国以及阿拉伯地区的商人。随着室利佛逝王国在苏门答腊岛东南部兴起，以及中国与菲律宾群岛开始商贸交往，印度文化与中国文化也逐渐深入到菲律宾群岛，并成为13世纪前影响群岛社会的主要外来文化。中国文化对菲律宾的影响主要体现在经济和社会生活方面。通过移民和贸易将火药、瓷器、茶叶、折扇、油纸伞、风筝等物品传入群岛。金矿开采技术、冶金及锻造技术的引入提高了群岛先民的生产技术。园艺、饮食、博彩娱乐等的引入丰富了群岛先民的日常生活。中国文化在一定程度上对古代菲律宾社会规范的建立产生了影响。儿女必须孝敬父母长辈，节庆鸣锣及燃放鞭炮，贸易中讨价还价的方式，丧礼中穿着白色丧服、雇佣殡葬司仪以及悼念祖先等都体现了儒家的礼仪教化。

二、文化发展：分化期——巴朗盖社会分化

自13世纪起，菲律宾群岛就开启了伊斯兰化的进程。1380年前后，第一位伊斯兰传教士卡里姆·马赫杜姆（Karimul Makhdum）到达苏禄群岛，他在当地尤其是布安萨（Buansa）地区赢得了不少人的支持，并在锡穆努尔岛（Simunul）上建立了清真寺。1450年，自称是穆罕默德后裔的赛义德·艾布·伯克尔（Sayid Abu Bakr）到达布安萨，建立了苏禄苏丹国。赛义德按照政教合一的哈里发政治制度组建国家机构，颁布了第一部伊斯兰法律，并招募当地的陶苏格部族组建伊斯兰军队。14—17世纪，不断有来自加里曼丹的穆斯林商人、传教士及伊斯兰教首领北上至菲律宾群岛的棉兰老岛、民都洛岛、八打雁、马尼拉及邦板牙地区，通过贸易、武力、联姻等方式，或取代巴朗盖首领，或建立苏丹国，实现了对巴朗盖社会的部分伊斯兰化。

在伊斯兰文化的影响下，菲律宾社会开始发生分化。由于伊斯兰教具有政教合一的传统，因此分化最先反映在政治结构上，原有的巴朗盖及巴朗盖联盟被统一的伊斯兰国家或部落所取代。领导人集政治、军事、司法、宗教权力于一身，体现出浓厚的中央集权色彩。以《古兰经》为根基的伊斯兰法律体系对宏观的社会生活和微观的家庭生活作出规范，与之配套的是司法执行委员会。

一切涉及穆斯林生活的案件，包括民事案件，都由委员会组建的法庭进行审理。在全新的政治结构中，伊斯兰文化对巴朗盖原有的文化进行了取代和融合，使菲律宾文化体系中分化出早期的摩洛文化类型（Eder，2010）。

伊斯兰文化带来的另一大变化体现在语言文字领域，穆斯林开始使用阿拉伯字母进行书写。阿拉伯语词汇也进入马来人语言体系，尤其是棉兰老岛的马京达瑙、陶苏格等语言中融合了大量的阿拉伯语。与此同时，体现宗教色彩的阿拉伯语名字也在穆斯林中流行起来。作为一种外来文化，伊斯兰文化丰富了原有的文学艺术的形式和内容，推动了这一领域发展繁荣。在建筑领域，阿拉伯风格的圆顶尖塔清真寺，结合了具有马拉瑙、陶苏格部族特色的装饰艺术，体现了伊斯兰文化与当地特质的融合。在伊斯兰化的进程中，菲律宾先民的生活也发生了变化，一夫多妻制、离婚制度出现，禁食猪肉、饮酒，施舍贫困者、去麦加朝圣等成为菲律宾穆斯林生活的重要组成部分（Rodell，2002）。而早期阿拉伯商人及传教士与菲律宾部族通婚，两者的混血后代也扩大了群岛人口的来源。

三、文化发展：争夺期——两教斗争

17 世纪开始，伊斯兰教与基督教-天主教在中亚、欧洲及非洲的争夺历史在菲律宾群岛上演（施雪琴，2007）。在伊斯兰文化与基督教-天主教文化的撕扯下，穆斯林与基督教徒之间的分野不断被强化，并衍生出相互的敌视与对立。与此同时，拒绝宗教同化的山地部族在对外交流上则表现出越来越封闭的倾向。17 世纪初，除棉兰老岛、苏禄群岛以及内山地区以外，西班牙控制了以马尼拉为中心的吕宋岛、米沙鄢群岛等地区，开始了长达 300 多年的殖民统治。西班牙殖民者对菲律宾群岛采取政教合一的统治方式。为了管理菲律宾的宗教事务，西班牙于 1578 年 2 月在马尼拉设立主教，受墨西哥大主教监管。1595 年 6 月，西班牙将马尼拉主教升级为大主教，总管菲律宾所有宗教事务，下设 3 位主教主管各个教区。每个教区内有若干牧师，偏远地区还配备助理牧师。教会行政体系的主要任务就是用天主教教化菲律宾的土著居民。此外，教会的神职人员拥有行政权力，可直接向宗主国呈报对中央政府的批评及建议等。教会还拥有

司法权力，教会主导的宗教法庭和裁判所负责审判与教会法规及神职人员相关的案件。为了使土著居民更易接受天主教信仰，传教士们接受了土著居民的部分传统信仰，允许土著居民维持一定的传统信仰和生活习惯并将其融入天主教的仪式中。在西班牙殖民统治下，菲律宾社会分化进一步加剧。原来分散于群岛北部和中部的巴朗盖社会消失了。巴朗盖的成员被统一纳入了殖民政府与教会的管控之下，奴隶制也于1596年被殖民政府废除。

天主教的扩张建立在血腥的殖民地扩张基础之上。与手拿武器的西班牙军队相比，传教士的行为及其宣扬的"天父仁爱"具有更为积极的公众形象。在中央行政体系出现前，西班牙在菲律宾实行以赐封为主的土地制度（enconmienda），即在一定范围的赐封地内，受封者征税的同时，须负责维护赐封地秩序、协助教会传教等工作。但实际上，很多受封者实施暴政、贪污腐败。最后，在传教士的极力陈请下，西班牙君主取消了此项制度。奴隶制废除也是通过传教士的悉力促请，最终在罗马教皇的支持下实现的。因此，天主教在菲律宾的迅速传播在一定程度上要归因于传教士们良好的公众形象。基督教-天主教文化在菲律宾传播的过程中作出了本土化的调适。传教士不仅利用菲律宾方言传教，还注重将菲律宾本土文化形式融入宗教活动中，扩大群众基础。基督教-天主教文化的传入不仅推动了生产力、生产技术的发展，还在精神层面对菲律宾的社会生活产生了重大影响。传教士开办天主教学校，教授皈依的土著居民西班牙语和拉丁文，成为菲律宾最早的教育机构。

19世纪末，在美国殖民统治下，基督教-天主教文化在菲律宾获得长足发展，较之西班牙殖民时期更体现出现代化的指向性与盎格鲁-撒克逊人的民主。殖民统治期间，美国在菲律宾建立了完善的教育体系以推广美式教育。由于采取了政教分离政策，美式教育机构摆脱了与天主教合二为一的西班牙模式，纳入并受到行政体系的管理，成为具有现代意义的学校。客观来说，美国的介入促进了基督教徒群体的进一步分化，如天主教群体、新教群体、独立教群体等。在非基督徒群体中，分化也在进行。殖民统治开始以后，当局致力于向吕宋岛北部的山区等地开展传教活动，山区地带的原始信仰也在与基督教（新教）的接触和影响下发生了变化。例如伊戈洛特族的某些部族，其原来信仰体系中的多神逐渐向一神演变。对于南部的摩洛族人来说，美国的介入则加重了他们的苦难。西班牙的殖民统治促使天主教徒与穆斯林两个宗教群体之间产生敌视和对抗，而美国的殖民政策则把南方穆斯林置于社会资源分配结构的不平等位置上，致使文化上的对立与利益上的争夺重合，两个宗教群体也从分化走向彻底决裂，菲律宾传统社会也在这一过程中进一步解体。

四、文化发展：再发展期——多元化

菲律宾文化再发展期始于1935年。菲律宾自治政府意识到美式教育和生活方式对社会道德、传统文化已造成严重危害，随即展开了文化改革。菲律宾文化逐渐摆脱殖民束缚，走上自我发展轨道。这一时期，菲律宾文化改革的核心是菲律宾化，即以民族主义为旗帜构建国家认同。由于精英阶层由基督教徒组成，这场改革实际上是以主体民族文化为核心的同化，之后的历届政府也基本继承了这种文化政策。同化政策确实具有一定成效，目前菲律宾的基督教徒占总人口的90%。但从一个更广大的范围来看，同化政策并没有促成统一的国家认同，反而加速了伊斯兰文化的再分化（Selmer and Leon，2002）。山区文化、外来族群文化在与基督教-天主教的文化碰撞中则诞生了更加多元化的文化形式。

文化再发展期奠定了菲律宾文化的发展方向。主流文化从宗主国文化转变为提倡民族主义的文化，山区文化与外来族群文化在以主体民族文化为核心的同化中萎缩乃至消失，而伊斯兰文化不断被抹上了极端化的色彩。由于缺乏统一的国家认同，主流文化尽管占据主导地位，但仍然无法完全取代或覆盖其他文化（Reyes et al.，2017）。对于处于劣势的伊斯兰文化来说，以主体民族文化为核心的同化政策虽然取得一定效果，但同时也激起极端形式的反抗，这些反抗不仅加速了部分穆斯林群体从文化体系中的剥离，更加速了他们从国家体制中的脱离，使菲律宾陷入国家分裂的困境。而弱势的山区部族和外来族群为了平等的生存权，只能接受文化同化，但在文化实践过程中仍然保留并融合了本族传统文化的元素，衍生出各式各样的文化变体（何平、段宜宏，2020）。

这一时期，以华人为主的外族群体受到文化同化的冲击。1946—1975年，菲律宾政府推行以排斥华人为目的的政策，严格限制华人归化入籍，华人得不到平等生存的权利。1975年之后，尽管政府放宽了对华人归化入籍的限制，但仍禁止华人参与政治活动，打击华人经济，对华侨学校实施菲律宾化政策。为了能够融入菲律宾社会，很多华人不得不接受文化同化（See，1988）。1995年的调查数据显示，70%的菲律宾华人为天主教徒，12%为新教徒。

五、文化分区：三大分区

依据自然隔离机制，菲律宾文化在地理上主要可分为三大部分，即北部吕宋岛群、中部米沙鄢岛群和南部棉兰老岛群。进一步参考语言隔离机制、社会隔离机制和心理隔离机制在微观层面对亚文化群体的形成作用，三大岛群又可分为若干个亚文化区，主要包括：吕宋岛群的卡加延河谷区、中心地区、比科尔地区、西部沿海地区；米沙鄢岛群的东部、中部及西部地区；棉兰老岛群的东部地区、达沃-阿古桑地区、西南地区、布基农-拉瑙火山区、三宝颜半岛、苏禄群岛。

复杂多样的地理环境在微观层面影响着菲律宾三大岛群的文化系统，使之细化为若干个层次的亚文化群体。较早进入菲律宾群岛的尼格利陀人和原始马来人以原始土著的身份优先占据了资源丰富的地区。新马来人凭借着娴熟的农耕技艺实现了人口快速增长，加剧了资源的紧张。面对巨大的人口压力，大部分原始土著开始向广阔而未知的地域迈进，形成了各自独特的生存方式，并以此为基础建立起大相径庭的生活方式和精神体系。即便是采取同一生产方式的新马来人，也因为居住环境的差异，而形成了各不相同的精神体系，最明显的莫过于各自的宗教信仰（申韬、缪慧星，2014）。

自14世纪起，苏禄群岛、棉兰老岛等南部地区就相继出现了许多来自马来半岛和加里曼丹岛的穆斯林商人和传教士，开启了南部伊斯兰化的历史进程。与此同时，北部、中部岛群的大部分马来人还生活在相对封闭的原始氏族公社中，信仰万物有灵的原始宗教。16世纪下半期，西班牙在马尼拉建立稳定的殖民统治，北部和中部岛群的马来人很快改信天主教，南部的穆斯林仍在顽强地对抗着西班牙殖民者。19世纪末，美国接管菲律宾，生活在马尼拉地区的马来人又转而信仰基督教，远离马尼拉地区的低地马来人在反抗西班牙、美国殖民者的过程中建立并发展了基于天主教的菲律宾独立教（申韬、缪慧星，2014）。菲律宾群岛自身多样化的物质条件催生了多元的本土文化，在物质条件的循环作用和外部环境的共同作用下，菲律宾文化朝着更多样的趋势进一步发展。

第五节 民族构成与分布

根据菲律宾民族发展以及菲律宾各民族的人口占比，将民族构成划分为三大部分：一是菲律宾的本土主体民族，包括米沙鄢族、他加禄族、伊洛戈族、比科尔族等；二是菲律宾的本土少数民族，包括摩洛族、邦板牙族、邦加锡南族、伊巴纳格族、部落群体等；三是菲律宾的外国族裔，包括华侨华人等（陈丙先等，2019）。现今的菲律宾本土民族主要有两个来源：尼格利陀人和马来人。尼格利陀人属于尼格罗-澳大利亚人种尼格利陀类型。尼格利陀人是最早在菲律宾群岛上居住的居民，早在2万年前就从连接亚洲大陆的陆桥迁入，带来旧石器时代后期文化，其后裔是阿埃塔族人。马来人属于亚洲人种马来类型。菲律宾群岛松散，民族众多（赵松乔，1964）。据菲律宾官方的统计数据，菲律宾的民族数量高达180余个。其中，马来族约占全国人口的85%以上，包括伊洛克人、他加禄人、邦板牙人、比科尔人和比萨扬人等。外国族裔和少数民族主要是印尼人、华人、西班牙人、阿拉伯人、印度人和美国人，还有为数不多的原住居民。

一、总体分布

菲律宾的民族空间分布呈现出明显的区域差异（McDoom and Gisselquist，2016）。北部地区以伊洛卡诺族和伊格莱西亚族为主，其中伊洛卡诺族主要分布在吕宋岛的中部和北部，是该地区的主体民族。伊格莱西亚族则主要分布在巴拉望岛和民都洛岛等地区。中部地区以他加禄族和比科尔族为主，其中他加禄族是菲律宾的主体民族，主要分布在马尼拉大都会和其他一些城市地区。比科尔族则主要分布在比科尔半岛和棉兰老岛等地区。西部地区以棉兰老族和比萨扬族为主，其中棉兰老族主要分布在棉兰老岛的中部和南部地区。比萨扬族则主要分布在苏禄群岛和巴拉巴克岛等地区。南部地区以马努乌族、达沃族和穆斯林为主，其中马努乌族主要分布在棉兰老岛的北部地区。达沃族则主要分布在棉兰老岛的东北部地区，而穆斯林则主要分布在棉兰老岛的南部地区（申韬、缪慧星，2014）。

菲律宾各民族的空间分布主要受到历史、地理和文化等多方面因素的影响。一是历史因素。菲律宾各民族的历史起源、迁徙路线和文化交流等都是影响其空间分布的重要因素。例如，他加禄族的主要分布地区与历史上的迁徙路线和文化传播有关。二是地理因素。不同民族的生存环境、自然资源和地理环境等因素也影响着其空间分布（McDoom and Gisselquist，2016）。例如，伊洛卡诺族的主要分布地区与其所处的自然地理环境如山地和森林有关。三是文化因素。各民族的语言、宗教和文化认同等因素也影响着其空间分布。例如，棉兰老族和比萨扬族都信仰伊斯兰教，因此他们主要分布在棉兰老岛的中部和南部地区。

二、比萨扬族

比萨扬族也被称作米沙鄢族，是菲律宾最大的民族，人口约占全国总人口的40%，属于蒙古人种马来类型，主要分布在米沙鄢群岛、民都洛岛南部沿海、巴拉望岛北部、棉兰老岛东部和北部沿海。"比萨扬族"不是一个单一民族，而是多个民族的聚合体，因此比萨扬族也成为菲律宾最大的民族。比萨扬族内部之间在语言上差别迥异，但是他们同属马来人种，且长年共同生活在米沙鄢群岛上，相同的地理环境和相对便利的交通条件促使这些民族之间相互交流，并在物质和精神层面体现出相似性。因此，以地理为基础将这些民族划归为同一民族也是较为科学的。比萨扬族主要可分为三个亚支，分别是宿务部族、瓦赖部族（Waray-Waray）和希利盖农部族，希利盖农部族也被称作伊隆戈部族（Ilonggo）。

宿务部族的人口总数约为2 000万，生活于米沙鄢群岛的内格罗斯岛、宿务岛、莱特岛等，现今棉兰老岛上也有宿务部族居住，他们大部分是殖民时期迁移过去的。宿务都会区是宿务部族的经济、文化中心，这里人口稠密，街道繁华。宿务语属于南岛语系马来-波利尼西亚语支，是菲律宾使用最广泛的语言之一。宿务部族基本都是天主教徒，当然也有一小部分族人信仰基督新教、伊斯兰教和佛教等。

瓦赖部族的人口总数约为243万，生活在米沙鄢群岛的东部地区，主要包括莱特岛东部和萨马岛。这里热带风暴活跃，气候条件恶劣，造就了瓦赖部族。农业生产中的战斗精神。瓦赖部族的聚居区分布于蜿蜒狭长的沿海平原区，以岩溶土壤为主，土地养分难以保持。此外，频繁造访的热带风暴和强台风对瓦赖部族的农业生产造成严重威胁。尽管如此，瓦赖部族人仍然不屈不挠地开垦农田，种植稻米、玉米以及薯类等粮食作物。他们还栽种椰子等多种热带水果以及甘蔗、蕉麻、烟草等经济作物，扩大收入来源。瓦赖部族善于因地制宜，萨马岛南部沿海的居民多从事海产品捕捞及加工，促使渔业发展成为当地的支柱产业。让瓦赖部族骄傲的是他们酿制的酒，这种酒多以稻米或者椰汁为原料，通过原始的发酵工艺酿造而成。另一个让瓦赖部族引以为荣的技艺就是手工编织，他们擅长用麻类植物的纤维编织成五颜六色的帽子和垫子，在现今的农村地区仍然广泛使用，成为最具有瓦赖部族文化特色的手工艺品。传统的瓦赖部族人过着简单而闲适的生活，他们热爱音乐，而且热爱展示自己的音乐天赋，所以他们非常重视每一个节庆或宗教庆典，并精心准备，盛装打扮。也许正是因为这一点，瓦赖部族被看作是菲律宾最虔诚的民族。

希利盖农部族的人口总数约为810万，集中分布于米沙鄢群岛的西部，包括班乃岛与东内格罗斯岛。"Hiligaynon"一词意指"海边的人"，这一称呼也形象地描述了希利盖农部族的生存环境。除此之外，希利盖农部族在棉兰老岛上也有零星分布。希利盖农部族也属于南岛语族马来-波利尼西亚语支，他们主要使用两种相近的语言，即希利盖农语和伊隆戈语，因此他们也被称为伊隆戈部族。希利盖农部族也是农耕民族，他们种植的作物主要包括两种：一是水稻，二是糖料作物。山区的希利盖农部族人还保持着原始的轮歇耕种方式。此外，希利盖农部族也种植玉米、块茎植物、番茄、豆角等作为主食的补充，香蕉、椰子等热带水果的种植也丰富了希利盖农部族的餐桌。烟草种植也是希利盖农部族的经济来源，而且日益体现出重要的经济价值。家庭是希利盖农部族社会结构的基石，直系或旁系亲属之间不能缔结婚姻关系。通常夫妻之间有明确的内外分工，对外事务由丈夫管理，而家庭内部则由妻子主事。虽然受到西化的影响，但夫妻在公开场合仍然表现得保守而传统。希利盖农部族人受教育的范围较广，大部分都能识字，他们很重视孩子的家教，这种教育往往是通过传统的形式来实现，约70%的孩子能读完中学。

三、他加禄族

他加禄族是菲律宾的第二大民族，人口总数约为2 200万，约占总人口的30%。在他加禄语里，"Tagalog"可以拆分为"taga"和"ilog"，意为"居住在河边的人"。他加禄族主要分布在菲律宾最大的岛屿——吕宋岛及周边岛屿，包括民都洛岛。现今，他们大多生活在菲律宾首都马尼拉市及其周边地区，在政治、经济等方面都占据主导地位，他加禄语也于1937年被正式确定为菲律宾官方语言之一。他加禄族在长期的发展中大量吸收了来自西班牙和美国的文化元素，是菲律宾西化程度最高的民族，信仰罗马天主教。他加禄族发源于吕宋岛西南部的马尼拉湾沿海地区，包括现今的巴丹省、八打雁省、布拉干省、甲米地省、内湖省、奎松省、北甘马粦省、马林杜克省、新怡诗夏省等省份。此外，民都洛岛、巴拉望岛等小型岛屿也有他加禄族人生活的痕迹。这些区域地形复杂，尤其是在小型岛屿上，高山、河谷纵横，雨林、沼泽交错，还有面积不大的沿海平原，气候也变化多样，台风、地震、火山喷发等各种自然灾害也频繁发生。同时，全球变暖导致海平面升高，也威胁着居住在沿海低地的他加禄族人。当然，环境因素也有积极的一面。热带海洋及季风性气候带来充沛的雨水，推动农业繁荣发展，人口快速增长。此外，雨林和海洋也为他加禄族人提供了诸如木材、蜂蜜、鱼虾、贝类等各种丰富的资源。

四、伊克洛族

伊克洛族是菲律宾的第三大民族，人口总数约为930万，约占总人口的9%。伊克洛族有着古老而发达的语言体系，是菲律宾第三大语支族群，他们的语言影响了吕宋岛山区的很多伊戈洛特族的部族，这些部族已经完全接受并使用伊洛克族的语言。伊洛克族最早主要居住于吕宋岛北部的沿海平原地区，包括北伊罗戈省、南伊罗戈省、拉乌尼翁省，此外还有一个内陆地区，即阿布拉省。现今，伊洛克族人已经遍布吕宋岛、民都洛岛、棉兰老岛等地。伊洛克族人是一个富有迁移精神的民族，从19世纪起，他们就不断向菲律宾群岛各处迁移。20世纪初，伊洛克族人也成为最先移民美国的菲律宾民族，他们在夏威夷、加利福尼亚等州暂住或定居。伊洛克族人大量迁移的原因之一就是他们原有的聚居区自然环境恶劣，生存条件艰苦。吕宋岛北部的沿海平原狭长蜿蜒，土质多为砂石，不利于农业耕种。周边山区聚居的少数民族部落内向仇外，伊洛克族人很难实现土地扩张。此外，绵长的雨季和频繁的台风都不利于耕种产业的发展，这些都导致伊洛克族人的生活异常艰难。

五、比科尔族

比科尔族是菲律宾的第四大民族，人口总数约为600万，约占总人口的6%。比科尔族主要居住在菲律宾比科尔区的低地地区。比科尔区位于菲律宾吕宋岛的最南端，三面环海，东面与太平洋相接，东南面紧邻萨马海，西南面毗邻锡布延海，只有北面通过奎松省与吕宋岛其他部分相连。比科尔区涵盖6个省份，分别是阿尔拜省、北甘马粦省、南甘马粦省、卡坦端内斯省、马斯巴特省和索索贡省。其中，卡坦端内斯省和马斯巴特省是两个岛屿省份，岛上有独特的火山景观，马荣火山、布卢桑火山和伊萨罗格火山都是著名的活火山。由于受到热带海洋性季风气候的影响，卡坦端内斯省、马斯巴特省及相连的索索贡省终年炎热潮湿，11—次年1月是连绵的雨季。相比之下，与吕宋岛相连的阿尔拜省、北甘马粦省、南甘马粦省全年降水量平均且适中，没有持续的雨季。

六、少数民族

摩洛族主要生活于菲律宾南部地区的棉兰老岛、巴拉望岛和苏禄群岛，包括马拉瑙、马京达瑙、陶苏格、萨马尔、亚坎、贾马-马蓬、伊拉农等10多个部族。这些部族说着不同语言，但同属南岛语系，都信奉伊斯兰教。严格来说，摩洛族并不是民族共同体，而是一个宗教共同体。由于宗教分野是摩洛族与其他民族最显著的标志，也是引致摩洛族与其他民族激烈对抗的重要原因。因此，从宗教文化角度来界定这一族群更为合理。而且，由于长期的伊斯兰信仰和仪式，这一族群内部的行为模式日趋相同，在对抗民族同化的过程中也形成了共有的心理和认同，将其划归为同一民族也符合菲律宾的客观国情。最新数据显示，摩洛族的人口已突破400万。摩洛族是由15—16世纪接受伊斯兰教的当地居民和来自印度尼西亚、马来亚的马来人混合而成的，属于蒙古人种马来型，使用多种语言，有阿拉伯字母组成的文字。摩洛族有独立的司法和教育系统，主要集中在哥打巴托市。摩洛族与信仰天主教的菲律宾民族在很多方面都有相似之处。他们也种植稻米、椰子及热带水果，以此获得食物，并将剩余的产品交换或售卖。摩洛族的语言属于南岛语系中的马来-波利尼西亚语支，虽然各部族的语言不尽相同，但都同样古老而传统，与已经被天主教化的低地民族相比，摩洛族基本保持了民族语言的纯粹性。在摩洛族社会结构中，家庭和宗教社群是核心。摩洛族人允许一夫多妻制，当然前提是像《古兰经》中提出的"必须公平对待每个妻子"。在饮食上，摩洛族严格遵循伊斯兰教律法，禁止食猪肉和饮酒。

邦板牙族分布在吕宋岛的中科迪勒拉平原，从巴丹省直到新怡诗夏省，使用邦板牙语，语音与他加禄语相似，属于马来民族，有本民族的文字。据菲律宾人口统计，邦板牙族人口总数超过250万，约占总人口的3%。大部分邦板牙族是天主教徒。邦板牙族现已逐渐同化于他加禄族，社会经济水平较高。在农业生产方面，他们都种植稻米作为食物的主要来源，特别是水量充沛的邦板牙河带来了肥沃的冲积土，同时提供了便利的灌溉条件。除稻米外，邦板牙族还利用广阔的冲积平原种植大片的甘蔗。邦板牙族人木雕手艺精湛，还会使用麻类纤维编织各色垫子，制作糕点、腌肉的手艺也闻名遐迩。邦板牙族基本社会结构以血缘关系为基础，在家庭之外还有社群，但也已经发展成为功能性社群。

邦加锡南族（Pangasinan）分布在吕宋岛西北部的沿海地带，人口总数约为160万，约占总人口的2%。邦加锡南族人的语言接近伊罗戈语，有本民族的文字，也属于马来民族。不过，邦加锡南族是否源自伊罗戈族至今还没有结论。林加延湾为邦加锡南族提供了优良的水域，他们在海湾沿岸发展以鱼类、贝类为主的海产养殖业，而桑巴尔族也在沿海地区发展海产捕捞业。邦加锡南族也会编织麻类垫子，而且他们的冶铁技术高超，善于制造金属工具，尤其是锋利的砍刀。邦加锡南族是菲律宾较早同中国发生联系的民族之一，同中国人有着定期的贸易，也有中国人在那里长期定居，特别是在林加延湾附近的城镇。邦加锡南族多信奉天主教，主要从事农业生产。

菲律宾有 100 多个基于高地和海洋而生活的部落群体，他们是最少受西方和伊斯兰文化影响的群体。虽然一些生活在吕宋的部落群体已经美国化或西方化，如在科迪勒拉行政区基督教新教占了主导地位，但生活在棉兰老和巴拉望的部落群体一般还是信仰万物有灵论，尽管棉兰老很多的部落群体奉行民俗伊斯兰教。"伊戈罗特"（Igorot）是对菲律宾吕宋岛高山地区人们的称呼。伊戈罗特族主要分布在包括阿布拉、阿巴尧、本格特、卡林阿、高山、伊富高六个省及碧瑶市。伊戈罗特族有六个种族语言群体，包括邦都人（Bontoc）、伊巴吕人（Ibaloi）、伊富高人（Ifugao）、阿巴尧人（Apayao）、卡林阿人（Kalinga）、坎卡奈人（Kankanai）。

鲁马族（katawhang lumad），意为"本土的"，用来表示菲律宾南部的一群本土民族，这一名称被 1986 年建立的棉兰老本土民族联盟的代表正式采用，表示棉兰老非伊斯兰化本土族群的自我归属和集体认同。起初包括 15 个部族：巴戈博（Bagobo）、曼达亚（Mandaya）、马诺博（Manobo）、班瓦恩（Banwaon）、比兰（B'laan）、迪巴巴恩（Dibabawon）、希高农（Higaonun）、曼吉安（Manguangan）、曼撒加（Mansaka）、苏巴农（Subanon）、塔加考洛（Tagakaolo）、塔兰迪（Talaandig）、塔博利（Tboli）、蒂鲁赖（Tirurays）、乌坡（Ubo）。而后又增添了亚他（Ata）、马曼瓦（Mamanwa）、塔萨代（Tsaday）3 个部族。其中的几个部族也曾被合称为布基农族，但实际上仍然是鲁马族的分支。菲律宾国家文化艺术委员会（National Commission for Culture and the Arts）提供的数据显示，鲁马族人口总数约有 210 万人。

芒扬族（Mangyan）是一个总称，包含有 8 个在民都洛岛发现的土著部落群体，每个部落都有自己的名称、语言和传统习俗，人口总数约为 10 万。芒扬族主要有 8 个部落，包括伊拉亚（Irayas）、阿拉安（Alangans）、塔狄阿望（Tadiawans）、陶布熙德（Tawbuids）、布熙德（Buhid）、哈努诺

(Hanunoos)、南部海岸的一个被称为惹他格弄（Ratagnon）的部落，以及岛东部的一个被称为邦贡（Bangon）的部落。芒扬族人身材矮小，头发硬直，可能是尼格利陀族（Negritos）的一个支派。

尼格利陀族（Negritos）是菲律宾群岛上最古老的民族，广泛分布于吕宋岛东部和北部山区，以及棉兰老、民都洛、巴拉望和内格罗斯等山林地带。他们文化落后，说马来语，无文字，信仰万物有灵的原始宗教。尼格利陀族与非洲的俾格米人有一些共同的身体特征，包括矮小的身材，皮肤黝黑，毛发卷曲。尼格利陀族在各地有不同的称呼，住在吕宋岛中部的叫巴鲁牙斯人（Balugas），住在伊罗戈地区的叫阿埃塔人（Aetas）、阿提或伊他人，住在吕宋岛东部地区的叫杜麻牙斯人（Dumagas），住在巴拉望的叫巴达克斯人（Batacs）。他们种植旱稻、玉米，饲养家禽，捕鱼狩猎，过着半定居生活。

七、外国族裔

当地菲律宾人属马来族，但大都混有西班牙人、美国人、华人和其他许多民族的血统（陈恒汉，2010）。菲律宾在西班牙的殖民统治下历经三个半世纪（1521—1896年），多数菲律宾人使用西班牙姓名，并不同程度地混有西班牙人血统。继西班牙人统治之后是美国人的政权，一直延续到1946年。不过，在如今的菲律宾社会里，美国人已成为人数比西班牙人还少的少数族群。与西班牙人和美国人不同，华人在菲律宾不曾有过殖民地，但却与菲律宾人保持着长期持续的经济关系。在西班牙人到来之前很久，菲律宾人和华人之间就开始了贸易。从那时起，许多来自中国东南部，尤其是福建省的华人就移民到菲律宾，并继续在那里从事经商活动。有相当比例的菲律宾人具有华人血统，故仍然有一个人数虽不多却很重要的、可辨认的华人族群。菲律宾的美洲西班牙人后裔估计为3%—30%，华裔血缘人口估计为20%—60%，这些对于混血状况的具体估计都是模糊的，可见菲律宾是个多元的混血国家。

自公元7世纪起，就有华人移居菲律宾。在唐代，中国同菲律宾就已存在贸易关系。由此推断，晚唐时期就可能有中国移民留在菲律宾（See，1988）。最早明确记载华人在菲律宾居留情况的是西班牙殖民者。据史料记载，1570年

5月戈第抵达马尼拉时，发现那里住着40名已婚的中国人；而当黎牙实比于1571年再次进攻马尼拉时，发现居住在那里的华人有150名。随着西班牙开始殖民菲律宾，马尼拉与墨西哥之间的大型贸易建立，中菲贸易迅速发展，抵达菲律宾的华人数量也大大增加，他们或为商人，或为工匠，或为劳工。1603年，在菲律宾的中国人约有25 000，1639年，达到了30 000人。18世纪和19世纪前期，在菲律宾的华人长时间维持在几千人。1850年菲律宾总督鼓励庄园主和种植园主雇佣华人农业劳工，中国移民的数量几乎不受限制地增长。1864年全菲律宾的华侨已超过18 000人，1876年达30 797人，1896年则约达10万人。菲律宾独立后，菲律宾华侨社会发生了极大的变化。首先是华人人数大幅上升，创历史新高。20世纪80年代末菲律宾华人人数在60万—80万人，2006年菲律宾华人的数量达到了150万人。其次，华人的政治地位发生了变化。1974年中菲建交后，华人成批入籍，从侨民转变为公民，基本上享有与菲律宾土著同等的法律地位和政治权益。最后，随着华人的政治地位提升，华人的经济地位也出现显著变化（陈衍德，1998）。

西班牙裔菲律宾人，是指始祖或者本人有西班牙人血统的菲律宾人，但具体人数不详（陈恒汉，2010）。菲律宾曾为西班牙帝国殖民地，归新西班牙总督辖区管理，很多西班牙人作为行政人员、军人、教士、知识分子来到菲律宾定居生活。他们逐渐和当地土著融合，但仍以白人祖先为荣，他们在菲律宾社会具有很大的影响力。在西班牙殖民者到来之前，菲律宾并不构成具有内在完整性的地区，它是东南亚马来诸岛的一部分，是大量相对独立而又有着普遍联系的族群的家园。西班牙人的殖民让"菲律宾"这块以腓力二世命名的土地有了确定的意义。1560年左右，菲律宾约有50万居民居住在北部的吕宋岛和米沙鄢群岛，10万人以上的居民居住在南部的苏禄群岛和棉兰老岛，这些居民有着多种不同的语言和风俗，本地居民的多元性和混杂性构成了未来菲律宾国家和民族的基础。在殖民征服时期（约1600年），西班牙人的相对数量就是很少的。在殖民地时期（约1600—1898年），受地理距离、海上风险的影响，外加菲律宾没有殖民者重视的矿产和香料（东南亚的香料产地被荷兰和葡萄牙占据），菲律宾对于西班牙和美洲移民的吸引力较小。在移民数量较少的同时，菲律宾的原住民并未经历美洲式的人口锐减，此外，16—17世纪是中国人大量在东南亚移民定居的时期，其他族群如日本人、越南人在海外也多有活动，这些亚洲居民在菲律宾的移居和混合十分普遍。因此，与墨西哥不同的是，菲律宾在当代并不以梅斯蒂索（印欧混血）人民而著称。在血缘方面，西班牙只留下了模糊的影响，这既是因为西班牙人不曾在菲律宾建立庞大的社群，也是因为菲律宾人自身的血缘一直就是模糊的。

美国裔菲律宾人，是指始祖或者本人有美国人血统的菲律宾人。美国人定居在菲律宾始于西班牙殖民时期。从1898年西班牙在美西战争后将菲律宾割让给美国，到1946年美国承认菲律宾独立，美国在菲律宾的殖民时期持续了48年。1946年菲律宾独立后，许多美国人选择留在菲律宾，同时与美国保持关系。他们中的大多数是专业人员，但也有传教士。2015年，美国国务院估计，居住在菲律宾的美国公民超过22万人，其中有大量的美亚人是殖民时代的后代。美国殖民菲律宾时期，退休的士兵和其他军人是最早在菲律宾长期定居的美国人，其中还包括非裔美国人士兵和主要来自西方国家的前志愿士兵。1901年，《教育法》授权殖民地政府招募美国教师来帮助建立新的教育体系，而80名前士兵成为了教师。他们又加入了在美国招募的48位老师，于1901年6月抵达谢里登号，523位其他人员于1901年8月1日到达了托马斯。这些老师被称为托马斯派教徒。其中许多人定居在菲律宾并有菲律宾配偶。1913年，居住在菲律宾的近8 000名美国人有1 400多个有美国血统的混血儿后代。第二次世界大战之前，大多数美国人居住在菲律宾的飞地，特别是在圣地亚哥堡附近。在菲律宾定居的人中有一个名词是马尼拉美国人。1939年，有8 709名美国人在菲律宾居住，主要分布在马尼拉，只有4 022人是在工作年龄和有工作的人。独立后，美国移民开始增多。20世纪90年代中期，由于美国在马尼拉大都会的东北部设有大型军事基地，很多美国人生活在苏碧湾和克拉克空军基地。其中很多人是美亚人，但这些人不受《美国归乡法》的保护。

日本裔菲律宾人，是指始祖或者本人有日本人血统的菲律宾人。他们来源于如下时期。第一批移民菲律宾的日本人：西班牙殖民地时代的个别日本人。第二批移民菲律宾的日本人：江户时代初期，因德川幕府颁布迫害天主教政策而流亡菲律宾的天主教徒贸易商及商人。第三批移民菲律宾的日本人：菲律宾成为美国殖民地时期，一批日本人作为外籍劳动力来到菲律宾并与菲律宾人结婚成为日系麦士蒂索人。他们多数生活在马尼拉与达沃地区,总数为12万—20万人。

第六节　宗教构成及分布

菲律宾是一个多宗教国家,包括天主教、基督新教、伊斯兰教、佛教等(表5-7)。其中天主教徒人数量多,教徒占全国总人口的81%。另一个较大的宗教群体为穆斯林,信徒多为少数民族,约占总人口的5%,主要分布在南部的棉兰老岛、苏禄群岛和巴拉望岛等地。原始宗教信仰者占总人口的0.2%,散布于山区的原始部落。佛教有5万多名信徒,占总人口的0.1%,信仰者多为华人。菲律宾还有印度教、锡克教、犹太教等其他外来宗教,但信徒人数极少,多为外来移民的后裔或外国国民(姜永仁、傅增有,2012)。

表5-7　不同宗教类型的人口比例

宗教信仰	人口占比
罗马天主教徒(Roman Catholic)	81.00%
新教徒(Protestant)	7.30%
伊格莱西亚教徒(Iglesias ni Cristo)	2.30%
阿格里佩教徒(Aglipayan)	2.00%
佛教徒(Buddhist)	0.10%
其他(Others)	1.70%
无宗教信仰者(None/DK)	0.50%

资料来源:李涛、陈丙先,2012。

一、天主教:集聚在吕宋岛

16世纪后半期至17世纪前期是天主教在东南亚传播的关键时期,菲律宾皈依天主教的人数也在不断增加。17世纪中期,吕宋岛沿海平原地区的居民几乎都接受了天主教,而米沙鄢群岛的天主教化也在17世纪中期前基本完成。天主教的传入是伴随着西班牙对菲律宾的殖民扩张而进行的。天主教在菲律宾传播的过程中，为了吸引更多的信众，也进行了一些本土化的调适，使得菲律宾的天主教既继承了罗马天主教传统和西班牙风俗，又融合了本土历史文化的特征，成为本土化的天主教（Folk Christianity）。

菲律宾天主教与正统的罗马天主教又有着较大的区别。菲律宾天主教没有系统的理论体系、严密的组织和森严的教阶制度，教徒们不只信仰天主教的上帝和圣灵，还信仰传统宗教的神灵。菲律宾天主教仪式趋于简化，其宗教生活方式也一改神圣面貌，而更关注趋福避难、农业丰收、子孙繁衍等现实生活中的世俗功利。最能体现菲律宾天主教特点的是它的宗教节日文化。菲律宾天主教的节日丰富多样，教徒除了庆祝国际上通行的万圣节、圣诞节、复活节之外，还过一些富有当地特色的宗教节日。这些宗教节日主要分为四类：第一类是纪念耶稣受难与殉道的节日，如黑色纳萨雷内节、莫里奥内斯节等；第二类是纪念圣婴的节日；第三类是纪念圣母玛利亚以及天主教历史传说中的一些著名女性的节日，如圣海伦娜等；第四类是纪念守护神灵的感恩节，主要是农夫的守护神灵圣伊西德罗，渔夫的庇护神圣米格尔、圣文森特、圣帕德罗以及各巴朗盖的庇护神。节日庆典一般由教会发起、组织，由地方政府和当地显要人物筹集经费、捐款赞助，逐渐演变成全民参与的活动。节日期间除了组织布道、圣餐仪式、做弥撒、忏悔等各种宗教仪式外，还穿插反映宗教历史的音乐、歌舞、选美、戏剧等娱乐节目和斗鸡、斗牛等体育竞技活动，将宗教教化与世俗娱乐相结合，体现了天主教与菲律宾原始信仰及民间传统文化的融合。可以说，菲律宾天主教节日已经成为一种兼具娱乐休闲、信息交流、商品贸易以及社会交往等多种功能的集会，是菲律宾民族文化的重要组成部分，对加强菲律宾民族凝聚力与认同感有重要作用。

作为菲律宾第一大宗教，天主教在菲律宾宗教界几乎有着无法撼动的地位，它的影响已经深入菲律宾历史文化的各个方面，主要从以下几个方面进行阐述：①天主教对菲律宾政治的影响大致分为两个阶段。第一阶段指西班牙殖民统治时期，殖民者在菲律宾采用"政教合一"的政策，教会和殖民政府之间的联系十分紧密。一方面，教会依托殖民政府的政策进行传教，另一方面，殖民当局也需要借助宗教这一工具来巩固自己的统治。教会可以直接影响政府的决策。第二阶段是菲律宾独立战争之后，政府采取"政教分离"的政策，教会与政府之间的联系被削弱，不再像以前那样对政府运作产生直接影响，而是主要通过影响民众来间接影响政治。随着国家政治世俗化的发展，宗教逐步退出某些社会生活领域，主要作为一种精神力量存在。在社会秩序发生动荡、民众对世俗政治失去信任的时候，天主教会又成为左右政局的重要力量，直接参与到各种政治活动中。②天主教对菲律宾语言和文学的影响。天主教传教士通过对菲律宾民族语言的拉丁化与传教的"本土语言化"，促进了菲律宾语言的发展。在西班牙人到达菲律宾时，菲律宾的他加禄语就已经有了包含17个字母的书写体字母表。出于翻译天主教教义的需要，传教士们参照拉丁语和卡斯第语（Castilian）的语音、语法结构来重新构建他加禄语，使其语音结构和词汇系统更加丰富，以此将宗教文献翻译成菲律宾民族语言的版本，为传教提供便利。例如，1593年菲律宾印刷出版了第一本他加禄语和西班牙语对照的《天主教教义》（Doctrina Christiana）。③天主教对菲律宾民众日常生活的影响可以说是贯穿始终，无孔不入。人一出生就要进行圣洗，结婚要在教堂举行仪式，死后要在天主教的公共墓地举行葬礼。政府、军队、医院、商业大楼等重要部门的建筑上，都插有基督教旗帜，定期举行宗教仪式，重要的政治场合和国际会议也要由神职人员进行说教布道。街头传教布道的集会随处可见，听众云集。电台和电视台也要定期播放布道节目。此外，菲律宾天主教严格奉行罗马教廷的戒律，不准离婚、不得实行计划生育、不许堕胎等。

二、伊斯兰教：集聚在苏禄群岛

伊斯兰教在菲律宾的传播最初是通过移民活动来完成的。苏禄群岛是伊斯兰教最早传入菲律宾的地方。13世纪末期，一批以商人为主的马来族穆斯林从加里曼丹岛移居和乐岛，成为菲律宾最早的穆斯林。14世纪后半叶，伊斯兰传教士开始在苏禄群岛传教。据苏禄王国世系表记载，苏菲派（Sufi）传教士卡里姆·马赫杜姆于1380年前后来到苏禄群岛的布安萨定居，成为第一位在菲律宾传教的伊斯兰传教士。他在锡穆努尔岛上建立了第一所清真寺，吸引了许多当地人来听讲。1390年，苏门答腊岛米南加保苏丹国的王子巴金达（Raja Baginda）带领一批朝臣武士来到布安萨，在当地传播伊斯兰教的同时，还建立了政权。15世纪中叶，伊斯兰教在苏禄群岛已广泛传播，首领们都愿意接受伊斯兰政治制度。15世纪末，普朗伊河（Pulangi River）流域已有一些穆斯林移民的聚居点。16世纪初，葡萄牙人攻占马六甲，使得伊斯兰教徒从马来半岛向加里曼丹、菲律宾等地迁移。15世纪至16世纪中叶，伊斯兰教逐步从苏禄和棉兰老岛向北传入民都洛岛及其周边地区，继而向北传到吕宋岛。在这一进程中，很多当地巴朗盖首领率众皈依伊斯兰教，并且使用苏丹的称号，在他们所统治的巴朗盖中逐步建立苏丹制度，其中最为有名的当数苏莱曼（Sulayman）统治下的马尼拉巴朗盖。伊斯兰教以其内在的扩张性深入渗透菲律宾的土著社会，并通过与世俗王权的结合，利用国家机器的力量推广伊斯兰教。16世纪后半叶，西班牙殖民者的到来阻断了菲律宾北部吕宋岛的伊斯兰化进程。近几十年来，菲律宾伊斯兰教的发展呈现出了新的特点。菲律宾穆斯林更加追求正统的宗教社会，在南部大力修建清真寺和宗教学校，招收大批男女学生在此学习伊斯兰教的基本教义，学习用阿拉伯语阅读《古兰经》，或者在一些穆斯林学院开设伊斯兰高级课程。此外，他们还注重加强与国际伊斯兰社会的联系，邀请国外伊斯兰传教士到菲律宾南部讲习，派更多穆斯林到国外伊斯兰中心朝圣或求学。

菲律宾穆斯林的分布有很强的地域性和民族性特征。目前，菲律宾的穆斯林人口总数约有400万人，约占全国总人口的5%。菲律宾伊斯兰教主要分布在南部的棉兰老地区，包括了棉兰老岛和由369个岛屿组成的苏禄群岛，面积96 438平方千米，约占菲律宾国土面积的1/3。因棉兰老岛和苏禄群岛与马来西亚、印度尼西亚相邻，很早就有穆斯林移民将伊斯兰教传入此地，进而扩展到菲律宾其他地区。菲律宾的穆斯林多来源于少数民族群体，统称为"摩洛民族"。其中，居住在棉兰老岛、哥打巴托地区棉兰老河沿岸的马京达瑙人是菲律宾最大的穆斯林群体；居住在棉兰老岛南拉瑙省和北拉瑙省的马拉瑙人是虔诚的伊斯兰教徒；居住在苏禄群岛的陶苏格人有95%是穆斯林，被称为"穆斯林中的穆斯林"。这三大亚族的穆斯林人口占全国穆斯林的92%，其他穆斯林团体还有苏禄群岛的萨马尔人、南棉兰老地区的伊拉农人和桑吉尔人（Sangil）、巴拉望南部的巴拉望诺人、卡加延群岛的贾马—马蓬人等10多个部族。这些族群在14—15世纪相继皈依伊斯兰教后，逐渐具备了一系列共同的文化特征，但同时又保留了各自的文化特点。

菲律宾穆斯林的宗教生活兼具传统特点和本土特征。菲律宾穆斯林多为逊尼派，以《古兰经》为经典，信仰真主安拉。一方面，他们尊崇伊斯兰教基本教义，经常到清真寺内参加由伊玛目主持的祭祀活动。教徒们到伊斯兰教学校就读，学习阿拉伯语，接受《古兰经》的教导，形成了与菲律宾主流社会相异的文化。另一方面，菲律宾穆斯林在实际操作中也做了一些简化处理，比如，不重视平时的祈祷，在拉马丹月（穆斯林历的第九个月）不进行严格的斋戒（白天不能进食）等，摩洛族的妇女也比其他许多伊斯兰社会的妇女自由得多。他们还吸收和保留了一些当地原始信仰和民族风俗，并将其融入婚丧、出生等仪式之中，比如通过供奉善恶精灵来祈求健康、家庭和庄稼收成方面的好运。此外，菲律宾伊斯兰教清真寺也结合了当地的建筑特色，充分体现了伊斯兰文化与本土文化的融合。

伊斯兰教文化促进了菲律宾文化的发展。《古兰经》《圣训》《教法书》《古兰经评著》等宗教材料和一些阿拉伯文学作品被翻译成当地语言。摩洛民间文学的形成也得益于伊斯兰教的传播和发展，很多民间故事和传说都带有非常明显的伊斯兰教和阿拉伯文化的痕迹。菲律宾穆斯林还以阿拉伯字母为载体来记录本民族语言，从而规范了民族语言的文字书写系统，克服了伊斯兰教文化传播的语言障碍，促使伊斯兰文化广泛深入土著民众之中。伊斯兰教还推动了菲律宾南部的历史进程。13—14世纪，菲律宾正处在由氏族公社向民族国家逐渐形成的转型时期，伊斯兰教的到来为菲律宾带来了一神信仰、政教合一的封建性政治制度和以《古兰经》为根本的法律，顺应了菲律宾社会发展的需要。而且，传入菲律宾的伊斯兰教是比较温和、开明的苏菲教派，将伊斯兰教正统思想与传统信仰、传统习俗有机结合，使外来的伊斯兰教适应了本地化的发展。因而伊斯兰文化和土著文化得到了很好的融合，很快为当地土著民族所接受。伊斯兰教的广泛传播与苏丹国家的建立，推动了菲律宾的伊斯兰化进程，不仅使伊斯兰教的风俗习惯得到普遍执行，而且伊斯兰社会的政治、法律、经济、文化、教育制度也在菲律宾南部群岛逐步建立起来。菲律宾南部的伊斯兰化不仅有效地阻止了近代欧洲殖民主义的扩张，而且推动了菲律宾南部各民族伊斯兰意识的形成和发展，对增强其民族凝聚力有着重大意义。南部的发展也使得菲律宾穆斯林与东南亚、西亚、中东等地的穆斯林有了更多的联系，菲律宾穆斯林成为世界穆斯林共同体的组成部分，逐渐成为影响东南亚地区乃至国际政治、经济格局的重要方面。

三、佛教：呈现分散布局

7世纪后，苏门答腊的室利佛逝迅速兴起并成为东南亚的海上强国，不仅控制了印度与中国之间的海上贸易通道，还一度成为大乘佛教的中心。8—13世纪，室利佛逝王国曾将其势力扩张到菲律宾的南部群岛，佛教由此传入该地区。但佛教尚未在菲律宾生根，伊斯兰教、基督教就相继传入菲律宾，于是古代佛教就在菲律宾销声匿迹了。西班牙统治时期，佛教又随着闽南移民的到来传入菲律宾，但尚未进入有组织的传播阶段，其信仰也只停留于流俗的形式。现在人们所说的菲律宾佛教，一般是指美国殖民统治时期由华侨从中国传入的汉传佛教。它始于1937年闽南高僧性愿法师赴菲弘扬佛法，担任马尼拉信愿寺住持，这标志着菲律宾侨社佛教传播进入一个新阶段。

闽南华侨来到菲律宾之初，常将家中佛像携带至侨居住所，供奉起来私下祭拜，某些地方久而久之演变为华侨的香火中心。马尼拉市怡干洛街的观音堂、路夏义街的南海佛祖，以及三宝颜市的福泉寺便是这样形成的。起初这些寺庙多由华人佛教徒自行参拜，并无专职僧人主持佛教仪式和讲授经文义理，称不上有组织的宗教行为，仅是民间的流俗信仰而已（胡沧泽，2011）。1931年，中华佛学研究会正式成立，菲律宾才有了第一个佛教组织机构。1936年，中华佛教研究会组织兴建了第一所正统佛寺——大乘信愿寺，又聘请闽南高僧性愿法师担任住持，正式向众信徒宣讲佛法，主持寺内的佛事活动。从此，菲律宾佛教从无组织的自发信仰转为有组织的自觉信仰。2000年人口普查数据显示，菲律宾佛教徒人数约为5万，占全国总人口的0.1%，主要分布在马尼拉、宿务、三宝颜等地。

1953年成立的世界佛教徒友谊会菲律宾分会（会址设在大乘信愿寺内）被认为是全菲律宾佛教组织的最高领导机构。此外还有设在马尼拉市怡干洛街的居士林以及其他一些佛教弘法、教育、慈善团体机构。目前菲律宾共有佛教寺院 20 多所，其中马尼拉大都会 18 所，各省市 9 所。在马尼拉大都会的 18 所寺院中，有 6 所由比丘住持、2 所由比丘尼住持、8 所由清姑修士住持、2 所由在家信众私建。各省市的佛寺分布情况为：碧瑶市（Baguio）1 所、宿务市 2 所、达沃市 1 所、三宝颜市 2 所、巴科罗市 1 所、独鲁万市 1 所、甲万那端市（Cabanatuan）1 所。其中，马尼拉市的大乘信愿寺是菲律宾第一所正统佛寺，也是影响力最大的佛寺。

菲华佛寺通常举办三大活动：宗教、教育和慈善。宗教活动包括法会和弘法。法会有定期和不定期两种。定期法会有四项：每周日上午的共修法会；每年阴历正月初八至初十的千佛法会；每年阴历七月十三日至十五日的普利法会；每逢释迦牟尼的诞辰、成道纪念日，以及诸菩萨的诞辰日所举行的诵经熏修仪式。不定期法会一般在特殊日期举行，如新建筑落成日、上座诞辰纪念日等。弘法即弘扬佛法，包括多项活动，如每周日上午的佛法座谈会，下午的念佛、静坐、讲经等活动；每年暑期举办的佛学讲习班，由"青年活动中心"举办的佛学讲座、家庭布教、佛曲合唱团等。教育活动主要指由佛寺创办学校招收学生就读。慈善活动主要指佛寺成立的慈善机构组织的各项慈善救济活动。

四、原始宗教：分布在原始部落

原始宗教是指伊斯兰教、基督教等外来宗教进入菲律宾之前当地居民的一种图腾信仰，是一个扎根于人们思想中的信仰和文化道德观念的集合体，认为世界充满了精灵和超自然的力量，既有善良的，也有罪恶的，人们应该通过自然崇拜和祖先崇拜来尊重那些精灵和超自然力量。他们信仰万物有灵，把大自然作为崇拜的对象；相信灵魂不死，祭拜祖先，供奉用石头、木头以至金银制成的祖先偶像；供奉部落神灵。目前在菲律宾的一些山区少数民族中仍有很多人信仰原始宗教，2000 年人口普查时，信奉原始宗教的人口占总人口的 0.2%。

第七节 语言文字构成

菲律宾的语言文字构成与演化是一个多元、开放和包容的过程,既保留了本土语言的特色,又吸收了外来语言的元素,形成了独特的菲律宾语体系。菲律宾的语言主要有以他加禄语为主的 8 种语言。在菲律宾将近 170 种的本土语言中,他加禄语是唯一具有官方语言地位的一个语言。菲律宾的文字系统主要是基于拉丁字母的拼音文字。大部分菲律宾的方言都采用了拉丁字母拼音。这种文字系统的采用,方便了菲律宾人与其他使用拉丁字母的国家进行交流。

一、发展历程

菲律宾语是以他加禄语为主体而发展出来的。在他加禄语中,"Togalog"原意为"住在河滨的居民","taga"是"本地人"的意思,而"log"则是"河流"的意思,最早发现的他加禄语文字记录是拉古那铜版铭文,时间可追溯至公元 900 年。铭文中有梵语、古爪哇语、古他加禄语、古马来语的词汇记载。第一部以他加禄语完整书写的书籍为 1953 年印刷的《基督教义》。菲律宾本土的文字使用较少,受西班牙和美国殖民统治的影响,目前菲律宾语主要使用拉丁字母。"贝贝因"(Baybayin)是菲律宾本土文字中较为知名的一种,主要用于艺术领域,如菲律宾纸币上的"Pilipino"一词就是使用的这一文字系统。此外,阿拉伯文字在菲律宾南部伊斯兰地区也有使用。

早在 16 世纪西班牙殖民者抵达菲律宾群岛时,岛上各族群几乎没有一种共同通用的语言。在西班牙对菲律宾的三百多年殖民统治期间,西班牙语成为政府的官方语言。西班牙语主要用于教育、贸易、政治和宗教领域,19 世纪,西班牙语已成为菲律宾的通用语言,虽然使用西班牙语最多的是受过教育的菲律宾人。1863 年,西班牙殖民政府颁布法令开展普及教育,设立以西班牙语授课的免费公立学校。1899 年《马洛洛斯宪法》也宣布将西班牙语作为菲律宾第一共和国的官方语言。菲律宾的许多历史文件、地契和文学作品都是用西班牙语书写的，例如关于菲律宾的民族英雄何塞·黎刹的大部分作品。西班牙语对他加禄语、宿务语及其他菲律宾本土语言都有着重要的影响，例如提供了大量的外来语借词和表达。美西战争后，美国占领菲律宾并强制推行英语的使用，西班牙语的使用人数逐渐下降。1950年人口普查时，西班牙语作为第一、第二语言的使用人数仅为当时总人口的6%。美国殖民统治的1898—1946年，英语成为菲律宾最重要且使用最为广泛的语言，至今仍是菲律宾的一门官方语言。1901年，菲律宾公共教育均使用英语作为教学媒介。1901年1月，菲律宾委员会通过了建立公立教育的第74号法令，设立了公共教育局并从美国聘请1 000名教师来菲律宾教学，规定所有公立学校均以英语为教学语言，统一以美国课本为教材。1902年5月，随着美国教师的增加，英语也很快成为唯一的教学语言。此外，菲律宾殖民政府还建立了公费留学制度，选送菲律宾青年赴美留学。美国也不遗余力地在菲律宾南部穆斯林聚集区实行"美国化"政策，开办公立学校，以英语为教学语言。1935年菲律宾自治政府成立，同年宪法规定将英语作为除西班牙语之外的另一种官方语言。1935年宪法中还有条款要求议会"采取措施在已有的本土语言中选择一种语言作为菲律宾的全国通用语言"。1937年12月30日，菲律宾第134号总统令宣布他加禄语为国语。1939年奎松将他加禄语重新命名为"Wikang Pambansa"（国语）。1959年，他加禄语又被时任教育部部长何塞·罗梅洛重新命名为"Pilipino"。1962年，他加禄语被定为国语，英语为通用语言。1973年，宪法宣布将"Pilipino"与英语定为官方语言，此后"Pilipino"又逐步发展变成菲律宾语"Filipi-no"。菲律宾语是在教育、媒体和电影传播中主要使用的语言，但相比英语，其重要性略低一些，尤其是在出版领域用语和学术、科学及技术领域等方面。但菲律宾语在菲律宾各个地区和海外菲律宾社区中属于使用较为广泛的通用语言，也是菲律宾武装部队和公务员阶层的主要使用语言。

二、语言文字类型

菲律宾有着众多的民族语言群体，当前有180多个本土民族，其中半数以上代表着独特的语言群体。菲律宾共有187种语言和方言，其中183种仍在使用，4 种已经消失。仍在使用的语言中有 175 种本土语言，8 种非本土语言；其中 41 种已经习俗化了，73 种仍在发展，45 种充满活力，13 种面临挑战，11 种正在消亡。从语言分类上看，本土语言和方言几乎都属于南岛语系的马来-波利尼西亚语系。此外，菲律宾还有西班牙语、英语、阿拉伯语、日语、马来语、华语、南亚语等外来语言。

三、语言文字使用

1987 年，菲律宾宪法确定菲律宾语为国语。官方使用的语言为菲律宾语和英语。目前，菲律宾政府官方语言多为英语。据菲律宾的 2013 年人口统计年鉴数据，截至 2010 年，菲律宾使用人数较多的本土语言和方言主要有他加禄语、宿务语、米沙鄢语/比萨扬语、伊洛卡诺语、希利盖农-伊隆戈语、比科尔语和里内特-萨玛农语。使用人数最多的是他加禄语，有 2 251.2 万人，占菲律宾人口总数的 24.44%；其次是米沙鄢语/比萨扬语，有 1 054.0 万人，占比为 11.44%；然后是宿务语，有 912.6 万人，占比为 9.91%。1980—2010 年，宿务语的使用人数明显减少，2010 年人数占比相比较 1980 年下降了 21.78%。

参 考 文 献

[1] 陈丙先等：《"一带一路"国别概览：菲律宾》，大连海事大学出版社，2019 年。
[2] 陈恒汉："菲律宾文化的外来因素：殖民和开拓"，《华侨大学学报（哲学社会科学版）》，2010 年第 2 期。
[3] 陈衍德：《现代中的传统——菲律宾华人社会研究》，厦门大学出版社，1998 年。
[4] 陈衍德等：《全球化进程中的东南亚民族问题研究》，厦门大学出版社，2008 年。
[5] 〔美〕丹尼斯·德怀尔著，黄必红译："东南亚地区城市化发展的人口因素与面临问题"，《南洋资料译丛》，2000 年第 1 期。
[6] 何平、段宜宏："菲律宾民族国家的建构与民族整合进程"，《南亚东南亚研究》，2020 年第 4 期。
[7] 贺圣达：《东南亚文化发展史》，云南人民出版社，2011 年。
[8] 胡沧泽："菲律宾的佛教与华侨华人"，《世界宗教文化》，2011 年第 1 期。
[9] 姜永仁、傅增有：《东南亚宗教与社会》，国际文化出版公司，2012 年。
[10]〔菲〕卡里纳·康斯坦丁诺-戴维等："菲律宾的贫困、人口增长和城市化影响"，《国际社会科学杂志（中文版）》，1995 年第 3 期。
[11] 李开盛：《"一带一路"国别研究报告·菲律宾卷》，中国社会科学出版社，2021 年。
[12] 李涛、陈丙先：《菲律宾概论》，世界图书出版公司，2012 年。
[13] 马寿海："菲律宾人口的发展状况"，《人口与经济》，1984 年第 6 期。

[14] 申韬、缪慧星：《菲律宾经济社会地理》，世界图书出版公司，2014 年。
[15] 施雪琴："宗教民族主义与文化解殖——近代菲律宾反教会运动浅析"，《东南亚研究》，2007 年第 1 期。
[16] 阳阳、黄瑜、曾添翼：《菲律宾文化概论》，世界图书出版公司，2014 年。
[17] 张大勇："人口、环境和经济发展——菲律宾个案分析"，《南洋问题研究》，1996 年第 4 期。
[18] 赵松乔：《菲律宾地理》，科学出版社，1964 年。
[19] 马燕冰、黄莺：《列国志·菲律宾》，社会科学文献出版社，2007 年。
[20] Banzon-Bautista, M. C. R. 1998. Culture and urbanization: The Philippine case. *Philippine Sociological Review*, No. 3/4.
[21] Boquet, Y. 2017. Spatial structures of the Philippines: Urbanization and regional inequalities. *The Philippine Archipelago*.
[22] Bravo, M. R. 2017. Urbanization in the Philippines and its influence on agriculture. *Sustainable Landscape Planning in Selected Urban Regions*.
[23] Costello, M. A. 1998. Urbanization in the Philippines: Diffuse or metropolitan? *Philippine Sociological Review*, No. 3/4.
[24] Eder, J. F. 2010. Ethnic differences, Islamic consciousness, and Muslim social integration in the Philippines. *Journal of Muslim Minority Affairs*, No. 3.
[25] Furuoka, F. 2010. Population growth and economic development: Empirical evidence from the Philippines. *Philippine Journal of Development*, No. 1.
[26] Gastardo-Conaco, C., P. R. Jimenez 1986. *Ethnicity and Fertility in the Philippines*. ISEAS Publishing.
[27] Gregorio F. Z. 1979. *The Pageant of Philippine History*. Philippine Education Company.
[28] Mapa, D. S., L. G. S. Bersales 2008. Population dynamics and household saving: Evidence from the Philippines. *The Philippine Statistician*, No. 1-4.
[29] McDoom, O. S., R. M. Gisselquist 2016. The measurement of ethnic and religious divisions: Spatial, temporal, and categorical dimensions with evidence from Mindanao, the Philippines. *Social Indicators Research*, No. 2.
[30] Reyes. C. M., C. D. Mina, R. D. Asis 2017. Inequality of opportunities among ethnic groups in the Philippines. PIDS Discussion Paper Series.
[31] Rodell, P. A. 2002. *Culture and Customs of the Philippines*. Greenwood Publishing Group.
[32] See, C. 1988. *Chinese Organizations and Ethnic Identity in the Philippines*. Hong Kong University Press.
[33] Selmer, J., D. C. Leon 2002. *Management and Culture in the Philippines*. Hong Kong Baptist University.

第六章　经济格局与产业特征

菲律宾是东亚最早走上工业化道路的发展中国家。由于长期遭受西班牙、美国、日本殖民统治，菲律宾的殖民地经济特征明显，高度外向、结构复杂。20世纪60年代之前，菲律宾经济实力仅次于日本，超过马来西亚、泰国、印度尼西亚、新加坡和韩国。60年代开始，菲律宾经济发展呈现出"拉美化"特征，出口缺乏竞争力，国内市场狭窄，对工业尤其是制造业的发展形成制约，经济发展与其邻国相比较为缓慢。90年代，菲律宾由东南亚的第二大的工业国沦为第一大的农业国。随后，菲律宾政府实行进取性政策改革经济体系，推动形成更加国际化、市场化的经济体系。随着不断减少的财政赤字、较低的通货膨胀以及温和的利率，菲律宾经济在21世纪出现快速增长。

第一节　经济发展历程

独立前的菲律宾长期遭受帝国主义、封建主义掠夺，经济体系复杂多元，对宗主国的经济政策和经济模式依赖严重。独立初期，菲律宾不仅有国外垄断资本和国内资本主义杂糅，也有封建所有制的残留。国外垄断资本一直主导着菲律宾经济的重要部门，控制着经济命脉。19世纪60—80年代，在亚洲经济全面复苏的时期，马科斯政府的独裁专制造成菲律宾经济衰退，甚至将经济拖入濒临崩溃的边缘。进入21世纪以来，菲律宾加快经济改革，不断增强国内经济的自由化、市场化，同时扩大对外开放，国际收支得到明显改善，经济恢复了强劲。然而，作为小国的菲律宾，在大国间进行外交再平衡，经济政策尤其是对外贸易政策的制定带有服务于国际政治的属性，国内以及对外经济政策的制定受国际形势变化的影响较大。

一、殖民时期

16世纪中叶，菲律宾有不少地区进入了初期的封建社会。在苏禄群岛和棉兰老岛出现了一些比较发达的封建王国，但还没有出现统一的封建王国。菲律宾的许多地区已经有比较发达的灌溉农业和采矿、伐木、造船、织布、酿造、武器和金属制造等工业。商品经济也有相当程度的发展。菲律宾同当时的中国、中南半岛、北婆罗洲、印度尼西亚、马来亚、日本和泰国等地已经有了相当广泛的贸易。

西班牙殖民时期，菲律宾开始出现资产阶级。西班牙把封建庄园制度移植到菲律宾，建立了大批的封建庄园。庄园领主有权支配领地上的土地和农民，有权在领地上征收贡税，对菲律宾农民进行极其残酷的经济压迫和剥削。同时，保留了当地首长的封建特权作为统治菲律宾的社会支柱（赵松乔，1964）。17世纪初至18世纪末，西班牙垄断了菲律宾的对外贸易。殖民者在菲律宾掠夺的大量财富，大部分都是寄回西班牙，严重地阻碍和破坏了菲律宾当地社会经济的发展。18世纪末，殖民者开始在菲律宾开辟种植园，大量种植西欧市场所需要的经济作物，建立了一批出口作物加工工厂，菲律宾的单一殖民地经济制度开始形成。19世纪初，西班牙殖民者废除了垄断贸易政策，采取了自由主义经济政策，马尼拉商港、怡朗、宿务等港口相继开放。随后，菲律宾对西欧市场的出口急速增长，西欧的工业品也源源不断地输入菲律宾。对外贸易的发展刺激了菲律宾国内商品生产、商品流通和货币经济的发展，交通运输、通信设备在这段时间也迅速地发展起来，阶级斗争迅速分化，手工业者、自耕农大量破产，工人的人数迅速增长，民族工业开始出现。

美国殖民时期，菲律宾成为美国的原料供应地、商品市场、资本投资地。1909年，美国强迫菲律宾签订了《佩恩·阿尔德里奇法案》。通过这个法案，美国可以免税向菲律宾出口大量商品，同时掠夺菲律宾大批原料。第二次世界大战前夕，美国在菲律宾出口贸易中占80%左右，在菲律宾进口贸易中占

85%左右。菲律宾运往美国的主要商品为砂糖、椰子、烟草和马尼拉麻。一方面，美国为了在菲律宾大量生产这些经济作物，霸占了大片土地并发展种植园，压缩了菲律宾粮食作物的耕地面积，造成菲律宾的粮食生产无法自给自足，不得不从国外进口粮食。另一方面，美国商品大量涌进菲律宾，严重阻碍了菲律宾民族工业的发展（陈衍德、杨宏云，2003）。1939年，菲律宾制造工业部门的雇佣工人只占菲律宾人口的4%，民族工业只限于生产国内市场消费品，制糖厂、椰油厂、烟厂等大部分由美国公司垄断。而且，美国还控制了菲律宾的重要经济部门。1938年，菲律宾的外国资本投资额共约4.25亿美元，其中美国资本占60%，主要投资大种植园、出口作物大型加工厂、采矿业和公用事业（如电力公司）、进出口商行等部门。美国在菲律宾继续保留了封建土地所有制，并培植了一批买办资产阶级作为殖民统治的社会基础。封建土地所有制在美国殖民时期得到了进一步发展，土地集中和农民分化也进一步加剧。

日本占领菲律宾时，在菲律宾大肆掠夺，导致菲律宾经济遭到严重破坏。在此期间，菲律宾死亡人数高达110多万人，财产损失在100亿比索以上。1946年，菲律宾农业、工业、矿业生产总值仅是战前（1937年）的40%，农业部门以外的固定资产被破坏了3/4。

二、独立后至20世纪70年代

独立后的菲律宾，经济上依然受到美国的控制。美国采用各种新殖民手段对菲律宾进行经济掠夺。虽然菲律宾在独立后进行了多次土地改革，但封建土地所有制依然支配着菲律宾（表6-1）。大资产阶级的经济地位也在战后得到加强。该时期菲律宾经济依然残留外国资本垄断（杨学渊，1984）。1946年7月，美国强迫菲律宾政府签订了《贝尔贸易协定》。1954年7月4日，美国又修订了《劳雷尔-兰利协定》。该协定规定，美国人在开发菲律宾自然资源、占有菲律宾土地以及经营一切公用事业和从事工商业活动方面，同菲律宾人享有"同等权利"，美国商品可以享受优惠关税待遇进口到菲律宾市场。

表 6-1　1946—1971 年菲律宾经济结构　　　　　　　（单位：%）

部门	1946 年	1950 年	1954 年	1959 年	1963 年	1967 年	1971 年
农业、林业、渔业	45.3	39.7	43.0	33.7	33.7	30.7	33.0
矿业	0.1	1.3	1.6	1.7	1.5	1.7	2.3
制造业	4.8	10.2	12.7	15.7	18.0	17.4	19.3
建筑业	3.1	4.0	2.8	3.2	3.7	3.8	2.6
交通运输	3.4	3.4	3.2	3.7	4.8	4.7	3.7
商业	12.3	12.7	10.8	11.1	13.5	15.0	15.7
服务业	31.0	28.7	25.9	30.9	25.1	26.7	23.2

资料来源：蒋细定，1998。

据菲律宾证券委员会的估计，1972 年美国在菲律宾设有 800 多家公司，资本在 20 亿美元以上，占菲律宾外国资本的 76.2%，菲律宾营业额最大的 30 家大公司中，美国公司便占了 17 家。美国在菲律宾控制了掠夺资源的经济部门，如糖的制造业和出口业、椰产品的加工工业和出口业、采矿业及矿产品的出口业。还支配着菲律宾工业部门，如石油的提炼工业和销售业、电力工业、纺织工业、化学工业、橡胶制品工业、金属加工业、机器制造业、汽车装配等（杨学渊，1984）。美国夏威夷糖业公司便控制了菲律宾 20% 的榨糖设备和 60% 的炼糖设备。内格罗斯岛的圣卡尔罗斯制糖公司便是美国夏威夷糖业公司和菲律宾黎特斯马家族的联合企业。美国的糖业公司还直接控制了菲律宾糖的出口贸易，它们既从菲律宾糖商，也从菲律宾的糖蔗种植园直接收购出口糖。美国的阿特拉斯联合矿业公司、勒潘托矿业公司、马尔铜矿公司、本格特矿业公司等，基本上垄断了菲律宾铜矿、铁矿、金矿和铬矿的开采和出口。美国的德士古石油公司、莫比尔石油公司、埃索石油公司垄断了菲律宾的石油提炼工业和石油产品的销售贸易。美国公司还控制了菲律宾的汽车装配工业，如马尼拉北方汽车厂便是美国通用汽车公司的。

美国还在菲律宾设立了许多银行、保险公司和投资公司，这些金融机构通过贷款和保险业务控制了菲律宾许多企业部门的经济活动（杨学渊，1984）。据菲律宾证券交易委员会的估计，1971 年，菲律宾公司的利润率在 100% 以上的有 10 家，其中美国公司便占了 7 家。利润率最高的是美国福特汽车公司，达 258%。美国公司在菲律宾的利润远高于整个公司的平均利润率。1961—1971

年，美国公司在菲律宾的直接资本投资赚到了 9 亿美元的利润，与菲律宾全年出口收入相当。

美国还通过所谓的"经济援助"加深对菲律宾经济的控制。美国向菲律宾政府和企业提供了大量的贷款，美国成为菲律宾最大的债权国。美国不仅收取了巨额利息，扩大了对菲律宾的商品输出和资本输出，甚至还借"经济援助"的名义，派遣了大批的所谓"专家"和"顾问"渗透菲律宾政府，干预经济政策。当时美援执行小组不仅能够左右菲律宾政府经济政策的制定，而且连菲律宾的经济建设计划也需征求美国的同意。

三、20 世纪 80 年代以来

独立后的菲律宾进行了一些政策改变，通过发展工业推动经济结构向多元化方向发展，试图改变殖民历史所遗留的单一经济结构。菲律宾的工农业结构比重和工业内部结构都有一定程度的变化。

（一）80 年代：菲律宾经济处于停滞的十年

20 世纪 80 年代，菲律宾的经济特别是制造业处于停滞状态，出口增长与其他东盟国家相比也是最低的（表 6-2）。主要原因是马科斯政权的工业模式发生崩溃。马科斯利用强权政治独揽权力，以巨额国家资金推行工业化。70 年代，马科斯政权通过国立金融机构对初级进口替代工业部门实行巨额贷款，在该部门培养了被称为"马科斯密友"的振兴工业资本家阶层（沈红芳，1994）。70 年代末期，马科斯政权又直接参与到重工业和化学工业部门，实施十一大工业建设项目，使菲律宾形成了特殊的工业化模式。这种模式有三个主要的战略部门：初级进口替代部门、重工业和化学工业部门、生产椰子和砂糖的农业综合企业部门，其负责人都是马科斯最得力的密友。由于 1981 年的国内金融危机，初级进口替代部门大部分陷入经营危机，濒临破产（陈江生、陈昭铭，2008）。重工业部门因引进外资出现问题，致使十一大工业建设项目的半数无限期延迟。此外，该工业化模式中唯一的农业综合企业部门也因砂糖、椰子制品的国际市场价格下跌而大大降低了出口创汇。最后导致马科斯工业模式出现崩溃，以及1983年的债务危机。马科斯政权建立的"权威主义政治体制"虽然将巨额资金投到工业化中，但因各种利益结构的制约未能推进（Boyce，1993；陈明华，1999）。

表6-2 菲律宾的生产与出口年平均增长率　　　　　（单位：%）

指标	1965—1980年	1980—1989年
国内生产总值年平均增长率	5.9	0.7
工业年平均增长率	8.0	−0.8
制造业年平均增长率	7.5	0.5
出口年平均增长率	4.6	1.3

资料来源：《1991年世界发展报告》。

（二）90年代：菲律宾经济开始复苏

阿基诺在执政后开始进行经济改革，于1991年建立了关税改革法和新外资直接投资法，制定了经济自由化及放宽限制与经济的私营化等一系列政策，并不断完善有关自由化的法律。1992年，拉莫斯执政后，延续了阿基诺的经济改革进程，菲律宾经济开始从崩溃中复苏。菲律宾GDP由1990年的443.12亿美元增长至2000年的836.70亿美元，人均GDP由1990年的715.91美元增长至2000年的1 072.81美元。1994年，菲律宾GDP增长率恢复至5.1%，比1993年增长了约一倍。1995年和1996年菲律宾GDP增长率分别上升至5.7%和6.8%。而且，菲律宾产业结构逐步趋向合理化，2000年，农业、工业、服务业比重为14∶35∶61。菲律宾出口创汇能力逐步提升，货物和服务出口十年时间翻了一番（表6-3）。

20世纪90年代菲律宾经济复苏的原因主要归结于以下几个方面：①国内政治环境稳定。为了给经济发展创造稳定的环境，拉莫斯将和平、和解及政治稳定作为发展经济的重要政纲。1996年9月，菲律宾政府与穆斯林民族解放阵线达成了具有历史意义的民族和解的缔约，长达25年的对抗从此结束。②经济改革开放步伐加快。拉莫斯执政以来加大了改革开放的力度。1993年受严格投资比例控制的矿产部门以及公用事业、建筑业、保险业和资本市场等对外开放，外商部门可以拥有100%的股份。1994年，通过的7721号共和国法令允许10

家外国银行在菲律宾设立分行或购买当地银行60%以上的股份。1995年,菲律宾设立了经济特区,在区内投资的外国企业可自由选择出资方式,从事工业、商业、国际贸易投资,并享有优惠的减免税待遇。菲律宾还进行了金融体制改革和金融政策调整。设立了菲律宾中央银行,取代了中央银行委员会。解除了外汇管制政策,使资本和劳务出口可以自由支配外汇。③大力鼓励私人经济建设。拉莫斯放宽了外资对国有企业的投资限制。1994年,菲律宾政府出口国有资产总额高达21亿美元,是前10年总和的一半。开放电信局,允许私人投标,参与原先由国家垄断的典型项目,为中小私营电力公司经营电信业排除了障碍,改变了菲律宾电讯业落后的状况。电力项目、供水项目等基础设施也向私营部门开放。随着菲律宾政府经济改革,私有经济逐步成为经济发展的主要动力。

表6-3 菲律宾的生产与出口主要指标

年份	GDP（亿美元）	工业增加值占比（%）	农业增加值占比（%）	制造业增加值占比（%）	货物和服务出口（亿美元）
1990	443.12	34.47	21.90	24.83	114.30
1991	454.18	34.01	20.98	25.32	124.94
1992	529.76	32.84	21.82	24.18	145.66
1993	543.68	32.68	21.60	23.71	160.48
1994	640.84	32.53	22.00	23.26	202.51
1995	741.20	32.06	21.63	22.99	267.95
1996	828.48	32.09	20.62	22.81	334.90
1997	823.44	32.13	18.87	22.26	403.65
1998	722.07	34.39	14.76	23.46	369.73
1999	829.95	33.06	15.21	23.47	235.79
2000	836.70	34.98	13.94	25.28	274.61

资料来源:世界银行,https://data.worldbank.org.cn/。

（三）21世纪以来:菲律宾加快经济转型

21世纪以来,菲律宾政府大力发展信息产业,提出了振兴制造业,创造就业机会,将经济增长源从依赖海外劳工汇款带动国内消费转变为由本国与外国投资带动经济增长，推动菲律宾的经济转型（沈红芳，2017）。拉莫斯政府在20世纪90年代中期执政时曾经提出追赶东亚邻国，在20世纪末实现"正在工业化的新兴国家"的目标。但是东亚金融危机减缓了拉莫斯政府在经济转型中的进程（段东南，2010）。

针对菲律宾制造业部门所特有的"去工业化"特点，菲律宾国家经济发展署提出，抓住跨国公司产业转移的机遇，寻找菲律宾经济在跨国公司全球产业链上的环节，以促进经济的快速增长。与此同时，菲律宾政府制定了"21世纪国家信息技术计划"和"政府信息系统计划"，将信息产业和以信息产业为依托的业务流程外包作为引领经济快速发展新的增长点（胡振华，2009）。菲律宾国家经济发展署在2011年制定的《菲律宾2011—2016年发展计划》中提出"实现持续的、产生大规模就业和贫困缓解"的"包容性"经济增长，采取一系列战略性措施来提高工业的竞争力，其中包括加强经济区建设，改善经商环境，提高生产率和效率，对优先发展领域进行重点干预，支持中小制造厂商增加市场准入，拓展产业集群发展等。菲律宾经济在阿基诺三世执政期间取得了高速增长。据菲律宾官方统计，2011—2015年的经济年均增长率达5.9%。

杜特尔特总统除了继续保持现有的宏观经济政策（包括财政、货币和贸易政策），推进渐进式税制改革外，强调加快以公私合作模式发展基础设施建设（沈红芳，2018）。创造便利的经商环境，以引进外资重振制造业并提高制造业的竞争力。促进农业和农产品加工业的发展，改进社会保障计划，包括政府的有条件现金转移计划。投资人力资本发展，包括卫生和教育系统以及相匹配的技能和培训。政府促进科技进步和创新等。

第二节　经济模式分析

作为新兴工业化国家，菲律宾已成为世界第四十一大经济体，亚洲第十三大经济体，是东盟内部仅次于印度尼西亚和泰国的第三大经济体。菲律宾一直以外向型经济为主导，逐步由以农业为主的经济结构转向以服务业和工业为主的经济模式。21世纪以来，菲律宾服务业一直是国民经济的最大贡献者，占比均超过50%。随着国家经济政策私有化、市场化和自由化，私有企业成为菲律宾经济增长的中坚力量。

一、外向经济为主导

菲律宾外向型经济特征显著。20世纪60年代后期，菲律宾政府采取对外开放政策，积极吸引外资，经济发展取得显著成效。20世纪80年代后期，受西方经济衰退影响和外向型经济限制，菲律宾经济发展出现放缓（刘效梅，2004）。21世纪以来，菲律宾通过扩大内需、增加出口、改变收支等方式促进国内经济平稳快速增长（Clausen，2010）。直至今日，菲律宾外向型经济基础依然发挥重大作用（表6-4）。

对外贸易是菲律宾国民经济增长的第一驾马车。对外贸易总额占GDP的比重较高。2019年，菲律宾已与150多个国家和地区建立贸易合作关系，对外贸易快速发展，出口商品种类和外贸市场逐步呈现多元化发展趋势。2019年，菲律宾GDP为3 768.23亿美元，同比增长率为8.64%，其中货物和服务出口额为947.41亿美元，占GDP的比重为28.38%，货物和服务进口额为1 310.13亿美元，占GDP的比重为40.46%，二者之和占GDP的比重高达68.84%。

投资是菲律宾国民经济增长的第二驾马车，特别是外商直接投资成为菲律宾国民经济增长的重要动力。菲律宾外商直接投资主要来自美国、日本、新加坡、英国和德国五个国家。2019年，菲律宾外商直接投资净流入为86.71亿美元，占GDP的比重为2.30%。2011—2019年，菲律宾外商直接投资净流入始终为正。

消费是菲律宾国民经济增长的第三驾马车，但近年来个人消费占GDP的比重出现了收缩趋势。2019年，菲律宾居民最终消费支出为2 758.59亿美元，同比增长率为5.87%，比2016年低了1.28%。菲律宾居民消费支出的收缩主要受国内就业率下降以及海外劳工汇款减少的影响。

表 6-4 2016—2020 年菲律宾主要经济指标统计

指标	2016 年	2017 年	2018 年	2019 年	2020 年
GDP（现价美元：亿美元）	3 186.27	3 284.81	3 468.42	3 768.23	3 614.89
货物和服务出口（现价美元：亿美元）	739.38	866.46	903.74	947.41	788.22
货物和服务出口（占 GDP 的百分比：%）	26.67	29.55	30.21	28.38	25.19
货物和服务进口（现价美元：亿美元）	1 024.44	1 181.68	1 297.38	1 310.13	975.81
货物和服务进口（占 GDP 的百分比：%）	35.10	38.62	41.95	40.46	32.99
服务进口（按当值美元计：亿美元）	241.60	261.39	267.89	282.25	183.31
服务出口（按当值美元计：亿美元）	312.04	348.32	383.97	412.64	314.10
货物进口（现价美元：亿美元）	782.83	920.29	1 029.49	1 027.88	792.50
货物出口（现价美元：亿美元）	427.34	518.14	519.77	534.77	474.11
服务贸易额（占 GDP 的百分比：%）	17.38	18.56	18.79	18.44	13.76
外国直接投资净流入（占 GDP 的百分比：%）	2.60	3.12	2.87	2.30	—
外国直接投资净流入（现价美元：亿美元）	82.80	102.56	99.49	86.71	—
对外投资净额（现价美元：亿美元）	−58.83	−69.52	−58.33	−53.20	−30.17
对外直接投资净流出（占 GDP 的百分比：%）	0.75	1.01	1.19	0.89	0.98
居民最终消费支出（现价美元：亿美元）	2 311.75	2 371.03	2 516.09	2 758.59	2 716.12
居民最终消费支出（年增长率：%）	7.15	5.96	5.77	5.87	−7.94

资料来源：世界银行，https://data.worldbank.org.cn/。

二、服务经济较发达

菲律宾历经多次政党政权交替更迭，国家产业发展战略变化较大。在技术进步，产业结构升级，全球重视第三产业发展的背景下，菲律宾政府实行出口导向型政策，第三产业获得快速发展（Kelly，2012）。菲律宾已形成 1∶3∶6 的产业结构，服务业是菲律宾的支柱产业。近年来，与农业和工业相比，服务业占比不断扩大（图 6-1）。2019 年，菲律宾农业增加值占 GDP 的比重由 2016 年的 10.20% 下降至 8.82%，工业增加值占 GDP 的比重由 2016 年的 30.29% 略微上升至 30.33%，服务业增加值占 GDP 的比重由 2016 年的 59.51% 上升至 60.85%。第三产业的迅速发展为菲律宾与世界各国双边投资提供了更多商机，对促进菲律宾国家经济发展发挥着越来越重要的作用。菲律宾第三产业的就业人数呈上升趋势，并高于第一、第二产业。旅游业、交通运输业、房地产业、金融业和电信业等领域的发展与增长，为菲律宾创造了 100 多万个就业机会。

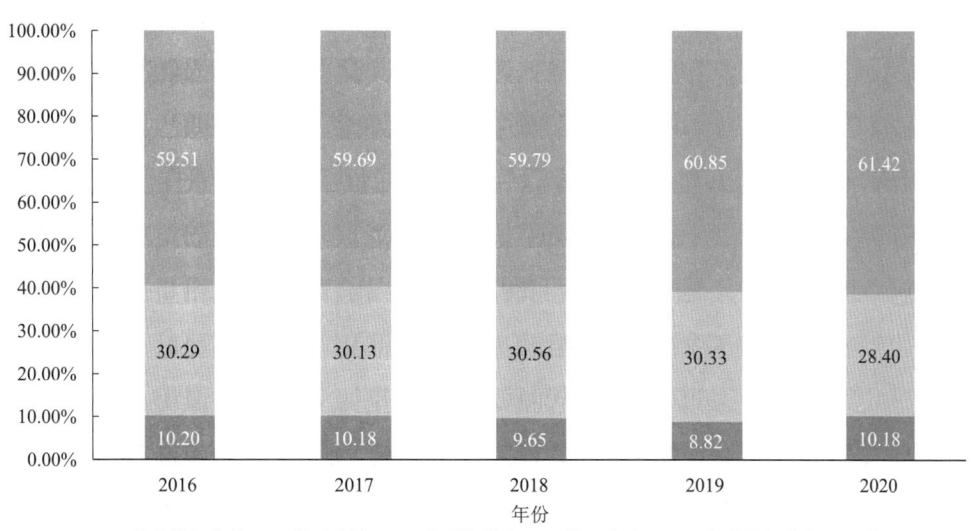

年份	农业增加值占GDP的百分比	工业增加值占GDP的百分比	服务业增加值占GDP的百分比
2016	10.20	30.29	59.51
2017	10.18	30.13	59.69
2018	9.65	30.56	59.79
2019	8.82	30.33	60.85
2020	10.18	28.40	61.42

图 6-1 菲律宾三大产业结构

资料来源：世界银行，https://data.worldbank.org.cn/。

三、私有企业为主体

一是，菲律宾的国有企业力量相对薄弱。菲律宾国有企业主要是在殖民统治的基础上发展而来。现如今，国有企业力量相对比较薄弱，投资额度远低于私人资本的投资。菲律宾在战后独立时没收或接管了原殖民政府企业，并使之成为本国的国有企业。菲律宾政府还通过投资兴办一些新的国有企业，包括与外资或本国私人资本合股开设的合营企业，直接掌握一大批工商企业、交通运输、公用事业和金融业，并使这些国有企业成为国家的"先驱部门"，保证这些关键部门的发展，以加强国家的经济实力。

菲律宾的国有企业与美国组织保持着密切的联系，大部分控制在官僚买办资产阶级和大地主手中。1972 年之前，在东盟国家中菲律宾国有企业数量最少。1972 年，马科斯政府实行军事管制后，政府对经济的干预明显增强，国有企业由 70 家增长至 1985 年的 246 家，另外还有 57 个政府收购的公司。菲律宾国有企业主要涉及钢铁、航空、榨糖和椰子加工等部门，运输和能源部门投资比重最大，包括国有煤气公司、国营造船公司和钢铁公司、国家电力公司和水泥公司等。由于国有企业的官僚和垄断性阻碍了市场经济的发展，成为政府财政的负担（Krinks，2003）。阿基诺夫人政府、拉莫斯政府连续推行私有化政策。

二是，菲律宾的私有企业发挥了中坚作用。菲律宾存在十几个新老家族财团，在菲律宾经济发展中占据垄断地位。这些私人大财团主要包括：科胡昂戈财团、阿亚拉财团、苏里安诺财团和伊利萨尔德财团等。私人大企业财团的经营范围，遍及菲律宾各个经济领域，包括保险公司、农产品加工、采矿业、制造业、进出口贸易、银行、种植园和房地产等部门。

菲律宾的私人企业集团早在 19 世纪便已建立，在第二次世界大战后得到了迅速发展。这些大企业集团以单独或联合控制一个或几个"核心银行"为共同特点。20 世纪 50—70 年代，菲律宾政府推行有利于民族中小企业的政策，使中小企业获得较快发展。但当时中小企业的生产方式仍比较落后，经营基础十分脆弱，主要从事乡村工业、民族工艺品手工业、食品、服饰、木材加工和零售批发等业务。阿基诺夫人执政后，采取减少政府干预的政策，使中小企业发展进入新阶段，但中小企业仍不能摆脱资金匮乏、原料短缺、设备差、成本高和国内市场狭小等一系列问题。20 世纪 70 年代以来，就业人数的 80% 集中在大企业，在制造业增长的产值中，大企业的比重接近 90%。

三是，菲律宾的外资企业较为活跃。独立后为推动民族经济的发展，菲律宾政府积极采取扩大开放的经济政策，吸引外国投资，鼓励外国企业发展。外资参与菲律宾经济的方式有：合资公司、分公司、子公司、代表处、跨国公司地区总部和境外金融中心等。外资分布的产业结构不断调整，在农矿资源部门的数量减少，在制造业和石油采掘部门不断增加，服务企业数量有所扩大。

第三节　经济空间格局

菲律宾经济高度集中，形成"中部高、南北低"的格局，国家首都区是菲律宾经济发展的增长极。菲律宾经济区的空间布局与区域经济分布存在高度耦合性。工业经济区和信息科技园/中心都集中分布在吕宋群岛，特别集聚在国家首都区和甲拉巴松区。棉兰老群岛成为菲律宾主要的农业生产基地。

一、三大岛群：一高两低

从群岛分布看，吕宋群岛经济发展水平远高于米沙鄢群岛和棉兰老群岛（图6-2）。2019年，吕宋岛生产总值高达136 330.05亿比索，占比高达69.8%，米沙鄢群岛和棉兰老岛生产总值为26 453.09亿比索和32 395.49亿比索，占比分别为13.6%和16.6%。

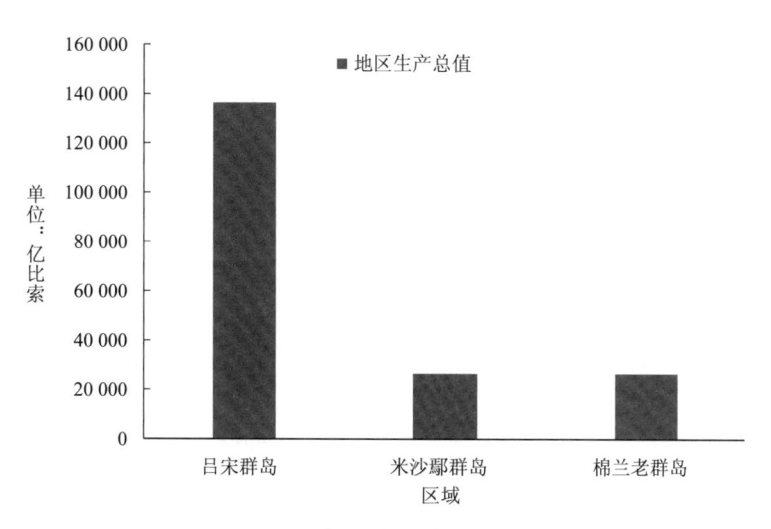

图6-2　2019年三大群岛地区生产总值

资料来源：菲律宾统计局，https://psa.gov.ph/。

吕宋岛的地理位置重要，是连接亚洲和大洋洲的十字路口。港口众多，海洋运输业发展良好。全国主要公路、铁路等交通运输都通过吕宋群岛。吕宋岛地势多山，地形崎岖，土地资源较为有限。然而，这里拥有丰富的矿产资源，如铜、金、银等，其中铜矿是该岛重要的矿产之一。吕宋岛气候类型多样，有利于农业和旅游业的发展。山区和海岸线附近适宜发展旅游业，肥沃的土地和丰富的水源有利于发展农业（申韬、缪慧星，2014）。南部和东南部是菲律宾最著名的椰子产区，还生产马尼拉麻。吕宋群岛也是菲律宾人口最多的地区，人口分布极不均衡。吕宋岛的大城市如马尼拉、帕西格等地发展迅速，成为全国经济的中心。然而，农村地区的发展相对滞后，导致城乡差距较大。产业以服务业为主导，服务业产值占GDP的比重达一半以上。尽管吕宋群岛的产业结构在不断优化，但仍存在一些问题，如产业结构不平衡、劳动力素质偏低等。而且，各地区经济发展不平衡。马尼拉、帕西格等地区经济发展水平较高，而一些偏远地区仍然较为落后。为了促进区域经济的协调发展，吕宋岛政府正在推动区域合作计划，加强落后地区的基础设施建设和社会保障制度（Dumayas, 2015）。

米沙鄢群岛位于菲律宾中部，南北延伸约500千米，由北部的巴丹群岛、中部的米沙鄢岛和南部的卡拉延群岛等数十个岛屿组成。其靠近马尼拉湾，与菲律宾主要的经济中心相距较近。同时，米沙鄢群岛的岛屿多而分散，拥有广阔的海域和丰富的海洋资源。米沙鄢群岛地势低平，由火山和珊瑚礁构成。其气候类型主要为热带海洋性气候，温暖湿润，适合农业和渔业的发展。群岛附近的海域具有较暖的水温和浅海底的特征，有利于海水养殖和渔业资源的开发。米沙鄢群岛的自然资源丰富，包括矿产、森林、渔业和农业资源。矿产资源以镍矿为主，森林资源茂密，渔业资源丰富（申韬、缪慧星，2014）。但受到技术和资金等因素的限制，渔业发展相对滞后。农业是群岛的重要产业之一，群岛的农业用地充足，以玉米、甘蔗、稻米等生产为主。其中，宿务岛以玉米生产为主，内格罗斯岛以甘蔗生产为主，班乃岛以稻米生产为主。米沙鄢群岛的人口分布较为分散，城市化水平相对较低。宿务是米沙鄢群岛最大的城市和主要的经济中心。然而，由于岛屿众多，群岛的岛屿之间交通不便，米沙鄢群岛的各地区经济发展存在差异。一些岛屿的经济基础较为薄弱，一些偏远地区的经济发展仍然滞后（Dumayas，2015）。需要加强区域间的合作和互联互通，实现资源优势互补，推动经济的共同发展。

棉兰老岛位于菲律宾南部，濒临南海，地理位置优越，拥有丰富的海洋资源和港口资源，是菲律宾的重要门户之一。其海岸线曲折，拥有多个天然良港。产业以农业、林业和渔业为主。一是广阔的热带雨林为木材加工业提供了充足的原料。二是矿产资源以铜矿开采为主。三是水产资源以龙虾和螃蟹为主。四是农业主要种植橡胶、香蕉、椰子等作物。棉兰老岛的人口分布不均衡，大部分人口集中在沿海城市和主要岛屿上，各地区经济存在差异（申韬、缪慧星，2014）。一些地区的经济发展水平相对较高，如达沃等城市，而一些偏远地区的经济发展仍然滞后，特别是农村地区，导致城乡差距较大。为了促进区域经济的协调发展，棉兰老岛政府正在推动区域合作计划，加强落后地区的基础设施建设和社会保障制度（Dumayas，2015）。同时，棉兰老岛正在积极发展旅游业等新兴产业，推动经济的多元化发展。

二、区域分布：中间高，南北低

从区域分布看，菲律宾经济规模高度集聚，呈现出"中间高、两边低"的空间格局（图6-3）。2019年，国家首都区地区生产总值为62 941.9亿比索，以0.01%的国土面积创造了全国近1/3的GDP。国家首都区是菲律宾的政治、经济、文化中心，在20世纪60年代有"亚洲曼哈顿""亚洲小纽约"之称。这里集中了全国一半以上的工厂企业，涵盖了汽车、电子、石化、食品、烟草纺织等。全国主要的金融、银行也都分布在这里（Andriesse，2017）。马尼拉港是国内外重要交通枢纽和贸易吞吐港，分为南港、北港、国际集装箱港。马尼拉港也是东南亚重要的国际航空港，菲律宾航空公司和十几家外国航空公司集聚于此，每天有200多次班机通向世界各地。地区生产总值排名第二的为科迪勒拉行政区。2019年地区生产总值达28 657.9亿比索，占全国的14.7%。地区生产总值排名第三的为中吕宋区，2019年地区生产总值达21 848.2亿比索，占全国的11.2%。前三大地区的地区生产总值占全国GDP的60%。菲律宾经济最落后的地区为棉兰老穆斯林自治区，地区生产总值为2 547.8亿比索，仅占全国GDP的1.3%。民族宗教冲突一直阻碍着棉兰老穆斯林自治区的经济发展（Andriesse，2017）。

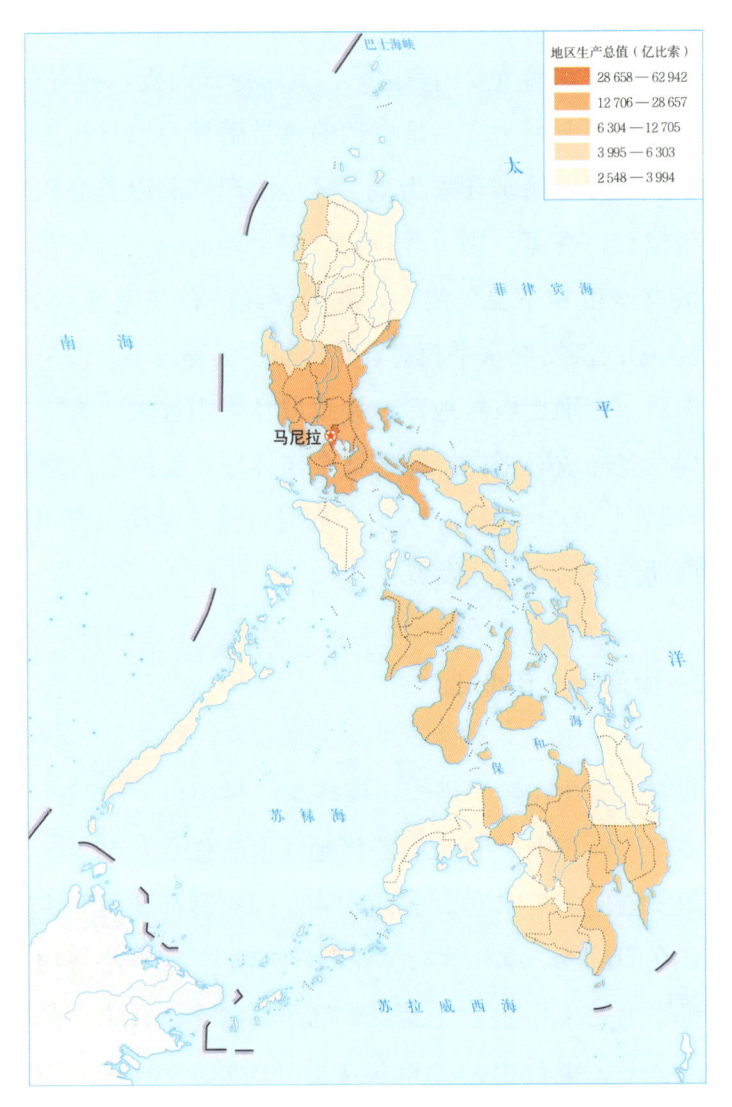

图6-3　2019年菲律宾各大区地区生产总值分布

资料来源：菲律宾统计局，https://psa.gov.ph/。

三、城市分布：集聚在少数城市

奎松、马卡蒂、马尼拉、宿务等大城市发展相对较快，而一些小城市和农村地区仍然比较落后（表6-5）。菲律宾的城市经济主要以制造业、服务业和农业为主导。如马尼拉市作为金融中心，吸引了大量的金融机构和投资公司。宿务市则以其旅游业和航运业为主要产业。达沃等城市则在制造业方面有一定的优势。其他城市也逐步向服务业转型。另外，农业和工业在部分城市仍具有一定的地位，但受制于技术和资金等因素的影响，这些产业的发展相对滞后。而且，一些小城市的产业结构相对单一，缺乏多样性（Balisacan et al.，2009）。菲律宾城市为大量人口提供了就业机会。马尼拉市和宿务市是主要的就业中心，吸引了大量的外来务工人员。然而，一些小型城市和农村地区的就业机会有限，导致了人口流失和社会不稳定的问题。

表6-5　2021年菲律宾生产总值前十位的城市

排序	城市	生产总值（亿比索）
1	奎松市	4 150
2	马卡蒂市	2 385
3	马尼拉市	650
4	巴石市	510
5	达义市	360
6	宿务市	333
7	曼达维市	330
8	曼达卢永市	310
9	达沃市	266
10	巴兰玉计市	253

资料来源：菲律宾统计局，https://psa.gov.ph/。

四、经济增速：南高北低

从经济增速上看，2019年菲律宾南部的经济增速远高于中部与北部，棉兰老群岛经济发展潜力较大（图6-4）。2019年，地区生产总值增长率前三位的三个大区依次为达沃区、国家首都区和棉兰老穆斯林自治区，增长率分别达9.6%、8.3%、8.2%，其中达沃区和棉兰老穆斯林自治区都位于棉兰老群岛。

菲律宾政府一直希望通过自治区方式解决民族问题。2018年7月，杜特尔特签署了一项名为《邦萨摩洛基本法》的法案，正式批准在南部地区建立一个更大的穆斯林自治区，以取代原有的棉兰老穆斯林自治区。相对于首都区，达沃区具有劳动力成本低、人口结构年轻、受教育程度较高、英语应用广泛、自然矿产资源丰富、市场增长潜力较大、区域性优惠政策等优势。近年来，随着政府政策重心倾斜，达沃区成为菲律宾经济增长速度最快的地区之一。2019年，达沃区以9 226.1亿比索的地区生产总值排名第五位。

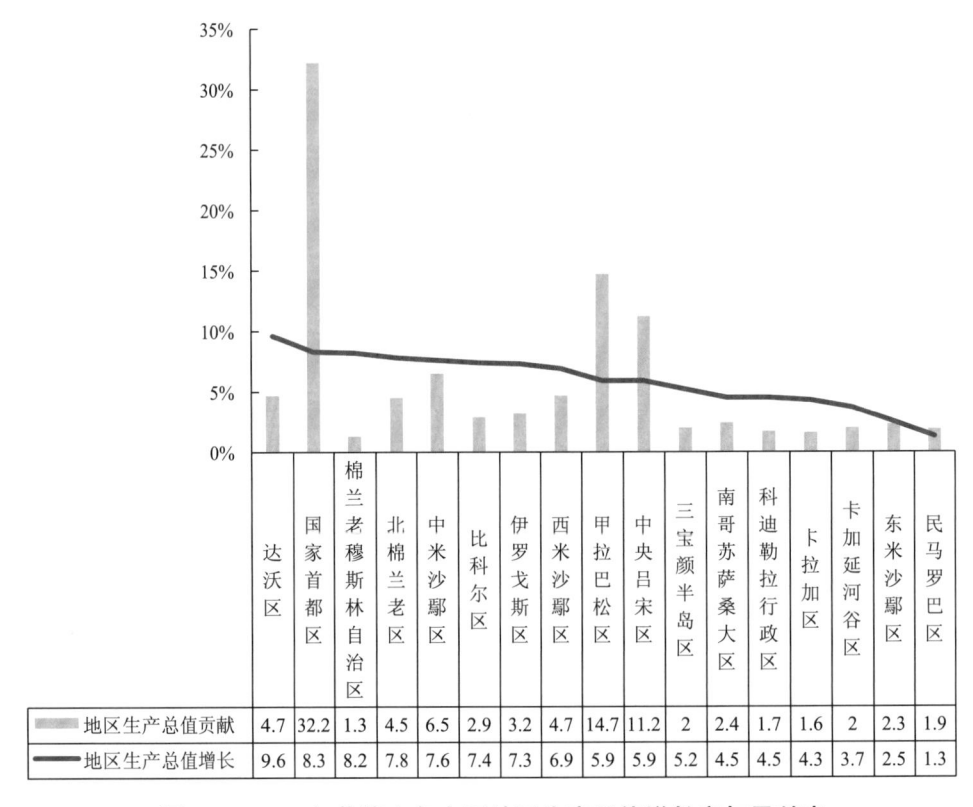

	达沃区	国家首都区	棉兰老穆斯林自治区	北棉兰老区	中米沙鄢区	比科尔区	伊罗戈斯区	西米沙鄢区	甲拉巴松	中央吕宋区	三宝颜半岛区	南哥苏萨桑大区	科迪勒拉行政区	卡拉加区	卡加延河谷区	东米沙鄢区	民马罗巴区
地区生产总值贡献	4.7	32.2	1.3	4.5	6.5	2.9	3.2	4.7	14.7	11.2	2	2.4	1.7	1.6	2	2.3	1.9
地区生产总值增长	9.6	8.3	8.2	7.8	7.6	7.4	7.3	6.9	5.9	5.9	5.2	4.5	4.5	4.3	3.7	2.5	1.3

图6-4　2019年菲律宾各大区地区生产总值增长率与贡献率

资料来源：菲律宾统计局，https://psa.gov.ph/。

第四节　经济区布局

菲律宾经济区是菲律宾政府为吸引外国直接投资而设立的特定区域。这些区域享有税收优惠、土地使用权和其他特殊待遇，以促进经济发展和吸引外资。

一、经济区发展

菲律宾政府在20世纪70年代初就开始着手设立经济特区，1986年先后建成4个出口加工经济区。由于此后菲律宾爆发政治经济危机，经济区发展出现停滞甚至倒退现象（蒋细定，1998）。1986—1993年，菲律宾出口加工区署（Export Processing Zone Authority，EPZA）所辖各类经济区的投资总额仅为127亿比索。自20世纪90年代初起，菲律宾经济区的发展逐步恢复生机，1995年菲律宾经济区开始进入高速发展阶段，1997年菲律宾出口加工区署所辖各类经济区的全年投资总额达1 597亿比索。在经历4年的持续高速发展之后，自2001年开始，由于政局不稳、社会动荡、兵变频繁和绑架成风，外国投资者对菲律宾望而生畏，对菲律宾投资额大幅下滑。2003年1—10月出口加工区署所辖各类经济区的投资总额仅为223亿比索。随着菲律宾政治、经济状况的不断改善，以及政府近年来大力招商引资，菲律宾经济区再次高速发展。2020年出口加工区署所辖各类经济区注册投资额达23 600亿比索，占地面积达809万公顷。

菲律宾经济区的设立和运营，有助于菲律宾吸引更多外商企业投资本国经济、为本国居民提供更多就业岗位、增加国际贸易出口额。①建立经济特区、工业园区、出口加工区和其他经济区的整合、协调、规划和监测的法律框架和机制。②将菲律宾选定的地区转变为高度发达的农业、工业、商业、旅游、银行、投资和金融中心，为商业企业提供训练有素的工人和高效的服务。③促进外国和本地投资者流入经济特区，创造就业机会，建立经济区内和周边的行业之间前后联系。④通过为商业活动提供有吸引力的环境和激励措施来刺激菲律宾资本的回流。⑤通过技术密集型产业促进菲律宾与工业化国家之间的金融和工业合作，利用新技术和管理知识使国家工业部门现代化并提高生产力水平。⑥在宪法和菲律宾国家主权和领土完整的框架内，赋予其某些地区的经济特区作为单独关税区的地位。

二、经济区概况

从数量看,菲律宾新兴产业的经济区快速发展。截至 2020 年 10 月 31 日,菲律宾经济区署统计共有 413 个运营中的经济区,包括工业经济区 76 个、信息科技园/中心 295 个、旅游经济区 17 个、医疗旅游经济区/中心 3 个、农业技术经济区 22 个(表 6-6)。其中,菲律宾信息科技产业和医疗旅游产业发展潜力大,也成为菲律宾当前产业发展的重点。

表 6-6　2020 年菲律宾不同类别经济区数量

类别	数量
工业经济区	76
信息科技园/中心	295
旅游经济区	17
医疗旅游经济区/中心	3
农业技术经济区	22

资料来源：菲律宾统计局,https://psa.gov.ph/。

菲律宾经济区高度集聚。图 6-5 展示了菲律宾经济区署统计的经济区分布情况。其中,菲律宾国家首都区共有 190 个经济区,超过全国的 1/3,排名第一位。甲拉巴松区共有 62 个经济区,排名第二位,中米沙鄢区共有 55 个经济区,排名第三位。前三个区所集聚的经济区达 307 个,占全国数量比重高达 74.33%。

三、经济区分布

菲律宾经济区覆盖了全国范围内的多个地区,包括主要城市、沿海地区和内陆地区(图 6-5)。这些经济区提供了良好的基础设施和便利的交通条件,吸引了众多国内外企业的投资。

图 6-5　菲律宾经济区分布

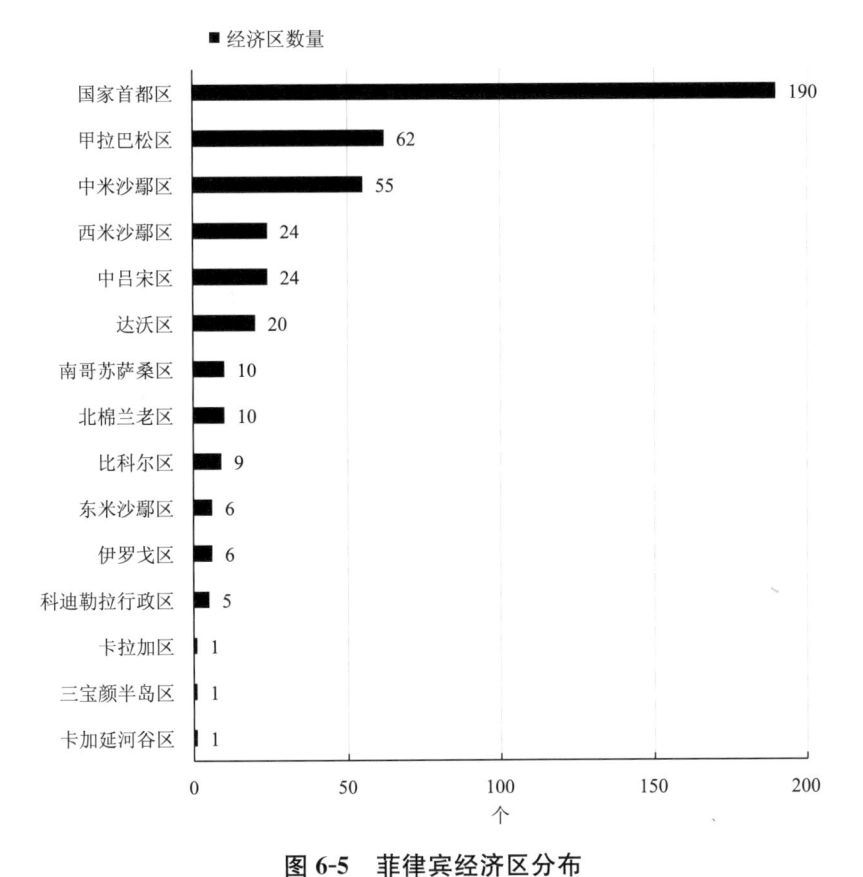

资料来源：菲律宾统计局，https://psa.gov.ph/。

（一）工业经济区：集聚在中吕宋区

菲律宾工业经济区的发展始于 20 世纪 70 年代。当时政府开始规划建设多个工业园区，以吸引外国投资和促进国内经济发展。随着国内经济逐步开放和市场环境不断改善，菲律宾工业经济区得到了快速发展。尤其是近年来，菲律宾政府加大了对工业园区的投资力度，不断完善基础设施和配套服务，提高园区的竞争力和吸引力。菲律宾工业经济区的主导产业包括制造业、服务业和农业。其中，制造业是菲律宾工业经济区的核心产业，主要涉及电子、食品加工、化工、纺织等领域。服务业是菲律宾工业经济区的重要产业之一，包括信息技术、物流配送、金融保险等多个领域。农业是菲律宾工业经济区的传统产业，主要涉及橡胶、咖啡、水稻等农作物。

工业经济区集中在菲律宾的吕宋岛，重点集聚在中吕宋区（表6-7）。在数量方面，甲拉巴松区有36个工业经济区，为菲律宾之最，但规模相对较小。在占地面积方面，中吕宋区以30 271公顷遥遥领先于其他区。而且，中吕宋区也以12个工业经济区成为菲律宾工业经济区第二多的大区。在城市层面，工业经济区主要分布在马尼拉市、宿务市、达沃市等。其中，马尼拉市是菲律宾的政治、经济、文化和交通中心，拥有完善的交通网络和通信设施，是菲律宾国际化的城市之一。宿务市是菲律宾的第二大城市和旅游中心，位于吕宋岛的东南部。宿务市拥有得天独厚的自然环境和丰富的文化遗产，吸引了大量的游客和投资。达沃市位于棉兰老岛的东部，是菲律宾的农业和食品加工业中心。该市拥有丰富的农产品资源，同时食品加工业也十分发达。

表6-7　菲律宾工业经济区分布

地区	数量（个）	占地面积（公顷）
科迪勒拉行政区	1	116.2
国家首都区	6	217.0
伊罗戈区	1	26.5
中吕宋区	12	30 271.0
甲拉巴松区	36	3 738.0
比科尔区	1	36.4
西米沙鄢区	1	39.4
中米沙鄢区	7	825.0
东米沙鄢区	1	424.7
北棉兰老区	4	3 036.0
达沃区	2	109.0
南哥苏萨桑区	1	46.8
卡拉加区	1	687.5

资料来源：菲律宾统计局，https://psa.gov.ph/。

（二）信息科技园/中心：集聚在国家首都区

科技园区是为成长型和创新型信息技术企业提供研发载体和增值服务的一

种科技园区开发模式,通过科技和金融的有机融合,实现多方共赢。信息科技园/中心是工业地产的高级阶段,以产业升级、产业集群为基础,以创新型和成长型信息技术企业为客群,以信息技术产业为主导产业,强调了科技园区的产业定位,保证了科技地产真正成为贯彻国家自主创新战略和推动战略性新兴产业发展的重要平台。

随着全球信息技术的不断发展和普及,菲律宾的信息科技(IT)产业逐渐崛起,成为亚洲地区备受关注的新兴信息科技中心。菲律宾的信息科技园/中心作为该国信息科技产业的重要载体,对于推动菲律宾信息科技产业的快速发展起着至关重要的作用。菲律宾的信息科技园/中心主要聚焦于信息科技服务、业务流程外包(BPO)和软件开发等产业。其中,信息科技服务是园区的核心产业,涉及应用软件开发、数据处理、网络集成等服务。业务流程外包则以外包呼叫中心、客户关系管理等业务为主。此外,菲律宾的信息科技园区还积极发展云计算、大数据、人工智能等新兴产业。

信息科技园/中心主要集中在吕宋群岛,重点集聚在国家首都区(表 6-8)。在数量方面,国家首都区存在 155 个信息科技园/中心,占全国比重超过一半。中米沙鄢区以 39 个信息科技园/中心位居第二位,第三位的是西米沙鄢区。在占地面积方面,国家首都区以 351 公顷领先全国,甲拉巴松区和中米沙鄢区位列第二位和第三位。①马尼拉科技园(Manila Business and Technology Park),位于马尼拉市北部,占地面积约 100 公顷。该园区以信息科技服务、业务流程外包(BPO)和软件开发为主要产业,聚集了众多世界知名信息科技企业和菲律宾本土的高科技公司。②宿务科技园(Cebu IT Park),位于菲律宾宿务岛,是亚洲最大的信息技术产业园之一。该园区以信息科技硬件制造、软件开发和业务流程外包为主要产业,吸引了众多跨国企业和菲律宾本土企业进驻。③达沃科技园(Davao IT Park),位于菲律宾棉兰老岛的达沃市,是该国南部最大的信息技术产业园。该园区以信息科技服务、业务流程外包和软件开发为主要产业,为当地及全球客户提供服务。

表6-8 菲律宾信息科技园/中心分布

地区	数量（个）	占地面积（公顷）
科迪勒拉行政区	3	0.8
国家首都区	155	351.0
伊罗戈区	2	1.6
卡加延河谷区	1	0.3
中吕宋区	9	97.0
甲拉巴松区	14	117.0
比科尔区	5	9.0
西米沙鄢区	18	59.0
中米沙鄢区	39	112.0
东米沙鄢区	2	25.0
北棉兰老区	2	10.0
达沃区	11	33.0
南哥苏萨桑区	1	2.9

资料来源：菲律宾统计局，https://psa.gov.ph/。

（三）农业技术经济区：集聚在南哥苏萨桑区

菲律宾是一个以农业为主的国家，农业在国民经济中占据重要地位。自20世纪90年代以来，菲律宾政府开始重视农业技术经济区的发展。通过制定相关政策和规划，在全国范围内设立了多个农业技术经济区。近年来，随着全球化和信息化的发展，菲律宾农业面临着许多挑战和机遇。为了提高农业产值和竞争力，菲律宾政府正在大力推进农业技术经济区的发展。

菲律宾共有20多个农业技术经济区，覆盖了全国的主要农业产区，主要集中在棉兰老岛，重点集聚在南哥苏萨桑区（表6-9）。在数量方面，南哥苏萨桑区存在6个农业技术经济区，居全国之首。数量排在第二位的为北棉兰老区、达沃区和甲拉巴松区，均为3个。在占地面积方面，南哥苏萨桑区以530.5公顷领先全国，其占地面积是其他区占地面积总和的2倍。农业技术经济区是按照综合计划进行相关规划和开发，园区所处的位置多为自然资源比较丰富的地区，这样有利于农业生产。在这些农业技术经济区中，政府为农民提供了多方面的支持和服务,包括农业技术的推广和示范、农业保险的补贴、农产品的加工和销售等。此外,政府还鼓励农民成立合作社和农业企业,以提高农业生产效益和市场竞争力。

表6-9 菲律宾农业技术经济区分布

地区	数量(个)	占地面积(公顷)
卡加延河谷区	1	24.0
甲拉巴松区	3	44.7
三宝颜半岛区	1	6.1
西米沙鄢区	1	25.8
中米沙鄢区	2	11.9
东米沙鄢区	2	12.2
北棉兰老区	3	87.0
达沃区	3	32.5
南哥苏萨桑区	6	530.5

资料来源:菲律宾统计局,https://psa.gov.ph/。

(四)旅游经济区:集聚在首都区和甲拉巴松区

菲律宾是一个拥有丰富自然和人文资源的国家,其旅游业在亚洲地区具有较高的知名度。自20世纪90年代以来,菲律宾政府开始积极发展旅游经济区,以提升旅游业的整体竞争力。为了充分开发和利用旅游资源,提高旅游业的整体效益,菲律宾政府在近年来致力于推动旅游经济区的发展。旅游经济区是根据旅游资源的分布和旅游产业发展的现状,综合考虑政治、经济和文化的因素,划定一定范围,在旅游经济活动中采取较其他地区更加开放、灵活、特殊的发展政策。这些旅游经济区以自然风光、文化遗产和现代旅游设施为依托,主要面向国际游客。在旅游经济区,菲律宾政府为游客提供了各种旅游服务,包括住宿、餐饮、娱乐、旅游咨询等。此外,政府还鼓励当地企业和个人投资旅游业,提高旅游设施和服务水平。

目前,菲律宾已建立了数十个旅游经济区,集中在吕宋群岛,重点集聚在国家首都区和甲拉巴松区(表6-10)。国家首都区的旅游经济区数量为5个,占地面积为146.1公顷。甲拉巴松区的旅游经济区数量为4个，占地面积为148.6公顷。这两个大区的旅游资源远高于其他大区。科迪勒拉行政区虽然只设立了1个旅游经济区，但其占地面积高达301.9公顷，远高于其他大区。著名的包括巴拉望岛、薄荷岛、马尼拉湾等，在国际上知名度较高。巴拉望岛以其独特的自然风光和文化遗产而备受游客青睐，薄荷岛则以其美丽的海滩和潜水胜地而著名，马尼拉湾地区则以现代化的城市和完善的旅游设施吸引游客。

表6-10 菲律宾旅游经济区分布

地区	数量（个）	占地面积（公顷）
国家首都区	5	146.1
甲拉巴松区	4	148.6
中米沙鄢区	3	54.7
比科尔区	2	37.8
西米沙鄢区	2	133.7
科迪勒拉行政区	1	301.9
伊罗戈区	1	77.5
东米沙鄢区	1	12.0

资料来源：菲律宾统计局，https://psa.gov.ph/。

第五节 产业发展与布局

服务业是菲律宾经济发展的龙头，占GDP的比重超过工业与农业之和。2019年，第一产业占比8.82%，第二产业占比30.33%，第三产业占比60.85%。2010—2019年，第一产业和第二产业的产值大幅下降，服务业增长迅速。在菲律宾重点产业的空间分布上，全国各地区产业发展存在异质性，具有显著的功能性差别。南部和北部地区是全国农产品的重要生产基地，中部地区承担着全国的工业制造。

一、发展历程

菲律宾的产业发展历史悠久,早在西班牙殖民时期,菲律宾就开始发展种植业和手工业。随着时间的推移,菲律宾的产业也在不断演变和发展。目前,菲律宾的产业主要包括农业、制造业、服务业和其他产业。其中,服务业是菲律宾经济的主要支柱,制造业是菲律宾经济发展的重要支撑,农业是菲律宾经济的基础。

(一)农业发展

菲律宾的农业发展起步早,在西班牙殖民时期就开始发展种植业。然而,随着经济的发展和城市化进程的加快,菲律宾的农业发展逐渐落后。20世纪70年代,菲律宾的农业发展开始加速,政府出台了一系列扶持政策,鼓励农民扩大种植面积和提高生产效率。这些政策包括提供农业贷款、补贴和税收优惠等。然而,自90年代以来,菲律宾的农业发展逐渐放缓,由于土地私有化和水资源不足等问题,菲律宾的农业生产效率一直较低。尽管菲律宾的农业发展历史悠久,但目前仍然存在一些问题。其中最主要的问题是土地和水资源的不足以及农业生产效率低下。这些问题的根源在于土地私有化和农业技术落后等。因此,菲律宾需要加大农业技术研发和推广力度,推进农业现代化建设。

(二)制造业发展

菲律宾的制造业发展始于20世纪70年代,当时政府开始推行工业化政策,吸引外资和企业来投资。制造业成为菲律宾经济发展的重要支撑。然而,90年代以后,由于全球经济的衰退和亚洲金融危机的冲击,菲律宾的制造业发展受到了一定的影响(段东南,2010;周明伟,2001)。直到21世纪初,随着经济的复苏和业务流程外包(BPO)等新型服务业的发展,菲律宾的制造业开始重新崛起。菲律宾的制造业发展也存在着一些问题,其中最主要的问题是生产成本高和技术落后。这些问题的根源在于原材料和零部件依赖进口、劳动力素质低下以及技术创新不足等。因此,菲律宾需要加大技术创新和人才培养力度,提高制造业的核心竞争力。

（三）服务业发展

菲律宾的服务业发展始于 20 世纪 70 年代，当时政府开始推行经济自由化政策，吸引外资和企业来投资。由于菲律宾拥有英语普及率高、劳动力成本低等优势，许多跨国公司将呼叫中心和 BPO 等服务业务外包给菲律宾的企业。随着这些服务业务的发展，菲律宾的服务业开始迅速崛起。21 世纪初，服务业已经成为菲律宾经济的重要支柱之一。菲律宾的服务业发展相对较为成功，其中最重要的经验是拥有英语普及率高、劳动力成本低等优势以及政府推行经济自由化政策。这些优势吸引了大量外资和企业来投资，促进了菲律宾服务业的发展。然而，随着全球经济的不断变化和发展，菲律宾的服务业也需要不断更新和升级。

二、总体特征

菲律宾的第一、第二和第三产业占 GDP 的比重分别为 9%、31% 和 60% 左右。"服务业驱动、工业为辅、农业为基"的产业结构一直没有改变（表 6-11）。

菲律宾农业发展先天条件好，但资金和技术受到较大限制。菲律宾地处热带，有着良好的自然环境，但是缺乏资金的投入，农业发展基本处于低端水平，主要的粮食作物都无法保证自给自足，例如主食大米长期需要进口。香蕉是菲律宾最重要的出口经济作物，但缺乏良好的储存条件，也常遭受自然灾害影响，产量波动起伏很大。

菲律宾工业还未形成完善的体系。虽然拥有丰富的矿产资源，但受限于技术，开发强度不大。在政府的引导下，工业发展以耗能较少的电子业为主要方向，廉价的人力资源和较低的税收吸引外国的电子组装生产线迁移到菲律宾。这些工业从订单到市场，全部都是依赖国际出口。菲律宾最大的出口产品就是电子产品。虽然政府大力推广工业发展，但能源问题是工业发展的瓶颈。

菲律宾服务业主要集中在劳务输出和服务外包业务。劳务输出是菲律宾传统的创汇项目，是许多家庭最重要的收入来源。因为有完善的培训制度和便利的语言交流能力，在欧美高级家政服务业中，菲律宾女佣已经成为一块金字招牌。菲律宾在建筑行业中大量输出男性劳动力，其中中东70%的外来建筑工人来自菲律宾，除了建筑业，在汽车维修、飞机维修等行业，菲律宾也占据了重要的地位（Amoranto et al.，2010）。大量的劳务输出创造出巨量的外汇收入，劳务收入占全年的GDP接近10%。近几年，服务外包业务飞速发展，成为菲律宾最大的外汇收入来源。更重要的是服务外包业务带动了就业人口数量的增加，创造出大约130万个就业机会，这些职业薪资优厚，推动了城市中产阶层的壮大，改善了城市的社会环境（姜荣春，2012）。

表6-11 菲律宾不同产业产值　　　　　　　　（单位：亿比索）

产业	2018年	2019年
农业、林业和渔业	17 626	17 215
工业	55 825	59 193
采矿和采石	1 633	1 617
制造业	34 883	36 140
电力、蒸汽、水和废物管理	5 570	6 079
建设	13 738	15 357
服务业	109 200	118 770
批发和零售贸易；机动车和摩托车维修	32 373	35 177
运输和储存	6 978	7 577
住宿和餐饮服务活动	4 033	4 318
信息和通信	5 159	5 628
金融和保险活动	14 981	16 819
房地产和住宅	11 897	12 556
专业和商业服务	11 593	12 198
公共行政和国防；社交活动	7 677	8 907
教育	7 316	7 789
人类健康和社会工作活动	3 083	3 299
其他服务	4 110	4 504
国内生产总值	182 652	195 179

资料来源：菲律宾统计局，https://psa.gov.ph/。

（一）农业：以种植水稻为主

水稻一直是菲律宾种植业的主要农作物，集中在吕宋岛和其他一些岛屿。由于其独特的地理位置和气候条件，这些地区的稻米质量非常高。此外，菲律宾水稻种植结构也在不断变化，从传统的雨季种植转向更为高效的旱季种植。2010—2019 年，水稻产量在第一产业中的比重一直为 18%—20%，2014 年达到 22.56%。菲律宾水稻的年均种植面积为 427 万公顷，占农作物种植面积的 33.8%。

菲律宾水稻种子分为两种：一种是常规稻种，包括自留种、认证种，另一种则是杂交种。菲律宾农业科技水平有限，大部分农户依旧种植常规稻种，杂交稻在水稻种植中所占比例甚小。为了尽快实现大米自给，近年来菲律宾政府大力推广杂交稻的应用，规模最大的即是菲律宾农业部主导的 GMS 水稻项目规划。该计划的实施大大推动了杂交水稻种植在菲律宾的发展。为解决粮食自给问题，阿基诺政府于 2011 年制订了《粮食自给计划（2011—2016）》，主要内容包括提高对农业发展的支持力度，为粮食种植者提供价格支持并完善粮食市场流通体系，加大小农信贷的投放量，发挥其在农业发展中的促进作用，同时扩大针对气候变化风险（台风、暴雨、洪水等）的保险范围，菲律宾希望在阿基诺三世执政结束前，实现国家粮食自给。

菲律宾是一个全球知名的水稻生产国，独特的地理和气候条件使得它成为全球最适合种植水稻的国家之一。近年来，菲律宾水稻出口规模一直在增长。根据菲律宾农业部的数据，2020 年菲律宾的水稻出口量达到了 148.35 万吨，比 2016 年增长了 37.08%（表 6-12）。菲律宾的水稻主要出口到亚洲、中东和非洲等地区。其中，亚洲是菲律宾最大的水稻出口市场，其次是中东和非洲。菲律宾出口的水稻品种主要包括巴拉帕斯、卡鲁瓦和苏比克等品种。这些品种具有高产、抗病、抗旱和耐瘠等特点，适合在各种环境下种植。菲律宾水稻的质量也得到了国际市场的认可，其大米被广泛认为是高品质、有营养的大米。

表 6-12　2016—2020 年菲律宾水稻出口

年份	出口规模（亿比索）	出口量（万吨）
2016	11.84	108.22
2017	12.87	115.31
2018	14.38	135.45
2019	16.86	148.83
2020	15.64	148.35

资料来源：菲律宾农业部官方网站，https://www.da.gov.ph/。

畜禽业和渔业也是菲律宾第一产业的优势产业，在第一产业产值的占比均大致为15%（图6-6）。从20世纪80年代起，畜禽产业在菲律宾得到了巨大的发展。菲律宾政府采取优先发展畜禽产业的战略，重点促进肉牛/奶牛及其他小型反刍动物的品种改良，加强投资产前和产后设备及基础设施建设，大力支持畜禽产业生物技术研究和发展。菲律宾水资源丰富，包括海洋和内陆水资源，其中海洋资源是菲律宾最重要的渔业资源。菲律宾海域面积是陆地面积的7倍，而且拥有220万平方千米海域，在东南亚国家中仅次于印度尼西亚、马来西亚和缅甸。

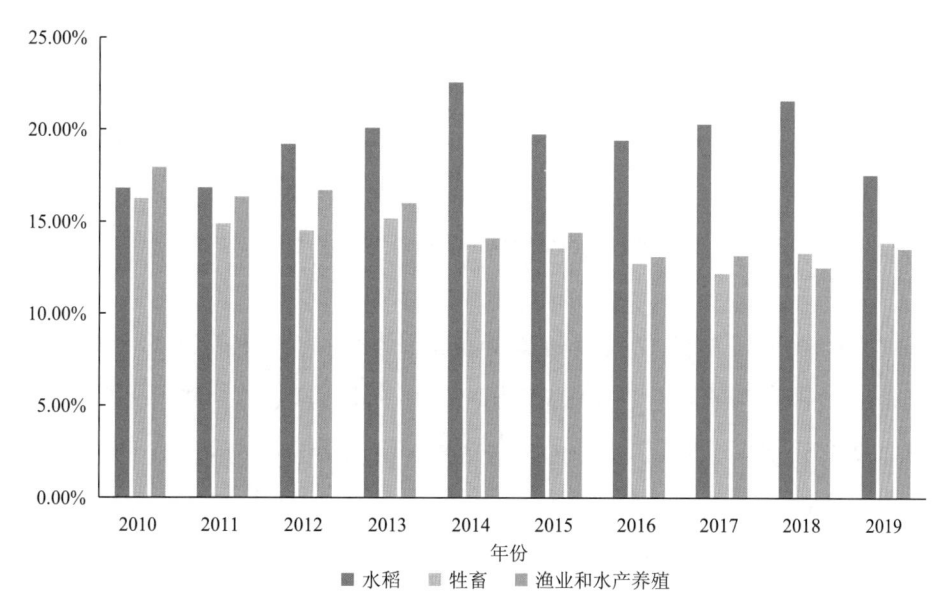

图 6-6　2010—2019 年菲律宾第一产业主要构成

资料来源：菲律宾统计局，https://psa.gov.ph/。

（二）工业：轻工业繁荣

菲律宾工业总体不发达，主要有制造业、建筑业、采矿业、燃料和动力业等。制造业是菲律宾的工业支柱，主要经营制糖、椰油、卷烟、食品、锯木、造纸等初级产品加工工业，以及纺织、水泥、成衣、制革、橡胶、医药、汽车装配和石油加工工业。2010 年和 2019 年菲律宾工业产值为分别 30 397 亿比索和 50 942 亿比索，其中制造业比重分别高达 67.78％和 61.05％（图 6-7）。

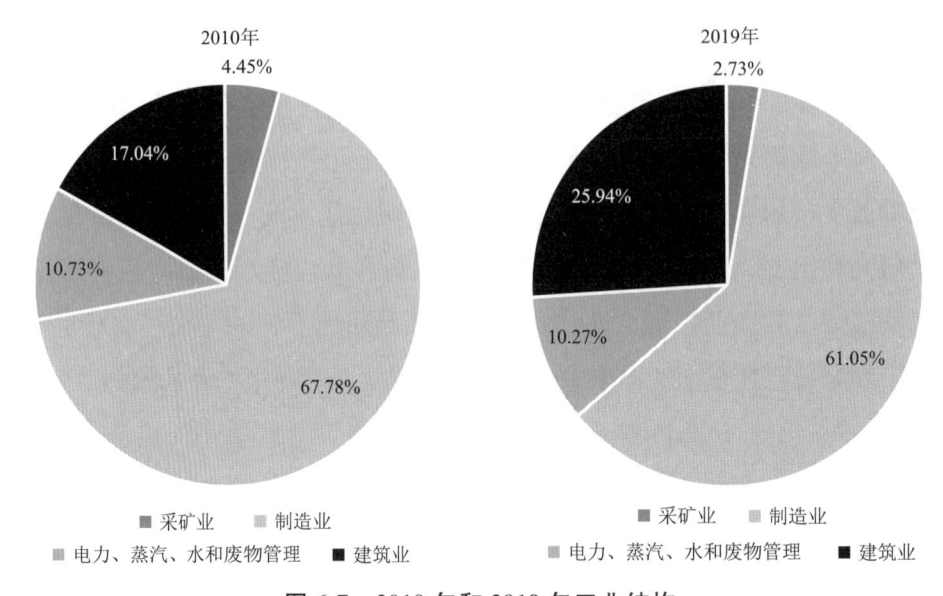

图 6-7　2010 年和 2019 年工业结构

资料来源：菲律宾统计局，https://psa.gov.ph/。

菲律宾的钢铁、冶金、机器制造等重型工业少，集中在能源与矿产领域。菲律宾是一个拥有丰富矿产资源的国家，近年来政府加大了对能源和矿产领域的投资力度，吸引了大量国内外企业的投资（唐玉浩、崔彬，2018）。例如，澳大利亚力拓集团和菲律宾本土企业合作，在菲律宾北吕宋地区开发一座大型铜矿，这将使菲律宾成为全球重要的铜生产国之一。

菲律宾的轻工业发展速度较快，但技术水平在世界上仍处于落后地位：①纺织和制衣业一直以来都是菲律宾轻工业的支柱产业。由于菲律宾拥有丰富的棉花和橡胶资源，以及具备劳动力成本低廉等优势，其纺织和制衣产品在国际市场上具有较高的竞争力（Tyner，2004）。许多国际品牌如耐克、阿迪达斯等都在菲律宾设立了生产基地。②日用消费品制造业发展迅速，生产各类家居用品、美容护肤品、玩具等产品。由于菲律宾的劳动力成本低廉，许多国际日用品品牌如宝洁、联合利华等都在菲律宾设立了生产基地。③食品加工业相对发达，食品加工占菲律宾制造业的比重接近一半，主要包括各类农产品加工品和零食的生产。由于菲律宾拥有丰富的农业资源和劳动力成本优势，其食品加工业在国内外市场都具有较强的竞争力（Tyner，2004）。此外，菲律宾的渔业和林业也为其食品加工业提供了丰富的原材料。2010—2019年菲律宾食品加工占制造业的比重平均达47.11%，远高于制造业其他产业。④作为承接全球最大的电子产品出口国，菲律宾电子制造行业近年来日渐式微。2010年以来，菲律宾计算机、电子和光学产品制造占制造业的比重超过10%，最高可达15%，但呈现持续递减的态势，由2010年的15.21%下降至2019年的10.73%（图6-8）。

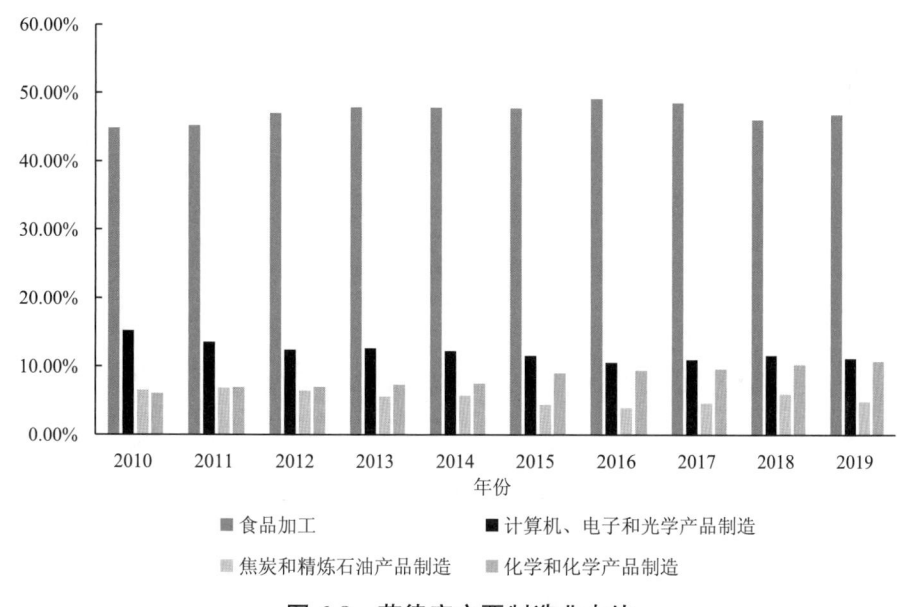

图 6-8　菲律宾主要制造业占比

资料来源：菲律宾统计局，https://psa.gov.ph/。

菲律宾工业发展潜力大：①劳动力成本优势。菲律宾劳动力成本相对较低，且拥有英语普及和技能较高的优势。这些优势使得菲律宾在劳动密集型产业方面具有较大的竞争力。随着全球制造业向东南亚转移，菲律宾工业有望在未来获得更多的发展机遇（Kelly，2012）。②政府政策支持。为了推动工业发展，菲律宾政府出台了一系列的政策措施，包括税收优惠、土地租赁优惠等。这些政策的实施可以降低企业在菲律宾的运营成本，提高企业的竞争力。③区域经济合作。菲律宾积极参与区域经济合作，如东盟、亚太经合组织等。通过与周边国家的经济合作，菲律宾可以扩大市场，提高自身的工业发展水平。特别是在共建"一带一路"倡议下，菲律宾与中国的合作日益密切，为工业发展提供了更多的机遇。

（三）服务业：旅游业发达

作为第三产业的主导产业，服务业在菲律宾的总体经济发展中影响显著（图 6-9）。2010 年，菲律宾服务业增加值为 50 673 亿比索，占 GDP 的比重达 53.9%，2019 年菲律宾服务业增加值上升至 118 770 亿比索，占 GDP 的比重也上升至 60.9%。这十年间，菲律宾服务业增加值年平均增长 9.93%。2019 年，在服务业中占比前三的产业依次为批发和零售贸易、修理机动车辆和摩托车，以及金融和保险、房地产服务，占服务业的比重依次为 29.62%、14.16%、10.57%。

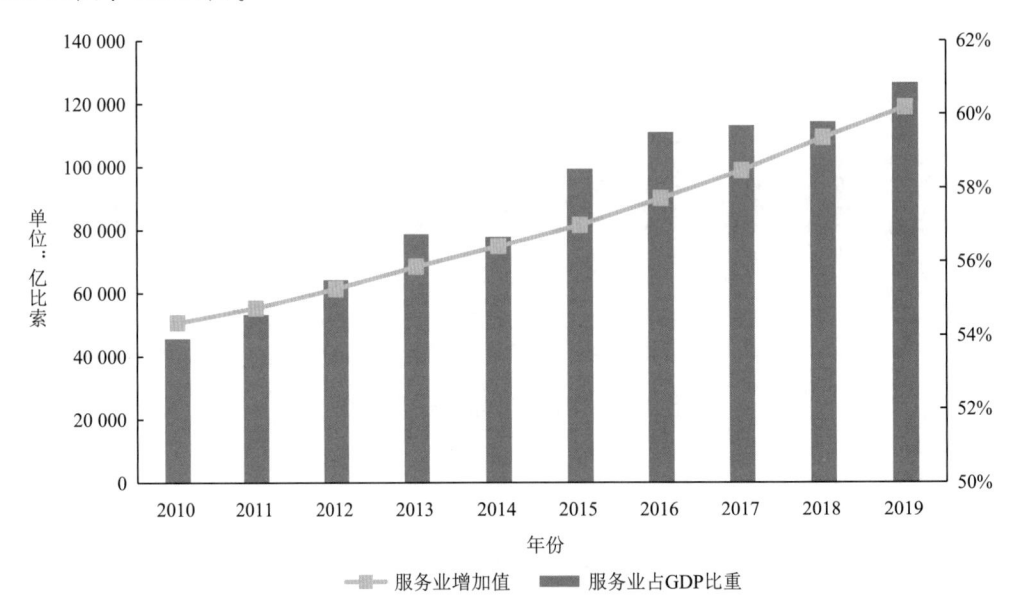

图 6-9　2010—2019 年菲律宾服务业变化态势

资料来源：菲律宾统计局，https://psa.gov.ph/。

菲律宾是一个旅游资源丰富的国家，其旅游业在东南亚地区具有较高的竞争力。菲律宾拥有美丽的海滩、壮观的山脉、丰富的文化遗址等，吸引了大量国内外游客前来观光和旅游。菲律宾政府也积极推动旅游业的发展，加强旅游设施建设和旅游品牌推广，提高了旅游业的整体水平。菲律宾统计局的数据显示，从1991年至2016年，菲律宾月均游客量达到了23万人次，2017年到访游客数量达到了660万人次。菲律宾旅游业增加值占GDP的比重已超过15%。2010年菲律宾旅游业增加值为10 450亿比索，占GDP的比重达11.12%；2019年菲律宾旅游业增加值上升至32 888亿比索，占GDP的比重也增加至16.85%。菲律宾旅游业还进一步拉动了国内就业（图6-10）。2010年，菲律宾旅游业就业人数为412.6万人，2019年增长至571.9万人。据《菲律宾星报》报道，菲律宾旅游部2017年的数据显示，杜特尔特总统上任后的11个月里，菲律宾的旅游业收入达到了2 203亿比索，较前任总统阿基诺三世上任后的同期收入额增长了109.1%；其中，入境外国游客的数量达到了587.1万人次，较阿基诺时期增长了71.8%。

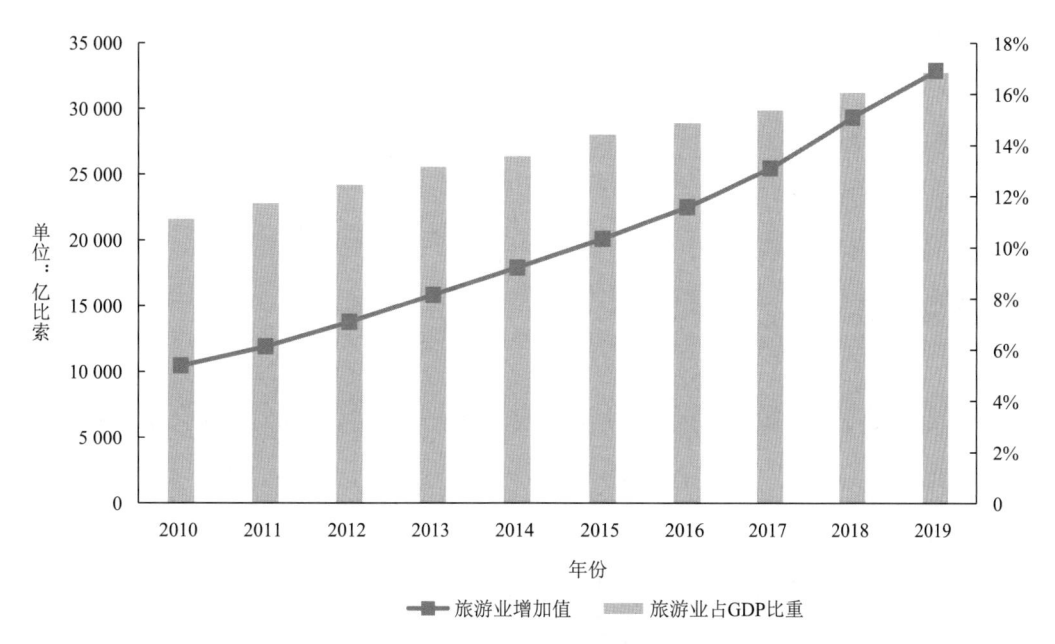

图6-10　2010—2019年菲律宾旅游业变化态势

资料来源：菲律宾统计局，https://psa.gov.ph/。

信息技术与业务流程外包是菲律宾最具活力和发展最快的行业,在国际市场上具有较高的竞争力。近年来,也成为菲律宾最知名的名片。菲律宾拥有大量的英语人才和低成本劳动力,这些优势吸引了众多跨国公司将业务流程外包给菲律宾(Helvoirt,2009)。近年来,菲律宾信息技术和业务流程外包市场规模不断扩大,增长迅速。据菲律宾贸工部数据,2021年全球共有800万全职员工就职于信息技术与业务流程外包行业。其中,菲律宾员工占比17%—18%,排名第二,仅次于占比37%—40%的印度。

菲律宾信息技术和业务流程外包服务领域涵盖了信息技术咨询、软件开发、数据管理、呼叫中心、人力资源等多个领域。客户群体也从最初的跨国公司逐渐扩大到国内企业和政府部门。目前,菲律宾信息技术和业务流程外包已经成为全球企业重要的成本控制和业务转型策略之一(姜荣春,2012)。2020年,菲律宾共有135万人从事信息技术与业务流程外包行业,其中90万人就职于各类呼叫中心;16.3万人参与全球共享服务;14.3万人就职于健康信息管理行业;信息技术和软件行业则吸纳了13.7万人就业。2020年,菲律宾服务外包行业总营业额为267亿美元,其中呼叫中心业务营业额为150亿美元。菲律宾信息技术和业务流程外包领域拥有许多知名企业和品牌,如菲律宾科技公司、毕马威菲律宾等。这些公司在全球市场上拥有较高的知名度和竞争力,为全球客户提供优质的服务。

三、产业布局

菲律宾产业的空间布局由北往南的区域差异显著。例如,马尼拉大都会是经济发展的核心区域。该地区的产业以服务业为主导,包括金融、贸易、旅游、电信等(夏晶晶,2009)。棉兰老穆斯林自治区位于菲律宾南部,以农业和林业为主导,同时也是菲律宾重要的制造业中心之一,主要涉及电子产品、家具、服装等。而其他地区的产业发展则相对滞后。

(一)农业:南北部高,中部低

基于种植系统、气候分区和地形状况,菲律宾农业可分为3个子区域:低地农业区（北部岛屿）、丘陵农业区（玻尔岛、宿务岛和内格罗斯岛）和农林交错区（南部和西部岛屿）。低地农业区降水较常年平均偏低（-27%），温度略低于常年平均（-0.1℃），光合有效辐射大幅高于常年平均（+13%）。丘陵农业区降水较常年平均水平偏低（-27%），温度接近常年平均（+0.1℃），光合有效辐射高于常年平均（+5%）。农林交错区降水较常年平均水平偏低（-23%），温度接近平均水平（-0.3℃），光合有效辐射高于平均水平（+2%）。

上述三个区域主要集中在吕宋群岛，其次是米沙鄢群岛。①吕宋群岛的农业分布从马尼拉湾向北延伸至吕宋中央平原，再向北与伊洛戈海岸平原相连；向南与内湖湾四周的低地相连接。吕宋群岛的北部则是加牙鄢谷地，东南是米谷平原。②米沙鄢群岛的农业分布在班乃中部平原、尼格罗斯岛西部平原、礼智岛东北部平原以及武运岛南部平原。③棉兰老岛的农业分布在古达描岛平原。2010 年，菲律宾农业增加值达 12 925 亿比索。中吕宋区农业增加值为 1 869 亿比索，占全国比重达 14.46%，高于其他区域；北棉兰老区农业增加值为 1 166 亿比索，占全国比重达 9.02%，位居第二位；第三位的是甲拉巴松区，农业增加值为 1 157 亿比索，占全国比重达 8.95%。2019 年，菲律宾农业增加值增长至 17 215 亿比索。增加值位居前三位的依然是中吕宋区、北棉兰老区与甲拉巴松区，农业增加值分别为 2 319 亿比索、1 829 亿比索、1 543 亿比索。这三个大区农业生产占全国的近 1/3（表 6-13）。

表 6-13　2010 年和 2019 年菲律宾农业的区域分布　　（单位：亿比索）

地区	2010 年	2019 年
中吕宋区	1 869	2 319
北棉兰老区	1 166	1 829
甲拉巴松区	1 157	1 543
达沃区	1 112	1 494
南哥苏萨桑区	1 083	1 307
西米沙鄢区	1 056	1 442
伊罗戈区	829	1 044
卡加延河谷区	673	1 035
棉兰老穆斯林自治区	659	876

续表

地区	2010年	2019年
三宝颜半岛区	629	747
比科尔区	627	858
东米沙鄢区	581	612
中米沙鄢区	548	795
民马罗巴区	424	641
卡拉加区	292	399
科迪勒拉行政区	216	270
国家首都区	4	4

资料来源：菲律宾统计局，https://psa.gov.ph/。

伊罗戈区是菲律宾最大的稻米产区，也是重要的玉米、烟草和蔬菜种植区。比科尔区则以烟草和蔬菜种植为主，同时也是菲律宾重要的渔业资源区域。卡加延河谷区则以水稻种植为主，同时也发展了水果种植、畜牧业和渔业等产业。国家首都区和中吕宋区以城市农业和郊区农业为主，主要种植蔬菜、水果和花卉等高附加值农产品。同时，该地区的畜牧业也较为发达，特别是国家首都区的马尼拉动物园和中吕宋区的畜牧养殖业。棉兰老岛以及一些南部半岛地区以热带经济作物种植为主，如橡胶、椰子、菠萝等。同时，该地区的渔业资源也较为丰富，为当地的经济发展提供了重要的支撑。

（二）制造业：中部向南北逐步递减

菲律宾制造业的空间布局存在极强的不均衡性，形成中部向南北递减的空间格局。菲律宾制造业高度集聚在甲拉巴松区、国家首都区和中吕宋区，这三个大区的制造业增加值占全国的比重接近八成（表6-14）。2010年，菲律宾制造业增加值达20 602亿比索。其中，甲拉巴松区制造业增加值为6 900亿比索，占全国的比重达33.49%；国家首都区制造业增加值为5 179亿比索，占全国的比重达25.14%，位居第二位；第三位的是中吕宋区，制造业增加值为2 574亿比索，占全国比重达12.49%。2019年，菲律宾制造业增加值增长至36 139亿比索，位居前三位的依然是甲拉巴松区、国家首都区和中吕宋区，制造业增加值分别为12 235亿比索、8 225亿比索、5 947亿比索。这三个大区制造业增加值占全国的比重高达 73.07%。

表 6-14　2010 年和 2019 年菲律宾制造业的区域分布　（单位：亿比索）

地区	2010 年	2019 年
甲拉巴松区	6 900	12 235
国家首都区	5 179	8 225
中吕宋区	2 574	5 947
中米沙鄢区	1 146	2 097
东米沙鄢区	647	454
西米沙鄢区	597	1 014
达沃区	556	982
北棉兰老区	525	961
科迪勒拉行政区	466	430
伊罗戈区	352	597
南哥苏萨桑区	349	614
三宝颜半岛区	307	632
比科尔区	263	541
卡加延河谷区	227	380
民马罗巴区	212	438
卡拉加区	211	341
棉兰老穆斯林自治区	91	251

资料来源：菲律宾统计局，https://psa.gov.ph/。

甲拉巴松区制造业以电子产品、电信设备、纺织品和制鞋为主，其中许多是跨国公司的生产基地。甲拉巴松区也拥有一些重要的港口和机场等交通基础设施，以及大量的商业和金融企业，是菲律宾的商业和金融中心之一。甲拉巴松区是菲律宾电子产品制造的重要基地之一，尤其是电脑配件、手机配件等产品。该地区的电子产品制造业相对发达，拥有许多知名的跨国公司，如惠普、英特尔、微软等，这些公司在菲律宾设立了生产基地和研发中心。甲拉巴松区也是菲律宾电信设备制造的中心之一，拥有许多电信设备和网络设备的制造商，如菲律宾长途电话公司、G-X 国际公司等。纺织品和制鞋是甲拉巴松区的传统制造业之一，该地区有许多知名的纺织品和制鞋企业，如马尼拉纺织公司、菲力特鞋业公司等。

国家首都区制造业主要涵盖电子、半导体、制造业服务业。其中，电子和半导体制造业是国家首都区的重要组成部分，半导体产业在制造业中占据了58%的市场份额。全球被动元器件的主要生产基地，包括全球前三的被动元器件厂商村田、三星电机、太阳诱电都在菲律宾设立了工厂。此外，菲律宾还有很多封测厂，如安森美在菲律宾有3家封测厂，亚德诺半导体（analogdevices, inc）在马来西亚和菲律宾都有封测厂，其中甲米地省是ADI在菲律宾的主要封测中心。罗姆在菲律宾有2家工厂主要负责电阻器、电容器、晶体管的制造，还有安靠、安世半导体、英特尔、德州仪器等都在菲律宾的吕宋岛设有半导体工厂。除了电子和半导体制造业外，国家首都区的制造业服务业也十分发达。该地区的制造业服务业主要涵盖信息技术、业务流程外包、物流等领域。国家首都区拥有许多世界知名企业的区域总部，这些企业主要集中在金融、电信、信息技术等领域。然而，由于土地成本和劳动力成本的上升，一些制造企业正在向其他地区转移。

中吕宋区的制造业以农产品加工业、纺织服装业、林产品加工业、机械制造业和矿产品加工业为主。其中，农产品加工业和纺织服装业是该地区的传统优势产业，而机械制造业和矿产品加工业则是在近年来逐渐发展起来的。在农产品加工业方面，中吕宋区主要生产椰子油、芒果干等产品。其中，椰子油是该地区的特色产品，年产量约10万吨。在纺织服装业方面，中吕宋区拥有大量的纺织工厂和服装加工厂，主要生产服装、布料等产品。此外，中吕宋区的林产品加工业也很发达，主要生产家具、木制品等产品。

棉兰老穆斯林自治区的制造业主要涉及农业和渔业加工，以及化工等行业。这些行业的发展主要依靠当地的自然资源，同时与出口市场密切相关。吕宋岛北部的制造业以纺织、制鞋、陶瓷和建筑材料等行业为主。这些行业的发展主要依靠当地的传统工艺技术和自然资源。西部地区的制造业以石油化工、钢铁、造船和水泥等行业为主。

菲律宾制造业空间布局存在历史遗留问题，由于美国垄断资本的掠夺，菲律宾制造业的地理分布较不合理。垄断资本家为了运输方便，将大部分制造业工厂企业设置在延海一带的几个重要城镇，特别是马尼拉市为全国工业最集中的地方。而且，由于历史上菲律宾受国外垄断资本的控制，国内极其缺乏钢铁、机械及其他重工业，制造业发展以农产品加工业为主，包括蔗糖、椰油、烟草、粮食、罐头等加工业。

（三）采矿业：空间布局较为分散

菲律宾采矿业空间分布较为分散（表6-15）。2010年，菲律宾采矿业增加值达1 355亿比索。其中，民马罗巴区采矿业增加值为375亿比索，占全国的比重达27.67%；卡拉加区采矿业增加值为206亿比索，占全国的比重达15.20%；科迪勒拉行政区采矿业增加值为200亿比索，占全国的比重达14.76%。2019年，菲律宾采矿业增加值增长至1 618亿比索，采矿业空间布局也出现变化。民马罗巴区采矿业增加值为333亿比索，占全国的比重达20.58%，依然排在各大区中第一位。第二位是卡拉加区，采矿业增加值为317亿比索，占全国的比重达19.59%。西米沙鄢区采矿业增加值上升至第三位，采矿业增加值为275亿比索，占全国的比重达17.00%。

表6-15 2010年和2019年菲律宾采矿业的区域分布　（单位：亿比索）

地区	2010年	2019年
民马罗巴区	375	333
卡拉加区	206	317
科迪勒拉行政区	200	86
达沃区	191	75
比科尔区	103	99
西米沙鄢区	88	275
中米沙鄢区	55	107
中吕宋区	46	67
三宝颜半岛区	31	5
甲拉巴松区	17	53
卡加延河谷区	13	100
北棉兰老区	8	28
棉兰老穆斯林自治区	7	43
伊罗戈区	5	14

续表

地区	2010 年	2019 年
国家首都区	4	4
东米沙鄢区	3	6
南哥苏萨桑区	3	6

资料来源：菲律宾统计局，https://psa.gov.ph/。

菲律宾采矿业与各类矿产空间分布存在差异相关。从区域尺度看，吕宋岛中部、南部地区以及棉兰老岛北部地区拥有许多大型矿山和采矿企业。其中，中吕宋地区的矿产资源以铜、镍为主，南吕宋地区则以金、银为主。金、银、铅等金属矿产资源，以及石膏、黏土等非金属矿产资源主要分布在棉兰老岛北部地区。菲律宾还有其他一些较小的采矿分布区，如北吕宋地区的锰矿、苏比克湾地区的铬铁矿等（唐玉浩、崔彬，2018）。从省域或市域尺度看，金矿主要分布在碧瑶，其次是三宝颜；铬矿主要分布在三描礼士省；铜矿主要分布在高山省；煤矿主要产于吕宋、宿务、棉兰老等岛屿；锰矿分布较为广泛且分散；锌矿主要产于高山省。

（四）金融保险业：高度集聚在国家首都区

菲律宾的金融保险业空间极化现象明显，尤其高度集中在国家首都区，国家首都区每年金融保险业增加值占全国的比重超过六成（表6-16）。2010 年，菲律宾金融保险业增加值达 6 363 亿比索。国家首都区金融保险业增加值为 4 485 亿比索，占全国的比重高达 70.49%。增加值排在第二位和第三位的区域依次为甲拉巴松区和中米沙鄢区，增加值分别为 418 亿比索和 300 亿比索，占全国的比重分别为 6.57% 和 4.71%。2010—2019 年，菲律宾金融保险业快速发展，空间分布的极化现象弱化，特别是国家首都区金融保险业占比大幅下降。2019 年全国金融保险业增长至 16 818 亿比索，增长了超过一万亿比索。其中，国家首都区金融保险业增加值达 10 327 亿比索，占全国的比重 61.40%，依然遥遥领先全国其他地区。排在第二位和第三位的区域仍然为甲拉巴松区和中米沙鄢区，增加值分别为 1 104 亿比索和 1 029 亿比索，占全国的比重分别为 6.56% 和 6.12%。菲律宾近年来强劲的经济发展速度和日益改善的金融市场环境对本地金融业发展起到积极的支撑作用,特别是证券市场、外汇市场、固定收益交易市场等金融市场发展态势良好。随着中国—东盟自贸试验区的成立,《区域全面经济伙伴关系协定》(Regional Comprehensive Economic Partnership,RCEP)的签订与生效,菲律宾金融业发展未来存在着更多的机遇。

表6-16 2010年和2019年菲律宾金融保险业的区域分布（单位：亿比索）

地区	2010年	2019年
国家首都区	4 485	10 327
甲拉巴松区	418	1 104
中米沙鄢区	300	1 029
中吕宋区	199	632
西米沙鄢区	183	592
达沃区	130	544
比科尔区	93	363
北棉兰老区	79	300
科迪勒拉行政区	71	314
民马罗巴区	69	177
南哥苏萨桑区	67	303
卡拉加区	66	337
伊罗戈区	66	226
东米沙鄢区	64	287
卡加延河谷区	34	119
三宝颜半岛区	32	133
棉兰老穆斯林自治区	7	31

资料来源：菲律宾统计局，https://psa.gov.ph/。

国家首都区的金融保险业发展十分活跃,由众多国内外银行和保险公司组成。菲律宾国家银行(Bangko Sentralng Pilipinas)作为菲律宾的中央银行,负责制定和执行货币政策,维护金融稳定。此外,它还提供各种金融服务,如存款、贷款、投资和保险等。加州金城银行(Metropolitan Bank)是菲律宾的一家大型银行机构,提供各类金融服务,包括个人和企业银行业务、投资和保险等。该银行总部位于马尼拉市,在多个地区拥有分行和办事处。菲律宾安盛

(AXA Philippines)是一家领先的保险公司,提供各种人寿和财产保险产品。该公司在菲律宾保险市场占有重要地位,并拥有广泛的销售网络和客户服务团队。BDO银行(BDO Unibank)是菲律宾最大的独立银行之一,提供全方位的金融服务,包括存款、贷款、投资和保险等。该银行总部位于马尼拉市,在多个地区拥有分行和自动柜员机。菲律宾中华银行(China Banking Corporation)是一家由中国银行控股的菲律宾银行机构,提供个人和企业银行业务、投资和保险等金融服务。该银行总部位于马尼拉市,在多个地区设有分行和办事处。这些机构为国家首都区的经济发展提供了强有力的支持,同时也为个人和企业提供了多样化的金融服务。

四、发展路径

菲律宾的产业发展路径具有多样化和现代化的特点,政府的大力支持和不断推出的改革措施为菲律宾产业的发展提供了良好的环境。

(一)农业的发展路径

一是实行土地改革。为了减少贫困,发展农业,菲律宾于20世纪80年代末就开始了土地改革(Ramos et al.,2012)。将可用于农业的土地尽可能回归农业,将大土地所有者的土地转卖给小土地所有者或无土地的佃农和农业工人。但是,其结果对农业的负面影响大于正面影响。这个政策导致农场的土地面积变小,大农场失去规模经济优势。不利于现代农业机械的使用和大型农业企业扩大经营面积。购入土地的小土地所有者、佃农和农业工人,往往缺乏资金,购入土地后资金负担进一步加重,没有能力对土地进行大规模投资。农场规模狭小,给农业供销市场体系的运销带来许多不便。

二是放宽进口限制。为了强化农业机械化生产,菲律宾放宽了农业进口限制。1995年之后,菲律宾农产品贸易逐渐开放,降低关税和进口限额,促进了农产品结构的调整。而且,菲律宾政府也开始鼓励进口农产品初级产品,发展国内加工业,增值后的加工成品用于出口。菲律宾政府还进一步发展劳动密集型的水果和蔬菜业,发挥劳动力工资低的优势,扩大出口创汇。菲律宾农业部提出赶超泰国、马来西亚和越南，实现农业机械化的计划。

三是大力发展农业加工业。近年来，菲律宾政府通过一系列的政策制定大力发展农业生产。就林业而言，菲律宾政府颁布禁止木材出口的规定之后，国内以家具生产为代表的木材加工业得到进一步发展。菲律宾家具出口额超过3亿美元。就畜牧业而言，菲律宾放开了牛肉和牲畜的国外进口，加快了国内肉制品加工业的发展，鱼类进口则推动了鱼类罐头业的发展。

然而，当前菲律宾农业仍存在发展速度缓慢，生产率低下等问题。第一，空间分布较为分散，多集聚在农村地区，而农村基础设施较落后，农业机械化水平有限。第二，农业生产资料的价格较高，但农民收入较低，政府针对农产品优惠政策有限，农业发展受到各种贸易保护政策严重阻碍。从粮食安全、保护农民利益和国内加工业的发展出发，政府长期以来对内实行粮食自给的政策，对大米、玉米、蔗糖进口实行关税和限额控制，还限制椰肉和圆木的出口。第三，农业研究和技术推广工作质量不高，农业技术革新缓慢。第四，农业信贷体系薄弱，缺少非农产业的资金流入。第五，受限于土地规模狭小等自然因素，农业市场规模较小，缺乏联系，交通和通信条件不便。

（二）工业的发展路径

不同时期的工业化政策对菲律宾工业发展产生重要影响。

一是进口替代转出口主导。20世纪50年代，菲律宾政府推行进口替代工业政策，采用关税政策保护国内民族工业，大力发展重工业，制造业发展迅速，推动了国民收入增加，解决了约35万工人就业，同时吸引大量资本投资。20世纪70年代，为顺应发达国家向发展中国家转移劳动密集型工业，政府推行新政，积极发展出口导向型工业化，生产面向世界的产品，政府提出建立1—2个地区工业中心，有效发展轻型工业，并希望通过吸引国外资金集中建设本国工业。由于菲律宾工业化战略转变之时遭遇国际出现石油危机，资本主义国家的经济开始衰退，贸易保护主义层出不穷，菲律宾出口产品出现严重滞销，工业发展受到严重制约。

二是大力建设经济区，发展信息技术和业务流程外包。进入21世纪，菲律宾政府重视跨国公司产业转移的机遇，寻找菲律宾经济在跨国公司全球产业链上的环节，以促进经济的快速增长。菲律宾政府制定了"21世纪国家信息技术计划"和"政府信息系统计划"，将信息产业和以信息产业为依托的业务流程外包作为引领经济快速发展新的增长点。菲律宾国家经济发展署在2011年制定的《菲律宾2011—2016年发展计划》中提出了"实现持续的、产生大规模就业和贫困缓解"的"包容性"经济增长，采取一系列战略性措施来提高工业的竞争力，其中包括加强经济区建设和增强对民族品牌的认同意识，改善经商环境提高生产率和效率，对优先发展领域进行重点干预并支持中小制造厂商增加市场准入，拓展产业集群发展。

三是加强新兴产业的培育与发展。以信息产业为依托的业务流程外包在菲律宾得到了迅猛的发展，2009年成为仅次于印度的全球第二大业务流程外包承包国，成为菲律宾增加就业机会和缓解贫困的重要引擎（姜荣春，2012）。为了达到复兴制造业的目标，菲律宾政府制定了一条经济结构转换路线图。短期目标是从2014—2017年保持比较优势产业的竞争力，加强新兴产业，增强现有行业的能力。中期目标是从2018—2021年将经济重心转移到高附加值的经济活动，在制造业的上游或核心部门进行投资，把制造业与农业和服务业链接和统一起来，创建一个制造业创新生态系统。长期目标是从2022—2025年继续技术升级，以保持一个具有全球竞争力和创新能力的制造业。

（三）服务业的发展路径

一是扩大服务业对外开放。为了促进旅游业的快速发展，菲律宾政府放宽了外国资本的市场准入，鼓励外国企业或个人投资菲律宾的旅游相关行业，如旅馆、饭店、旅游公司、商店和运输公司等，但菲律宾公民至少占60%的份额，外资不能超过40%。政府对于外国投资还有一些优惠政策，如在规定的旅游区内新注册的企业可以免缴6年的税，但必须缴纳营业收入的3%作为管理费等杂费支出。相关设备进口可以免税，可以实行双倍加速折旧。对于投资5万美元以上的，可以办理投资绿卡等。

二是大力发展交通运输服务。①菲律宾政府曾制定五年计划发展陆路交通，并与世界银行、亚洲开发银行以及外国公司合作开发大型工程道路项目。菲律宾道路建设工程浩大，一方面需要世界银行、亚洲开发银行等国际机构的开发资助,另一方面需要加强与发达国家联系与合作,共同开发沟通两国的友谊通道。②菲律宾政府通过各项措施鼓励国内船舶航运公司提高服务质量与世界船业相竞争,通过改变和增设航线、调整航运周期、吸引外资参与建立现代化船队等措施发展航运事业,通过建立新的国内航运政策和对国内船员体系进行重组,不断谋求沿海运输业与远洋运输业的发展。为了减少政策限制、缩短运输时间和降低运输成本,刺激出口贸易,菲律宾政府修改有关航海法律,放松对出口船只的限制。③菲律宾通过对机场的改造建设、直飞航线的增加以及加强对航空公司的监管,不断发展完善航空事业,增加菲律宾航空在国际市场中的份额,其中包括:2011年基地改造和发展署制定克拉克国际机场优先发展项目;2013年与巴西签署航空服务协议作为南美洲第一条直飞航线;2014年发展飞往新西兰的航空业务;菲律宾航空管理局加强对航空公司违规行为的监管等。

三是放宽外汇管制,扩大金融开放。2011年,菲律宾央行放宽外汇管制,允许企业和居民在没有得到央行事先批准的情况下进行外汇交易。使本地居民和非居民能够在银行系统内处理外汇交易,由此大大改善了菲律宾的总体投资环境。放松外汇管制还将促进企业的合法外汇交易,引导原有的外汇交易市场转向正规外汇市场,但是,该措施也有可能提高股票和私人外债资金的流入。2012年菲律宾国内现汇市场值交易额超过90亿美元,比索兑美元于2012年上涨6.4%,成为升值最快的亚洲货币之一。鉴于外汇市场的比索汇率波动频繁,2013年1月菲律宾比索连续4天下跌,菲律宾央行进入外汇市场,通过将特殊存款账户项下的1.7万亿比索存款的利息下调至3%,以平抑比索过于迅速的升值,这有益于减少货币投机并刺激支出。

参 考 文 献

[1] 陈江生、陈昭铭:"菲律宾经济发展的经验与教训",《中共石家庄市委党校学报》,2008年第3期。
[2] 陈明华:《当代菲律宾经济》,云南大学出版社,1999年。
[3] 陈衍德、杨宏云:"美统时期的菲美贸易及其对菲律宾经济的影响",《厦门大学学报(哲学社会科学版)》,2003年第1期。
[4] 段东南:"最近两次金融危机对菲律宾经济影响比较",《经济与社会发展》,2010年第6期。
[5] 胡振华:"菲律宾经济改革与增长前景分析",《亚太经济》,2009年第3期。
[6] 姜荣春:"印度、菲律宾服务外包产业发展模式比较研究及启示",《南亚研究季刊》,2012年第

4 期。
- [7] 蒋细定:"菲律宾经济区的发展与问题",《亚太经济》,1998 年第 8 期。
- [8] 刘效梅:"菲律宾对外经贸政策和制度研究",《东南亚纵横》,2004 年第 2 期。
- [9] 申韬、缪慧星:《菲律宾经济社会地理》,世界图书出版公司,2014 年。
- [10] 沈红芳:"菲律宾经济发展滞后及其原因探索",《世界经济与政治》,1994 年第 7 期。
- [11] 沈红芳:"21 世纪的菲律宾经济转型:困难与挑战",《学术前沿》,2017 年第 1 期。
- [12] 沈红芳:"菲律宾杜特尔特政府的政治经济改革研究",《南洋问题研究》,2018 年第 3 期。
- [13] 唐玉浩、崔彬:"菲律宾矿业及相关产业投资前景分析",《中国矿业》,2018 年第 8 期。
- [14] 夏晶晶:"菲律宾产业集群研究"(硕士论文),厦门大学,2009 年。
- [15] 杨学渊:"菲律宾经济发展二十年",《现代国际关系》,1984 年第 1 期。
- [16] 赵松乔:《菲律宾地理》,科学出版社,1964 年。
- [17] 周明伟:"金融危机后的菲律宾经济",《亚太经济》,2001 年第 1 期。
- [18] Amoranto, G., D. Brooks, N. Chun 2010. Services liberalization and wage inequality in the Philippines. *Asian Development Bank Economics Working Paper Series*.
- [19] Andriesse, E. 2017. Regional disparities in the Philippines: Structural drivers and policy considerations. *Erdkunde*, No. 2.
- [20] Balisacan, A. M., H. Hill, S. F. Piza 2009. Spatial disparities and development policy in the Philippines. *Reshaping Economic Geography in East Asia*.
- [21] Boyce, J. K. 1993. *The Philippines: The Political Economy of Growth and Impoverishment in the Marcos Era*. University of Hawaii Press.
- [22] Clausen, A. 2010. Economic globalization and regional disparities in the Philippines. *Singapore Journal of Tropical Geography*, No. 3.
- [23] Dumayas, A. D. R. 2015. Regional development policies in the Philippines: From diffusion to integration. *Firms' Location Selections and Regional Policy in the Global Economy*.
- [24] Helvoirt, B. J. V. 2009. Regions, institutions and development in a global economy: Divergent regional business systems in the Philippines. Utrecht University.
- [25] Kelly, P. F. 2012. *Landscapes of Globalization: Human Geographies of Economic Change in the Philippines*. Routledge.
- [26] Krinks, P. 2003. *The Economy of the Philippines: Elites, Inequalities and Economic Restructuring*. Routledge.
- [27] Ramos, C. G., J. Estudillo, Y. Sawada, et al. 2012. Transformation of the rural economy in the Philippines, 1988—2006. *The Journal of Development Studies*, No. 11.
- [28] Tyner, J. A. 2004. *Made in the Philippines*. Routledge.

第七章　基础设施发展与布局

菲律宾基础设施相对落后。根据世界经济论坛发布的《2019年全球竞争力报告》，菲律宾基础设施在141个经济体中排名第96位。受菲律宾国土结构较为分散的影响，岛屿之间间隔着海峡。虽然菲律宾机场连通性十分发达，全球排名第26位，但道路连通性相对落后，交通运输方式以公路和水运为主。近年来，菲律宾政府重视基础设施建设，并于2017年正式提出"大建特建"计划。2016—2022年投资8万亿—9万亿比索用于重点基础设施建设。

第一节　公路网格局

根据菲律宾公造部（Department of Public Works and Highways）数据，截至2021年10月，菲律宾国家公路通行里程约3.32万公里。其中，混凝土公路占65.24%，沥青公路占33.42%，砂石路占1.25%，土路占0.09%。其中，路况良好的占40.7%，路况一般的占35.91%，路况不佳、较差的占17.83%，另有5.56%的公路路况未作评估，菲律宾现有高速公路16条，总长度509.19千米，占国道总里程的比重为1.5%。公路客运量占全国运输总量的90%，货运量占全国货运量的65%。

一、发展历程

菲律宾公路的发展历经了多个阶段，从最初的马车和牛车，到汽车成为主导交通工具,再到政府开始兴建公路,以及后续的公路网建设和升级。菲律宾的交通运输体系得到了显著改善,为经济发展和社会进步作出了重要贡献。

在西班牙殖民统治之前,菲律宾的公路系统几乎不存在。交通主要依赖于水路和原始的土路。这些道路状况极差,缺乏维护,路况混乱。西班牙殖民时期,菲律宾公路得到初步发展。西班牙开始修建一些具有现代化设施的公路,包括碎石路和沥青路,而大部分的公路仍然是土路,主要承担短途运输任务。这些道路的修建大大改善了菲律宾的交通状况,带动了经济的增长。但由于技术限制和资金不足,这一时期的公路建设进展缓慢。美国殖民时期,菲律宾公路得到了进一步的发展。美国引进了先进的筑路技术和设备,并实施了大规模的道路建设计划。这些道路的建设极大地改善了菲律宾的交通状况,促进了各个地区之间的联系和交流(Gultiano et al.,2003)。日本统治时期,菲律宾公路建设得到了一定程度的发展。日本政府投入了大量资金用于公路建设,修建了一批重要的公路,如南吕宋公路等。然而,由于战争和政治原因,这一时期的公路建设成果有限。

菲律宾独立后,政府继续致力于公路的发展。通过多个阶段的公路建设计划,菲律宾的公路网络得到了扩大和完善。20世纪50年代,菲律宾政府开始修建国家公路网,以改善交通状况。政府加大了公路建设投入力度,实施了一系列公路建设项目,如吕宋公路、甲米地公路等(薛恢华,1986)。在独立后的几十年里,菲律宾政府逐步建立起了一个覆盖全国的国家公路系统。菲律宾最早的高速公路建成于60年代后期,为北吕宋高速公路。自70年代以来,菲律宾政府开始大力发展高速公路建设(杨一冲,1994;吕秋红、王晓东,2011)。如今,菲律宾已经拥有了一批重要的高速公路,如拉瓦格高速公路、阿班凯高速公路等。

21世纪以来,菲律宾公路发展较为缓慢,2000—2012年公路总里程从20.2万千米增加至21.6万千米,年均增长率仅为0.41%。其中,硬面道路发展较快,占比由9%增长至14.4%。截至2017年,菲律宾公路密度约为每百平方千米72.3千米(表7-1)。国家首都区道路最为密集,每平方千米土地面积拥有200千米的道路。卡加延山谷区道路密度最低,每平方千米土地面积拥有7千米的道路。多数地区目前还不能满足公路运输需求(Paderanga,2007)。自

2016年罗德里戈·杜特尔特总统上任，启动"大建特建"计划以来，对现有道路进行拓宽、缺口修补和通路建设项目累计3900多千米，国家公路网的长度增加了近300千米，尤其是与维修和升级工程有关的项目。根据菲律宾公共工程和公路部的统计数据显示，只有不到50%的公路处于良好状态，仍有近9000千米的道路被评估为"差"。

表7-1 2000—2012年菲律宾公路路网情况

年份	公路总里程（万千米）	硬面道路里程占比（%）	公路密度（千米/百平方千米）
2000	20.170 6	9.0	67.3
2001	20.208 2	9.2	67.4
2002	20.212 3	9.3	67.4
2003	20.003 7	9.6	66.7
2004	20.214 2	9.9	67.4
2005	20.424 0	10.0	68.1
2006	20.632 5	10.0	68.8
2007	20.818 2	10.1	69.5
2008	21.062 5	10.3	70.3
2009	21.315 1	10.5	71.1
2010	21.326 2	11.3	71.2
2011	21.348 0	11.6	71.2
2012	21.377 1	11.9	71.3
2013	21.455 5	12.5	71.6
2014	21.497 0	12.9	71.7
2015	21.521 4	13.4	71.8
2016	21.745 6	13.8	72.6
2017	21.611 5	14.4	72.3

资料来源：国际公路协会《世界公路统计2019》。

二、公路类型

菲律宾的公路包括四个等级：高速公路、主干道、县道和乡村道路。

高速公路分为两类：州际高速公路和地区高速公路。①州际高速公路，约3 000 千米，连接了吕宋岛和棉兰老岛的主要城市。这些高速公路通常为四车道或六车道，路面条件较好，通行能力较强。主要的州际高速公路有：南北高速公路（North-South Expressway），连接马尼拉市和卡洛奥坎市，全长约 1 500 千米。大雅台高速公路（Taft-Silang Interchange Expressway），连接宿务市和塔奎洛市，全长约 1 200 千米。②地区高速公路，约 1 000 千米，主要用于连接各地区的主要城市和旅游景点。这些地区高速公路通常为两车道或四车道，路面条件相对较差，通行能力有限。主要的地区高速公路有：阿尔坎高速公路（Alcan Highway），连接达沃和科罗尔，全长约 80 千米。巴丹高速公路（Bataan Highway），连接塔奎洛市和阿古桑市，全长约 90 千米（Thompson and Batalla，2018）。

主干道主要分为三类：首都放射线、南北向干线和东西向干线。①首都放射线，约 10 万千米，连接了全国各省份的主要城市和地区。这些主干道通常为四车道或六车道，路面条件较好，通行能力较强。主要的首都放射线有：季里诺大道（Quirino Avenue），连接马尼拉市和黎刹公园，全长约 16 千米。帕赛大道（Pasay Avenue），连接马卡蒂市和甘米银市，全长约 15 千米。②南北向干线，约 2.5 万千米，主要用于连接吕宋岛和棉兰老岛的主要城市。这些干线通常为四车道或六车道，路面条件较好，通行能力较强。主要的南北向干线有：伊罗戈大道（Ilocos Avenue），连接北伊罗戈省的卡卢坎市和南伊洛加斯省的卢邦市，全长约 160 千米。③东西向干线，约 1.5 万千米，主要用于连接各地区的主要城市和旅游景点。这些干线通常为两车道或四车道，路面条件相对较差，通行能力有限。主要的东西向干线有：塔奎洛大道（Taguig Street），连接塔奎洛市和阿古桑市，全长约 9 千米。阿尔坎大道（Alcan Avenue），连接达沃市和科罗尔市，全长约 8 千米。

菲律宾的县道和乡村道路是连接各地区和农村地带的主要道路类型。这些道路通常为未铺设沥青的土路，路面条件较差，通行能力有限。然而，这些道路对于菲律宾的经济发展和民生改善具有重要意义，因此政府正在加大对这些道路的投入和维护力度。

三、公路网布局

菲律宾高速公路的空间布局极不平衡（图7-1）。高速公路多数位于北部的吕宋岛上，高速公路网络相对较小（表7-2）。目前所有高速公路都是由私营公司通过特许权的方式拥有和维护。只有1条高速公路位于中部的米沙鄢群岛，为宿务-科尔多瓦枢纽高速公路（CCLEX），棉兰老岛还没有建设高速公路。吕

图7-1 菲律宾道路网分布

资料来源：worldometer. https://www.worldometers.info/maps/philippines-road-map/.

宋岛上的高速公路主要连接了马尼拉、卡洛奥和宿务等重要城市，而棉兰老岛上的高速公路则主要服务于达沃、科罗尔和塔奎洛等城市。此外，还有一些地区性高速公路，如阿尔坎高速公路和巴丹高速公路。而主干道布局较为分散，覆盖了全国各省份的主要城市和地区。县道和乡村道路布局较为分散，覆盖了各地区和农村地带。

表 7-2　菲律宾主要高速公路分布

所在地区	高速公路名称	总长（千米）	开通时间
吕宋岛	北吕宋高速公路（NLEX）	84.00	1968 年
	南吕宋高速公路（SLEX）	49.56	1969 年
	马尼拉-甲米地高速公路（CAVITEX）	14.00	1985 年
	苏比克自由港高速公路（SFEX）	8.80	1996 年
	马尼拉大都会高架路系统（Skyway，MMSS）	39.20	1999 年
	南他加禄干道（STAR Tollway）	41.90	2001 年
	高速公路（SCTEX）	93.77	2008 年
	打拉-邦板牙-拉盟高速公路（TPLEX）	89.21	2013 年
	孟廷卢帕-甲米地高速公路（MCX）	4.00	2015 年
	尼诺伊·阿基诺国际机场高速公路（NAIAX）	11.60	2016 年
	甲米地-内湖高速公路（CALAXCALAEX）	44.63	2019 年
	中吕宋枢纽高速公路（CLLEX）	66.40	2021 年
米沙鄢群岛	宿务-科尔多瓦枢纽高速公路（CCLEX）	8.90	2022 年

资料来源：菲律宾统计局，https://psa.gov.ph/。

2016 年以来，菲律宾政府积极推进高速公路建设和升级，优先实施公私合作（Public-Private Partnership，PPP）项目，包括宿务和吕宋中部的高速公路项目。还包括尼诺伊·阿基诺国际机场（NAITA）高速公路项目二期、吉阿米蒂-内湖（Giammiti-Inner Lake）高速公路、拉古娜（Laguna）湖岸高速堤防项目、中吕宋高速连线（CL-LEX）二期、普拉里德尔（Plaridel）支线收费公路项目、C-6 高速公路项目、凯诺（Keno）公路和马科斯（Marcos）高速公路升级改造项目等（Llanto，2016）。

第二节 铁路网格局

菲律宾铁路主要集中于吕宋岛,现有运营铁路线约 76.9 千米。由于铁路设施远远无法满足交通需要,菲律宾政府大力发展铁路建设,计划在吕宋岛和棉兰老岛新建南北铁路、棉兰老铁路等,以改善居民出行交通和满足货运需求。

一、发展历程

1852 年,西班牙人在菲律宾建立了第一条铁路,连接马尼拉市和帕西格河,开启了菲律宾铁路发展的历史。这些线路包括马尼拉市到巴丹加斯市、奎松市到卡加延德奥罗市、宿务市到达沃市等。①西班牙殖民时期,吕宋岛陆续修建了总里程 1 200 多千米的窄轨铁路,以首都马尼拉市分界,分为南吕宋铁路(南铁)和北吕宋铁路(北铁)。目前南铁只有马尼拉市以南 30 千米铁路运营,其他均遭到废弃。南铁技术条件差,设备陈旧,只有客车运行,速度低。北铁的既有铁路钢轨大部分丢失,已无法运营。②美国殖民时期,铁路得到了快速发展。美国人在菲律宾建立了广泛的铁路网络,包括连接马尼拉市和卡加延省的北线铁路、连接马尼拉市和棉兰老岛的南线铁路等。这些铁路为菲律宾的经济发展和交通运输提供了重要支撑。20 世纪 20 年代,菲律宾成立了菲律宾铁路公司(Philippine Railways Company,PRC),并开始修建一些新的铁路线路,如马尼拉市到帕拉湾、奎松市到伊洛伊洛市等。③第二次世界大战期间,菲律宾遭受了日本的占领。日本将菲律宾铁路系统进行了大规模的改造和扩建,以满足其战争需求。然而随着战争的结束,这些线路被废弃或被摧毁。④菲律宾独立后,菲律宾政府决定重新恢复贯穿吕宋岛南北主干线的铁路建设,在南吕宋岛铁路技改的同时,开展吕宋岛铁路恢复重建计划。与国际合作伙伴合作,引进先进的技术和设备,并修建了一些新的铁路线路,如马尼拉市到阿布拉省(周兴沪,1989)。菲律宾的铁路交通发展仍然相对滞后。虽然政府已经制定了一系列的计划和政策来推动铁路建设和发展,但由于资金短缺、技术不足和管理不善等原因，实际进展缓慢（Systematics，2014）。

二、总体情况

菲律宾的铁路运营制度和中国完全不同。在马尼拉市，不同的铁路路线由不同的公司自行运营。三家主要的铁路公司包括菲律宾国家铁路（Philippine National Railways，PNR）、马尼拉轻轨（Manila Light Rail Transit System，LRT）以及马尼拉捷运（Manila Metro Rail Transit System，MRT）。菲律宾铁路基础设施老化严重，无法满足大量需求等问题。国家铁路一直处于亏损状态，主要依靠政府补贴。

菲律宾铁路线路稀少，大部分北部的铁路状况较差或已关闭。现有铁路线总长约1 200千米，可运营的铁路约500千米，包括了国家首都区的4条城市线，以及吕宋岛南部的菲律宾国家铁路线。由于菲律宾处于地震带上，频繁的地震和台风活动对铁路运输造成了大量损失。2007—2017年，菲律宾铁路发展迅速，可运营总里程从85千米增加至509千米，共增加了424千米，年均增长率达19.6%。铁路网密度也从2007年的2.84千米/万平方千米提高至2017年的16.98千米/万平方千米，增加了近5倍（图7-2）。

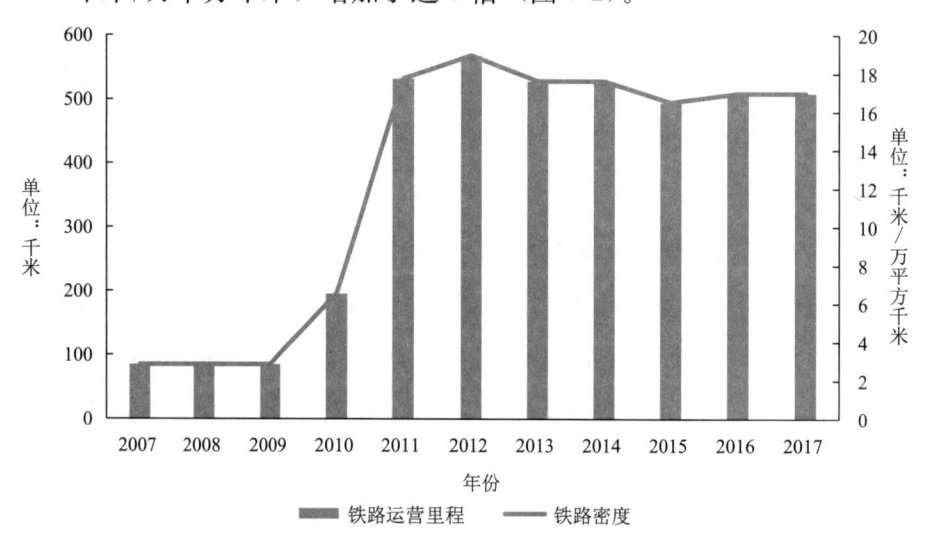

图7-2 菲律宾铁路运营里程及其密度

资料来源：《东盟统计年鉴2017》、世界银行数据库。

目前，菲律宾的铁路运输主要用于运送马尼拉大都会以及内湖省和奎松省内的乘客，以及比科尔区的通勤服务。铁路主要用于客运，几乎没有货运。2007—2017年，菲律宾客运量总体呈现上升态势，客运量由31 700万人增加至41 000万人，年均增长率达2.6%，客运周转量由2 714百万人·千米提升至8 655百万人·千米，年均增长率达12.3%（表7-3）。总体而言，与东南亚邻国相比，菲律宾铁路建设发展较为缓慢，多年处于停滞不前的状态，客运量、客运周转量亦是如此。

表7-3　2007—2017年菲律宾铁路里程和客运量情况

年份	客运量（万人）	客运周转量（百万人·千米）
2007	31 700	2 714
2008	34 600	2 962
2009	35 000	2 996
2010	38 191	7 552
2011	39 554	9 015
2012	43 124	9 924
2013	43 923	8 605
2014	43 609	8 631
2015	36 021	1 450
2016	38 400	8 170
2017	41 000	8 655

资料来源：《菲律宾统计年鉴2022》。

三、铁路网布局

菲律宾的铁路线路主要分布在吕宋岛和米沙鄢群岛，连接了马尼拉、宿务、达沃、怡朗等重要城市。其中，吕宋岛的铁路线路最为密集，连接了大部分大城市和经济中心。而米沙鄢群岛的铁路线路则主要分布在该地区的南北向沿海，连接了多个沿海城市。其主要线路有菲律宾的铁路线，包括棉兰老铁路、国家铁路南线长途铁路以及苏比克—克拉克铁路。其中，棉兰老铁路全长1 532千米，连接达沃、桑托斯将军城等主要城市；国家铁路南线长途铁路连接拉卡兰巴市和达拉加市，途经2个大区、4个省份和39座城市；苏比克—克拉克铁路全长71千米，连接苏比克湾自由港区与克拉克国际机场。

菲律宾铁路网总体呈"Y"字形（图7-3），总体空间布局有如下特点：①以马尼拉市为中心。菲律宾铁路网是以马尼拉市为中心，整体呈放射状分布。马尼拉市作为该国的首都和经济中心，拥有多条放射状铁路线路，连接了国内多个重要城市。这种以马尼拉市为中心的空间格局有利于加强国内的经济联系和物资流通。②沿海城市连接紧密。由于菲律宾是一个海洋型国家，沿海的城市众多。因此，菲律宾铁路网在沿海城市的连接上较为紧密。多个沿海城市之间有铁路线路相连，有利于促进海洋产业的发展和国内外贸易的流通。③南北向交通为主。菲律宾铁路网呈现南北走向。这样的布局主要是考虑到南北方之间的经济联系和物资流通。

由于历史和地理原因，菲律宾部分地区的铁路建设不足。例如，棉兰老岛等地区的铁路线路较少，制约了当地经济的发展。菲律宾铁路网的复线建设不足，限制了铁路运输的效率和运载能力。尽管部分城市间铁路实现了电气化，但整体上仍有待改善。菲律宾铁路网的部分线路技术标准不一，导致铁路车辆和设备的通用性降低，增加了运营成本和维护难度（Vreeland，1976）。

菲律宾城市轨道交通的运营模式以轻轨为主，兼有部分地铁线路。轻轨具有建设成本低、适应性强等优点，因此在菲律宾城市轨道交通中占据主导地位。菲律宾共有两条轻轨一条地铁，总长约51千米，均建在马尼拉大都会，分别为：轻轨1号线、轻轨2号线、地铁3号线。轻轨1号线建成于1985年，是菲律宾最早建成的轻轨，总长约20.7千米，共18站，南北走向。轻轨2号线建成于2004年，总长约13.8千米，共11站，东西走向。地铁3号线建成于2000年，总长约16.9千米，共13站（图7-4）。截至2023年，菲律宾在建的还有地铁4号线和地铁7号线这两条线路，均未开始运营。由于历史原因和资金短缺等问题，菲律宾城市轨道交通的运营状况并不理想。

菲律宾轨道交通客运量总体出现下降趋势。受到经济下行的影响，菲律宾城市轨道交通的客流量大幅下降，导致运营亏损严重。2012—2019年，菲律宾城市轨道总客运量由416百万人下降至315百万人，营业收入由55.77亿比索上升至61.94亿比索。此外，运营管理效率不高、维护成本过大等问题也加剧

图 7-3 菲律宾铁路网分布

了运营亏损的程度。而且，由于菲律宾城市轨道交通的历史较长，部分设施已经出现老化现象。由于城市轨道车辆缩减，虽然总客运量处于下降趋势，但轨道交通的负荷量却在增加。马尼拉轻轨 3 号线设计的运载能力为 35 万人次/每天，现实每天需要运送超过 50 万人次。从不同的线路看，1 号线和 3 号线的客运量大致相当，也远高于 2 号线的客运量（表 7-4）。

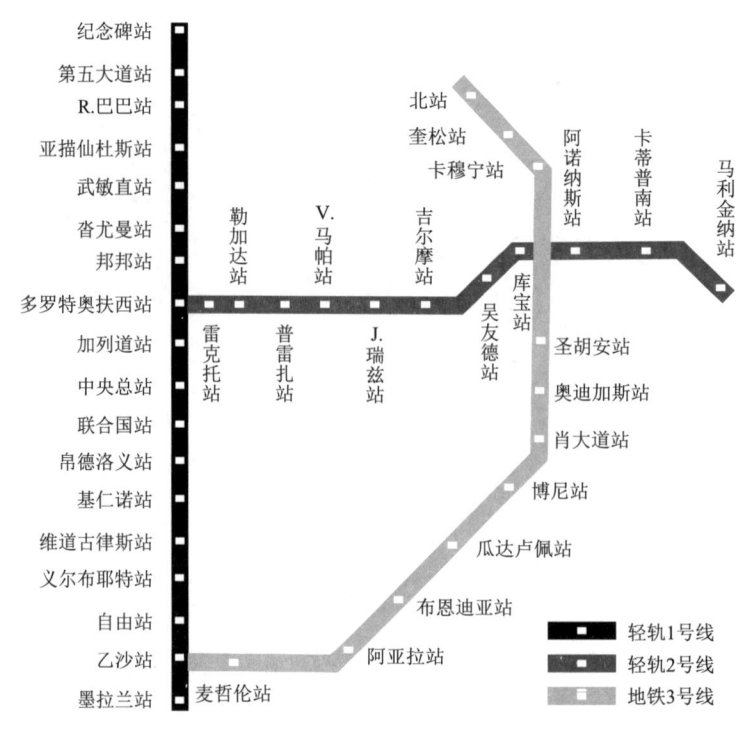

图 7-4 菲律宾轨道交通线路

表 7-4　2012—2019 年菲律宾城市轨道客运量与日客运负荷量

年份	1号线		2号线		3号线		总客运量（百万人）
	客运量（百万人）	日客运负荷量（%）	客运量（百万人）	日客运负荷量（%）	客运量（百万人）	日客运负荷量（%）	
2012	171	90	70	48	175	90	416
2013	172	95	71	60	176	95	419
2014	171	98	73	60	168	96	411
2015	141	94	62	59	118	—	322
2016	148	89	67	57	134	—	349
2017	157	84	66	61	140	91	363
2018	165	85	65	56	104	98	334
2019	161	86	57	53	96	99	315

资料来源：《菲律宾统计年鉴 2022》。

第三节 水运港口分布

根据菲律宾公造部数据，截至 2021 年 10 月，菲律宾水运航线总长 3 219 千米，共有 400 多个主要港口。大多数港口需要扩张和升级，以容纳大吨位轮船和货物。菲律宾的集装箱码头设施完善，能高速有效地处理货运。虽然菲律宾水运港口设施较其他交通基础设施相对成熟，但大多数港口无法容纳大吨位轮船和货物，需要进一步扩建和升级。

一、发展历程

菲律宾早期的水运港口主要集中在吕宋岛和棉兰老岛。这些港口的建设主要依赖于外国援助和殖民时期的资源积累。如在西班牙和美国殖民时期，菲律宾的港口设施主要服务于殖民地贸易和军事需要。在此期间，马尼拉港和宿务港等主要港口得到了扩建和升级，但大多数港口仍然集中在马尼拉湾沿岸地区。随着国家独立和经济的发展，菲律宾政府开始加大港口建设的投入，推动水运港口的快速发展。20 世纪 60—90 年代，菲律宾水运港口进入了快速发展阶段。这一时期，菲律宾政府实施了一系列政策和措施，例如加大财政支持、优化港口布局、提高港口设施等，推动水运港口的快速发展。此外，随着全球经济一体化的推进，菲律宾水运港口的国际竞争力逐渐增强。80 年代起，菲律宾开始进行港口私有化改革，鼓励外国投资进入菲律宾港口行业。这一时期，菲律宾的港口基础设施得到了进一步的升级和扩张，包括马尼拉国际集装箱港和宿务港等重要港口（吉田茂、全贤淑，2000）。21 世纪以来，菲律宾水运港口进入了现代化发展阶段。这一时期，菲律宾政府进一步加大了对港口建设的投入，推动港口设施的更新改造和技术升级。同时，菲律宾政府还加强了与国际组织和其他国家的合作，引进先进的技术和管理经验，提升港口运营水平（Francisco and Lim，2021）。

二、总体情况

根据联合国贸易和发展会议（UNCTAD）的数据，菲律宾班轮运输相关指数从 2006 年的 19.14 增加到 2019 年的 30.51，年均增长率为 4.2%。根据世界经济论坛发布的《全球竞争力报告》，菲律宾港口基础设施质量指数从 2007 年的 2.8 增加到 2017 年的 2.9，年均复合增长率为 0.4%。据菲律宾的统计年鉴数据（图 7-5），2012—2019 年菲律宾水运客运量和货运量都有较大幅度的提升。其中，国内水运客运量从 4 999 万人增加到 8 372 万人，年均增长率达 8.4%；国内货物吞吐量从 7 587 万吨上升至 10 443 万吨，年均增长率为 4.7%；国际货物吞吐量从 11 790 万吨上升至 16 199 万吨，年均增长率达 4.7%。从船只数量和吨位来看，菲律宾渔船数量最多，2019 年达 12 359 艘，吨位超过 50 万吨，这与其本身是农业大国和群岛国家有关。其次规模较大的是客船，2019 年达 11 092 艘，吨位超过 37 万吨。

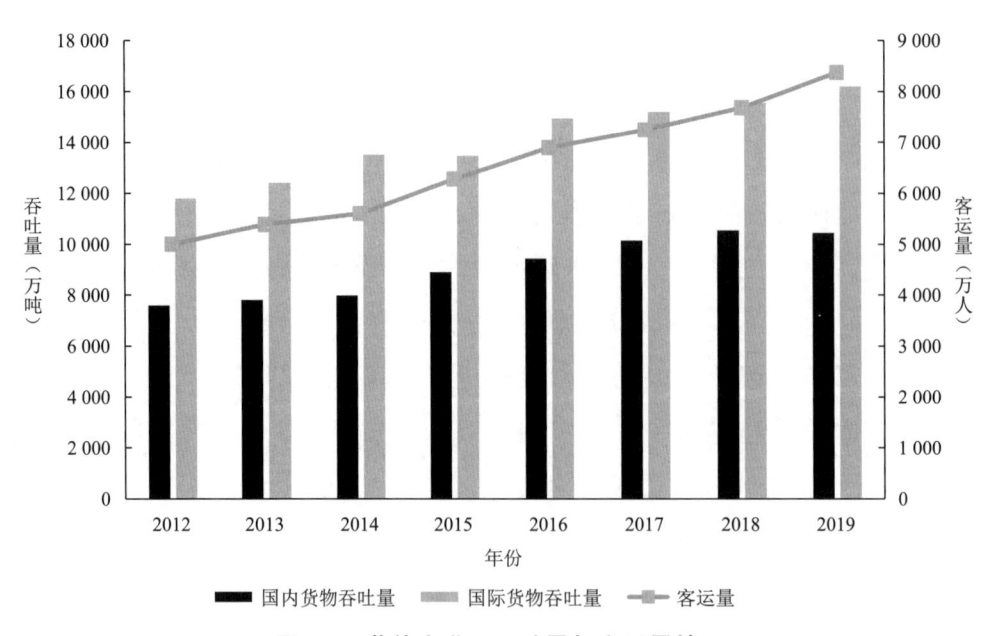

图 7-5 菲律宾港口吞吐量与客运量情况

资料来源：《菲律宾统计年鉴 2022》。

总体而言，菲律宾国内国际货运客运量均呈现出稳定的增长态势，发展速度较快，国际运输增量快于国内运输增量。但目前，菲律宾港口拥堵问题已日渐凸显，落后的港口设施极大地限制了菲律宾贸易的发展，贸易商为此要承担更多的滞港费和卡车费用（Tabon，2021）。比如，菲律宾的八打雁港，有靠港计划的船舶需等待 2—3 天，不在计划时间内临时靠港的船舶平均需等待 4—7 天。马尼拉北港的等待时间更长，两者分别为 5—7 天和 7—10 天。

三、港口布局

菲律宾作为一个拥有丰富海洋资源的国家，港口设施较其他基础设施更为完善，但在空间上总体呈现出高度集聚的格局。菲律宾共有约 200 个港口，主要分布在吕宋岛和棉兰老岛，这些地方拥有大量的港口资源。此外，苏禄海、南海和西里伯斯海也是菲律宾重要的海域，拥有多个港口。从不同港口类型分布来看，商业港口主要承担国际贸易和货物运输功能，包括集装箱码头、散货码头等，主要分布在吕宋岛和棉兰老岛；军事港口主要承担国防和军事物资运输任务，包括军舰补给港、潜艇基地等，主要分布在吕宋岛和棉兰老岛；旅游港口主要承担旅游观光和海上娱乐活动，包括游船码头、水上乐园等，主要分布在苏禄海、南海和西里伯斯海。从不同区域来看：吕宋岛拥有丰富的港口资源，主要包括马尼拉港、宿务港、卡加延德奥罗港等，形成了较为完善的港口网络；棉兰老岛同样拥有众多的港口，主要包括塔克洛班港、达沃港、三宝颜港等；苏禄海、南海和西里伯斯海拥有多个港口，主要包括苏禄海的帕格莱岛港、南海的巴拉望港、西里伯斯海的锡基霍尔港等。

四、主要港口

马尼拉港（Port of Manila）、宿务港、达沃港是菲律宾三大最主要的港口，这三个港口的货物吞吐量和客运量均能占到全国的一半以上。

马尼拉港是菲律宾面积最大、交通量最大的港口，其世界地位大致处于上海港和新加坡港之间，是海上丝绸之路的重要港口之一。马尼拉港位于菲律宾北部的吕宋岛。占地 137.5 万平方米，建有 12 个码头。该港口自 11 世纪初开始运营，是马尼拉湾的主要贸易港口。12 世纪建港时，它接受了来自中国、日本、马来西亚和印度的大量贸易。迄今为止，它是菲律宾首屈一指的国内和国际港口。2022 年马尼拉港的货运量为 2.616 2 亿吨、客运量为 5 907 万人。马尼拉港主要包括 3 个区域：北港、南港、马尼拉国际集装箱码头。北港（Manila North）占地 53 万平方米，建有北港客运码头，设有 7 个泊位；南港（Manila South）占地 80 万平方米，是菲律宾最大的轮渡公司去旅行（2GO Travel）的主要停泊点，设有 5 个码头、26 个泊位；国际集装箱码头（MICT）的码头线长 986 米，是外贸专用码头。马尼拉港拥堵非常严重，港口利用率常年达 100%，甚至超负荷运营。为缓解马尼拉港的负荷，位于吕宋岛的八打雁港（Port of Batangas）和苏比克港（Port of Subic Bay）作为二级港口，通过更低的关税吸引了部分航运公司进行业务转移，但在管理方面没有马尼拉港完善。

宿务港（Cebu International Port）位于菲律宾中部米沙鄢群岛的宿务市，占地 35 万平方米，设有 33 个泊位。它是菲律宾最大的国内港口，国内航线主要通往米沙鄢群岛以及棉兰老岛，也是最大的国际港口之一。它被归类为人工港口，由宿务港务局运营和管理。它主要服务于米沙鄢和棉兰老岛的周边地区。2022 年的货运量为 6 630 万吨，客运量为 1 492 万人。港口位于北垦区，宿务港分为国内和国际两个区域。国内港口占地 21 万平方米，建有 5 个客运码头。国内港口占地 21 公顷，进一步分为 3 个客运码头、2 个宿务-麦克坦渡轮码头和约 4 千米的货船停泊空间。国际港口占地 14 万平方米，主要是货船的停泊点，分为散杂货码头和 0.5 千米集装箱及货船靠泊处。宿务港同年有 112 000 艘船舶停靠，是菲律宾每年船舶停靠数最多的港口之一。

达沃港（Port of Davao）位于菲律宾南部的棉兰老岛，集装箱面积为 3.3 万平方米、存储面积为 2 万平方米、仓库面积为 6 000 平方米。建有萨萨码头和安娜码头两个政府码头，以及 18 个私人码头。萨萨码头是国际航线的停泊点，也是达沃港最大的码头。安娜码头是菲律宾国内货船以及客船的停泊点。私人码头主要进行香蕉、椰子和煤矿的出口，以及谷物等的进口。达沃港是菲律宾的一个天然和人工港口，由菲律宾港务局（Philippine Ports Authority，PPA）和达沃港管理办公室运营，为西里伯斯海和达沃湾的船舶提供服务。它也处理来自周边原材料出口行业的集装箱和散装货物的运输。它还承担各个岛屿之间过境的当地客运。它是棉兰老岛和米沙鄢省最繁忙的国际集装箱港口之一。主要港口可以通过帕基普坦海峡或萨马尔岛到达，而普哈达湾则是达沃东方港口的入口。港口主要分为政府码头和私人码头，为来港船舶提供引航服务。达沃港分为2个政府设施和9个私人部分。萨萨国际海港是主要的港口枢纽，由政府通过国际集装箱码头服务公司（ICTSI）运营。它经营一个国际集装箱码头，是港口最繁忙和最大的部分。港口的另一个重要而繁忙的部分是装卸服务公司码头，为各种类型的货船提供服务。

第四节 航空运输格局

菲律宾有近300个机场，国内航线遍及40多个城市，主要机场有首都马尼拉市的尼诺伊·阿基诺国际机场、宿务市的麦克坦国际机场和达沃机场等。菲律宾与30多个国家（地区）签订了国际航运协议，每天或每周都有多个航班从马尼拉市飞往亚洲国家和地区以及美国、欧洲与中东地区的主要城市。菲航设有从马尼拉市直飞中国北京、上海、厦门等主要城市的航班，亚航、宿务航空也设有多条航线从马尼拉市直飞国内主要城市。

一、发展历程

菲律宾的民航事业起步于1941年。1941年2月，菲律宾一些有航空梦想的商人创立了最初的菲律宾航空（Philippine Airline）。初期，该航空公司主要运营国内和跨国航线。随后，菲律宾航空公司在不断扩大其国内航线网络的同时，开始积极拓展国际航线。此时，菲律宾航空公司逐渐成为亚太地区的重要航空枢纽。20世纪80年代，菲律宾政府开始重视民航业的发展，批准成立多家航空公司。这一时期，菲律宾航空市场主要由国内航空公司和外国航空公司共同竞争。国内航空公司如马尼拉太平洋航空、菲律宾航空等，逐步扩大航线网络，提高服务质量。同时，外国航空公司如新加坡航空、国泰航空等也在菲律宾设立分公司，进一步丰富了航空市场的竞争格局（廖丽虹、杨华敏，2001）。菲律宾航空公司开始进行大规模的扩张和现代化改造。在此期间，菲律宾航空公司增加了更多的国际航线，并引入了先进的客机，如波音 747 和空客 A330 等。

20 世纪 90 年代，菲律宾航空业进入了快速发展阶段。政府加大了对民航业的支持力度，出台了一系列优惠政策，如减免税收、提供低息贷款等。菲律宾政府开始实施航空自由化改革，允许国内外投资者进入菲律宾航空市场。这一政策为菲律宾航空业带来了新的机遇和挑战。在此背景下，菲律宾航空公司开始进行重组和现代化改造，菲律宾航空市场迅速扩张，航空公司数量不断增加，航线网络不断扩大，航班频率不断提高，服务质量不断提升。2008 年的全球金融危机对菲律宾航空业造成了严重影响。金融危机导致国际航运市场萎缩，航空公司业务量锐减，许多航空公司陷入经营困境。在这一背景下，菲律宾航空业也受到了很大的冲击。为了应对金融危机，菲律宾政府采取了一系列措施，如降低航空公司的税收负担、提供财政支持等，以稳定航空市场。此外，航空公司也加大了内部管理改革力度，提高运营效率，降低成本。经过一段时间的努力，菲律宾航空业逐渐走出了金融危机的阴影（Francisco and Lim，2022）。

随着全球经济格局的变化，菲律宾航空业面临着新的挑战和机遇。为了适应市场需求，菲律宾航空公司开始加大科技创新投入，引进先进技术，提升服务质量。航空公司还加强了与其他交通方式的联动，推出了一站式出行服务，以满足旅客多样化的出行需求（Francisco and Lim，2022）。菲律宾政府也在积极推动航空业的绿色发展，鼓励航空公司采用环保技术，减少碳排放，以实现可持续发展。自 2020 年初以来，菲律宾航空公司遭受严重冲击。然而，面对这一前所未有的挑战，菲律宾航空公司迅速采取了一系列措施，包括增加线上销售、提高运营效率、优化航班时刻等。此外，菲律宾航空公司积极寻求与国际知名航空公司的合作，以提升自身在国际市场上的竞争力。例如，菲律宾航空公司与欧洲的航空公司合作，以提供从欧洲到菲律宾的直飞航班；同时，菲律宾航空公司也与亚洲其他国家的航空公司合作，以提供连接亚洲各国的航班服务。菲律宾航空公司还通过加入全球航空联盟等方式，与其他国家的航空公司建立合作关系，共同开拓国际市场。

二、总体情况

21世纪以来，菲律宾航空的运输能力发展十分迅猛，航空运输量、客运能力和货运能力均有显著提升。从发展历程来看（表7-5），2001—2019年菲律宾航空运输量从6.1万次增加到32.1万次，年均增长率为22.4%。航空客运周转量由2001年的641.6万人·千米增加至2019年的4 777.7万人·千米，航空客运周转量增加至4 136.1万人·千米，年均增长率为33.9%；航空货运周转量从2001年的275.0百万吨·千米增加至2019年的926.9百万吨·千米，增加了651.6百万吨·千米，年均增长率为12.5%。

表7-5 2001—2019年菲律宾航空运输量情况

年份	运输量（万次）	客运周转量（万人·千米）	货运周转量（百万吨·千米）
2001	6.1	641.6	275.0
2002	5.7	644.9	275.1
2003	5.6	645.8	278.4
2004	5.7	738.8	300.6
2005	5.9	805.7	322.7
2006	6.2	830.5	318.9
2007	6.5	881.8	285.6
2008	7.2	950.8	277.4
2009	8.7	1 048.1	227.5
2010	20.5	2 257.5	460.2
2011	22.6	2 632.7	470.0
2012	24.2	2 854.1	533.3
2013	20.1	2 554.1	325.7
2014	28.7	3 489.7	577.5
2015	32.6	3 702.3	604.5
2016	34.5	4 020.7	665.1
2017	27.3	3 934.2	753.4
2018	29.2	4 308.0	835.9
2019	32.1	4 777.7	926.9

资料来源：《东盟统计年鉴2020》、世界银行数据库。

菲律宾航空客运和货运均以国内为主，国际为辅（图7-6）。2017年，菲律宾国内航运客运量为4 014.9万人次，与国际航空的客运量1 805.9万人次相比，多了2 000多万人次；国内航空货运量为55.7万吨，比国际航空货运量29.9万吨多了近一倍。值得注意的是，近年来，菲律宾国内航空运输能力不断提升，前景广阔。菲律宾国内航空客运量和航空货运量发展迅猛，客运量由2007年的2 094.7万人次提高至2017年的4 014.9万人次，增长了一倍；货运量由2007年的35.4万吨增长至2017年的55.7万吨，增长了20.3万吨。

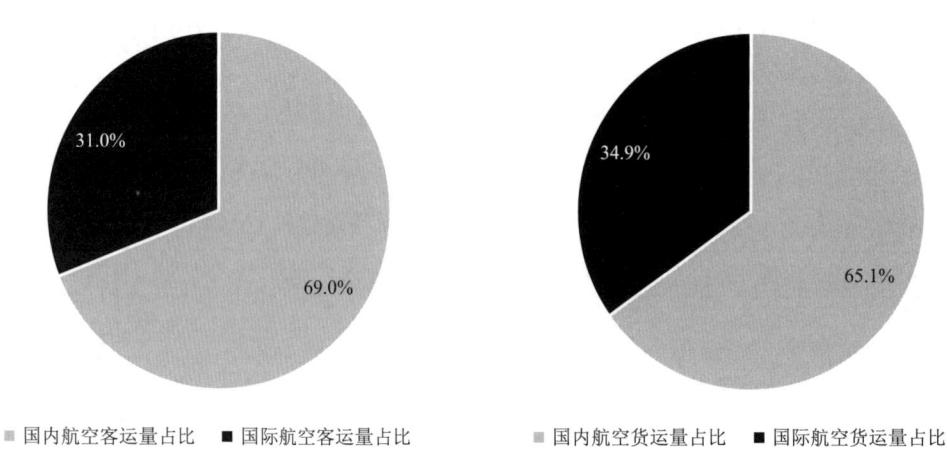

图7-6 2017年菲律宾航空运输结构情况

资料来源：《东盟统计年鉴2017》。

三、机场布局

菲律宾国际机场分布较为集中，主要分布在吕宋岛的北部，其中尼诺伊·阿基诺国际机场是菲律宾最大的国际机场，也是该国主要的门户机场。宿务国际机场和达沃国际机场分别位于菲律宾中部和南部的宿务市和棉兰老岛，是菲律宾另外两个重要的大型国际机场（表7-6）。这些大型国际机场不仅提供国内航线服务，还拥有众多国际航线，包括至中国的航班。这些机场的规模和设施水平均达到了国际标准，为国内外乘客提供了便捷、高效的航空服务。

表 7-6　菲律宾国际机场

中文名	英文名	所在城市
克拉克国际机场	Clark	马尼拉市
尼诺伊·阿基诺国际机场	Ninog Aquiuo	帕拉尼亚克市
达沃机场	Davao	达沃市
桑托斯将军城机场	General Santos	桑托斯将军城
伊洛伊洛机场	Iloilo	伊洛伊洛市
卡利博机场	Kalibo	卡利博市
拉瓦格机场	Laoag	拉瓦格市
麦克坦-宿务国际机场	Mactan-Cebu	拉布拉布市
马尼拉国际机场	NAIA	马尼拉市
公主港国际机场	Puerto Princesa	公主港市
苏比克机场	Subic	苏比克湾自由港区
三宝颜国际机场	Zamboanga	三宝颜市

资料来源：《菲律宾统计年鉴 2022》。

除了大型国际机场，菲律宾还有许多国内支线机场，包括一级机场和二级机场，这些机场分布较为分散，分布在全国各地的城市和地区（表 7-7）。这些机场主要服务于当地和周边地区的乘客和货物，提供便捷的航空交通服务。虽然这些机场的规模和设施水平相对较低，但它们在菲律宾的航空运输中扮演着重要角色，为国内航线提供了必要的支持。随着国内经济的发展和旅游业的繁荣，这些国内支线机场的航班数量和客流量也在不断增加。

表 7-7　菲律宾一级机场和二级机场

一级机场		二级机场	
中文名	英文名	中文名	英文名
武端机场	Butuan	安提克机场	Antique
卡加延机场	Cagayan	碧瑶机场	Baguio
哥打巴托机场	Cotabato	巴斯科机场	Basco
第波罗机场	Dipolog	布桑加机场	Busuanga
杜马格特	Dumaguete	甲描育机场	Calbayog
拉金丁安机场	Laguindingan	甘米银机场	Camiguin
黎牙实比机场	Legazpi	卡塔曼机场	Catarman

续表

一级机场		二级机场	
中文名	英文名	中文名	英文名
那牙机场	Naga	卡地克兰机场	Caticlan
帕加迪安机场	Pagadian	库约机场	Cuyo
罗哈斯机场	Roxas	霍洛机场	Jolo
圣若泽机场	San Jose	马林杜克机场	Marinduque
锡莱机场	Silay	马斯巴特机场	Masbate
塔克洛班机场	Tacloban	奥尔莫克机场	Ormoc
		朗布隆机场	Romblon
		邦奥山加机场	Sanga-Sanga
		锡亚高机场	Siargao
		苏里高机场	Surigao
		丹达机场	Tandag
		比拉克机场	Virac

资料来源：《菲律宾统计年鉴 2022》。

菲律宾的通用机场主要用于提供公务航空、私人航空和其他特殊用途的飞行服务。这些机场通常拥有较为简单的设施，如跑道、停机坪等。这些通用机场的分布较为广泛，覆盖了全国各地的城市和地区（表 7-8）。这些机场的存在为菲律宾的公务、私人和其他特殊用途的飞行提供了便利，促进了菲律宾航空运输的发展。

表 7-8 菲律宾一般机场

中文名	英文名	中文名	英文名
阿拉巴特机场	Alabat	加马利戈机场	Jomalig
阿拉山谷机场	Allah Valley	林加延机场	Lingayen
巴嘎巴格机场	Bagabag	卢邦机场	Lubang
巴莱尔机场	Baler	玛辛机场	Maasin
班塔延机场	Bantayan	马腊邦机场	Malabang
布兰机场	Bulan	曼布劳机场	Mamburao
比伦机场	Biliran	马蒂机场	Mati

续表

中文名	英文名	中文名	英文名
比斯利格机场	Bislig	奥萨米斯机场	Ozamis
波仑伽机场	Borongan	帕拉南机场	Palanan
苏鲁卡加亚机场	Cagaya de Sulu	普拉戴尔机场	Plaridel
卡拉潘机场	Calapan	皮娜玛拉延机场	Pinamalayan
卡巴洛甘机场	Catbalogan	罗莎莱斯机场	Rosales
卡瓦场机场	Cauayan	圣费尔南多机场	San Fernando
达特机场	Daet	锡奥孔机场	Siocon
希隆奥斯机场	Hilongos	西基约尔机场	Siquijor
伊巴机场	Iba	索索贡机场	Sorsogon
伊皮里机场	Ipil	乌贝机场	Ubay
伊利甘机场	Iligan	维甘机场	Vigan
伊特巴亚特机场	Itbayat	瓦博机场	Wao
利洛伊机场	Liloy	瓦石机场	Wasig

资料来源：《菲律宾统计年鉴2022》。

四、主要机场

菲律宾主要的三大机场是尼诺伊·阿基诺国际机场、宿务国际机场和达沃国际机场。①尼诺伊·阿基诺国际机场（Ninoy Aquino International Airport），位于菲律宾北部的吕宋岛，是菲律宾4F级国际机场，也是菲律宾最大的门户机场。总建筑面积33.3万平方米，可满足年旅客吞吐量2500万人次的使用需求。尼诺伊·阿基诺国际机场建有4座航站楼：1号航站楼是菲律宾国内以及国际航班的停靠点，但菲航（Philippine Airlines/PAL）、宿务航空（Cebu Pacific Air/CEB）、亚航（Philippines AirAsia/APG）不在此停靠；2号航站楼是仅面向菲律宾国内航班的停靠点；3号航站楼是四个航站楼中最新、最大的航站楼，国内以及国际航班均在此停靠；4号航站楼是四个航站楼中最旧的航站楼，仅面向菲律宾国内航班，如：斯威夫特航空（AirSWIFT）、宿翱（Cebgo）等。②宿务国际机场（Mactan-Cebu International Airport），于菲律宾中部米沙鄢群岛的宿务市，是菲律宾的第二大门户机场。占地面积797万平方米，航站楼可容纳450万乘客。宿务国际机场设有两个航站楼：1号航站楼是菲律宾国内航班的停靠点；2号航站楼是菲律宾国际航班的停靠点。宿务国际机场是菲律宾主要的货运机场之一，2022年的国际货运量约2.45万吨，国内货运量约3.21万吨。③达沃国际机场位于菲律宾南部的棉兰老岛，是菲律宾第三繁忙的国际机场。该机场占地面积209万平方米，年旅客吞吐量可达200万人次，每年可处理的货物量为8.46万吨。达沃国际机场的航线大多数为菲律宾国内的航线，国际航线只有一条，通往国为新加坡。

第五节 通信和电力设施格局

菲律宾通信网络质量较高，共有6个可用平台：专线、移动电话、有线电视、无线电视、广播以及小口径卫星终端站（VSAT）系统。菲律宾信息和通信技术部推出"Pipol Konek"项目，计划于2026年前在全国13 000个公共场所开通免费无线网络，新建20万座无线网络站点，目前已经覆盖了南三宝颜、塔威塔威部分地区。菲律宾缺电现象严重，电力成本高昂，居民用电和工业用电水平名列世界前列。2020年，菲律宾全国电力总装机容量为2 625万千瓦。其中，煤电装机容量为1 094.4万千瓦，占41.69%；地热、风电等清洁能源发电装机容量为761.7万千瓦，占29.02%。

一、通信设施发展情况

菲律宾的通信基础设施在过去几年中得到了显著的发展，包括移动通信、互联网接入、卫星通信等多个方面。这些基础设施的发展不仅推动了菲律宾经济的增长，也改变了人们的生活方式和社会形态。

菲律宾的通信发展较为迅速，特别是移动电话用户数量逐年增加。根据世界银行数据，菲律宾每千人拥有固定电话数由2001年的41个增加至2022年的42个，每千人拥有移动电话数由2001年的153个增加至1 440个，增长将近十倍，其中约80%为智能手机用户（图7-7）。菲律宾移动通信网络的覆盖范围广泛，包括城市、农村和偏远地区。菲律宾的移动通信网络主要有 3G、4G 和 5G 三种技术，其中 4G 网络覆盖最为广泛，5G 网络也已开始逐步推广。为了提高网络速度和质量，菲律宾多家电信运营商正在进行 5G 网络建设和升级改造，同时也在不断扩大其覆盖范围。除了移动通信网络的覆盖范围广泛，移动支付也得到了迅速发展。菲律宾多家银行和非银行金融机构已推出了移动支付服务，如 GCash、GrabPay 等，这些服务可以满足用户线上购物、线下支付等多种需求。

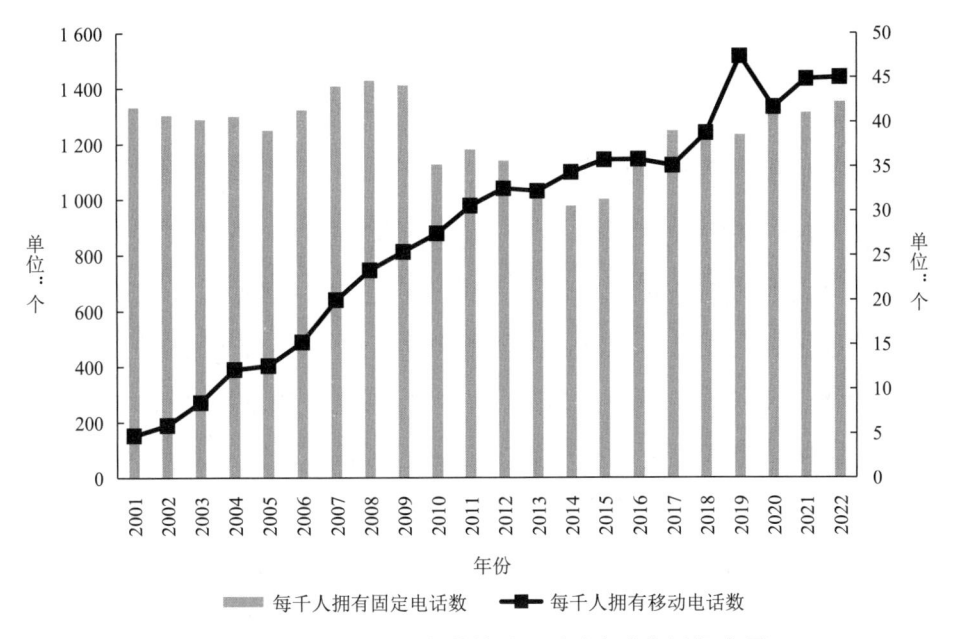

图 7-7　2001—2022 年菲律宾固定/移动电话拥有量

资料来源：世界银行，https://data.worldbank.org.cn/。

菲律宾的互联网接入发展迅速，宽带网络覆盖范围不断扩大。根据菲律宾电信委员会的数据，截至 2021 年，菲律宾共有约 3 800 万互联网用户，其中约 85% 为家庭宽带用户。根据世界银行的数据，截至 2020 年，菲律宾每百万人拥有服务器达 111 个，2000 年菲律宾每百万人拥有服务器还不足 1 个。菲律宾互联网接入速度不断提升，光纤网络逐渐取代非对称数字用户线路（ADSL）成为主要的宽带接入方式。为了推动数字经济发展和缩小城乡数字鸿沟，菲律宾政府正在实施"国家宽带计划"，致力于将光纤网络覆盖至全国范围内的城市和农村地区。此外，菲律宾政府还积极鼓励电信运营商进行投资和创新，以提高互联网接入的速度和质量。

菲律宾的卫星通信发展较为迅速，卫星通信技术应用范围广泛。菲律宾拥有多颗卫星，包括国际海事卫星组织的卫星、马部卫星等。这些卫星覆盖了菲律宾的偏远地区和海上地区，为政府、企业和个人提供了可靠的通信服务。菲律宾的卫星通信发展还带动了该国航天技术的发展。菲律宾政府支持私人企业参与航天产业的发展，并积极探索低成本的太空旅行模式（Ang，2019）。同时，菲律宾也在加强与国际航天机构的合作，提高其航天技术水平。

二、通信设施空间布局

菲律宾无线电基站分布集中，主要分布在经济发展水平较高的区域。2013年，国家首都区无线电基站共有162 412座，接近其他所有区域总和的194 986座，第二位是南他加禄区的42 845座，第三位是中米沙鄢区的28 817座。2013年，前三个区域的无线电基站数量占全国比重接近70%。对比各区域无线电基站数量的变化，2010—2013年，多数区域无线电基站数量均呈现增长态势。其中增长较快的区域包括三宝颜半岛区、卡加延河谷区、国家首都区、南哥苏萨桑区、卡拉加区，这些区域的增幅都在2倍以上。而中吕宋区无线电基站数量大幅减少，由2010年的36 344座锐减至2013年的4 013座。科迪勒拉行政区无线电基站数量也有所下降，由2010年的3 689座减少至2013年的3 244座（表7-9）。

表7-9　2010—2013年菲律宾无线电基站区域分布　　　　　　　　（单位：座）

地区	2010年	2011年	2012年	2013年
国家首都区	39 731	39 731	39 731	162 412
科迪勒拉行政区	3 689	3 689	3 244	3 244
伊罗戈区	4 556	3 852	4 198	5 644
卡加延河谷区	4 945	6 629	6 289	12 412
中吕宋区	36 344	37 428	3 578	4 013
南他加禄区	30 685	33 182	34 846	42 845
比科尔区	6 260	6 970	7 579	8 856
西米沙鄢区	9 783	9 820	12 099	13 393

续表

地区	2010年	2011年	2012年	2013年
中米沙鄢区	18 786	28 817	28 817	28 817
东米沙鄢区	3 115	3 744	4 668	5 368
三宝颜半岛区	793	825	17 313	17 313
北棉兰老区	17 122	26 198	21 805	23 277
达沃区	12 436	13 506	18 368	17 829
南哥苏萨桑区	4 901	4 901	8 048	8 048
卡拉加区	2 087	2 769	2 769	3 927

资料来源：《菲律宾统计年鉴2019》。

菲律宾是有线电视网络普及较广的国家之一，有线电视网络的区域分布相对无线电基站分布较为分散（杨铭贤，1995）（图7-8）。排在前五位的依次为：南他加禄区（563座）、比科尔区（393座）、中吕宋区（329座）、中米沙鄢区（302座）、西米沙鄢区（300座）。2011—2020年，除棉兰老穆斯林自治区保持不变、卡加延河谷区略有下降以外，其他区域的有线电视网络数量都呈现上升的态势，增长较快的五个区域为达沃区、比科尔区、伊罗戈区、国家首都区、中米沙鄢区。在城市区域，有线电视网络的覆盖率非常高，几乎所有的城市都已经被有线电视网络覆盖。这些城市包括马尼拉市、宿务市、怡朗市、三宝颜市等。在乡村区域，有线电视网络的覆盖率相对较低，但近年来也有了很大的改善。在一些偏远地区，由于地理环境复杂和人口稀少等原因，有线电视网络的覆盖仍然存在困难。菲律宾的有线电视网络主要由多个运营商组成，其中包括菲律宾的有线电视公司、电信公司和其他媒体公司。这些运营商通过光纤、同轴电缆和其他传输介质将电视信号传输到用户家中。此外，菲律宾的有线电视网络还提供其他服务，如互联网接入、语音通信等。

菲律宾无线电台区域分布更为分散（表7-10）。2020年，无线电台数量最多的区域是中米沙鄢区，为196个。无线电台超过100个的区域有11个，包括达沃区、南他加禄区、南哥苏萨桑区、三宝颜半岛区、卡拉加区、比科尔区、西米沙鄢区、北棉兰老区、东米沙鄢区、伊罗戈区。2013—2020年，菲律宾所有区域的无线电台数量都出现了不同程度的增长，增幅最大的三个区域是：南哥苏萨桑区（增长了142个），中米沙鄢区（增长了138个），达沃区（增长了116

地区	2020年有线电视网络(座)
棉兰老穆斯林自治区	~80
科迪勒拉行政区	~90
达沃区	~180
国家首都区	~180
南哥苏萨桑区	~185
三宝颜半岛区	~195
卡拉加区	~200
卡加延河谷区	~205
北棉兰老区	~220
东米沙鄢区	~245
伊罗戈区	~265
西米沙鄢区	~300
中米沙鄢区	~305
中吕宋区	~330
比科尔区	~395
南他加禄区	~560

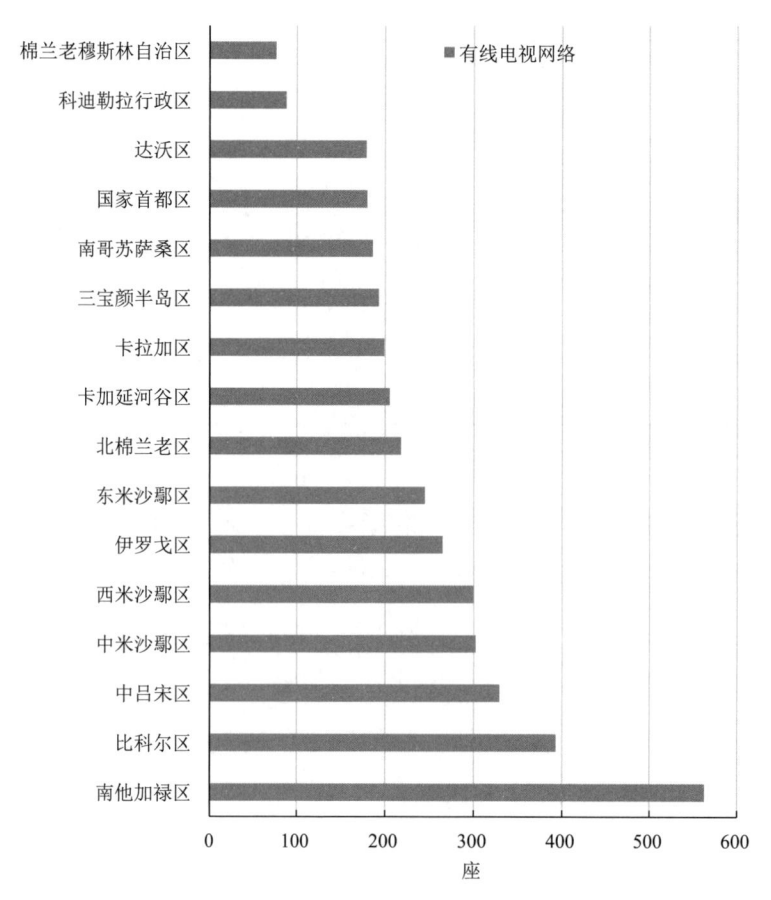

图 7-8　2020 年菲律宾有线电视网络区域分布

资料来源：《菲律宾统计年鉴 2022》。

个）。在各个大区中，无线电台的分布情况因地而异。一些城市和沿海地区的无线电台较多，而一些内陆地区的无线电台则较少。此外，一些地区的无线电台主要覆盖城市和周边地区，而一些地区的无线电台则可以覆盖更广泛的区域。

表 7-10　2013—2020 年菲律宾无线电台区域分布　　　（单位：个）

地区	2013年	2014年	2015年	2016年	2017年	2018年	2019年	2020年
国家首都区	56	56	57	57	57	58	58	58
科迪勒拉行政区	36	38	39	40	45	45	47	47
伊罗戈区	88	92	96	96	96	96	96	100
卡加延河谷区	75	77	85	88	85	87	90	97
中吕宋区	57	57	57	59	61	62	65	69

续表

地区	2013年	2014年	2015年	2016年	2017年	2018年	2019年	2020年
南他加禄区	137	142	154	166	171	173	176	186
比科尔区	138	140	149	152	160	161	164	170
西米沙鄢区	118	122	126	130	142	144	145	148
中米沙鄢区	58	97	102	109	113	117	121	196
东米沙鄢区	71	77	88	91	99	100	103	115
三宝颜半岛区	81	81	44	91	99	101	101	182
北棉兰老区	93	96	98	109	118	121	123	126
达沃区	77	82	42	96	105	109	112	193
南哥苏萨桑区	43	95	104	109	107	98	99	185
卡拉加区	63	67	73	79	38	86	89	177
棉兰老穆斯林自治区	24	24	24	24	24	43	45	47

资料来源：《菲律宾统计年鉴2022》。

三、电力设施发展情况

菲律宾的电力设施建设始于19世纪末至20世纪初。这一时期的电力设施主要由小型水电站和热电站组成，规模较小，且供应不稳定。菲律宾的经济和社会发展因此受到了一定程度的制约。1898年，菲律宾开始独立管理自己的基础设施，包括电力供应和输电网络。然而，由于缺乏资金和技术支持，电网的覆盖范围仍然有限，电力供应也不稳定。为了解决这些问题，菲律宾政府采取了一系列措施来推动电网建设。20世纪初期，菲律宾开始引入外国投资和技术，特别是美国和欧洲的公司参与了电网的建设项目。1903年，马尼拉市成立了第一家电力公司，标志着菲律宾电网正式进入现代化建设的阶段。然而，即使在外国投资和技术的支持下，菲律宾电网的发展仍然面临诸多挑战。电力供应不足的问题仍然存在，且在某些地区，由于地理环境和其他因素，电力供应的稳定性依然成问题。

菲律宾的电力设施主要包括发电设施、输配电设施等，发展情况如下：

（1）菲律宾的发电设施主要包括燃煤电厂、燃气电厂、水力发电站和可再生能源发电站等。燃煤电厂是菲律宾的主要发电方式。2015年,菲律宾煤炭发电量占总发电量的比重接近一半,达44.51%。而且,煤炭发电量占总发电量的比重由2000年逐步增加,15年间增长了7.72%。随着天然气开发速度加快,菲律宾天然气发电量占比大幅度提高,由2000年不足0.1%大幅增加至2015年的22.91%。然而,由于菲律宾石油资源较为匮乏,石油发电量占总发电量的比重由2000年的20.28%逐渐下降至2015年的7.14%。菲律宾的煤炭发电量、天然气发电量、石油发电量,这三种火力发电量占总发电量的比重接近75%。因菲律宾的燃煤、气、石油发电方式效率较低,且对环境造成了较大程度的污染,菲律宾政府正在积极推动清洁能源的发展,特别是太阳能和风能发电。菲律宾还拥有一些水力发电站,利用水流驱动涡轮机来产生电能。然而,由于技术的限制和资源的枯竭,水力发电站的发电量逐渐减少,由2000年的17.22%下降至2015年的10.51%(表7-11)。

表7-11 2000—2015年菲律宾各发电设施发电量占比情况　　（单位:%）

年份	煤炭发电	石油发电	天然气发电	水力发电	其他能源发电
2000	36.79	20.28	0.04	17.22	25.67
2001	39.93	20.97	1.80	15.10	22.19
2002	33.28	12.98	18.10	14.51	21.13
2003	28.22	13.54	24.82	14.87	18.55
2004	28.94	15.20	22.13	15.36	18.37
2005	26.97	10.86	29.81	14.83	17.54
2006	26.93	8.22	28.82	17.50	18.52
2007	28.24	8.64	31.52	14.36	17.24
2008	25.89	8.00	32.19	16.18	17.73
2009	26.61	8.69	32.12	15.81	16.78
2010	34.40	10.48	28.81	11.52	14.79
2011	36.63	4.91	29.77	14.02	14.67
2012	38.76	5.83	26.94	14.06	14.41
2013	42.62	5.97	24.97	13.31	13.13
2014	42.78	7.39	24.19	11.83	13.81
2015	44.51	7.14	22.91	10.51	14.92

资料来源:《菲律宾统计年鉴2022》。

（2）菲律宾的输配电设施主要包括输电线路、变电站和配电网络等。由于历史原因，菲律宾的输配电设施较为陈旧，且输电线路的覆盖范围有限。近年来，菲律宾政府加大了对输配电设施的投资力度，逐步提升输配电设施的技术水平和服务质量。在输电方面，菲律宾的输电线路主要由铜芯电缆和架空线组成。这些输电线路连接了各个主要城市和工业区，形成了覆盖全国的输电网络。然而，由于地理环境和气候条件的限制，输电线路的维护和建设仍然面临许多挑战。在配电方面，菲律宾的配电网络主要由配电站和配电线路组成。配电站负责将高压电转换为低压电，然后通过配电线路输送到各个用户。然而，由于配电站和配电线路的老化和损耗，电力供应的稳定性和可靠性仍然存在一定的问题。

（3）菲律宾的电力市场主要由国有电力公司、私人电力公司和分布式能源等组成。①国有电力公司是菲律宾电力市场的主导者，负责提供大部分电力服务。这些公司积极开展发电、输电和配电等业务，为菲律宾的经济发展提供了重要的能源保障。②私人电力公司是菲律宾电力市场的重要参与者之一。这些公司通过投资建设发电厂、输电线路和配电网络等设施，为菲律宾的电力供应提供了重要的补充。同时，私人电力公司还积极开展新能源技术的研发和应用，为菲律宾的清洁能源发展作出了贡献。③分布式能源是菲律宾电力市场的新兴力量之一。这种能源形式利用各种小型、分散的能源资源，如太阳能、风能等，为菲律宾的电力供应提供了补充和替代能源。分布式能源具有灵活、高效和环保等优点，逐渐受到菲律宾政府的重视和支持。

四、电力设施空间布局

菲律宾燃煤电厂主要分布在北部的吕宋岛和南部的棉兰老岛，燃气电厂则主要集中在吕宋岛和米沙鄢地区，核电站则位于马尼拉市附近的纳沃达地区。此外，由于菲律宾的水电资源主要分布在吕宋岛、棉兰老岛等地。这些地区具有丰富的水力发电潜力，尤其是吕宋岛和棉兰老岛，未开发的水电资源潜力估计为13 097兆瓦。其中，85%被认为是大型水电（11 223兆瓦），14%（1 847兆瓦）被归类为小型水电，而不到1%（27兆瓦）被认为是微型水电。大型水力发电厂仅占所有水力发电设施的34%，但它们产生的水力发电量占总量的近96%。菲律宾的输电线路主要由国家电力公司（NPC）负责建设和运营。输电线路覆盖了全国大部分地区，其中，吕宋岛和棉兰老岛的输电线路较为密集，而一些偏远地区则存在输电线路短缺的问题。菲律宾的配电设施主要包括变电站、配电柜和配电箱等。配电设施分布较为广泛，覆盖了全国大部分地区。但是，一些偏远地区的配电设施仍然存在不足问题，导致电力供应不稳定。

菲律宾的发电设施存在严重不足的问题，尤其是在用电高峰期，电力供应短缺问题更加严重。这主要是由菲律宾的经济发展迅速，用电需求不断增长，而发电设施的建设和更新速度较慢所致。此外，一些发电设施已经超过了使用寿命，发电效率低下，也加剧了电力供应不足的问题。菲律宾的输电线路存在严重的老化问题，尤其是在一些偏远地区，输电线路的维护和管理不到位，导致线路故障频繁发生。这主要是由于菲律宾的输电线路建设历史较长，当时的输电技术和设备相对落后，导致线路容易受到自然环境和人为因素的影响。此外，一些地区的输电线路建设成本较高，维护难度大，也增加了线路故障的风险。菲律宾的配电设施存在落后的现象，尤其是在一些偏远地区，配电设施的技术水平较低，导致电力供应不稳定。这主要是由菲律宾的经济发展不平衡，一些地区的经济发展水平较低，政府对配电设施的投入不足所致。此外，一些配电设施的使用寿命已经超过设计寿命，设备老化严重，也影响了电力供应的稳定性。

参 考 文 献

［1］吉田茂、全贤淑："东亚经济发展与海运业的关系"，《中国水运》，2000年第1期。
［2］廖丽虹、杨华敏："菲律宾航运"，《水运管理》，2001年第9期。
［3］吕秋红、王晓东："论PPP模式在菲律宾基础设施建设中的应用与启示"，《东南亚研究》，2011年第4期。
［4］商务部国际贸易经济合作研究院、中国驻菲律宾大使馆经济商务处、商务部对外投资和经济合作司：《对外投资合作国别（地区）指南：菲律宾（2022年版）》，2022年。
［5］薛恢华："菲律宾的公路交通"，《国外公路》，1986年第1期。
［6］杨铭贤："菲律宾大力发展通信设施"，《电信工程技术与标准化》，1995年第2期。
［7］杨一冲："菲律宾的自然灾害对高速公路系统的影响"，《地震科技情报》，1994年第1期。
［8］中国国际贸易促进委员会：《企业对外投资国别（地区）营商环境指南：菲律宾（2020）》，2020年。

[9] 周兴沪:"菲律宾城市建设与发展",《城乡建设》,1989年第9期。

[10] Ang, M. 2019. Dismantling a duopoly: The applicability of the essential facilities doctrine in the Philippine broadband telecommunications industry. *Philippine Law Journal*, No. 92.

[11] Corong, E., L. Dacuycuy, R. Reyes, et al. 2013. *The Growth and Distributive Impacts of Public Infrastructure Investments in the Philippines*. Springer International Publishing.

[12] Francisco, K. A., V. L. Lim 2021. Government strategies in the water transport sector: A closer look at Philippine ports. PIDS Discussion Paper Series.

[13] Francisco, K. A., V. L. Lim 2022. Philippine Air Transport Infrastructure: State, Issues, Government Strategies. PIDS Discussion Paper Series.

[14] Gultiano, S., P. Urich, E. Balbarino et al. 2003. *Population Dynamics, Land Availability and Adapting Land Tenure Systems: Philippines, A Case Study*. CICRED.

[15] Llanto, G. M. 2016. Philippine infrastructure and connectivity: Challenges and reforms. *Asian Economic Policy Review*, No. 2.

[16] Paderanga, C. W. 2007. Infrastructure in Philippine development. *UPSE Discussion Paper*. No. 0710.

[17] Thompson, M. R., E. V. C. Batalla. 2018. *Routledge Handbook of the Contemporary Philippines*. Routledge.

[18] Systematics, C. 2014. *Philippine Transport Infrastructure Development Roadmap Framework Plan: Executive Summary*. Cambridge Systematics. Inc.

[19] Tabon, S. 2021. *Ports and Harbors: Philippine Edition*. Silliman University.

[20] Vreeland, N. 1976. *Area Handbook for the Philippines*. US Government Printing Office.

第八章 对外经贸与海外劳工格局

菲律宾是世界贸易组织（WTO）、亚太经合组织（APEC）和东盟（ASEAN）成员国，已同近40个国家和地区签订了各类双边经贸协定、36个国家签署了税务条约。近年来，菲律宾政府开展更为积极的贸易促进政策、打造更为宽松自由的外商投资环境，推动对外经贸合作深度变革，促进出口商品多样化和外贸市场多元化。一方面，菲律宾进出口商品结构发生显著变化。非传统出口商品如电子产品、工艺品、家具、化肥等出口规模已赶超矿产、原材料等传统商品的出口规模。另一方面，菲律宾政局稳定，营商环境不断改善，世界三大投资评级机构陆续将菲律宾主权信用等级提升为投资等级，使得菲律宾成为全球跨国公司海外布局的首选地。此外，"菲佣"一词享誉全球，菲律宾成为全球第二大劳务输出国，仅次于墨西哥，每年向全球输出劳工超过两百万，海外劳工汇款对于菲律宾经济发展具有举足轻重的地位。

第一节 营商环境

《营商环境报告》是世界银行发布的一份关于评估190个经济体营商环境的权威报告。《营商环境报告》于2003年首次发布，当时纳入了五项指标、涵盖133个经济体（表8-1）。该报告是基于对经济体营商环境的综合评估和排名，旨在帮助国家提升其营商环境，吸引更多的国内外投资。菲律宾作为东南亚的重要经济体之一，近年来的营商环境取得了显著改善。菲律宾开展了一系列改革举措，对于改善营商环境具有重要的推动作用。

表 8-1 《营商环境报告》评估指标体系

评估指标	评估内容
开办企业	评估一个国家开办企业的难易程度和所需时间,包括注册程序、注册资本要求、许可审批等
办理建筑许可	评估一个国家办理建筑许可的难易程度和所需时间,包括规划审批、施工许可、质量检测等
获得电力	评估一个国家获得电力的难易程度和所需时间,包括申请流程、供电稳定性、电费缴纳等
登记财产	评估一个国家登记财产的难易程度和所需时间,包括土地使用权、房屋所有权、财产转让等
获得信贷	评估一个国家获得信贷的难易程度和所需时间,包括银行贷款、信用担保、融资渠道等
保护投资者	评估一个国家对投资者的保护程度,包括公司治理、股东权益保护、破产法律框架等
纳税	评估一个国家的纳税环境,包括税种、税率、税收优惠等
执行合同	评估一个国家执行合同的难易程度和所需时间,包括司法公正、判决执行、律师服务等
解决商业纠纷	评估一个国家解决商业纠纷的难易程度和所需时间,包括仲裁程序、诉讼效率、法律援助等

资料来源:世界银行,https://data.worldbank.org.cn/。

一、营商环境发展概况

21世纪,菲律宾政治局势稳定、经济发展迅速、人力资源优势明显,总体营商环境良好。菲律宾政府大力推行基建项目、进行税改、减少外资限制、简化政府流程等措施,积极推动营商环境改善。根据世界银行发布的《2020营商环境报告》,菲律宾营商环境评分为62.8,在190个国家中排名第95位,排名较上年上升29位,被评为营商便利化改善幅度最大的42个经济体之一(图8-1)。该报告对于菲律宾营商环境的评估如下:①在商业法规和政策方面,菲律宾的商业法规和政策在一定程度上影响了企业的运营。近年来,菲律宾政府推出了一系列改革措施,以简化商业注册流程,降低企业税负,为国内外企业提供更加公平的竞争环境。②在基础设施方面,菲律宾的基础设施建设尚待完善。电力、交通和互联网等关键基础设施的不足,可能会对企业的运营造成一定影响。

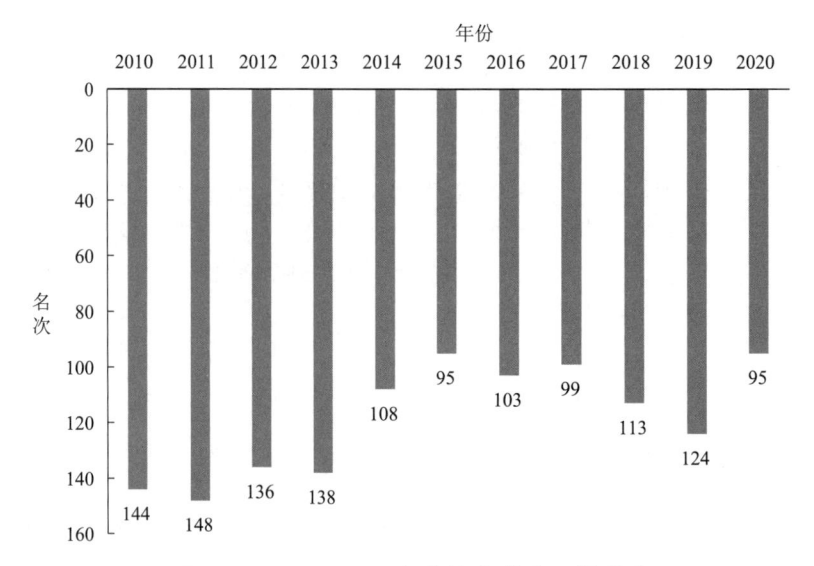

图 8-1　2010—2020 年菲律宾营商环境排名

资料来源：世界银行《营商环境报告》。

近年来，菲律宾政府已经将基础设施建设作为其重要的发展战略之一，正在积极推动基础设施投资和建设。③在人力资源方面，菲律宾拥有丰富的人力资源，为企业提供了大量的优秀人才。菲律宾的教育体系相对完善，培养了大量的技术和管理人才。此外，菲律宾的劳动力成本相对较低，为企业提供了成本优势。④在创新和科技方面，菲律宾发展相对滞后。菲律宾政府通过加强与国际合作伙伴的合作，以及加大对科技企业的支持力度，菲律宾的科技创新环境正在逐步改善。⑤在文化和社会方面，菲律宾是一个多元化的国家，拥有丰富的历史和文化。这种多元性为企业提供了深入了解和适应不同文化的机会。同时，菲律宾人民热情好客，善于沟通，这为企业与当地社区建立良好关系提供了便利。

菲律宾在改善营商环境方面实施了一系列改革举措。一是开展综合税制改革。菲律宾于 2020 年 2 月将《企业所得税和激励改革法》（CITIRA）修改为《企业复苏和税收优惠法》（CREATE），推出非大型纳税人企业所得税税率下调 5% 等举措，进一步切合企业需要，优化税制结构，减少企业税收负担。二是取消公司最低实缴资本限制。2019 年，菲律宾废除了国内公司的最低实缴资本限制，对外资持股比例低于 40% 的国内企业仅设 5 000 比索（约 100 美元）的最低注册资本限制,对外资持股比例超过 40% 的国内企业仅设 20 万美元的最低注册资本限制,降低了公司设立门槛。三是保护少数投资者权益。2018 年,菲律宾发布增加股东在公司重大决策中的权力、明确所有权等规定,加强了对少数股东的保护。四是简化办理施工许可证以及简化入境许可程序。

菲律宾与东盟其他国家相比,营商环境排在第 6 位,仍然有改善空间(图 8-2)。新加坡的营商环境在东盟国家中表现最好,全球排名第 2 位,优势在于高效的政府服务、透明的法律体系和发达的基础设施。新加坡还拥有稳定的政治环境和成熟的金融市场。这些因素使得新加坡成为东盟国家中吸引外资的主要目的地。马来西亚的营商环境在东盟国家中名列前茅,全球排名第 12 位,优势在于政府的积极支持和投资优惠政策。马来西亚的基础设施建设和劳动力素质也相对较高。泰国的营商环境在东盟国家中具有一定优势,全球排名第 21 位。泰国的人口规模和市场需求较大,在自然资源方面也具有优势,如石油、天然气和矿产资源等。印度尼西亚的营商环境在东盟国家中处于中等水平,优势在于政府积极推动经济改革和加强知识产权保护。印度尼西亚在农业、制造业和服务业等领域也具有相当优势。

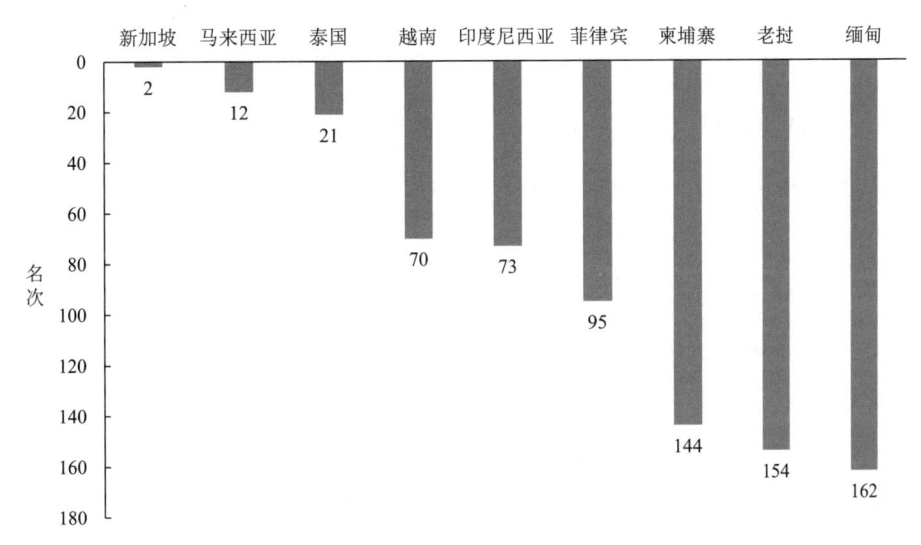

图 8-2　2020 年东盟主要国家营商环境排名

资料来源:世界银行《2020 年营商环境报告》。

二、多边和双边经贸协定

菲律宾的多边和双边经贸协定的发展可以追溯到几十年前。1979年，菲律宾加入了《关税及贸易总协定》，并且是世贸组织诞生时的创始成员。这使得菲律宾得以融入多边贸易体系，并因此获得了诸多贸易优惠。

根据菲律宾贸易与工业部公开信息，菲律宾已与日本、欧洲自由贸易联盟签署双边自由贸易协定，即菲律宾-日本经济伙伴关系协定（Philippines-Japan Economic Partnership Agreement，PJEPA）和菲律宾-欧洲自由贸易联盟自由贸易协定（Philippines-European Free Trade Association Free Trade Agreement，PEFTAFTA），双方在货物贸易、服务贸易、投资、知识产权、海关程序、政府采购等市场准入方面取得积极进展。菲律宾与中国的经贸合作日益深化，于2016年签署了《中菲经贸合作五年发展规划》，旨在加强两国在基建、贸易、投资等领域的合作。此外，两国还在2017年签署了《中菲农业合作协议》，以推动两国农业的发展。菲律宾与美国的经贸关系也在不断发展。2014年，两国签署了《美菲贸易和投资框架协议》，旨在推动两国在贸易、投资、旅游等领域的合作。此外，两国还在2016年签署了《美菲增强和扩大贸易和投资框架协议》，进一步加强了两国的经贸关系。

2020年11月15日，东盟十国（新加坡、印尼、马来西亚、泰国、文莱、柬埔寨、老挝、缅甸、菲律宾和越南）以及中国、日本、韩国、澳大利亚、新西兰共15个国家，正式签署区域全面经济伙伴关系协定（RCEP）。RCEP重点涵盖货物贸易、服务贸易、投资和自然人临时移动四方面的市场开放，并且纳入知识产权、电子商务、竞争等议题。RCEP具有四大亮点：一是十年内域内90%以上货物贸易最终实现零关税；二是作出高于各自"10+1"自贸协定水平的服务开放承诺；三是产品原产地价值成分可在区域内进行累积；四是采用负面清单方式对农林牧渔及制造业5个非服务业领域投资作出较高水平开放承诺，并增加投资透明度。

第二节 商品贸易的空间格局

菲律宾对外贸易发展较早，经历了西班牙殖民、美日殖民和独立后多个发展阶段，每个阶段都具有不同的特征。由于菲律宾的殖民历史，使得菲律宾形成高度外向型的经济模式，贸易依存度高（沈红芳，2000）。在结构上，菲律宾主要以出口农、林产品以及工矿原料为主，主要进口机械和运输设备。在国别分布上，出口和进口都集中分布在东亚和东南亚地区，而且高度集中在少数国家，表现出高度的空间集聚性。

一、对外贸易发展概况

菲律宾对外贸易的发展历史较早，远在西班牙殖民主义者侵入以前，就和中国发生了贸易关系，当时由于经济和交通条件的限制，贸易规模并不大。西班牙殖民主义者侵入以后，西班牙限制了菲律宾的对外贸易，使之几乎处于停滞状态。美国殖民菲律宾后，大量向菲律宾倾销商品及掠夺原料，菲律宾的对外贸易额有所增加，尤其出口规模大幅增加（Legarda，1999）。

独立初期，菲律宾的对外贸易受美国垄断资本的控制（陈衍德、杨宏云，2003）。1961年输往美国的商品额约占菲律宾出口贸易额的53.7%，由美国进口的商品值则占菲律宾进口贸易额的47.3%。美国垄断组织可以无限制地把大量消费品倾销至菲律宾，而输入美国的货物种类和数量都由美国支配，并规定菲律宾进出口商品的价格。例如1958年马尼拉市出口商品的价格等于1949年的水平，同一时期进口商品的价格却增加了35%。菲律宾对其他国家的贸易也受到美国的束缚，美国还宣布了"禁运政策"，使菲律宾不能广泛地与社会主义国家进行互惠互利的贸易，从而遭受了很大的损失（陈丙先等，2019）。这一时期，菲律宾的对外贸易在国民经济中占有比较重要的地位，每年平均输出收入约占国民收入的11%，仅次于农业和工业，1961年达11.1亿美元。以人口平均计算，1961年菲律宾每人平均贸易额达38.6美元（其中进口额为21.2美元，出口额为 17.4 美元)。根据 1957 年统计,菲律宾的对外贸易额在东南亚地区中占 14.5%,贸易额仅次于马来西亚和印度尼西亚,排名第三位。

1941 年以来,菲律宾的对外贸易基本上是入超的,而且每年逆差很大,1949 年逆差达 3.38 亿美元。1950 年,菲律宾政府实施贸易入口限制,逆差降至 1 090 万美元。1950 年以后,由于国内生产衰退,商品缺乏,物资供应紧张,不得不放宽入口限制的限额,商品大量进口,贸易额及逆差又开始回升,1957 年比 1950 年的逆差增加了 15.7 倍。1958 年后,国内财政赤字庞大,外汇枯竭,而菲律宾的消费品工业也有一定发展,进口的商品就有所减少,1959 年对外贸易发生顺差现象。1959 年以后,对外贸易又出现逆差。1941—1961 年菲律宾进出口贸易数据统计如表 8-2 所示。

表 8-2　1941—1961 年菲律宾商品进出口数据　　(单位:百万美元)

年份	进口	出口	差额
1941	135.6	110.5	−25.1
1946	295.9	64.2	−231.7
1949	585.9	247.9	−338.0
1950	341.9	331.0	−10.9
1951	489.0	427.4	−61.6
1952	421.4	345.7	−75.7
1953	452.4	398.3	−54.1
1954	478.7	400.5	−78.2
1955	547.7	400.6	−147.1
1956	506.2	453.2	−53.0
1957	613.2	431.1	−182.1
1958	558.7	492.8	−65.9
1959	523.6	529.5	+5.9
1960	603.9	560.4	−43.5
1961	611.3	499.5	−111.8

资料来源:世界银行,https://data.worldbank.org.cn/。

20 世纪 70 年代至亚洲金融危机发生,菲律宾商品贸易逆差相对较小,商品贸易额总体保持增长态势。1977—1997 年,菲律宾商品出口额由 31.51 亿美元增加至 252.28 亿美元，商品进口额由 39.15 亿美元增加至 363.55 亿美元，商品进出口额由 70.66 亿美元增长至 615.83 亿美元，年平均增长率高达 12.23%（图 8-3）。1979 年，菲律宾加入《关税及贸易总协定》，外贸出现大幅飙升，首次突破百亿美元大关。20 世纪 80 年代以前，菲律宾一直保持着 10 亿—30 亿美元的商品贸易逆差（沈红芳，2000）。进入 20 世纪 90 年代，菲律宾商品贸易逆差开始扩大，但一直保持着 50 亿—100 亿美元的商品贸易逆差。1994 年 12 月，菲律宾政府颁布《出口促进法》，还积极建立了各类出口加工区、保税仓库和工业园，大力发展外向型经济（Orbeta，2002；刘效梅，2003）。1995 年 1 月 1 日，菲律宾成为世贸组织（WTO）创始国之一，积极参与多边国际合作。然而，1997 年的亚洲金融危机给菲律宾国内经济带来重创，严重影响着菲律宾对外贸易的发展（郑国富，2014）。

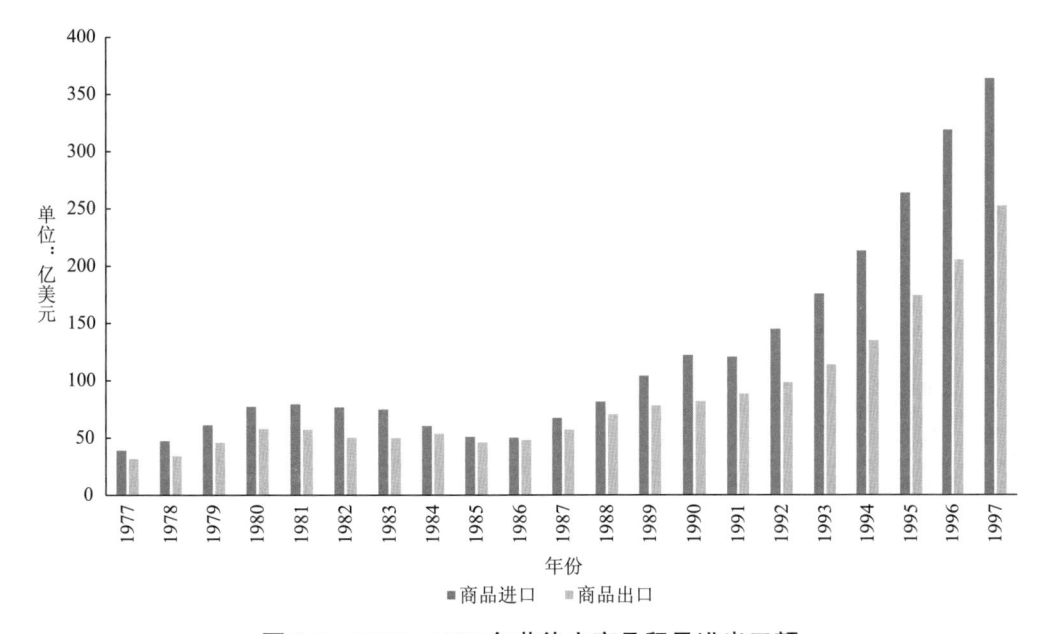

图 8-3　1977—1997 年菲律宾商品贸易进出口额

资料来源：世界银行，https://data.worldbank.org.cn/。

亚洲金融危机之后，菲律宾商品贸易逆差快速扩大，商品进出口额呈现波动上升的态势，增长速度也较之前有所下降。1998—2019 年，菲律宾商品出口额由 294.96 亿美元增加至 534.77 亿美元，商品进口额由 295.24 亿美元增加至 1 027.88 亿美元，商品进出口额由 590.20 亿美元增长至 1 562.65 亿美元，年平均增长率高达 7.8%（图 8-4）。菲律宾在 1998 年、1999 年和 2001 年的商品进出口额都出现了负增长，特别是 1999 年同比降幅高达 24.7%。而且，受到 2008 年美国次贷危机的冲击，2009 年菲律宾商品进出口额也出现负增长，增长率为 -18.0%。尤其进入 21 世纪以来，菲律宾商品贸易逆差持续扩大，在 2018 年一度达到 509.72 亿美元的逆差。

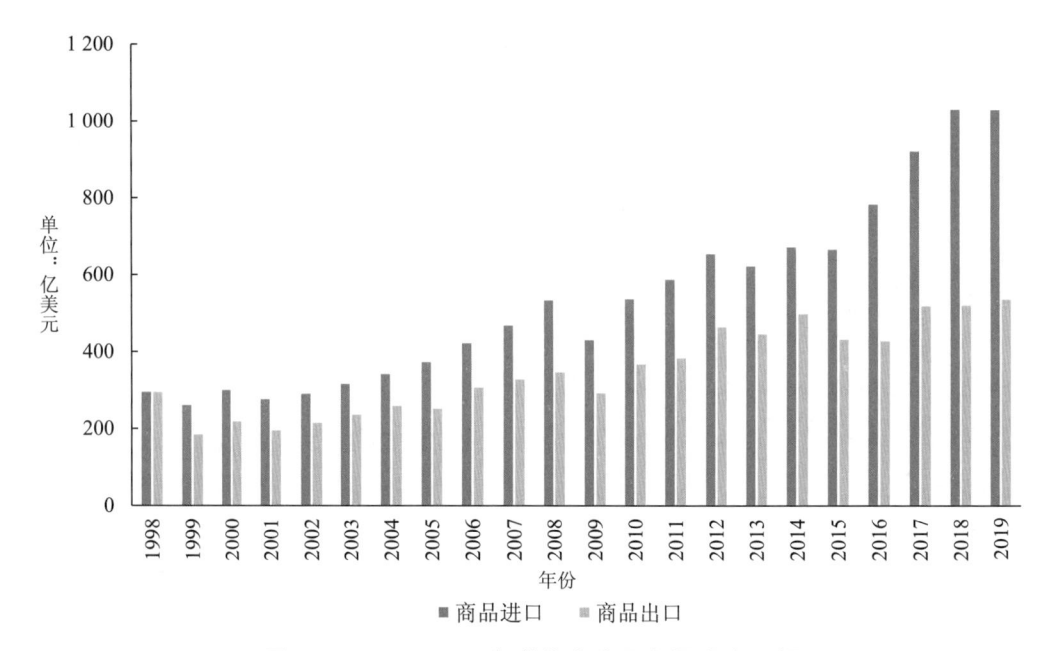

图 8-4　1998—2019 年菲律宾商品贸易进出口额

资料来源：世界银行，https://data.worldbank.org.cn/。

二、商品贸易依存度

商品贸易依存度是一个国家经济发展依赖于商品贸易的程度，即一个国家的商品进出口总额与其国内生产总值之比，在一定程度上也反映一个国家的经济发展水平参与国际经济的程度。

总体上，菲律宾是以外向型经济为主导的经济发展模式，商品贸易依存度较高。随着国内经济发展和产业结构转型，菲律宾商品贸易依存度出现下降（图 8-5）。21 世纪初，菲律宾还保持着高水平的贸易依存度。2000 年，商品贸易依存度高达 62.03%，2003 年增长至 63.37%，随后呈现波动下降的态势。

2008年金融危机之后，菲律宾商品贸易依存度下降趋势明显，大致维持在40%左右的水平。2008年菲律宾商品贸易依存度为48.62%，2019年下降至41.47%，最低为2015年的35.80%。菲律宾的对外经贸政策一直是向美国倾斜，但2008年的美国经济危机使其发生巨大转变，降低了对美国经济的依赖度（陈丙先等，2019）。菲律宾前总统阿罗约表示，菲律宾将推行全球合作战略，寻求与其他国家的关系，不依赖一个国家。为了维持经济增长，菲律宾的对外贸易已转向中国和东盟国家。

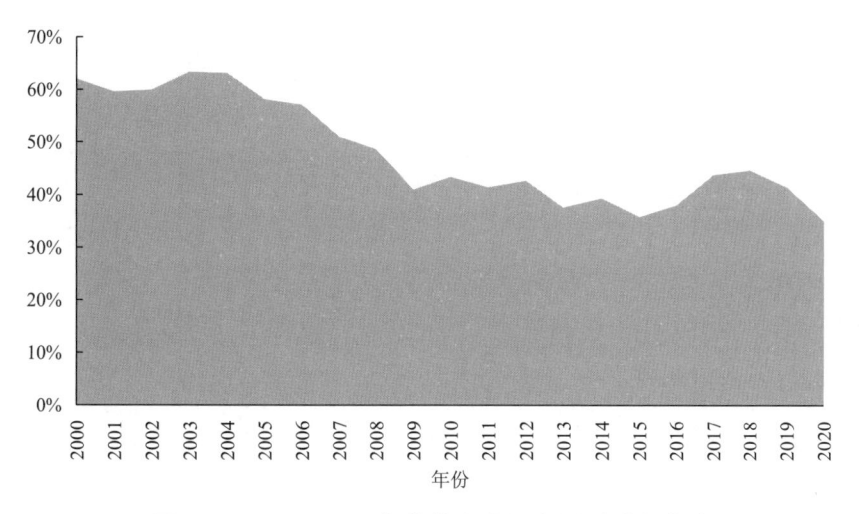

图8-5 2000—2020年菲律宾商品贸易对外依存度

资料来源：世界银行，https://data.worldbank.org.cn/。

三、商品贸易结构特征

独立初期，菲律宾进出口结构表现出殖民历史所遗留的诸多问题。出口商品以农、林产品以及工矿原料等原材料为主，如椰干、糖、木材、马尼拉麻和铁、铬、铜等（郑国富，2018）。进口商品则以消费品、加工原料为主，如棉纺织品、谷物、纸张、基本金属以及一些加工农产品机器等。伴随工业化进程推进，菲律宾的机械和运输设备出口大幅增长。2010年，菲律宾出口贸易中第一

表 8-3 2010—2019 年菲律宾出口商品结构

(单位：亿美元)

商品类型	2010年	2011年	2012年	2013年	2014年	2015年	2016年	2017年	2018年	2019年
粮食及活动物	21.61	30.55	31.76	41.96	42.78	29.27	31.62	42.92	41.08	49.37
饮料及烟叶	3.16	3.98	2.94	3.60	5.21	3.97	3.50	4.26	5.49	5.05
除燃料外的非食用未加工材料	13.38	17.78	18.08	30.89	40.13	26.77	21.30	24.22	24.87	28.70
矿物燃料、润滑油及有关物质	10.57	14.03	12.63	21.36	18.37	7.75	7.50	10.37	11.44	10.47
动物及植物油、脂肪及蜡	12.90	14.61	11.67	13.52	15.07	12.08	11.94	16.80	11.85	9.85
未列明的化学及有关产品	15.54	18.74	19.27	23.22	22.12	16.53	15.49	17.25	13.45	14.99
主要按材料分类的制成品	33.56	45.62	49.13	60.90	55.42	49.84	46.01	50.83	38.39	38.41
机械和运输设备	228.05	198.97	310.13	315.74	355.79	378.71	363.21	451.61	458.01	482.87
杂项制成品	23.20	28.99	59.45	52.34	60.27	57.04	55.79	56.08	57.43	54.85
未列入其他分类的货物及交易	153.01	107.16	4.90	3.45	2.92	4.51	6.77	12.79	12.86	14.71

资料来源：联合国贸发组织，https://unctad.org/。

表 8-4 2010—2019 年菲律宾进口商品结构

(单位：亿美元)

商品类型	2010年	2011年	2012年	2013年	2014年	2015年	2016年	2017年	2018年	2019年
粮食及活动物	59.53	56.42	60.77	60.89	72.14	71.59	84.29	93.40	109.40	123.60
饮料及烟叶	1.91	2.30	2.37	2.92	2.97	3.09	4.63	5.40	6.57	6.70
除燃料外的非食用未加工材料	20.39	16.38	19.10	19.49	9.26	10.15	13.68	31.16	21.92	16.81
矿物燃料、润滑油及有关物质	99.05	128.10	140.93	135.37	135.90	82.92	83.45	114.02	138.35	140.78
动物及植物油、脂肪及蜡	1.95	5.71	4.05	2.85	6.24	6.41	9.25	11.76	10.84	9.27
未列明的化学及有关产品	55.85	67.61	67.12	65.07	74.53	71.13	86.90	100.32	107.43	116.07
主要按材料分类的制成品	46.83	58.00	56.63	60.69	67.61	75.20	105.62	130.74	157.25	151.45
机械和运输设备	275.19	180.25	275.53	282.14	275.98	343.56	420.64	472.71	530.52	529.71
杂项制成品	19.29	21.78	24.30	25.45	29.10	35.23	49.26	58.43	66.79	77.37
未列入其他分类的货物交易	4.68	100.37	2.70	2.19	3.47	2.26	1.36	0.96	1.31	0.72

资料来源：联合国贸发组织，https://unctad.org/。

大类商品是机械和运输设备,金额为 228.05 亿美元,占其出口贸易总额的 44.28%,其中商品包括电子集成电路、二极管等。2019 年,菲律宾出口贸易的第一大类商品仍是机械和运输设备,金额增长至 482.87 亿美元,占其出口贸易总额也提高至 68.08%。菲律宾作为承接跨国公司产业转移的重要目的地,资本和技术密集型产品生产与贸易飞速发展。初级产品出口(包括粮食及活动物,饮料及烟叶,除燃料外的非食用未加工材料,矿物燃料、润滑油及有关物质,动物及植物油、脂肪及蜡)作为菲律宾主要出口产品,出现大幅增长,出口额由 2010 年的 61.62 亿美元增长至 103.44 亿美元(表 8-3)。

机械和运输设备是菲律宾进口的主要产品,但进口额远高于出口额。2010 年菲律宾进口的第一大类商品为机械和运输设备,金额达 275.19 亿美元,占全部进口额的比重为 47.07%。第二大类为矿物燃料、润滑油及有关物质,金额达 99.05 亿美元,占全部进口额的比重为 16.94%。其中,进口燃料的比重超过 20%。2019 年,菲律宾进口第一大类的商品仍为机械和运输设备,金额达 529.71 亿美元,占全部进口额的比重下降为 45.18%。第二大类的为主要按材料分类的制成品,金额达 151.45 亿美元,占全部进口额的比重为 12.92%(表 8-4)。

四、商品贸易国别分布

菲律宾对东亚和东南亚国家的出口贸易依赖度较高,商品出口集中分布在东亚和东南亚地区,而且高度集中在少数国家。2010 年,菲律宾商品出口额前十位的国家和地区依次为日本、美国、新加坡、中国内地、中国香港、德国、荷兰、韩国、泰国、马来西亚,除美国、德国、荷兰之外,其他国家和地区都属东亚和东南亚。前十位国家和地区的商品出口额占菲律宾商品出口总额的比重超过八成,达 87.04%。2019 年,菲律宾商品出口额前十位的国家和地区依然为 2010 年前十位的国家和地区,但排名发生变化,依次为美国、日本、中国内地、中国香港、新加坡、韩国、泰国、德国、荷兰、马来西亚,美国超过日本成为第一位,中国内地和中国香港排名上升至第三和第四位,欧盟国家排名出现下降。前十位国家和地区的商品出口额总和占菲律宾商品出口总额的比重略微下降至 85.29%(表 8-5)。

表 8-5 2010 年和 2019 年菲律宾商品出口规模前三十位的国家和地区

(单位：百万美元)

排序	国家	2010 年	国家	2019 年
1	日本	7 841.3	美国	11 573.9
2	美国	7 570.0	日本	10 674.9
3	新加坡	7 318.9	中国内地	9 814.4
4	中国内地	5 724.5	中国香港	9 624.9
5	中国香港	4 335.7	新加坡	3 831.8
6	德国	2 657.3	韩国	3 240.8
7	荷兰	2 429.5	泰国	2 972.5
8	韩国	2 243.1	德国	2 723.1
9	泰国	1 782.6	荷兰	2 266.1
10	马来西亚	1 396.5	马来西亚	1 825.3
11	越南	572.1	越南	1 269.6
12	印度尼西亚	449.2	印度尼西亚	829.0
13	法国	413.3	法国	802.0
14	印度	410.3	墨西哥	672.3
15	英国	394.9	加拿大	621.1
16	澳大利亚	349.6	印度	545.4
17	意大利	349.5	英国	506.0
18	比利时	348.0	瑞士	427.5
19	加拿大	333.6	阿联酋	399.7
20	墨西哥	269.4	澳大利亚	398.1
21	阿联酋	228.9	捷克	340.4
22	西班牙	158.2	比利时	240.4
23	巴西	144.1	波兰	206.4
24	南非	128.7	意大利	204.0
25	匈牙利	128.5	西班牙	194.4
26	捷克	112.4	匈牙利	186.2
27	瑞士	103.5	巴西	185.3
28	芬兰	84.7	爱尔兰	164.1
29	卡塔尔	78.6	沙特阿拉伯	134.1
30	奥地利	77.0	南非	105.0

资料来源：联合国贸发组织，https://unctad.org/。

菲律宾商品进口与商品出口的空间分布高度相似，但其商品进口更加依赖东盟（表8-6）。2010年，菲律宾商品进口额前十位的国家和地区依次为日本、美国、新加坡、中国内地、泰国、韩国、马来西亚、印度尼西亚、沙特阿拉伯、越南，除美国之外，其他国家和地区均属亚洲，其中东盟国家有5个。由于菲律宾是一个燃料资源相对贫乏的国家，燃料消费主要依赖进口，能源进口高度依赖沙特阿拉伯。菲律宾进口空间分布的集中度略低于出口空间分布的集中度，前十位国家的商品进口额占菲律宾商品进口总额低于八成，达76.00%。2019年，菲律宾商品进口的空间分布发生巨大变化。一方面，菲律宾进口美国商品的规模大幅度下降，其占菲律宾进口总额的比重由2010年的11.58%下降至7.62%。另一方面，菲律宾进口中国商品规模大幅度上升，其占菲律宾进口总额的比重由2010年的9.08%增长至23.83%，远高于第二位日本的9.99%。商品进口额前十位的国家和地区依次为中国内地、日本、韩国、美国、印度尼西亚、泰国、新加坡、马来西亚、越南、中国香港，以东盟国家为主，而且东盟国家的排名都出现了上升。

表8-6　2010年和2019年菲律宾商品进口规模前三十位的国家和地区

（单位：百万美元）

排序	国家	2010年	国家	2019年
1	日本	7 301.8	中国内地	26 756.4
2	美国	6 323.5	日本	11 217.9
3	新加坡	5 442.6	韩国	8 759.6
4	中国内地	4 954.3	美国	8 555.7
5	泰国	4 103.3	印度尼西亚	7 299.3
6	韩国	4 040.3	泰国	7 249.0
7	马来西亚	2 646.3	新加坡	6 934.6
8	印度尼西亚	2 469.4	马来西亚	4 913.0
9	沙特阿拉伯	2 452.2	越南	3 860.0
10	越南	1 754.1	中国香港	3 770.7
11	中国香港	1 566.1	德国	2 988.3
12	阿联酋	1 413.5	印度	1 919.3
13	德国	1 182.0	法国	1 598.6

续表

排序	国家	2010年	国家	2019年
14	澳大利亚	903.3	澳大利亚	1 513.1
15	法国	693.7	沙特阿拉伯	1 385.4
16	印度	569.9	阿联酋	1 095.2
17	俄罗斯	466.5	俄罗斯	1 045.3
18	加拿大	459.5	巴西	936.6
19	新西兰	426.7	意大利	920.8
20	卡塔尔	414.3	英国	827.8
21	巴布亚新几内亚	325.8	科威特	792.7
22	爱尔兰	321.0	荷兰	686.3
23	英国	303.6	西班牙	628.8
24	荷兰	299.5	比利时	607.6
25	阿根廷	297.3	新西兰	600.7
26	瑞士	296.0	加拿大	537.3
27	比利时	271.6	阿根廷	386.1
28	意大利	225.4	瑞士	374.9
29	以色列	225.0	乌克兰	319.7
30	巴西	207.8	爱尔兰	288.6

资料来源：联合国贸发组织，https://unctad.org/。

第三节 外商投资的空间格局

进入21世纪以来，菲律宾为发展国内经济，制定了一系列政策优化本国的营商环境，并不断完善投资促进体系。菲律宾越来越受全球跨国公司的青睐，外国投资总额持续上升。在行业分布上，菲律宾外商投资主要集中在制造业，交通运输和仓储业，住宿和餐饮服务活动，电、煤气、蒸汽和空调供应，行政和服务支持活动。在外商投资来源国家和地区分布上，主要集中在荷兰、日本、美国、韩国、新加坡。在吸引外商投资的区域分布上，外国投资菲律宾的地区分布有着高度集聚性，形成"中部高、南北低"的空间格局。

一、外商投资环境

菲律宾的投资环境具有较大的吸引力。一方面，菲律宾拥有庞大的年轻人口和丰富的自然资源，这为外商提供了广阔的市场和资源。另一方面，菲律宾政府近年来实施了一系列政策，以吸引外资进入。例如，菲律宾政府在2014年出台了第10641号共和国法案，全面放开外资参与银行业，允许成立外商独资银行，但须确保菲律宾银行系统总体至少60%由国内银行控制（申韬、缪慧星，2014）。此外，菲律宾还为外商投资提供税收和财政优惠。

菲律宾的投资机构较为健全。菲律宾有7个主要的投资促进机构，即巴丹自由港经济特区管理局、投资署、投资署-穆斯林棉兰老摩洛国自治区、克拉克发展公司、卡加延经济特区管理局、经济区署、苏比克湾管理局。这些投资促进机构不仅促进外国对菲律宾投资，也促进菲律宾的国内投资（Makabenta，2002）。

菲律宾的投资法律较为完善。菲律宾在投资方面的基本法是1987年的《综合投资法》，该法规定了菲律宾基本的投资政策。1991年通过的《外国投资法典》及其后来的修正案，不断放宽投资者在菲律宾的投资限制，它涵盖了所有的投资领域，但银行和其他金融机构的投资由菲律宾央行管制。涉及投资方面的法律还有《经济特区法》《有关推动外国投资商业的规定》《外国投资法修正案》等（陈丙先等，2019）。

菲律宾的投资开放度较高。菲律宾将所有的投资领域分为三类，即优先投资领域、限制投资领域和禁止投资领域。菲律宾投资署（Board of Investment，BOI）每年都会公布一个旨在促进国内外投资的"投资优先计划"（Investment Priority Plan，IPP），纳入该计划的项目可享受多种优惠。根据2011年投资优先计划，优先投资领域涵盖农业、渔业、创意产业、造船业、房地产、能源、基础设施、科技研发、绿色产业等（申韬、缪慧星，2014）。在这些领域，外资可以享有100%的股权，并对高度优先的项目提供广泛的优惠条件，如在税收方面的减免和通关手续的简化等。菲律宾经济发展署每两年更新一次限制外资项目，在 2010 年公布的限制外资项目中，完全禁止的有大众传媒、工程、医药、林业等，部分行业的投资限制比例为 20%—60%，如私人无线电通信网络的外资持股比例不得超过 20%，广告业外资持股不得超过 30%，自然资源勘探、土地投资、教育等行业不得超过 40%，证券业外资比例不能超过 60%。一般来讲，大多数领域外国投资者的权益不得超过 40%。菲律宾宪法禁止外国人在菲律宾拥有土地，但后来的《投资者租赁法》规定外国人可以租赁土地 50 年。

在银行业方面，根据第 10641 号共和国法案，外资可以参与菲律宾的银行业，但外资银行在菲律宾境内设立分支机构不得超过 5 家。此外，外资银行在菲律宾的经营活动受到菲律宾央行的监管（Balboa and Medalla，2006）。在保险业方面，而外国保险公司可以在菲律宾成立全资保险机构，但只允许菲律宾国有控股的国家退休基金承担政府投资项目的保险业务。在其他金融服务业方面，菲律宾的其他金融服务业如证券、基金管理等也对外资开放（Balboa and Medalla，2006）。然而，由于这些行业受到菲律宾证监会的监管，外资企业在这些领域的投资需要遵守相应的法规和规定。在公用事业方面，投资公用事业必须由菲公民控股 60% 以上，包括水、电、通信、运输等，公用事业企业的经营管理者必须是菲公民。这一规定限制了外资在公用事业领域的投资。在农业和林业方面，由于农业和林业的特殊性，外资在这些领域的投资需要遵守相应的法规和规定（Changwatchai，2010）。在零售业方面，由于零售业的竞争激烈和市场饱和度高，外资在零售业的投资需要谨慎评估市场风险。

二、外商投资规模

菲律宾拥有吸引外资的特殊地理区位、较优的营商环境，以及很多优越的条件，广受跨国公司和外国资本的青睐。其一，菲律宾有着丰富的旅游资源、充足的人力资源、巨大的农业发展潜力、前景广阔的采矿业。其二，菲律宾的教育事业发展良好，大部分人能够讲英语，易于接纳不同文化。其三，菲律宾劳动力成本低，白领工人的工资水平仅为美国的 1/4。总体上，2010—2019 年，菲律宾外资呈现波动上升的态势（图 8-6）。2010 年，菲律宾外商投资总额为

1 960.6亿比索，2019年提高至3 213.4亿比索，年平均增长率高达6.47%，其中增长率最高为2018年，高达27.41%。

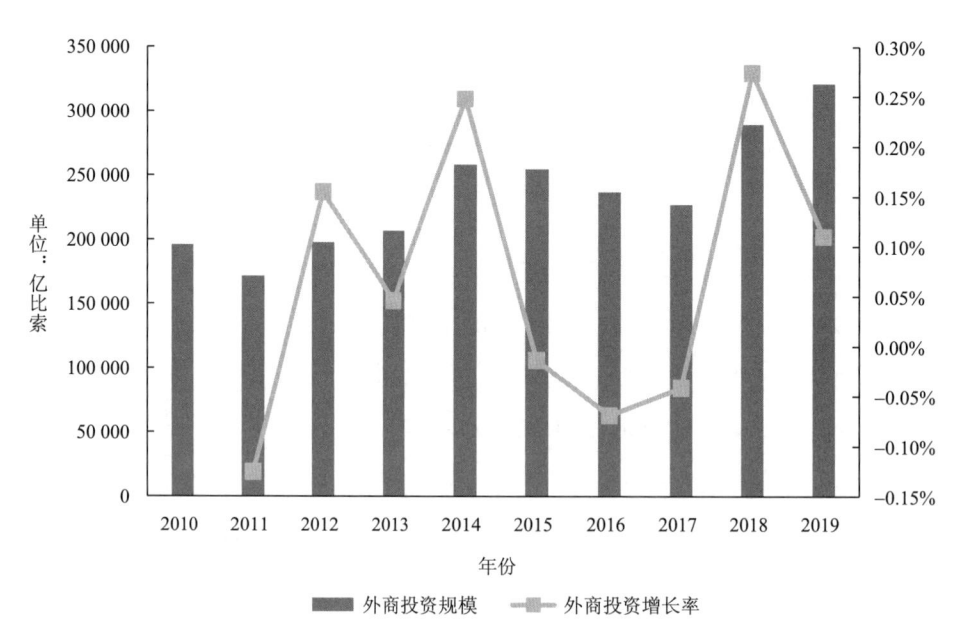

图 8-6　2010—2019 年菲律宾外商投资总额与增长率

资料来源：菲律宾国家统计局，https://psa.gov.ph/。

管理菲律宾外商投资的主要有七个部门：巴丹自由港经济特区管理局、投资署、投资署-穆斯林棉兰老摩洛国自治区、克拉克发展公司、卡加延经济特区管理局、经济区署、苏比克湾管理局（Makabenta，2002）。其中，经济区署是管理菲律宾外商投资最大的部门，每年经由经济区署批准的外商投资总额占全国近八成。2010年，经由经济区署批准的外商投资总额为1 421.7亿比索，2019年增长至2 294.6亿比索。投资署是管理菲律宾外商投资第二大部门，批准的外商投资总额占全国比重超过20%。2010—2019年，投资署批准的外国投资由223.3亿比索快速增长至875.0亿比索（表8-7）。

表 8-7 2010—2019 年菲律宾各部门批准的外商投资总额

（单位：亿比索）

管理部门	2010 年	2011 年	2012 年	2013 年	2014 年	2015 年	2016 年	2017 年	2018 年	2019 年
巴丹自由港经济特区管理局	0.0	0.0	0.0	0.0	0.9	2.4	2.5	2.5	3.9	2.4
投资署	223.3	233.0	300.8	316.5	232.3	245.3	224.2	191.9	740.6	875.0
投资署-穆斯林棉兰老摩洛国自治区	0.0	0.0	0.0	0.0	0.0	0.0	0.0	4.3	4.3	4.3
克拉克发展公司	262.5	49.8	186.8	206.6	188.1	185.6	44.9	23.8	45.0	29.5
卡加延经济特区管理局	0.0	0.1	0.1	0.2	2.3	3.0	3.2	3.2	1.3	1.3
经济区署	1 421.7	1 386.8	1 488.1	1 537.0	1 955.3	1 906.5	1 891.6	1 847.3	2 093.8	2 294.6
苏比克湾管理局	53.2	44.3	3.3	9.1	203.4	204.2	204.5	199.5	6.5	6.4

资料来源：菲律宾国家统计局，https://psa.gov.ph/。

三、外商投资结构

在外商投资的行业分布中,菲律宾外商投资主要集中在制造业,交通运输和仓储业,住宿和餐饮服务活动,电、煤气、蒸汽和空调供应,行政和服务支持活动,这五大行业外商投资总额占全国利用外资总额的比重超过80%(Changwatchai,2010)。而农、林、渔业,采矿和采石业,人类健康和社会工作活动,金融保险业等行业外商投资水平相对较低。虽然,菲律宾有适合农作物生长的气候条件和丰富的土地资源,但很多农产品现在还处于短缺的状态,农业基础设施和农业科技水平较低,菲律宾农业还具有巨大的发展空间(吴金铭,2007)。阿基诺总统在一次演讲中表示,为了创造更多就业,吸引更多投资,菲律宾政府将把农业、旅游和基础设施建设列为优先发展领域。

菲律宾各大行业吸引外商投资波动较大,特别是采矿和采石业吸引外商投资占比大幅度下降(表8-8)。2010—2019年,菲律宾制造业吸引外商投资总额由1 629.0亿比索略微上升至1 651.5亿比索,但占比却由83.09%下降至51.39%。采矿和采石业占比也出现较大幅度下降,吸引外国投资规模由60.7亿比索下降至2.4亿比索,占比由3.10%下降至0.07%。虽然菲律宾是东南亚最大的黄铜生产国和排名世界前十位的黄金生产国,但近年来菲律宾正逐渐失去矿产资源的优势。这十年间,交通运输和仓储业,住宿和餐饮服务活动,信息与通信业,农、林、渔业等行业吸引外商投资占比都出现不同程度的上升,交通运输和仓储业占比由0.41%大幅度上升至16.78%,住宿和餐饮服务活动占比由1.11%大幅度上升至8.08%,信息与通信业占比由0.60%大幅度上升至4.97%,农、林、渔业占比由0.62%上升至1.37%,这得益于菲律宾日益完善的基础设施和日渐优化的营商环境。

表8-8　2010—2019年菲律宾外商投资总额行业分布　（单位：亿比索）

行业	2010年	2012年	2014年	2016年	2018年	2019年
农、林、渔业	12.2	4.2	12.6	27.3	45.1	44.0
采矿和采石业	60.7	64.0	5.4	1.8	2.3	2.4
制造业	1 629.0	1 587.0	1 429.2	1 261.5	1 695.3	1 651.5
电、煤气、蒸汽和空调供应	84.7	96.9	304.7	256.3	57.2	215.9
供水、污水处理、废物管理与治理业	0.0	3.9	3.9	7.4	10.9	10.9
建筑业	1.8	1.9	0.3	16.0	39.3	39.4
批发和零售贸易；机动车和摩托车维修	2.0	0.6	0.7	1.3	2.8	2.8
交通运输和仓储业	8.1	6.2	11.4	32.2	530.3	539.2
住宿和餐饮服务活动	21.8	22.9	10.1	24.9	80.5	259.7
信息与通信业	11.7	17.7	33.8	29.5	154.4	159.6
金融保险业	6.9	0.4	0.9	1.1	0.8	0.6
房地产	42.7	74.2	617.2	577.6	100.0	110.3
科学和技术活动	4.4	4.5	2.6	2.1	1.8	1.9
行政和服务支持活动	73.2	93.0	130.6	111.9	163.1	164.9
公共行政和国防；强制性社会保障	0.0	0.4	1.7	2.2	1.6	1.2
教育业	0.1	0.1	0.2	1.1	5.4	4.5
人类健康和社会工作活动	0.8	0.8	0.0	0.0	0.0	0.0
艺术、娱乐和休闲	0.2	0.4	16.7	16.4	4.1	4.1
其他服务活动	0.2	0.1	0.2	0.3	0.4	0.4

资料来源：菲律宾国家统计局，https://psa.gov.ph/。

四、外资国别分布

菲律宾外商投资来源国家和地区主要集中在荷兰、日本、美国、韩国、新加坡，这五个国家基本占据向菲律宾投资总额的80%左右。菲律宾外商投资来源国家和地区分布总体处于不断变化中（表8-9）。2010年，对菲律宾投资排在前五位的是日本、荷兰、韩国、瑞士、美国，这五个国家占菲律宾的外商投资总

表 8-9 2010—2019 年菲律宾外商投资总额主要来源国家和地区分布

(单位：亿比索)

国家和地区	2010年	2011年	2012年	2013年	2014年	2015年	2016年	2017年	2018年	2019年
荷兰	367.8	373.9	434.5	390.1	283.0	297.0	225.3	229.1	1 047.4	1 045.9
日本	583.3	528.9	697.7	751.6	783.2	785.1	699.8	625.0	690.4	693.5
美国	131.4	168.6	234.7	239.4	798.5	752.2	711.9	699.4	400.0	390.1
英属维尔京群岛	76.5	78.0	77.1	83.0	23.2	22.4	22.5	21.6	37.2	389.3
新加坡	72.8	27.9	24.1	25.1	22.2	16.5	18.2	28.5	129.5	135.6
韩国	311.8	112.5	112.7	154.9	132.4	106.8	109.2	65.0	97.9	88.3
开曼群岛	106.4	106.5	106.0	106.1	84.4	85.9	87.9	136.2	70.2	68.6
英国	10.7	7.6	16.3	17.2	17.2	24.0	19.8	22.7	67.7	62.3
泰国	11.7	1.3	1.3	0.0	0.0	22.8	39.7	39.7	65.8	43.0
中国	56.6	55.9	20.8	21.9	206.6	208.3	208.1	214.7	19.9	18.7
德国	11.0	8.0	13.0	12.8	9.8	9.0	4.7	10.1	19.1	18.6
马来西亚	7.5	7.6	5.5	6.2	5.7	6.0	4.9	16.7	16.0	15.7
法国	6.0	5.0	13.2	13.0	11.5	9.6	1.5	1.7	13.6	14.5
中国台湾	15.1	27.2	17.5	19.2	31.3	33.3	33.1	31.6	24.7	13.8
澳大利亚	6.1	3.8	9.7	17.6	18.8	20.8	16.0	8.6	11.5	11.4
中国香港	0.6	3.7	4.5	4.4	8.8	8.4	8.5	13.7	12.6	10.3
加拿大	1.7	3.3	3.0	16.0	15.4	14.7	16.0	4.1	9.6	8.5
瑞士	135.6	133.8	135.8	96.8	20.7	19.2	19.2	14.9	8.8	8.3
丹麦	0.1	0.1	1.4	5.6	8.5	8.5	7.1	2.8	3.3	3.4
印度	18.6	21.4	8.1	15.5	15.3	11.1	9.7	2.7	1.0	1.7

资料来源：菲律宾国家统计局，https://psa.gov.ph/。

额比重达 78.04％，日本 583.3 亿比索的投资额和 29.75％的占比远高于其他国家和地区。2019 年，对菲律宾投资排在前五位的国家和地区包括荷兰、日本、美国、英属维京群岛、新加坡，这五个国家和地区占菲律宾的外商投资总额的比重高达 82.61％，其中荷兰对菲律宾投资额超过日本，达 1 045.9 亿比索，占比达 32.55％。而维京群岛和开曼群岛由于其特殊的税收政策，成为世界跨国公司的首选地，这两个地区也成为菲律宾吸引外商投资的主要地区。由于南海地区紧张的地缘政治环境，中国、中国香港和中国台湾对菲律宾的投资总体处于波动下降，由 2010 年的 72.3 亿比索减少至 2019 年的 42.8 亿比索，占比由 3.68％下降至 1.98％。中国、中国香港和中国台湾对菲律宾投资规模较高的是共建"一带一路"倡议提出后的四年，这四年对菲律宾投资总额基本上都维持在 250 亿比索。

在菲律宾投资的著名跨国公司有宝洁公司、国际商业机器公司（International Business Machines Corporation，IBM）、法国的互联企信（Teleperformance）、荷兰的 Sun Connex、德州仪器（Texas Instruments，TI）、雀巢公司（Nestle）、加德士集团东南亚公司、意大利航空公司、美国联合包裹运送服务公司（United Parcel Service，UPS）和联邦快递（FedEx Express）等。同时，韩国企业也纷纷将菲律宾作为对外投资首选之一。大韩贸易投资振兴公社（Korea Trade-Investment Promotion Agency，KOTRA）明确指出越南、印度尼西亚和菲律宾等国家应该逐渐成为韩国企业及世界各国的投资首选地。

五、外资区域分布

外国投资菲律宾的地区分布高度集聚在中部地区，重点在甲拉巴松区、国家首都区、中吕宋区、科迪勒拉行政区，这四个大区是菲律宾制造业、金融保险业高度发达的地区，良好的营商环境是吸引大量跨国公司投资的重要基础（吴金铭，2007）。2010 年，甲拉巴松区、国家首都区、中吕宋区、科迪勒拉行政区的外国投资总额依次为 871.9 亿比索、520.7 亿比索、256.2 亿比索、15.0 亿比索，这四个区域的外国投资总和占全国的比重高达 88.99％，甲拉巴松区吸引外国投资额占全国的比重为 46.64％，接近一半。2019 年，菲律宾外国投资的地区分布出现分散化的趋势,这四个大区外国投资占全国的比重下降至80.95%。但甲拉巴松区吸引外国投资额仍高达1 021.2亿比索,占全国比重的47.35%(表8-10)。

表8-10 2011—2019年菲律宾外商投资总额地区分布 (单位:亿比索)

	2011年	2012年	2013年	2014年	2015年	2016年	2017年	2018年	2019年
棉兰老穆斯林自治区	5.4	2.3	—	—	10.4	10.4	10.4	10.4	0.0
科迪勒拉行政区	13.3	13.3	12.7	263.1	265.3	287.9	287.9	246.7	245.6
国家首都区	518.7	456.4	453.4	341.4	344.3	391.8	397.5	375.7	344.8
伊罗戈区	—	3.4	3.4	7.3	67.7	64.7	64.7	60.8	0.4
卡加延河谷区	3.9	7.2	7.3	6.0	5.3	2.7	21.9	21.6	22.0
中吕宋区	192.1	125.3	189.6	227.1	185.7	225.2	182.7	137.2	134.4
甲拉巴松区	811.7	857.5	1 093.9	1 156.5	1 140.6	1 076.5	781.9	943.4	1 021.2
民马罗巴区	22.6	24.3	24.3	38.4	39.6	43.0	43.3	12.7	14.8
三宝颜半岛区	—	—	—	—	2.1	2.1	2.1	2.1	—
比科尔区	—	—	1.6	20.2	20.2	20.2	18.6	—	0.1
西米沙鄢区	16.3	12.7	4.8	71.9	71.1	74.5	153.9	92.4	94.2
中米沙鄢区	64.3	97.7	93.3	117.0	112.9	145.8	136.2	136.1	159.3
东米沙鄢区	0.0	0.0	0.0	0.4	0.4	0.4	0.4	0.0	0.0
北棉兰老区	26.8	27.0	26.3	38.7	43.1	42.9	41.0	15.2	10.7
达沃区	9.0	10.9	10.8	17.3	21.2	20.0	20.0	12.9	6.0
南哥苏萨桑区	27.6	24.5	44.8	64.6	70.4	85.0	112.1	109.2	103.5
卡拉加区	1.9	1.9	0.6	31.1	45.1	45.1	45.1	14.0	—

资料来源:菲律宾国家统计局,https://psa.gov.ph/。

第四节 海外劳工的空间格局

菲律宾是海外劳工输出的大国。菲律宾海外劳工形成于西班牙殖民时期,长期的殖民历史使得菲律宾向全球各国,特别是西方国家输出了大量的劳动力

（赵松乔，1964）。近年来，菲律宾劳务输出成为国内经济发展和家庭生活质量提高的重要支撑。在结构上，菲律宾劳务输出以女性和中青年群体为主。在职业构成上，菲律宾海外劳工出现低端化的趋势。在工作地分布上，西亚地区的沙特阿拉伯和阿联酋是菲律宾海外劳工的主要工作地。从劳工输出的国内分布看，菲律宾劳工输出总体呈现"中部高、南北低"的空间格局，甲拉巴松区、国家首都区、中吕宋区、西米沙鄢区、伊罗戈区这5个地区是输出劳工最多的区域。

一、海外劳工的发展概况

伴随着越来越多的劳动力输出，不但劳工自身获得了在本国无法获得的工作机会和高额劳动报酬，也给菲律宾经济发展提供了大量资金，劳务输出给菲律宾经济发展带来了诸多便利（史静，2011）。菲律宾输出海外劳工历史悠远，起始于西班牙殖民菲律宾时期，共经历了三次浪潮。特别在20世纪70年代，菲律宾政府参与制定侨务政策，菲律宾开始利用自身优势推动大规模劳动力输出。

（1）菲律宾海外劳工形成于西班牙殖民时期。1565—1815年，菲律宾人被西班牙殖民者强征到西班牙皇家造船厂或是西班牙大帆船上，承担造船、修理等基层工作。菲律宾开始接触到海外劳务输出的概念。在那个时期，菲律宾海外劳工主要以零星、小规模的方式出现，主要在横跨美亚两洲的大帆船贸易中担任海员（戴三军，2014）。随着时间的推移，菲律宾海外劳工的数量和规模逐渐增加。特别是在美国殖民菲律宾时期（1898—1946年），美国资本主义工商业的快速发展，种植园经济的繁荣，需要大量的海外劳动力供给，这促使菲律宾人开始更大规模地前往海外寻找工作机会。

（2）20世纪初以来，菲律宾经历了三次劳工海外化浪潮。

20世纪初至40年代是第一个浪潮。美国取代西班牙在菲律宾的殖民统治，菲律宾沦为美国原料供应地、销售市场以及美国国内外籍劳工的主力输出地，特别是在19世纪末美国排斥华人等亚洲国家劳动力时期，菲律宾劳工被大规模强行吸纳入美国，从事工农业领域的低端、廉价、艰苦工作（王玉娟，2006）。

独立后的菲律宾在面临国内经济萧条的背景下开启了劳务输出的第二次浪潮。这一时期除传统类型的海外劳工外，其他新型行业的劳工也开始自发性地前往具有经济发展优势的国家，以期获得自身国家无法提供的就业机会。20世纪60年代末开始，东南亚地区的跨国劳动力流动开始向女性化方向发展，菲律宾妇女逐渐涌入国际劳动力市场，她们从事的是以家庭佣工为主的服务行业。

第三次浪潮从20世纪70年代中后期一直延续至今，这一时期是菲律宾从传统农业国向现代工业国的转变期。农业规模缩小，农民力量从土地中释放出来，使菲律宾国内产生大量工人群体。但受到菲律宾国内制造业发展的限制，菲律宾大量失业工人群体向海外流动，与其他国家产生了更加紧密的联系。20世纪70年代和80年代的国际石油危机给菲律宾提供了劳工海外发展的机遇。石油危机中，中东国家与石油相关的一系列行业兴起，积累了国家建设所需的资金，然而沙特当时的总人口约为610万，这样的人口基数下所能提供的劳动力无法支撑庞杂的现代化产业，因此各企业将视线转向海外，寻求海外劳工来弥补劳动力不足的困境。"劳工富余"的菲律宾充分利用了这一机遇，于1974年颁布《劳动法》，积极鼓励菲律宾人到海外寻找更好的就业机会和福利，契合了中东大规模外籍劳动力需求的状况（Romina and Anna，2006；戴三军，2014）。1986年，菲律宾海外劳工数达到37.8万人。这些海外劳工在海外劳务市场上大展身手，为经济发展作出了不可忽视的贡献。

二、海外劳工的规模与结构

菲律宾海外劳工因国家间经济水平的差异被吸纳入其他国家现代化发展中，获得了充足的就业机会，赚取了高额报酬，提高了家庭的生活质量，缓解了许多农村地区的贫困状况，汇回国内的收入更是菲律宾外汇的主要来源，有助于菲律宾国家的经济积累与发展（井方贤治、柳弘，2009）。菲律宾1995年开始将每年6月7日定为菲律宾外籍劳工日，12月定为"海外菲律宾月"，以资纪念与表彰，政府还给予他们崇高的荣誉，赋予他们"现代英雄"的称号。海外劳工汇款成为菲律宾经济生活的重要支柱（李涛，2012）。2013—2019年，菲律宾海外劳工总人数总体处于波动下降态势，由2013年的228.5万人减少至2019

年的220.2万人，但汇款金额始终保持着增长态势，由2013年的1 187.5亿比索大幅度上升至2019年的2 118.9亿比索（图8-7）。2019年，海外劳工汇款占菲律宾国内生产总值的10%左右，海外劳工人均汇款高达9.62万比索。

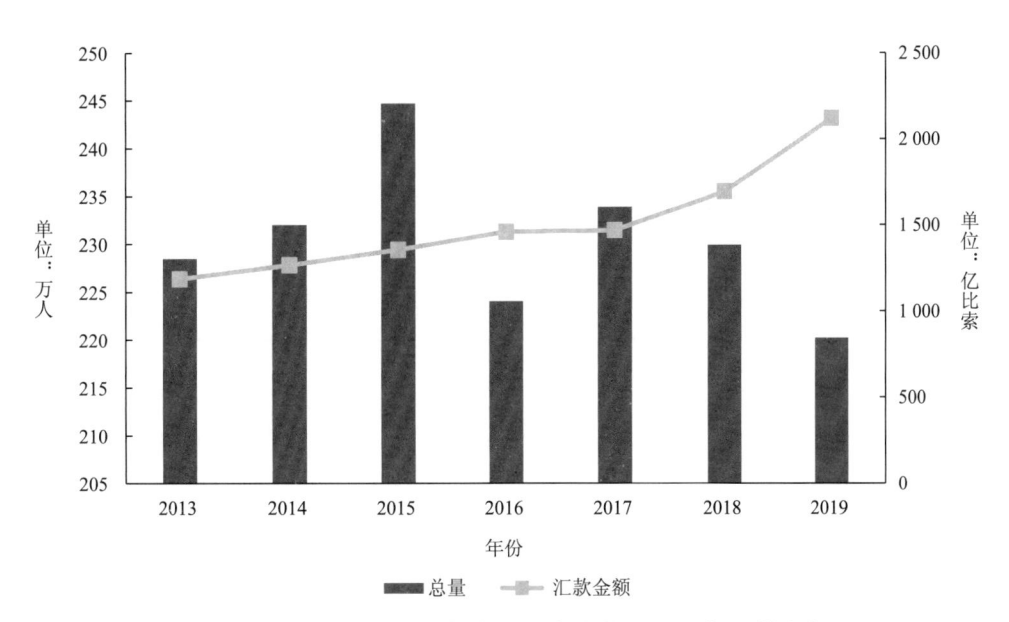

图8-7　2013—2019年菲律宾国海外劳工总量与汇款金额

资料来源：菲律宾国家统计局，https://psa.gov.ph/。

在性别结构上，菲律宾海外劳工总体呈现两大特征（表8-11）。一是，菲律宾海外劳工以女性为主，近年来女性比重越来越高。2013年，菲律海外劳工总体保持男女相对平衡，男性总量为115万人，女性总量为114万人，男女比为100.97。近些年，海外劳工的男性总量逐年递减，2019年减少至97万人，海外劳工的女性总量逐年递增，增加至123万人，男女比例减少至78.57。二是，菲律宾海外劳工以中青年为主，并呈现老年化的趋势。2013年，菲律宾海外劳工25—39岁这一年龄段的占比为64.0%，超过40岁这一年龄段的占比为28.1%。2019年，菲律宾海外劳工25—39岁这一年龄段的占比下降至62.0%，超过40岁这一年龄段的占比提高至31.9%。

表 8-11 2013—2019 年菲律宾国海外劳工性别与年龄结构

性别与年龄	2013 年	2014 年	2015 年	2016 年	2017 年	2018 年	2019 年
男性	115	115	120	104	108	102	97
女性	114	117	125	120	125	128	123
男女比	100.97	98.21	95.76	86.68	86.39	79.13	78.57
15—24 岁	7.8%	8.2%	6.8%	7.1%	6.4%	5.3%	6.1%
25—29 岁	23.6%	24.8%	25.8%	21.6%	20.4%	20.0%	20.7%
30—34 岁	24.3%	23.7%	23.2%	22.1%	21.7%	23.7%	22.6%
35—39 岁	16.1%	15.8%	15.8%	19.2%	18.1%	19.2%	18.7%
40—44 岁	11.7%	11.6%	12.8%	11.5%	16.1%	14.3%	14.0%
超过 45 岁	16.4%	15.8%	15.6%	18.5%	17.4%	17.5%	17.9%

资料来源：菲律宾国家统计局，https://psa.gov.ph/。

在从事的职业结构上，菲律宾海外劳工多为初级职业和贸易人员，且所占的比重逐年增高，而经理和高级管理者、职员、手工艺及相关行业工人、专家等高级职业占比逐年递减（表 8-12）。①初级职业主要包括家务管理员、看护（即通常所指的"菲佣"），以及厨师、面包师、餐饮业侍者、理发师、洗衣店员等，所占海外劳工输出总量的比重由 2013 年的 30.9% 上升至 2019 年的 39.6%。②贸易人员包括在矿业、建筑业、金属、机械、工艺品、印刷、精密仪器等领域及其相关行业从事贸易的各类人员，所占海外劳工输出总量的比重由 2013 年的 16.6% 上升至 2019 年的 17.5%。③设备、机器操作员和装配人员包括在工厂中的机械操作员、生产流水线工人等，所占海外劳工输出总量的比重由 2013 年的 11.6% 上升至 2019 年的 12.2%。④各类技术人员包括工程师、建筑师、统计师、系统分析员、机长、船长等，所占海外劳工输出总量的比重由 2013 年的 7.6% 上升至 2019 年的 8.7%。⑤专家包括物理、数学、工程、科学专家、信息技术专家、生命科学和健康专家，所占海外劳工输出总量的比重由 2013 年的 11.6% 下降至 2019 年的 8.5%。⑥手工艺及相关行业工人主要包括作曲家、表演艺术家、画家、摄影师和雕塑家，所占海外劳工输出总量的比重由 2013 年的 12.9% 下降至 2019 年的 8.1%。⑦职员包括办公室职员、售书员、出纳员、计算机操作员、话务员、秘书、速记员、打字员等，所占海外劳工输出总量的比重由 2013 年的 5.2% 下降至 2019 年的 3.4%。⑧经理和高级管理者包括总经理和业主、执行经理和专业管理者、部门经理等，所占海外劳工输出总量的比重由 2013 年的 3.5% 下降至 2019 年的 1.1%。⑨农业、林业和渔业工人包括农民、渔民、林业工人、饲养员、猎人等，约占海外劳工输出总量比重的 0.8%。

表 8-12　2013—2019 年菲律宾国海外劳工职业结构

职业	2013 年	2014 年	2015 年	2016 年	2017 年	2018 年	2019 年
初级职业	30.9%	32.8%	33.2%	34.5%	37.6%	37.1%	39.6%
贸易人员	16.6%	16.5%	17.6%	19.0%	18.0%	18.8%	17.5%
设备、机器操作员和装配人员	11.6%	12.5%	12.8%	12.8%	13.7%	13.8%	12.2%
各类技术人员	7.6%	6.1%	6.5%	6.6%	5.8%	7.0%	8.7%
专家	11.6%	11.4%	9.5%	9.1%	8.7%	9.0%	8.5%
手工艺及相关行业工人	12.9%	12.8%	11.8%	11.6%	11.4%	9.2%	8.1%
职员	5.2%	5.3%	5.4%	4.8%	3.4%	3.8%	3.4%
经理和高级管理者	3.5%	2.5%	3.1%	1.5%	1.1%	1.1%	1.1%
农业、林业和渔业工人	—	—	—	0.3%	0.4%	0.2%	0.8%

资料来源：菲律宾国家统计局，https://psa.gov.ph/。

三、海外劳工的工作地分布

从各个区域的海外劳工数量上看，亚洲是菲律宾劳务输出的集中区域，西亚地区尤为集聚（表 8-13）。2013 年，菲律宾在亚洲工作的海外劳工有 185.55 万人，占比高达 81.2%，其中在西亚的海外劳工有 121.11 万人，占比高达 53.0%。2019 年，菲律宾在亚洲工作的海外劳工有 178.68 万人，占比保持在 80% 以上，其中在西亚的海外劳工有 113.19 万人，占比高达 51.4%。从各个区域的海外劳工的汇款金额上看，2019 年，人均汇款金额比较高的三个区域为欧洲、大洋洲和北美，依次为 12.25 万比索、11.45 万比索和 7.85 万比索，而西亚地区的人均汇款金额是这几个地区里最低的，仅为 6.4 万比索。说明菲律宾海外劳工在西亚地区多数从事初级职业，薪资水平较低。

表 8-13　2013 年和 2019 年菲律宾海外劳工工作地区域分布　（单位：万人）

海外地区		2013 年	2019 年
非洲		3.88	2.15
亚洲		185.55	178.68
	东亚	36.56	47.77
	东南亚、中亚和南亚	27.88	17.72
	西亚	121.11	113.19
大洋洲		4.80	4.63
欧洲		17.37	16.94
北美和南美洲		16.68	17.81

资料来源：菲律宾国家统计局，https://psa.gov.ph/。

从各个国家和地区存在的菲律宾海外劳工数量来看，沙特阿拉伯和阿联酋这两个能源富集国是菲律宾海外劳工工作的集聚地，主要从事服务和能源开采工作（表 8-14）。2013 年，菲律宾在沙特阿拉伯工作的海外劳工有 50.50 万人，占全球比重高达 27.15%，在阿联酋工作的有 35.19 万人，占全球比重为 18.92%，这两个国家海外劳工占比高达 46.07%。2019 年，菲律宾在沙特阿拉伯工作的海外劳工有 49.39 万人，占全球比重高达 27.64%，在阿联酋工作的海外劳工下降至 29.06 万人，占比为 16.26%。中国香港和中国台湾也是菲律宾海外劳工的重要工作地。2019 年，菲律宾在中国香港工作的海外劳工上升至 16.48 万人，占比为 9.22%，在中国台湾工作的海外劳工上升至 14.72 万人，占比为 8.24%。

表 8-14　2013 年和 2019 年菲律宾海外劳工工作地分布　（单位：万人）

国家和地区	2013 年	2019 年
沙特阿拉伯	50.50	49.39
阿联酋	35.19	29.06
中国香港	11.88	16.48
中国台湾	10.05	14.72
科威特	10.51	13.63
卡塔尔	13.48	12.32
新加坡	16.68	9.07

续表

国家和地区	2013 年	2019 年
西亚其他国家	11.43	8.79
日本	8.00	8.45
东亚其他国家	7.08	8.12
马来西亚	7.31	4.62
东南亚和中南亚其他国家	3.88	4.03

资料来源：菲律宾国家统计局，https://psa.gov.ph/。

四、海外劳工的地区分布

海外劳工地区分布呈现出高度集中的布局，形成"中部凸起、南北凹陷"的空间格局。菲律宾海外劳工输出集聚在甲拉巴松区、国家首都区、中吕宋区、西米沙鄢区、伊罗戈区，这5个大区劳工输出占全国的比重超过60%。2013年，菲律宾劳工输出规模最大的是甲拉巴松区，总量为40.68万人，第二和第三的为中吕宋区和国家首都区，总量依次为30.57万人、28.15万人。2019年，菲律宾劳工输出规模最大的仍旧是甲拉巴松区，总量为45.59万人，第二和第三的为中吕宋区和国家首都区，总量依次为29.18万人和21.27万人（表8-15）。

表8-15 2013年和2019年菲律宾国劳工输出地区分布　　（单位：万人）

地区	2013 年	2019 年
甲拉巴松区	40.68	45.59
中吕宋区	30.57	29.18
国家首都区	28.15	21.27
西米沙鄢区	20.89	19.77
伊罗戈区	18.03	19.42
卡加延河谷区	14.51	13.75
南哥苏萨桑区	9.02	12.55
中米沙鄢区	14.29	11.19
比科尔区	7.48	8.87
达沃区	5.72	8.13

续表

地区	2013年	2019年
北棉兰老区	6.16	5.88
棉兰老穆斯林自治区	5.06	5.07
东米沙鄢区	2.64	4.45
科迪勒拉行政区	4.84	4.27
卡拉加区	3.30	4.14
三宝颜半岛区	3.74	3.47
民马罗巴区	4.84	3.20

资料来源：菲律宾国家统计局，https://psa.gov.ph/。

五、海外劳工的优势分析

作为世界劳务输出大国，菲律宾劳务输出具有四大方面的优势。

一是，熟练使用英语。菲律宾人从小就接受双语教育，作为菲律宾的官方语言，90%的菲律宾人能熟练使用英语。英语作为国际通用语言，使菲律宾劳工更容易融入海外生活，为在海外谋职提供了便利（柳弘，2009）。

二是，具有较高水平的技术培训。菲律宾总统阿罗约曾说过，"人力资源培养是菲律宾保守得最完好的商业秘密"。菲律宾政府非常重视国民技术培训，尤其是海外劳务人员，将技术培训视为开拓海外市场的重要保障。菲律宾全国遍布技术培训学校，为海外劳务人员提供的培训内容丰富多样。正是菲律宾严格的培训要求，才使得菲律宾劳务人员备受国际市场的青睐，海外劳务市场长盛不衰（Gonzalez，1998）。

三是，拥有较高的教育水平。菲律宾的教育水平排在发展中国家的前列。根据世界银行统计数据，菲律宾平均接受教育的时间为11.5年，初等教育完成率为90%，男性为87%，女性为94%。2002年，成年人识字率为93%，男性为94%，女性为96%。菲律宾海外劳务人员接受过初等教育的占19.2%，接受过中等教育的占29.3%，接受过高等教育的占19%，取得学士学位的占12.28%，取得学士以上学位的占0.88%。菲律宾女佣的受教育水平更高，近95%的海外劳务人员具有初等以上教育水平，主要为大学毕业生，更有一部分是教师。

四是，文化和价值观与西方国家高度契合。作为天主教国家，菲律宾85%的国民信奉天主教，使得菲律宾海外劳务普遍诚实可靠、责任心强、性情温和、工作勤奋，受到雇主的喜爱。同时，菲律宾拥有几百年西方殖民统治的历史，生活方式与思维模式逐渐西化，对于西方社会生活环境具有很强的适应能力（柳弘，2009）。

参 考 文 献

[1] 陈丙先等：《"一带一路"国别概览：菲律宾》，大连海事大学出版社，2019年。
[2] 陈衍德、杨宏云："美统时期的菲美贸易及其对菲律宾经济的影响"，《厦门大学学报（哲学社会科学版）》，2003年第1期。
[3] 戴三军："菲律宾海外劳工权益保护制度及对我国的启示"（硕士论文），湖南师范大学，2014年。
[4] 井方贤治、柳弘："国外劳工汇款所支撑的菲律宾经济"，《南洋资料译丛》，2007年第1期。
[5] 李涛：《海外菲律宾人与菲律宾的社会经济发展》，社会科学文献出版社，2012年。
[6] 刘效梅："浅议菲律宾对外贸易政策和制度的发展"，《云南财贸学院学报（社会科学版）》，2003年第5期。
[7] 柳弘："菲律宾面临劳动力出口竞争"，《南洋资料译丛》，2009年第2期。
[8] 申韬、缪慧星：《菲律宾经济社会地理》，世界图书出版公司，2014年。
[9] 沈红芳："菲律宾出口贸易持续增长、动因及其前景"，《东南亚》，2000年第3期。
[10] 史静："菲律宾海外劳工移民对本国经济的双重影响"，《大观周刊》，2011年第21期。
[11] 王玉娟："菲律宾劳务输出对中国的启示"，《对外经贸实务》，2006年第8期。
[12] 吴金铭：《菲律宾FDI集聚特征及其发展研究》，华东师范大学，2007年。
[13] 赵松乔：《菲律宾地理》，科学出版社，1964年。
[14] 郑国富："菲律宾对外贸易发展研究（1971—2013）"，《吉林工商学院学报》，2014年第6期。
[15] 郑国富："菲律宾农产品贸易现状及发展路径探析"，《农业展望》，2018年第2期。
[16] Balboa, J. D. and E. M. Medalla 2006. State of trade and investments in the Philippines. Philippine Institute for Development Studies.
[17] Changwatchai, P. 2010. The determinants of FDI inflows by industry to ASEAN (Indonesia, Malaysia, Philippines, Thailand, and Vietnam). The University of Utah.
[18] Gonzalez, J. L. 1998. Philippine labour migration: Critical dimensions of public policy. Institute of Southeast Asian Studies.
[19] Legarda, B. J. 1999. *After the Galleons: Foreign Trade, Economic Change & Entrepreneurship in the Nineteenth Century Philippines*. Ateneo de Manila University Press.
[20] Makabenta, M. P. 2002. FDI location and special economic zones in the Philippines. *Review of Urban & Regional Development Studies*, No. 1.
[21] Orbeta, A. C. 2002. Globalization and employment: The impact of trade on employment level and structure in the Philippines. PIDS Discussion Paper Series.
[22] Romina G. and Anna 2006. Managing 'vulnerabilities' and 'empowering' migrant filipina workers: The Philippines' overseas employment program. *Social Identities*, No. 5.

第九章 地域系统结构

菲律宾地域系统结构总体呈现分散性、差异性、复杂性。其一，菲律宾岛屿数量众多，决定了地域系统的分散性。其二，菲律宾不同地理分区的经济活动表现出明显的差异。中部河谷平原区是菲律宾主要的农业生产区，而南部群岛海洋区则依赖渔业和旅游业。这种经济活动的差异也反映了各分区的自然条件和资源优势。其三，菲律宾三大岛组包括吕宋岛、米沙鄢群岛和棉兰老岛，各个区域之间连通性低，空间关联性不强。而且，菲律宾地形以山地和丘陵为主，占国土面积的 2/3 以上。这些决定了菲律宾地域系统的复杂性。

第一节 地理分区概述

地理分区是指将一个国家的全部国土区域按照其特点划分成几个大块，以便进行地理、气候、经济和行政等方面的研究和管理（吕拉昌、李文翎，2022）。这些大块通常是根据自然地理、经济、政治或文化等因素来划分的。

一、地理分区基础

地理分区的划分基础通常包括自然要素和人文要素。

自然要素主要包括地形、气候、水文、生物等，这些要素在空间上的分布与组合，形成了地球表面的自然地理分区（王振波等，2007）。①地形是地球表面基本的自然要素之一。根据地形特征，地球可分为高山地区、丘陵地区、平原地区、盆地地区等。例如，喜马拉雅山脉是全球最壮观的山脉，它定义了亚洲与南亚次大陆之间的地理分区。另一方面，亚马孙平原是世界上最大的热带雨林平原，它构成了南美洲重要的地理分区。②气候对地理分区的形成和特征具有重要影响。地球的气候基本可以分为热带、温带和寒带三个大的气候区。在这些气候区内，还可以进一步根据降水、温度和风向等因素划分出更小的气候分区。例如，撒哈拉沙漠是热带沙漠气候，而北极圈以内则是极地寒带气候。③水文要素对于地理分区的划分也具有重要意义。地球上的水文地理分区主要包括河流流域、湖泊流域和海洋区域等。例如，亚马孙河流域是世界上最大的河流流域，它涵盖了南美洲的大部分地区，并塑造了独特的生态系统。另一方面，太平洋海洋区域是全球最大的海洋区域，它对全球气候和环境具有重要影响。④生物要素也是地理分区的重要因素之一。地球上的生物多样性在不同地区呈现出不同的特点。热带雨林的生物多样性最为丰富，而草原和荒漠地区的生物多样性则相对较低。这些生物要素的分布与地理环境密切相关，形成了独特的生物地理分区。

人文要素则包括人口、文化、经济、政治等，它们与自然要素相互作用，共同塑造了地球表面的人文地理分区（王振波等，2007）。①人口分布是人文地理分区的基础。全球人口分布呈现出不均衡的特点，一些地区人口密集，城市发达，如亚洲的东亚和南亚地区；而另一些地区人口稀少，以自然环境为主导，如北极和沙漠地区。聚落是人类活动的空间组织形式，城市与乡村的分区体现了人类在地理环境中的不同生活方式和经济发展水平。②文化地理分区关注人类文化的空间分布与差异。世界各地的文化传统、价值观、宗教信仰、语言等都塑造了不同的文化地理分区。例如，欧洲基督教文化区、亚洲儒家文化区、非洲部落文化区等，这些文化地理分区反映了人类社会的多样性和丰富性。③经济活动是人文地理分区的重要因素之一。全球经济地理分区可以根据经济发展水平、产业结构、贸易关系等进行划分。例如，发达国家与发展中国家的分区体现了全球经济的不平衡性；而世界经济组织的形成，如欧洲联盟、亚太经济合作组织等，也塑造了特定的经济地理分区。④政治地理分区关注国家、政府和行政区域的空间分布与关系。国家的边界、政体、国际关系等因素都影响着政治地理分区的形成。例如，联合国的成员国分布体现了全球政治势力的布局；而各国内部的行政区划则揭示了国家内部政治权力的组织和分配。

二、地理分区方法

地理分区的方法包括：自然地理分区法、人文地理分区法、综合地理分区法（吕拉昌、李文翎，2022）。

自然地理分区法是根据地表的自然条件和地理现象进行区域划分，以揭示地球表面的自然规律。这些自然条件包括地形、气候、水文、土壤、植被等。目标是将具有相似特征和相似发展过程的区域划分为一个整体，从而为自然资源开发、生态保护和区域规划提供科学依据（朱传耿等，2007a）。自然地理分区法主要有两种：一种是以某一自然要素为主导因素进行划分，如气候带分区；另一种是以多种自然要素相互作用为基础进行划分，如生态系统分区。①气候带分区是根据地球表面的气候特征进行区域划分的方法。全球主要气候带包括热带雨林气候带、热带季风气候带、热带草原气候带、地中海气候带、温带海洋性气候带、温带大陆性气候带、寒带大陆性气候带和极地冰原气候带。气候带分区有助于了解全球气候变化的基本规律和生态环境的特点。②生态系统分区是根据地表的生态系统特征进行区域划分的方法。生态系统是指在一定地域内，生物群落与其非生物环境相互作用形成的有机整体。生态系统分区的主要依据是生物群落的组成、结构和功能以及非生物环境的特征。生态系统分区有助于了解生态系统的类型、功能和服务价值，为生态保护和生态修复提供科学依据。

人文地理分区法是根据地表的人文景观和社会经济状况进行区域划分，以揭示地球表面的人类社会规律。这些人文景观包括人口分布、城市发展、交通网络、文化传统等。目标是将具有相似特征和相似发展过程的区域划分为一个整体，从而为社会经济发展、文化传承和区域规划提供科学依据。人文地理分区法主要包括：一种是以某一人文要素为主导因素进行划分，如经济区划；另一种是以多种人文要素相互作用为基础进行划分，如文化区划、行政区划。①经济区划是根据经济发展水平和产业结构进行区域划分的方法。全球主要经济区包括发达国家、发展中国家和欠发达国家。经济区划有助于了解全球经济发展的不平衡性和国际合作的重要性。②文化区划是根据文化传统和民族特色进行区域划分的方法。文化传统包括语言、宗教、艺术、风俗等。民族特色包括种族、民族、地域等。文化区划有助于我们了解世界多元文化的丰富性和文化交流的重要性。③行政区划是根据国家的行政区划进行区域划分，如省、市、县等。

综合地理分区法是根据地表的自然条件、人文景观和社会经济状况进行区域划分，以揭示地球表面的空间分异规律。自然条件包括地形、气候、水文、土壤、植被等；人文景观包括人口分布、城市发展、交通网络、文化传统等；社会经济状况包括经济发展水平、产业结构、生活水平等。综合地理分区法的目标是将具有相似特征和相似发展过程的区域划分为一个整体，从而为资源开发、生态保护和区域规划提供科学依据（朱传耿等，2007b）。例如，中国的综合地理分区包括东部沿海地区、西部高原地区、中部平原地区和南部沿海地区，既考虑了自然条件的差异，也考虑了人文景观的特点。

三、地理分区原则

一是综合性。国家地理分区应综合考虑自然条件和人文景观等多种因素，避免片面强调某一方面的因素。综合性原则有助于提高区域划分的准确性和科学性（吕拉昌、李文翎，2022）。其一，综合性体现在要素上。对于地理分区，需要综合考虑多种地理要素，包括自然地理要素和人文地理要素。自然地理要素如地形、气候、水文等，人文地理要素如人口分布、经济发展、文化等，都需要综合考虑。这种综合性体现在地理分区的划分依据上，不仅是单一要素的决定，而是多种要素的综合影响。其二，综合性体现在结果上。一个地理分区的结果，往往是自然环境与人文环境相互作用、相互影响的综合体现。比如，某些地区可能因为自然环境优越、资源丰富而经济发展较好，形成特定的经济地理分区；另一些地区可能因为历史文化悠久、人口聚集而形成特定的人文地理分区。这些分区结果都是自然环境与人文环境综合作用的结果。其三，综合性体现在应用上。地理分区的结果不仅用于学术研究，也用于指导实践，如区域规划、环境保护、资源开发等。这些应用领域都需要综合考虑自然、人文等多种因素，而地理分区正好提供了这样一种综合性的视角和方法。

二是一致性。这是地理分区的重要特征，它要求在同一分区内的地理要素、特征应具有相似性或统一性。这种一致性反映了地理环境在特定区域内的相对稳定性和均质性。换言之，一致性确保了每个分区内部的地理环境特征能够相互协调、相互支持，构成一个有机的整体（吕拉昌、李文翎，2022）。一是，自然环境的一致性。在同一地理分区内，自然环境特征如气候、地形、水文等往往表现出一致性。这种一致性反映了该区域自然环境的相对稳定性和均匀性。二是，人文环境的一致性。人文环境包括人口分布、城市规模、经济发展水平、文化传统等方面。在地理分区中，同一分区内的人文环境特征也往往表现出一致性。这种一致性体现了人类活动与环境相互作用下形成的空间分布模式。三是，综合特征的一致性。地理分区的综合性要求同时考虑自然环境和人文环境。因此，一致性也体现在这两个方面的综合特征上。即在同一分区内，自然与人文环境的综合作用结果应表现出一致性，相互支持、相互协调。在地理分区中，一致性的体现有助于更准确地理解和描述地球表面的多样性。同时，它也为区域规划、环境保护、资源管理等提供了便利，使得决策者能够针对每个分区的特定环境特征和发展需求，制定更为合理和有效的策略和措施。

三是动态性。地理分区的动态性是指地理分区在时间和空间上的变化性。它是一个重要的特征，反映了地理环境与社会经济因素的持续演变和相互作用。一是环境的变迁，地理环境本身是一个动态系统，不断经历着自然过程的变化。例如，气候变化、地壳运动、水文循环等自然因素会导致地理环境的变迁，从而影响地理分区的边界和特征。二是人类活动的影响。人类活动对地理环境产生着深远的影响。城市化、工业化、农业活动等人类行为会改变地表覆盖、资源利用和生态系统，进一步影响地理分区的性质和范围。三是社会发展与变迁。社会的经济、政治、文化等因素也在不断发展变化，这些变化对人文地理分区有重要影响。例如，经济全球化的进程可能导致经济地理分区的重新配置；人口迁移和城市化进程可能影响人口地理分区的格局。四是科技进步与数据更新。随着科技的进步，地理数据的获取和分析方法不断改进，对地理分区的认知也在不断更新和完善。新的数据和方法的引入可能导致对原有分区的修订和调整。需要注意的是，地理分区的动态性并不意味着分区的边界和特征会频繁、随意地变动。在一个相对稳定的时期内，地理分区仍具有一定的持久性和稳定性，用以描述和解释地理环境的结构和特点。然而，随着时间的推移和环境的变化，地理分区可能需要更新和调整，以适应新的现实情况和研究需求。

四是可操作性。地理分区的可操作性指的是在进行地理分区研究时，能够将理论和方法应用于实际操作中，以获得具有实际应用价值的地理分区结果，是评价地理分区研究质量的重要标准之一。具体体现在以下几个方面：一是需要明确划分标准，确保分区结果具有可重复性和可比性。明确的划分标准也使得其他研究者能够根据相同标准进行操作和验证。二是所需的数据具有可获得性，可以通过实地调查、遥感、地理信息系统等手段获取。这样，研究者能够基于可靠数据进行分区操作，并保证分区结果的准确性。三是应使用可行的方法和技术，确保分区过程的可操作性和分区结果的科学性。这包括采用适当的数学模型、统计方法、空间分析技术等，以处理和分析地理数据，得出准确的分区结果。四是以应用为导向，关注分区结果在实际问题中的应用价值。这意味着研究者需要考虑实际需求，确保分区结果能够为政策制定、区域规划、资源管理等提供有益的信息和决策支持。地理分区的可操作性是确保地理分区研究具有实际应用价值的关键。只有具备可操作性的地理分区结果，才能更好地满足地理学研究的需要，并为相关领域提供科学、有效的决策依据。

四、菲律宾地理分区

菲律宾地理分区包括：自然地理分区、行政地理分区、经济地理分区、文化地理分区、生态地理分区。①自然地理分区，是根据菲律宾的地形、气候、水文等自然条件，将全国划分为不同的自然地理区域。具体是将菲律宾划分为北部山区、中部平原和南部岛屿三个主要的自然地理区域。②行政地理分区，是根据菲律宾的行政区划，将全国划分为不同的行政地理区域，分区情况如第一章所述。③经济地理分区，是根据菲律宾的经济发展水平和产业结构，将全国划分为不同的经济地理区域。将菲律宾划分为农业区、工业区和服务业区等。赵松乔（1964年）根据各个地区经济资源的分布和经济发展程度，将菲律宾分为九个经济区域：吕宋岛中部的稻米及工业区；吕宋岛东南部的椰子区；吕宋岛北部的稻米、烟草、金矿区；米沙鄢群岛西部的稻米、椰子区；米沙鄢群岛中部的玉米、糖产区；米沙鄢群岛东部的椰子、玉米区；棉兰老岛东部的麻、椰子、铁矿区；棉兰老岛西部的玉米、椰子区；巴拉望岛和苏禄群岛区。④文化地理分区，是根据菲律宾的文化传统和民族特色，将全国划分为不同的文化地理区域。具体是将菲律宾划分为北部山地文化区、中部平原文化区和南部岛屿文化区等。⑤生态地理分区，是根据菲律宾的生态系统类型和功能，将全国划分为不同的生态地理区域。具体是将菲律宾划分为热带雨林生态区、热带草原生态区和海洋生态区等。

菲律宾常见的综合地理分区为吕宋地区、米沙鄢地区、棉兰老地区、巴拉望和苏禄群岛区（Smith，1909；赵松乔，1964）。①吕宋地区包括：山区和平原区。吕宋山区位于菲律宾北部，主要由高山和丘陵组成。这一地区的地形崎岖，气候凉爽，拥有丰富的矿产资源和生物多样性。该区的主要经济活动是农业和采矿业，同时，旅游业也逐渐兴起，吸引游客前来欣赏壮丽的自然风光。吕宋平原区是菲律宾的主要农业区，拥有广阔的肥沃土地和适宜的气候条件，适宜各种农作物的生长。这里的主要经济活动是农业，盛产稻米、玉米和各种热带水果。中部平原也是菲律宾人口最密集的地区，城市发展和工业化进程较快。②米沙鄢地区位于菲律宾的中部。米沙鄢的大部分地区都有高山，但也有一些地方如班乃岛东部，有广阔的平原。这些平原为农业提供了肥沃的土地，特别适合种植甘蔗和水稻。此外，内格罗斯岛的西部也有平原，适宜种植甘蔗。③棉兰老地区，是菲律宾的南部地区，由众多小岛组成，拥有丰富的海洋资源和多样化的生态系统。这里的经济活动以渔业和旅游业为主，同时，石油和天然气等矿产资源的开发也具有重要意义。④巴拉望和苏禄群岛区是菲律宾西南部岛群。主要依赖旅游业、农业和渔业。

第二节　地理分区特征

菲律宾全国共有82个省份，其中38个省位于吕宋岛及其邻近小岛，16个省位于米沙鄢岛及其邻近小岛，24个省位于棉兰老岛及其邻近小岛，4个省位于巴拉望岛和苏禄群岛。吕宋岛中部经济最为发达，米沙鄢群岛次之，紧随其后的是开发较早、山脉绵延的吕宋岛北部。由于菲律宾长期遭受殖民统治和封建统治，生产力水平较低，当前农业仍然占据产业发展的重要地位。基于菲律宾不同区域的经济发展状况、人文环境因素、自然地理特征等综合考虑，结合赵松乔（1994）经济地理区域，将菲律宾由北往南划分为八个地理分区：吕宋北部山区、吕宋中部经济区、吕宋南部农业区、米沙鄢东部农业区、米沙鄢西部工业区、棉兰老东部矿区、棉兰老西部农业区、巴拉望和苏禄群岛区（图9-1）。其中，现代化工业主要集中在吕宋中部经济区，农业主要集中在米沙鄢地区和棉兰老地区。

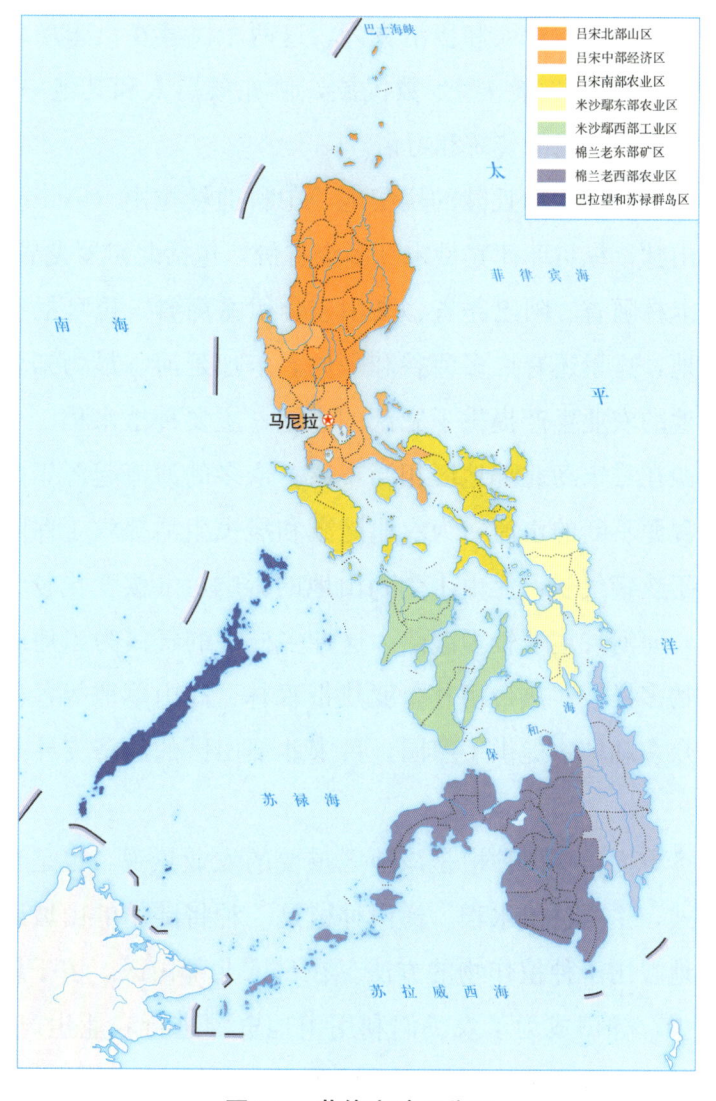

图 9-1 菲律宾地理分区

一、吕宋北部山区

吕宋北部山区由阿布拉、阿巴尧、奥罗拉、巴坦群岛、本格特、卡加延、伊富高、北伊罗戈、南伊罗戈、伊莎贝拉、卡林阿、拉乌尼翁、高山、新怡诗夏、新比斯开、基里诺 16 个省份组成。在自然区划上大致位于吕宋岛的东岸山地、卡加延谷地以及西部山地带。全区面积约占全国总面积的 19%。2015 年人口普查数据显示，全区人口 926.3 万人，约占全国总人口的 10.14%。吕宋北部山区的主要民族包括他加禄人和伊洛克人，这两个民族在吕宋岛北部占据了相当大的比例。该区还居住着一些少数民族，例如矮黑人和其他一些土著民族。这些民族保留了许多古老的传统和习俗。

吕宋北部山区是山地和丘陵的聚集地。中科迪勒拉山（Central Cordillera）是该区的主要山脉，纵贯菲律宾吕宋岛多个省份，包括北伊罗戈省、阿布拉省、南伊罗戈省、卡林阿省、阿巴尧省、高山省、伊富高省、拉乌尼翁省、本格特省等。除了山地，这里还有许多河谷和平原。卡加延河谷最为知名，横贯吕宋岛北部，为当地的农业生产提供了肥沃的土地，主要种植水稻、玉米和各种热带水果。水资源在吕宋岛北部地区相当丰富。众多的河流起源于山脉，为中下游地区带来了源源不断的水流，为农业灌溉和居民生活提供了保障。吕宋北部山区的气候属于热带气候，但由于受到山地的影响，气候变化较为多样。山区气温相对较低，而河谷地带较为湿热。这种多样性的气候为当地的生态系统带来了丰富的生物多样性。热带雨林、亚热带森林、高山草地等各种生态系统交织在一起，为众多动植物提供了家园。吕宋北部山区的经济支柱是农业生产与资源开发。

在农业生产方面，梯田种植是该地区重要的农业景观，也是当地居民主要的农业生产方式，主要种植水稻。梯田种植是一种将陡峭的山坡地改造成一层层台阶式的田地，用于种植作物的方法。在吕宋北部山区，由于地形陡峭，平原土地相对较少，梯田成为了农民们利用山地资源进行农业生产的重要手段。梯田能够有效地防止水土流失，保持土壤肥沃。近年来，随着科技的进步和农业技术的发展，吕宋北部山区的梯田种植也在不断改良和创新。农民们引进新的农作物品种，采用更科学的种植方法，以提高产量和农产品的质量。政府和社会各界积极推动梯田保护的旅游业发展，将这些美丽的梯田景观转化为经济收益，进一步推动当地的经济社会发展（朱会义、刘高焕，2003）。该地区的烟草种植也较为著名，特别是卡加延谷地，是菲律宾烟草种植最为集中的地区，接近全国烟草种植面积的一半。

在矿产资源开发方面，吕宋北部山区的矿产资源种类繁多，包括金、银、铜、铁、铅、锌等金属矿产，以及石灰石、大理石、花岗岩等非金属矿产。吕宋北部山区的矿产资源开发历史悠久，早在几个世纪前，当地居民就开始利用这些资源进行手工采矿和冶炼。随着科技的发展，现代化的采矿技术和设备逐渐引入，大量的矿产企业和投资者涌入该地区，投入巨资进行矿产勘探和开采，矿产资源的开发规模逐渐扩大，开采效率也大幅提升。

在森林资源开发方面，吕宋北部山区的森林覆盖率高，林木种类繁多，包括松树、橡树、樟树等。森林资源在吕宋北部山区的经济中占据了重要地位。除了木材生产外，森林资源还提供了非木质林产品，如草药、树脂、野生水果等。该地区森林生态系统也支持旅游和休闲活动的发展，进一步推动了经济增长。过去的几十年中，吕宋北部山区的森林资源遭受了一定程度的开采，导致了部分地区的森林退化、生物多样性丧失以及环境问题的出现。近年来，吕宋北部山区的森林资源开发逐渐转向可持续管理模式。政府加强了对非法伐木的打击，推广森林再生和植树造林项目，并鼓励居民参与森林保护活动。

二、吕宋中部经济区

吕宋中部经济区是菲律宾人口最集中、经济最活跃、发展程度最高的地区。由巴丹、八打雁、布拉干、甲米地、内湖、邦板牙、邦阿西楠、奎松、黎刹、打拉、国家首都区 11 个省区组成。该地区在自然区划上大致位于吕宋岛的中央平原和西部山地。全区面积约占全国总面积的 8%。2015 年人口普查数据显示，全区人口 3 760 万人，约占全国总人口的 41.2%。这里聚居了多个民族，其中以马来族和菲律宾族为主。天主教是主要的信仰，但也有许多居民信奉伊斯兰教和其他宗教。

吕宋中部经济区占据优越的地理位置。这一地区连接吕宋北部山区和南部平原，构成了菲律宾的经济中枢。而且，该区沿海与内陆相结合，既有丰富的海洋资源，又有广阔的陆地资源。其海岸线长而曲折，拥有多个天然良港，便于海上贸易和交通运输。吕宋中部经济区的地形以丘陵、山地和平原为主。山地丘陵地形使得该地区拥有丰富的矿产资源和水资源。同时，平原地区土壤肥沃，有利于农业生产，为经济区的产业多元化提供了基础。吕宋中部经济区属于典型的热带海洋性气候，全年温暖湿润，降水充足。这种宜人的气候条件为农业生产提供了优越的环境，使得该地区农业生产丰富多样，成为菲律宾重要的农产品产地。吕宋中部经济区自然资源丰富，除了肥沃的土地和充足的水源，该地区还有丰富的矿产资源和海洋资源。

在农业生产方面，吕宋岛中部经济区的农业结构以种植业为主，种植业产值占农业总产值的大部分。该地区既有粮食作物如稻米和玉米，也有经济作物如椰子和香蕉，这种结构既保证了当地居民的粮食需求，也促进了经济发展。养殖业在吕宋岛中部地区的农业结构中所占比例较小。而且，沿海地区的渔业资源丰富，渔业发展迅猛。

在制造业方面，吕宋中部经济区形成了以汽车制造、电子设备制造、食品加工为主导，纺织服装、机械制造等为辅助的制造业结构。其中，汽车制造和电子设备制造具有较高的技术含量和附加值，食品加工行业则依托地区丰富的农产品资源进行发展。随着全球经济一体化的深入发展，吕宋中部经济区的制造业面临着广阔的市场空间和更多的发展机遇。特别是在汽车制造、电子设备制造等高新技术领域，该地区有望通过技术创新和产业升级，进一步提升在全球价值链中的地位。

在服务业方面，吕宋中部经济区的服务业在整体经济中占有重要地位，成为驱动该地区经济增长的关键因素，服务业在GDP中的占比逐年提升。该地区金融服务业发展成熟，拥有多家商业银行、保险公司和证券公司。而且，该地区是教育资源最集中的区域，包括高等教育、职业教育和培训机构等，吸引了大量学生前来学习。随着数字化时代的到来，吕宋中部经济区的信息技术与通信服务业迅速崛起。

在经济区分布方面，吕宋中部经济区是菲律宾经济特区和产业园区分布最集中的区域。其中，国家首都区和甲拉巴松区拥有的经济区数量超过 60%。尤其是工业经济区、信息科技园/中心最为集聚。

三、吕宋南部农业区

吕宋南部农业区由阿尔拜、北甘马粦、南甘马粦、卡坦端内斯、马林杜克、马斯巴特、西民都洛、东民都洛、朗布隆、索索贡、三描礼士 11 个省份组成。该地区主要位于吕宋岛南部的火山区。全区面积约占全国总面积的 9%。2015 年人口普查数据显示，全区人口 824.7 万人，约占全国总人口的 9.02%。该地区的主要民族是他加禄人、伊洛克人、比科尔人和邦板牙人。宗教信仰主要包括天主教和伊斯兰教。

吕宋南部农业区的地形复杂多样，包括山脉、高原、平原和海岸线等。马德雷山脉是吕宋南部农业区著名的山脉之一，从北向南延伸，穿越了多个省份。在山脉的西侧，有一系列高原和平原，包括邦板牙河谷平原和纳卯河谷平原。这些平原为农业和城市化提供了良好的条件。该地区的气候属于热带气候，分为雨季和旱季两个季节。雨季通常在每年的 6—10 月，旱季则是在 11—次年 5 月。在雨季期间，经常出现暴雨和洪涝等自然灾害。由于过度开发和人类活动等原因，一些地区的土地利用和水资源管理方面存在一些问题，加剧了洪涝灾害的风险。在旱季期间，降水量减少，气温升高，湿度降低。由于天气干燥和人类活动等原因，一些地区的森林和草原经常发生火灾。该地区的河流主要包括布拉干河、卡加延河和邦板牙河等。这些河流的流域面积较大，为当地的农业和生活用水提供了重要的支持，同时为当地的植被和动物提供了重要的栖息地。该地区拥有多种热带雨林和灌丛等植被类型。在热带雨林中，生长着许多珍贵的植物和动物物种。例如，该地区的竹子种类繁多，为当地居民提供了重要的建筑材料和生活用品。同时，该地区的热带雨林也是许多珍稀动物物种的栖息地，如菲律宾鹰、亚洲犀牛等。这些动物物种对于生态系统的平衡和生物多样性的保护都具有重要的意义。

吕宋南部农业区的产业较为单一，主要以农业生产为主导。该地区主要以种植经济作物为主，广泛种植各种果树，如椰子、香蕉、菠萝、杧果等，以及烟草、咖啡等。还种植水稻、玉米、小麦等粮食作物。该地区多沿海，自然条件非常适合椰树的生产。早在美国殖民菲律宾时期，美国就从该地区大量进口椰干、椰油等椰子产品。农业结构的单一也导致该地区的农业产业链相对较短，主要集中在生产环节，而加工和销售环节相对较弱。该地区的农产品主要以初级产品为主，附加值较低。而且，农业劳动力以农民为主，生产技能和知识基于传统经验，缺乏现代化的农业技术和设备。近年来，随着科技的发展和应用，一些现代化的农业技术和设备也逐渐应用于该地区的农业生产中，如灌溉技术、化肥施用技术、农业机械等（朱会义、刘高焕，2003）。这些技术的应用极大地推动了提高农业生产效率和农产品质量。

四、米沙鄢东部农业区

米沙鄢东部农业区与东米沙鄢区重叠，由比利兰、东萨马、莱特、北萨马、西萨马、南莱特6个省份组成。全区的土地面积约占全国总面积的8%。2015年人口普查数据显示，全区人口419.8万人，约占全国总人口的4.6%，人口超过百万的只有莱特省。该地区主要民族包括米沙鄢人、他加禄人、伊洛克人等。米沙鄢人是该地区最大的民族，使用米沙鄢语，信仰天主教。他加禄人是菲律宾第二大民族，使用他加禄语，主要信仰天主教。伊洛克人是菲律宾第三大民族，使用伊洛克语，信仰天主教。因此，天主教是该地区的主要宗教，教堂遍布各地。

米沙鄢东部农业区地形主要由山地、丘陵和沿海平原组成。该地区的北部和东部与马尼拉大区接壤，西临南海，南部则是内陆的山区，其中包括了著名的马德雷山脉和内格罗山脉。米沙鄢东部农业区的西部和南部，是沿海平原和沙滩地带。米沙鄢东部农业区的气候属于热带季风气候，分为雨季和旱季两个季节。雨季通常在每年的6—10月，旱季则是在11—次年5月。布拉干河是该地区重要的河流之一。当地政府和居民采取了一系列的水利工程措施，如建设水库、灌溉渠道等，以确保当地居民的生活和农业生产的需求得到满足。热带雨林是该地区主要的植被类型之一。这些雨林中有许多珍贵的植物和动物物种，如菲律宾鹰、亚洲犀牛等。除了热带雨林之外，东米沙鄢大区还有许多其他的植被类型，如灌丛、草地、红树林等。

米沙鄢东部农业区的农业资源丰富多样，主要种植水稻、小麦、玉米等粮食作物，以及茶叶、柑橘、花卉等经济作物。近年来，该地区农业结构逐渐调整，蔬菜、水果、畜牧业和渔业等产业的比重逐渐增加。为了实现农业可持续发展，该地区在稳定粮食生产的同时，积极发展经济作物，提高农民收入。通过引进优质品种、推广先进技术，不断提升经济作物产量和品质。为了提高农产品附加值，米沙鄢东部农业区积极延伸农业产业链，发展农产品加工业。该地区引进龙头企业，建设农产品加工园区，推动农产品加工产业集聚。通过精深加工将农产品转化为高附加值产品，如绿色食品、有机食品、农产品深加工品等。米沙鄢东部农业区还注重农业科研投入，加强与高校、科研机构的合作，引进先进农业技术。同时，建立健全农业技术推广体系，通过农业科技园区、示范基地等方式，将先进技术普及到田间地头，提高农业生产效率和质量。随着农业技术的不断进步和农业政策的持续调整，米沙鄢东部农业区在菲律宾的地位不断提升。

五、米沙鄢西部工业区

米沙鄢西部工业区与中米沙鄢区、西米沙鄢区重叠，由阿克兰、安蒂克、保和、卡皮斯、宿务、吉马拉斯、伊洛伊洛、西内格罗斯、东内格罗斯、锡基霍尔10个省份组成。全区的土地面积约占全国总面积的12%。2015年人口普查数据显示，全区人口1 223万人，约占全国总人口的13.39%，人口超过百万的省有保和省、宿务省、伊洛伊洛省、西内格罗斯省、东内格罗斯省、锡基霍尔省。该地区主要民族包括米沙鄢人、马来族等。米沙鄢人是该地区最大的民族，其次是马来族。马来族的文化受到伊斯兰教的影响，信仰真主，并遵守伊斯兰教的教义和礼仪，在该地区可以看到许多马来族的清真寺和宗教建筑。

米沙鄢西部工业区，北接吕宋岛，南邻棉兰老岛，地理位置优越，是连接菲律宾南北部的主要通道之一，同时拥有多个重要的港口，贸易发达。该地区地形复杂多样，主要由山地、丘陵、河谷、海岸带组成。有许多高峰和山脉，如著名的阿波罗山脉、塔阿尔火山。气候属于热带雨林气候，全年温度较为稳定，没有明显的四季之分，通常在20℃—30℃之间波动，年均降水量较高。拥有丰富的水资源，主要河流有阿古桑河，主要湖泊有拉瑙湖。矿产资源主要有金、银、铜、铁等，具有一定的开采价值。森林资源丰富，拥有大片的热带雨林。沿海地区拥有丰富的渔业资源，海洋捕捞和养殖业发达。

米沙鄢西部工业区的工业基础雄厚，产业结构多元化。近年来，该地区工业增速一直保持在较高水平，成为菲律宾经济增长的重要引擎。米沙鄢西部工业区的工业主要集中在食品加工、纺织服装、木材加工三大领域，这些行业在地区工业总产值中占有重要地位。一是，该地区盛产多种农作物，拥有丰富的农产品资源，食品加工行业具有先天优势。该地区以农副产品加工为主导，涵盖了水果、蔬菜、肉类、谷物等多个领域。而且，该地区交通便利，有利于产品出口到国际市场。二是，纺织服装行业发达，涵盖了纺纱、织布、印染、服装制造等环节。该地区的纺织业历史悠久，积累了大量经验丰富的技术工人和管理人才，且劳动力价格低廉，使其纺织服务工业在全球市场上具有一定的竞争优势。三是，木材加工发展迅猛。该地区拥有大量的森林资源，盛产多种优质木材，如红木、橡木、松木等。目前，米沙鄢西部工业区的木材加工企业规模较大，产业链完备，涵盖了原木采伐、加工、干燥、雕刻、家具制造等多个领域。

六、棉兰老东部矿区

棉兰老东部矿区由北阿古桑、南阿古桑、孔波斯特拉谷、北达沃、东达沃、迪纳加特群岛、北苏里高、南苏里高8个省份组成。全区面积约占全国总面积的9%。2015年人口普查数据显示，全区人口457.1万人，约占全国总人口的5%，人口超过百万的省份只有北达沃省。该地区主要民族包括马拉瑙人、马拉安坎人、马拉维人等。这些民族拥有自己独特的语言、文化和传统。其中，马拉瑙人是最大的民族，主要分布在棉兰老河谷地区。马拉安坎人主要分布在马拉安坎半岛和沿海地区。马拉维人主要分布在马拉维湖周边地区。

棉兰老东部矿区地形以山地、丘陵为主。主要山脉有棉兰老山脉，是菲律宾极高的山脉之一,其中马德雷山脉是其主要分支。在山地和丘陵地区,矿产资源较为丰富。例如,金矿和铜矿等矿产资源主要分布在此地。沿海地区还有一些低地和沼泽地。气候属于热带气候,全年温暖湿润,雨量充沛,雨季的降水量可达800—1 500毫米。该地区还拥有丰富的水文地理资源,棉兰老河是重要的河流之一,也是菲律宾最长的河流,发源于棉兰老山脉,流经多个省份并最终注入马拉安海。

采矿业是棉兰老东部矿区的主导产业,包括金矿、铜矿、煤矿等。这些矿产资源的分布广泛,品质优良,为该地区的矿业发展提供了得天独厚的条件。金矿和铜矿是该地区重要的矿产资源之一,储量大、品质高,开采潜力巨大。该地区还拥有丰富的煤矿资源,主要属于褐煤和烟煤。近年来,随着技术的不断进步和投资力度的加大,棉兰老东部矿区的矿业发展呈现出快速发展的趋势。矿山数量不断增加,产量逐年提高。据统计,棉兰老东部矿区的矿业产值已经超过了菲律宾其他地区的总和,成为菲律宾重要的矿业基地之一。棉兰老东部矿区的采矿技术已经逐渐向大型化、自动化方向发展。地下采矿技术得到了广泛应用,露天采矿也有一定的发展。采矿设备的逐渐更新换代,提高了采矿效率,降低了生产成本。同时,采矿安全问题也得到了重视,安全生产管理得到了加强,采矿工人的安全意识和技能水平也得到了提高。

七、棉兰老西部农业区

棉兰老西部农业区由布基农、甘米银、南达沃、北拉瑙、南拉瑙、马京达瑙、西米萨米斯、东米萨米斯、北哥打巴托、萨兰加尼、南哥打巴托、苏丹库达拉、北三宝颜、南三宝颜、三宝颜-锡布盖15个省份组成。全区面积约占全国总面积的20%。2015年人口普查数据显示,全区人口1 282.9万人,约占全国总人口的14.04%。该地区主要民族包括马拉瑙人、马拉安坎人,宗教以伊斯兰教为主。

棉兰老西部农业区的地形地貌非常多样,包括崇山峻岭和丘陵地带。例如马德雷山脉和迪纳加特山脉。这些山脉不仅海拔较高,而且地形险峻,为登山和探险活动提供了挑战。同时,该地区还有许多高原,如苏丹阿都阿兹高原和三宝颜高原，这些高原宽广而平缓，为农业和畜牧业提供了良好的条件。此外，该地区还有许多平原，例如苏丹阿都阿兹平原和三宝颜平原，这些平原土壤肥沃，为种植业提供了优越的条件。该地区气候属于热带气候，全年温暖湿润，雨量充沛。气候特点是高温多雨，湿度大，降水季节明显。同时，由于降水量大，土壤肥沃，这里的农业也较为发达。

棉兰老西部农业区是菲律宾重要的粮食生产基地之一，主要种植水稻、玉米、小麦等粮食作物。近年来，随着农业技术的不断发展和应用，该地区的粮食产量逐年提高。同时，政府也加大了对农业的扶持力度，提供了更多的政策支持和资金补贴，进一步促进了该地区粮食生产的发展。棉兰老西部农业区还种植了大量的经济作物，例如水果、蔬菜等。这些经济作物的发展为当地农民提供了更多的增收渠道，也为消费者提供了更加多样化的农产品选择。例如，该地区的杧果、香蕉等水果品种在菲律宾享有盛誉，吸引了大量游客前来品尝。棉兰老西部农业区还拥有丰富的森林资源和矿产资源，如柚木、硬木等珍贵木材以及铜、金等矿产资源。这些资源的开发利用为当地的经济发展提供了支持。

八、巴拉望和苏禄群岛区

巴拉望和苏禄群岛区由巴西兰、巴拉望、苏禄、塔威塔威4个省份组成。全区面积约占全国总面积的6%。2015年人口普查数据显示，全区人口241.1万人，约占全国总人口的2.64%，是最小的一个区域。该地区主要民族有马拉瑙人、马京达瑙人、陶苏格人、邦都维特人以及巴拉望人等。其中，马拉瑙人是最大的民族，主要分布在巴拉望岛。居民主要信仰伊斯兰教和天主教。其中，马拉瑙人主要信仰伊斯兰教，而其他民族则主要信仰天主教。

巴拉望和苏禄群岛区位于菲律宾西南部，包括巴拉望岛、苏禄群岛以及其他小岛屿。巴拉望岛是该地区最大的岛屿，是一个狭长的岛屿，地形复杂。这里有广阔的热带雨林，其中有许多珍贵的植物和动物。巴拉望岛的西海岸是陡峭的悬崖，而东海岸则是宽阔的沙滩和港口。苏禄群岛是一个长长的、断开的群岛，沿着棉兰老岛的西南海岸延伸。这个群岛由多个小岛屿和暗礁组成，其中一些岛屿上有人居住，而其他岛屿则无人居住。除了巴拉望岛和苏禄群岛外，该地区还有其他小岛屿，例如马拉邦岛、库利昂岛和明多罗岛。这些岛屿虽然面积较小，但它们具有丰富的生态系统和独特的地理特征。

第三节　区域分工协作

菲律宾人口众多、资源丰富，吕宋地区、米沙鄢地区、棉兰老地区发展有先后、有差别，区域分工协作一直以来都是菲律宾经济发展重点关注的问题。菲律宾基于各地区的资源禀赋、要素禀赋，制定区域分工与协作政策，推动资源、劳动力等要素不断流动和发展，促进这三大地区在不同时期实现不同分工，在经济、生态、文化等方面发挥优势，逐步实现区域协调发展。

一、发展历史

菲律宾行政区划的历史过程漫长而复杂，它经历了多个阶段，包括殖民时期的行政区划、独立后的省份划分和现代的区域划分。

西班牙殖民菲律宾后，将整个菲律宾群岛划分为多个省份和地区。最初的省份划分基于地理和政治因素，例如地理位置、地形和当地政治力量的分布。随着时间的推移，西班牙逐渐加强了对菲律宾的统治，建立了更为细致的行政区划体系。进入19世纪后，西班牙对菲律宾的行政区划进行了多次改革。随着工业革命的兴起和国际贸易的不断发展，西班牙意识到需要更加合理的行政区划来促进经济发展和加强统治。1850年，西班牙宣布实施新的行政区划方案，将菲律宾划分为8个行省（province）。这些行省由西班牙驻当地的总督进行管理，总督拥有行政和军事权力。这种行政区划方案使得西班牙能够更直接地控制菲律宾，并对当地政治、经济和文化发展产生了深远影响。

美西战争后，菲律宾成为美国的殖民地。美国为了有效管理和控制菲律宾，于1901年建立了殖民时期的行政区划制度。这种行政区划制度一直延续到菲律宾独立后。美国将菲律宾划分为17个大区，每个大区由若干个省组成。这些大区的划分主要基于地理、文化和经济等因素。例如，吕宋岛是菲律宾的政治、经济和文化中心，因此分为北吕宋和南吕宋两个大区。此外，米沙鄢群岛和棉兰老岛等地区也分别划入相应的大区。大区下面划分 81 个省。每个省设有省政府和省长。省政府由选举产生的官员组成，负责管理本省的事务。省长则负责领导省政府的工作，并代表本省在地区议会中行使权力。在省之下，一些重要的城市或地区也会设立市或镇。这些市或镇通常具有特殊的地位和权力，例如马尼拉市和宿务市等（周兴沪，1989）。同时，设立 117 个市，这些市的划分主要基于人口和行政因素。每个市设有市政府和市长。市政府由选举产生的官员组成，负责管理本市的事务。市长则负责领导市政府的工作，并代表本市在地区议会中行使权力。除了常规的市外，还有一些特殊的城市或地区也会被设立为市。例如，巴拉望市是一个特别行政区。美国的行政区划不仅为菲律宾提供了一个有效的行政框架，还加强了菲律宾与美国之间的联系。这种联系表现在经济、文化和社会等方面。然而，这种联系也带来了一些问题，例如土地争端、民族矛盾等。这些问题在菲律宾独立后仍然存在，并对菲律宾的政治和社会稳定产生了影响。

自 1946 年独立以来，菲律宾的行政区划经历了多次调整和演变。这些变化反映了菲律宾政治、经济和社会发展的历程，同时也为其行政管理和地方治理带来了新的挑战和机遇。独立后，菲律宾继承了美国殖民时期的行政区划制度。1972 年，为了促进地方自治和减少中央政府对地方事务的干预，菲律宾颁布了《地方自治法》。该法案将一些省份划分为若干个自治市或县，并赋予这些地方更大的自治权和财政权。这一变化导致一些省份的行政边界进行了调整。1987 年，为了进一步推动地方自治和扩大地方政府的权力，菲律宾颁布了《地方政府法》。该法案赋予地方政府更多的权力和责任，包括税收、城市规划、环境保护等。该法案的实施导致了部分省份和市的行政边界进行了调整。1992 年，菲律宾对省级行政区划进行了较大的调整。比利兰省和吉马拉斯省正式设立，此前这两个省份的地位为副省，均为独立岛屿。同时，南哥打巴托省被分出萨兰加尼省。这些调整使得菲律宾的省级行政区划从原来的 81 个变为 83 个。1995 年，卡林阿-阿巴尧省被撤销，下面的两个副省各自升格为正式的省，即卡林阿省和阿巴尧省。此后，菲律宾不再有副省。这一调整使得菲律宾的省级行政区划从原来的83个变为85个。截至2024年6月，菲律宾行政区划分为18个大区、82个省、149市。总的来说，独立后的菲律宾行政区划经历了多次调整和演变，主要目的是提高地方自治水平和促进经济发展。

二、区域分工

菲律宾各大区域根据自身条件和发展需求进行了不同的分工和角色分配。政府通过制定相应的政策和规划，促进了各地区的经济和社会发展（Andriesse，2017）。然而，不同地区之间仍存在发展不平衡的问题，需要进一步解决。

吕宋中部是全国的政治、经济、文化中心，特别是国家首都区作为菲律宾的政治、经济和文化中心，聚集了大量的政府机构、企业总部、金融机构和高等教育机构（Andriesse，2017）。该地区的发展战略主要是提升城市品质、促进产业升级和创新发展，同时注重环境保护和社会治理。在经济发展方面，国家首都区主要发展高端服务业和知识密集型产业，如金融、法律、教育、医疗等。这些行业为地区经济增长作出了重要贡献，并吸引了大量的人才和投资。此外，国家首都区还注重发展旅游业和创意产业，如马尼拉湾的滨海旅游开发和文化创意产业园等。在文化传承方面，国家首都区积极保护和传承菲律宾的传统文化和历史遗产。例如，马尼拉市内有许多历史悠久的建筑和博物馆，这些场所不仅展示了菲律宾的历史和文化，也成为了吸引游客的重要景点。在社会治理方面，国家首都区注重提高教育和健康水平，加强社会治安和公共安全管理。政府还通过实施反贫困计划和就业促进计划等措施，帮助弱势群体摆脱贫困陷阱，提高生活水平。

米沙鄢西部和棉兰老北部是菲律宾的重要工业基地和港口区。这些地区拥有丰富的自然资源和人力资源，主要是发展制造业、物流业和旅游业，同时注重农村发展和环境保护（Andriesse，2017）。在经济发展方面，米沙鄢西部和棉兰老北部主要发展制造业和物流业。该地区的许多城市都是菲律宾重要的工业中心，如伊利甘市和苏比克市等。这些城市吸引了大量国内外投资，成为菲律宾制造业的重要基地。此外，米沙鄢西部和棉兰老北部还拥有良好的港口和交通网络，为物流业的发展提供了有利条件。在文化传承方面，米沙鄢西部和棉兰老北部注重保护和传承当地的文化传统和历史遗产。例如，该地区的许多城市都有独特的传统文化和艺术表现形式，如八打雁市的剪纸艺术和伊利甘市的陶艺等。这些文化表现形式不仅丰富了菲律宾文化的内涵，也成为了地区经济发展的重要资源。在社会治理方面，米沙鄢西部和棉兰老北部注重提高教育和健康水平，加强社会治安和公共安全管理。政府还通过实施农村发展计划和环境保护计划等措施，促进农村地区的经济发展和社会进步。

除了吕宋中部、米沙鄢西部和棉兰老北部外，菲律宾的其他地区在很大程度上是农业基地。这些地区农业生产和发展农业产业，为菲律宾的经济增长和粮食安全作出了重要贡献，并为农村地区的发展提供了重要支持。这些地区主要生产稻米、玉米、烟草、椰子、甘蔗、水果等农作物。这些农产品在国内外市场上都有很高的需求量，为菲律宾的经济发展作出了重要贡献。同时，这些地区注重农业科技创新和农业现代化。通过引进先进的农业技术和设备，提高农业生产效率和质量，增加农产品的产量和附加值。此外，也重视农民的培训和教育，提升他们的农业技能和经营管理能力，促进农业可持续发展。尽管这些地区是菲律宾的农业基地，但在现代化和城市化进程中，面临着一些挑战。例如，农村土地改革、农业机械化、农产品加工和市场营销等问题。

三、区域协作

菲律宾的区域发展不平衡问题由来已久。由于地理、历史和其他因素的影响，一些地区的经济发展相对滞后，贫困人口集中，基础设施建设落后。这不仅制约了当地经济的发展，也导致了社会矛盾和不稳定因素的出现。因此，菲律宾政府采取一些措施促进区域协作，推动区域协调发展，以实现国家的整体繁荣和稳定（Yeeles，2015）。一是，制定区域发展规划。菲律宾政府根据各地区的实际情况制定了多个区域发展规划，明确了不同区域的经济发展方向和重点产业。例如，"马尼拉大都会发展规划"旨在推动马尼拉大都会的经济发展，重点发展金融、科技和服务业等产业。"棉兰老地区发展规划"则以农业和渔业为主导产业，同时加强基础设施建设和发展旅游业等（Ortega et al., 2015）。二是，加强基础设施的建设。菲律宾政府加大了对基础设施建设的投入力度，包括公路、铁路、港口和机场等。例如，"马尼拉大都会发展规划"计划在马尼拉大都会建设多条高速公路和地铁线路，提升城市交通能力。在棉兰老地区则重点建设港口和机场等交通设施，提高地区间的交通效率。三是，推动产业升级和转型。菲律宾政府鼓励各大区根据自身条件和优势推动产业升级和转型。例如，"马尼拉大都会发展规划"鼓励发展高新技术产业和服务业等附加值较高的产业。"棉兰老发展规划"则以农业和渔业为主导产业，但同时也在加强科技创新和技术改造等方面加大投入力度以提升产业的竞争力。四是，加强教育和培训。菲律宾政府重视教育和培训工作并制定了一系列政策措施来提高人民的素质和技能水平。例如，"全民教育计划"旨在为所有适龄儿童提供免费教育机会。"职业教育与培训计划"则针对成年人开展职业技能培训以提高就业能力和收入水平。五是，加强政府服务职能。菲律宾政府通过优化审批流程、提高服务质量等方式为企业提供更好的服务支持。例如，"一站式服务"模式将多个部门的审批流程整合在一起方便企业办理各项手续；"亲商服务"则倡导政府部门主动为企业提供指导和帮助以增强企业的竞争力。六是，鼓励企业合作。菲律宾政府通过政策引导和财政支持等方式鼓励企业之间加强合作。例如对于那些开展合作项目的企业给予一定的税收优惠或资金补贴以推动企业间的合作与发展（Yeeles，2015）。

参 考 文 献

[1] 吕拉昌、李文翎：《中国地理（第三版）》，科学出版社，2022年。
[2] 王振波等："地域主体功能区划理论初探"，《经济问题探索》，2007年第8期。
[3] 张海燕等："中国自然资源综合区划理论研究与技术方案"，《资源科学》，2020年第10期。
[4] 赵松乔：《菲律宾地理》，科学出版社，1964年。
[5] 周兴沪："菲律宾城市建设与发展"，《城乡建设》，1989年第9期。
[6] 朱传耿等："地域主体功能区划理论与方法的初步研究"，《地理科学》，2007a年第2期。
[7] 朱传耿等：《地域主体功能区划》，科学出版社，2007b年。
[8] 朱会义、刘高焕："菲律宾农业研究的分级化管理及其政策启示"，《中国农业科技导报》，2003年第1期。
[9] Andriesse, E. 2017. Regional disparities in the Philippines: Structural drivers and policy considerations. *Erdkunde*, No. 2.

[10] Ortega, A. A., J. M. A. E. Acielo, M. C. H. Hermida 2015. Mega-regions in the Philippines: Accounting for special economic zones and global-local dynamics. *Cities*.

[11] Smith, W. D. P. 1909. Geographical work in the Philippines. *Geographical Journal*, No. 5.

[12] Yeeles, A. 2015. Intergovernmental fiscal transfers and geographical disparities in local government income in the Philippines. *Journal of Southeast Asian Economies*, No. 3.